핵심
정책학강의

핵심
정책학강의

김 성 제

한국학술정보(주)

서 문

　이 책의 초판이 나온 지도 벌써 10여년의 세월이 지났다. 필자가 처음 이 책을 쓰게 된 것은 행정고시를 합격한 직후인 1993년 2월부터 신림동에 있는 태학관 고시학원에서 정책학 강의를 한 것이 계기가 되었다. 초판에는 강의 내용을 정리한 간단한 요약정리서로 출간했던 책이 그 이후 2차례에 걸친 전면 개정 과정을 거치면서 내용이 많이 보완되었다. 당초에는 서브노트와 주관식 문제집의 중간 정도의 분량으로 가능한 한 최대한 압축하여 쓰려고 하였으나 불가피하게 책의 부피도 조금씩 늘어나게 되었다. 이처럼 책의 분량이 계속 늘어나게 된 배경에는 우리나라 정책학의 이론적 발전에 기인한 면도 많다. 1980년대 후반까지만 하더라도 우리나라에 출간된 정책학 교재들은 불과 몇 권에 지나지 않았다. 그런데 1990년대 이후 정책학이 우리나라 사회과학 분야에서 명실상부한 독자적 학문으로 자리 잡고, 이에 따라 시중에 출간된 수많은 교재들과 논문들을 이 책에 반영하였기 때문이다. 이번 개정판은 1997년 제3전정판 이후에 오래 간만에 내게 되었다. 그 동안 필자의 「정책학강의」 출판사였던 태학관 출판사가 폐사되면서 책이 절판되었고, 게다가 필자의 사정으로 오랫동안 개정판을 내지 못하던 차에 이번에 출판사를 바꾸어 책을 새로 쓰게 된 것이다.

　개정작업이 미루어지는 사이에 우리나라의 정책환경에도 많은 변화가 있었다. 오랫동안 한국정치의 질곡으로 작용하였던 권위주의적인 요소가 청산되고, 민주적인 정부가 확고하게 자리를 잡아 갔다. 아울러 중앙의 통제로부터 벗어나 풀뿌리 민주주의로서 지방자치제도도 그 틀을 잡아가고 있다. 급변하는 국제환경, 인터넷 등 정보통신기술의 발전에 따른 정보화의 급진전 등으로 인하여 정책과정에서도 많은 변화가 나타났다. 과거 폐쇄적이고 권위적으로 운영되었던 정책체제가 개방화·민주화되면서 공식적인 참여자들뿐만 아니라 NGO 등 비공식적인 참여자들의 참여가 두드러지고, 그들의 정책과정에 대한 영향력도 갈수록 커지고 있다. 이번에는 이러한 우리나라 정책과정상의 변화를 책에 반영하고, 신제도주의, 정책네트워크이론 등 신이론도 소개하였다.

　필자가 원래 이 책을 쓰게 된 동기는 행정고시, 입법고시, 지방고시, 대학원 시험 등 각종 시험에서 수험생들이 방대한 정책학 내용을 짧은 기간 내에 정리할 수 있도록 도움을 주고자 하는 것이었다. 필자가 시험공부를 하던 당시만 하더라도 다른 고시과목과는 달리 정책학의 경우 주관식 문제집도 하나 없어 수많은 정책학 교재들을 스스로 요약하고 정리해야 했던 고충이 있었기 때문에 수험생들의 그러한 고충을 덜어주기 위한 것이다. 그러한 측면에서 이 책은 그동안 많은 수험생들로부터 호응을 받았던 것 같다. 심지어는 정책학을 처음 공부하는 학생들, 박사과정생들까지도 정책학의 전체적인 체계를 잡고 각종 시험의 마지막 정리에 이 책을 널리 활용하고 있는 것으로 알고 있다. 필자에게는 과분하면서 그만큼 책임감도 더욱 느낀다.

　이 책은 그동안 국내에 출간된 정책학의 관련서적 및 논문들의 핵심적인 내용들을 수험생의 입장에서 요약·재구성한 책이다. 따라서 수험생 여러분들이 짧은 기간 내에 정책학의 체계를 잡거나 마지막 수험정리를 하는 데에는 매우 유용하리라고 믿는다. 그러나 여러분들이 이 책을 이용하는 데 있어서 꼭 당부 드리고 싶은 말씀이 있다. 이 책은 어디까지나 요약정리서이기 때문에 정책학의 올바른 이해를 위해서는 항상 정책학 기본서의 선행적 또는 병행적인 공부가 있어야 한다는 점이다. 수험생 여러분들이 반드시 탐독해야 하고, 또한 필자가 이 책을 쓰는데 가장 많이 참조한 정책학의 주요서적들을 몇 권 추천하면 다음과 같다. 먼저 이 책의 전체적인 체계를 형성하고 가장 많은 내용을 인용한 책은 정정길 교수님 외 「정책학원론」이다. 다음으로 정책분석론과 정책평가론 분야는 노화준 교수님의 「정책학원론」, 「정책평가론」 등을 많이 참조하였다. 정책을 바라보는 시각, 정책의제설정론, 정책결정모형, 정책지표 등은 안해균 교수님의 「정책학원론」, 김수영 교수님의 「정책학원론」 등을 많이 참조하였다. 이외에도 정책학의 깊이 있는 공부를 위해서는 오석홍 교수님 외 「정책학의 주요이론」 등 이 책의 주요참고문헌에 소개된 기본서들을 참고하시길 바란다.

필자가 이 책을 쓸 수 있었던 것은 전적으로 은사님들의 가르치심이 있었기 때문이다. 아직까지도 필자에게 많은 가르침을 주고 계시는 정정길, 노화준, 정용덕 은사님들께 다시 한번 머리 숙여 감사드린다. 이 책이 나오는 데는 아내의 헌신이 적지 않았다. 책을 쓸 때건 논문을 쓸 때건 집에는 매일 늦게 들어오고 자료수집, 원고정리 등 귀찮은 일만 골라 시켜 항상 미안하고 고마운 마음뿐이다. 다른 아빠들처럼 많은 시간을 함께 하지 못하는 딸 수민에게도 사랑한다는 말을 전하고 싶다. 아울러 짧은 시간 내에 이 책이 나올 수 있도록 도와주신 한국학술정보(주) 채종준 사장님, 황명현 팀장님, 그리고 편집과 디자인에 고생한 김주영, 김수영씨 등 관계자 여러분들께도 감사드린다. 끝으로 연로하신 우리 부모님의 장수무병을 빌면서 이 책을 두 분께 바친다.

2005 년 10 월
저 자 김 성 제 씀

목 차

제1편 서 론

제2편　정치체제와 정책환경

제4편 정책의제설정론

제5편 정책결정론

제7편 정책평가론

제8편 정책변동론

제 1 편 서 론

제 1 장 정책학 연구의 기초

Ⅰ. 정책학의 의의와 연구목적

1. 정책학의 의의

정책학의 주창자인 H.D. Lasswell은 정책학(policy sciences)이란 '정책과정에 대한 지식과 정책과정에서 필요한 지식을 다루는 학문'이라고 정의하고 있는데, 일반적으로 정책학은 '고도로 복잡해진 현대사회 속에서 나타나는 각종 사회문제의 해결을 위한 정책의 결정·집행·평가 등에 관한 이론과 방법을 연구하는 학문'이라고 할 수 있다. 그런데 정책학이란 용어는 학자에 따라서는 '정책연구(policy studies)' 또는 '넓은 의미의 정책분석(policy analysis)'과 동일한 의미로 사용하기도 한다.

2. 정책학의 연구목적

정책(public policy)을 연구하는 이유는 크게 다음의 두 가지로 나누어 볼 수 있다.

(1) 학문적 목적

정책은 그 기원과 전개과정, 그리고 그것이 사회에 미치는 영향 또는 결

과에 대해 보다 많은 지식을 얻기 위해 연구된다. 정책은 이러한 연구목적
을 위해 독립변수 또는 종속변수로 간주되는데, ① 정책을 종속변수로 볼
경우에는 우리의 관심대상은 정책을 결정하는데 영향을 미치는 정치적·환
경적 요인에 두게 되고, ② 정책을 독립변수로 볼 경우에는 관심대상은 환
경에 대한 정책의 영향으로 바뀌게 된다.

(2) 실천적 목적

정책연구는 현실의 사회문제를 해결하기 위한 정책목표에 대하여 올바른
처방을 내릴 수 있도록 도움을 주기 위해서 필요하다. 따라서 정책학 연구
의 궁극적인 목적은 인간사회의 근본적인 문제 등을 해결하여 인간의 존엄
성을 보다 충실히 구현하기 위한 것이라고 할 수 있다. 이를 위해서는 정
책과정의 합리성을 제고하는 것이 필요하며, 구체적으로 보면 바람직한 정
책결정(정책문제의 올바른 파악, 그 문제해결을 위한 최선의 수단선택 등),
성공적인 정책집행, 타당성 있는 정책평가를 위하여 필요한 지식을 제공할
수 있어야 한다.

[정책학의 연구목적]

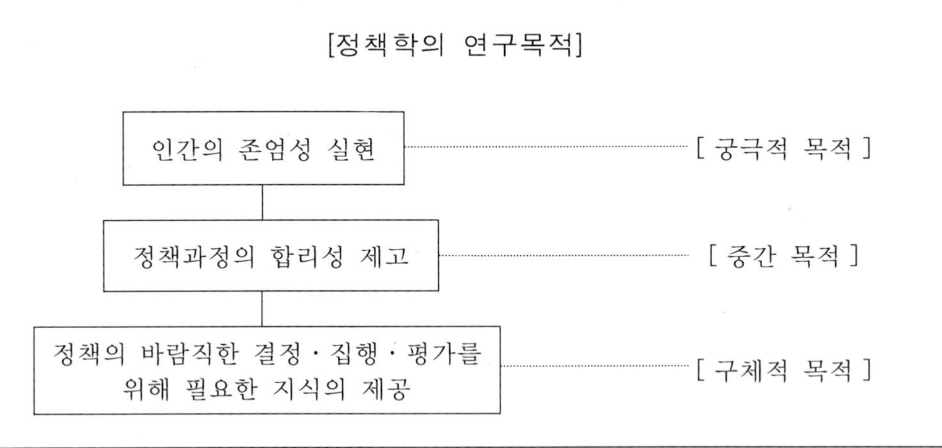

Ⅱ. 정책학의 성격

정책학이 어떤 학문인지를 한마디로 정의하기는 어렵지만, 일반적으로 ① 문제지향적 성격, ② 경험적·실증적 성격과 규범적·처방적 성격, ③ 다학문적 성격 등을 가지고 있다고 할 수 있다.

1. 문제지향적 성격

정책학의 중요한 특성 중의 하나는 문제지향적이고 상황적 맥락을 중요시한다는 점이다. 이러한 성격 때문에 정책학은 문제를 해결해 가는 과정을 강조하게 되고, H.D. Lasswell이 주장하듯이 정책학 연구에서 정책문제 해결의 과정에 관한 지식과 이러한 과정에 필요한 지식이 요구되는 것이다.

2. 경험적·실증적 성격과 규범적·처방적 성격

정책학은 사회문제를 해결하여 보다 바람직한 사회상태를 실현(규범적 성격)코자 하는 진단(경험적·실증적 성격)과 처방(처방적 성격)의 학문이라고 할 수 있다. 따라서 정책학은 가치판단을 위한 규범적(normative) 접근과 사실판단을 위한 경험적·실증적(empirical-positive) 접근을 융합하여 처방적(prescriptive) 접근을 시도하려고 하며, 이러한 이유 때문에 정책학은 순수과학과 응용과학의 논리를 융합하려고 한다.

(1) 경험적·실증적 접근 (empirical-positive approach)

　여기서 말하는 경험적·실증적 방법은 엄격한 과학적 방법에 의한 법칙의 정립뿐만 아니라 사실에 대한 기술적 묘사(description)까지도 포함하는 개념인데, 이 접근방법은 경험한 '사실'을 연구대상으로 하기 때문에 존재(sein)에 관한 연구라고 할 수 있다. 과학적 방법은 정책수단과 정책목표 간의 인과관계를 검증하는데 요구되는 방법이다. 그러나 정책연구에 있어서는 가능한 한 현상을 계량화하려고 하는 엄격한 의미의 과학적 방법은 지양하고, 계량화가 곤란한 중요한 변수들에 대해서도 연구자의 직관이나 통찰력을 이용하여 다각적인 관찰을 하려고 한다.

(2) 규범적·처방적 접근 (normative-prescriptive approach)

1) 규범적 접근 : 이것은 사실판단의 문제가 아닌 바람직한 '가치'가 무엇인지를 판단하는 가치판단적 접근이며 당위(sollen)에 관한 것인데, 무엇이 옳고 그른지 즉 규범(norms)을 연구대상으로 한다. 이것은 정책문제의 채택과 정책목표를 설정할 때 필요한 접근방법이다.
2) 처방적 접근 : 이것은 일단 정책목표가 결정된 후에 이를 달성하기 위한 최선의 수단을 선택하는데 적용되는 방법이다. 정책목표를 달성하기 위한 최선의 정책수단을 선택하기 위해서는 정책수단과 정책목표 사이에 인과관계가 있어야 하는데, 이를 알아보기 위해서는 경험적·실증적 접근방법에서 사용하는 과학적 방법을 도입해야 하는 경우가 많다. 그러므로 처방적 접근은 실제로는 정책목표설정과 관련되는 규범적 접근과 목표·수단의 인과관계를 검증하기 위한 과학적 접근이 융합되는 경우가 많다.

3. 다학문적(inter-disciplinary) 성격

정책학은 응용학문이기 때문에 여러 학문분야로부터 이론이나 논리·기법 등을 원용하고 있는데, 그 중에서도 특히 행정학·정치학과 밀접히 연결되어 있다. 따라서 정책학은 정치학과 행정학과의 중간영역이라고까지 이야기되고 있으며, 정책학 연구도 이 두 학문과의 유기적인 연관 속에서 이루어진다. 이외에도 정책학은 경제학으로부터 체제분석, OR, 비용－편익분석 등의 관리과학적 기법과 공공선택이론 등을, 경영학으로부터 관료제론과 의사결정론 등의 도움을 받고 있으며, 법학(법률은 정책의 한 형태), 심리학, 사회학 등 인접학문들과도 많은 관련이 있다.

(1) 정치학과의 관련성

1) 공통점

정책학은 원래 정치학의 품속에서 출생한 것으로서, 정책문제의 등장(정책의제설정)과 정책결정과정의 경험적·실증적 논의는 정치학에서 빌려온 것이다.

2) 차이점

① 정치학 : 정치과정(특히 투입에 초점)과 정치권력·정치제도·정치체제·정치적 기관의 행태 등에 관심을 두며, 경험적·실증적 접근방법을 통해 연구한다.

② 정책학 : 정책과정(정책을 중심으로 한 투입·전환·산출에 초점)과 정치권력·정치제도·정치체제·정치적 기관의 행태 등에서도 정책과 직접적인 관련이 있는 범위 내에서만 관심을 두며, 경험적·실증적 접근방법뿐만 아니라 규범적·처방적 접근방법을 이용한다.

(2) 행정학과의 관련성

1) 공통점

정책학은 원래 행정학으로부터 분리된 학문으로서, 기획론, 의사결정론, 정책집행론, 정책평가론, 조직 및 관료제 등은 행정학으로부터 빌려온 주요 이론이라고 할 수 있다.

2) 차이점
① 행정학 : 행정조직 내부의 구조, 인적·물적 자원의 구성과 관리에 연구의 중점을 둔다.
② 정책학 : 모든 연구가 정책을 중심으로 이루어지고 있으며, 정책집행론은 성공적인 정책집행을 위한 조건들을 검토하는 시각에서 조직내부에 더하여 외부의 요소를 연구하고, 정책평가론은 타당성 있는 정책평가를 위한 방법 및 논리 등에 연구의 중점을 둔다.

Ⅲ. 정책학의 발전

1. 현대적 정책학의 등장

정책에 대한 관심과 연구는 인류가 공동체를 형성하면서부터 제기되었다고 할 수 있으나, 현대적인 정책학은 1951년에 발표된 H.D. Lasswell의 '정책지향(Policy Orientation)'이라는 논문에서 시발된다. 그는 이 논문에서 "정책학의 연구목적은 사회 속에서 인간이 봉착하는 근본적인 문제를 해결하여 인간의 존엄성을 보다 충실히 구현하는데 있다"고 주장하여 「민주주의 정책학」을 제창하였다.

그러나 이러한 Lasswell의 제언은 당시 학계를 지배하던 행태주의 사조 때문에 관심을 받지 못하다가, 행태주의의 위세가 수그러진 1960년대 말에

와서야 비로소 그의 노력이 빛을 보게 된다.

2. 정책학의 새 출발

(1) 배 경

1) 행태주의적 정치학

1960년대 초까지 미국의 정치학계를 지배한 행태주의(behaviorism)는 논리실증주의를 바탕으로 인간의 행태를 연구대상으로 하는 사회과학방법론을 말하는데, 이러한 행태주의의 방법론상 특징은 가치와 사실의 분리에 입각한 과학적·계량적 접근방법을 중시한다.

2) 1960년대 미국사회의 혼란

1960년대 미국사회에서 대규모의 흑인폭동, 월남전 등 사회문제가 발생하면서 이의 해결요구가 확산되었으나, 당시 행태주의 사조에 젖어 있었던 정치학자들은 현실문제 해결에 아무런 도움이 되지 못했다. 왜냐하면 행태주의는 연구대상에서 가치판단의 문제를 제외시키기 때문에 정치학의 연구에서 중요한 정치현상을 경시하였고, 보수적일 수밖에 없었던 것이다.

3) 행태주의의 반성과 후기행태주의(Post Behaviorism)의 대두

행태주의의 현실적합성에 회의가 제기되면서, 1960년대 말 D. Easton 등 일련의 소장학자들에 의해 행태주의에 대한 비판과 행동(action)과 적실성의 신조(credo of relevance)를 표방한 후기행태주의가 주장되었다. 즉 정치학의 연구내용은 현실의 사회문제를 해결하는데 적합한 처방적 지식을 탐구하여야 한다는 것인데, 그들이 주장하는 바를 요약하면 다음과 같다.

① 인류의 가치를 보호하고 사회를 개혁하기 위해 사회에 개입(action)하

는 것이 정치학자들의 의무이다.

② 현존하는 사회문제의 해결에 의미가 있고 적합(relevance)한 연구가 이루어져야 한다.

③ 사실문제뿐만 아니라 가치문제도 연구대상에 포함되어야 한다.

④ 과학적 방법과 기법을 현실의 중요한 사회문제 해결에 적용하여야 한다.

(2) 정책학의 새로운 대두

이와 같이 1960년대 격동기의 미국사회를 배경으로 행태주의에 대한 비판과 후기행태주의가 주장되면서 1960년대 후반기부터 문제중심의 정책학은 폭발적인 성장을 하기 시작하였다.

1) Lasswell의 공헌
(가) 정책학의 연구내용

Lasswell은 1971년 자신의 20년 전의 주장을 되풀이 하면서 정책학은 인간의 존엄성을 실현하기 위해 '정책과정에 관한 지식'과 '정책과정에 필요한 지식'을 제공하여야 한다고 강조하였다.

① 정책과정에 관한 지식(knowledge of policy process) : 이것은 현실의 정책과정에 대한 과학적 연구결과로부터 얻는 경험적·실증적 지식을 의미한다(정책의제설정론, 정책결정론, 정책집행론).

② 정책과정에 필요한 지식(knowledge in policy process) : 이것은 정책과정의 개선을 위해 필요한 처방적·규범적 지식을 의미한다(정책분석론, 정책평가론).

(나) 정책학의 연구지향

Lasswell은 정책학이 추구해야 할 기본적인 속성으로 다음의 세 가지를 제시하고 있다.

① 문제지향성(problem orientation) : 정책학은 현존하는 사회문제를 해

결하는데 적합한 연구이어야 한다.

② 맥락성(contextuality) : 정책학은 사회적·역사적 맥락 속에서 연구되어야 한다.

③ 방법론적 다양성(methodological diversity) : 정책학 연구에 있어서는 계량적 방법뿐만 아니라 질적 방법 등 다양한 연구방법이 이용되어야 한다.

2) Dror의 정책학 패러다임

정책학을 더욱 발전시키고 체계화한 학자는 Y. Dror인데, 그가 제시한 정책학 패러다임의 주요내용은 다음과 같다.

① 정책학의 연구목적은 사회지도체제(societal direction system), 특히 정책결정체제에 대한 이해를 증진시키고 이를 개선시키는 것이다.

② 위의 연구목적에 따라 그가 제시한 최적모형(optimum model)에서는 정책결정과정이 상위정책결정단계, 정책결정단계, 후정책결정단계로 나뉘어 지는데, 여기서는 초합리성(extra-rationality)의 요소가 강조되고 있다.

③ 정책학의 연구는 학문의 경계를 초월한 범학문적(inter-disciplinary)이고, 사회문제 해결을 위한 처방적 접근방법을 활용하여야 한다.

Ⅳ. 정책학 연구의 준거틀과 연구내용

1. 정책학 연구의 준거틀

정책학 연구에 있어서 체계적인 시각을 제공하고, 각종 분석활동들의 기준이 될 수 있는 이론적 준거틀(frame of reference)을 정책과정론적 접근과 체제론적 접근을 통합하여 제시하면 다음과 같다.

(1) 정책과정론적 접근

정책과정은 일반적으로 ① 정책의제설정 → ② 정책결정(또는 정책형성) → ③ 정책집행 → ④ 정책평가로 이루어지는데, 각 과정은 상호 영향을 미치는 순환적 관계에 있다.

1) 정책의제설정(policy agenda-setting) : 정부가 정책적 해결을 위하여 특정한 사회문제(social problems)를 정책의제(policy agenda)로 채택하거나 또는 방치하기로 결정하는 활동이다.

2) 정책결정(policy making) 또는 정책형성(policy formulation) : 정책문제를 해결하여 달성할 목표를 설정하고, 이 목표를 달성할 수 있는 여러 대안들을 고안·검토하여 하나의 정책대안을 채택하는 활동이다. 정책형성과 정책결정은 거의 같은 의미로 사용되는데 '정책형성'은 정책이 형성되어지는 과정에, '정책결정'은 그 과정의 결과로서 하나의 대안을 선택한다는 점에 중점을 둘 때 사용되는 개념이라고 할 수 있다. 한편 보다 합리적인 정책결정을 위해 필요한 지식과 정보를 창출·제공하는 지적 활동을 정책분석(policy analysis)이라고 한다.

3) 정책집행(policy implementation) : 현실세계로 정책내용을 실현하는 활동으로서, 정책대상집단에게 재화나 서비스를 제공하거나 규제를 행하는 활동이다.

4) 정책평가(policy evaluation) : 정책이 좋은지 나쁜지를 비판적으로 검토하는 지적 활동 또는 정책수단과 정책목표(정책효과)간의 인과관계에 대한 아직 검증되지 않는 가설을 검증하려는 지적 활동이다.

(2) 체제론적 접근

　체제론적 시각에서 볼 때, 정책은 정치체제와 환경간의 유기적인 관계 속에서 ① 투입 → ② 전환 → ③ 산출 → ④ 환류로 이어지는 정치체제의 산물이다.

1) 환경(environment) : 정치체제에 영향을 미치는 외적인 요소의 일체를 의미한다.
2) 투입(input) : 환경으로부터 정치체제에 흘러들어오는 요구(demand)와 지지(support)를 포함한다.
3) 전환(conversion) : 환경으로부터 투입된 각종의 요구와 지지를 정책으로 변용시키는 과정이다.
4) 산출(output) : 정치체제가 만들어 낸 최종생산물로서의 정책을 의미한다.
5) 환류(feedback) : 정치체제가 산출해 낸 정책을 근거로 하여 새로운 투입이 형성되는 과정이다.

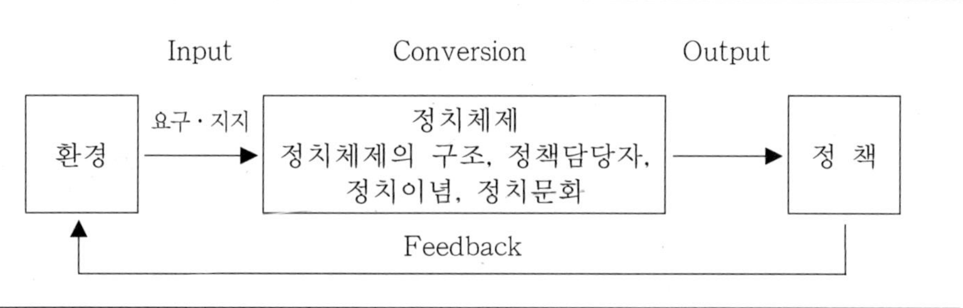

(3) 정책학 연구의 준거틀

　위의 두 가지 접근방법을 통합하여 정책학 연구의 준거틀을 제시하면 다음 그림과 같다.

　이러한 준거틀에 근거하여 정책과정 전반에 관해 간단히 살펴보기로 하자.

① 우리 사회에는 해결해야 할 수많은 문제 즉 사회문제가 존재하는데, 이들 중에서 일부는 정부에서 정책적 해결을 위해 신중한 검토를 하기로 결정함으로써 정책문제로 전환된다. 이때 사회문제 중에서 일부는 정책문제로 채택하고, 다른 것은 방치하기로 결정하는 활동을 '정책의제설정'이라고 부른다.

② 어떤 문제가 정책문제로 거론되면 이를 해결하기 위한 정책목표를 설정하고, 이 목표를 달성할 수 있는 여러 가지 대안들을 고안·검토하여 하나의 정책대안을 채택하게 되는데 이 모든 활동을 '정책형성' 또는 '정책결정'이라고 하며, 그 결과로 나오는 산출물이 바로 정책인 것이다. 이 과정에서 보다 바람직한 정책결정을 위하여 사전적으로 수행되는 지적 작업이 '정책분석'이며, 이는 정책결정에 필요한 지식을 제공한다.

[정책학 연구의 준거틀]

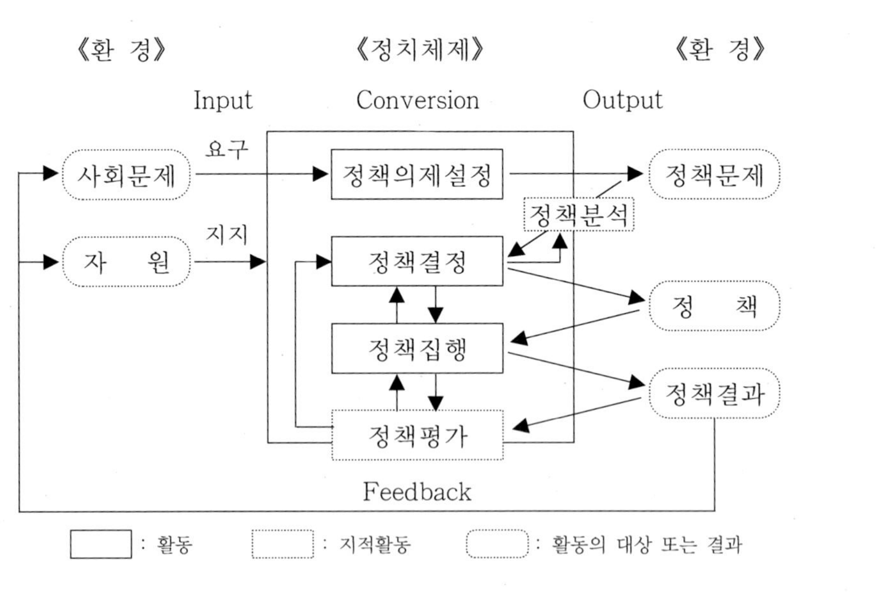

③ 결정된 정책은 보다 구체화되어 현실적으로 실현되는데 이러한 정책의 실현 활동을 '정책집행'이라고 부르며, 그 결과 정책이 사회(정책환경)에 영향을 미칠 때 이것을 정책결과 또는 정책영향이라고 한다. 정책결과(정책영향)에는 정책목표가 달성되는 정책효과, 부수효과와 정책집행을 위해서 사용된 사회적 가치인 정책비용, 부작용, 사회적 희생 등이 포함된다.

④ 한편 집행도중에 정책집행과정의 여러 가지 측면을 검토하거나, 집행결과 정책효과의 발생여부를 검토하는 지적 작업을 '정책평가'라고 하는데, 이것은 보다 바람직한 집행전략을 수립하거나 정책의 추진여부 및 정책내용의 수정 등에 필요한 지식을 제공하여 정책결정에 기여를 하게 된다.

위와 같이 정책연구의 준거틀을 잘 활용하면 정책과정 전반을 체제론적 시각에서 접근할 수 있고 여러 가지 분석활동에 유용하게 활용할 수 있다. 특히 정책과정상의 각종의 관련변수들을 체계적으로 도출하여 정리할 수 있다는 장점이 있다. 정책과정상에 영향을 미치는 주요변수들을 간단히 정리해 보면 다음과 같다.

[정책과정상의 관련변수]

- 정책의제설정을 좌우하는 요인
  ① 문제의 특성 ② 의제설정의 주도집단 ③ 정치체제의 특성
- 정책결정에 영향을 미치는 요인
  ① 환경변수 ② 정치체제변수
- 정책집행을 좌우하는 요인
  ① 정책변수 ② 집행체제변수 ③ 환경변수
- 정책변동의 요인
  ① 문제의 변화에 따른 요구의 변화
  ② 자원의 변화에 따른 지지의 변화
  ③ 정치체제 특성의 변화 (정책담당조직의 취약성)
  ④ 정책의 오류

2. 정책학의 연구내용

정책학은 정책을 그 핵심적 대상으로 하되 그와 관련된 정책과정, 투입과 산출이 모두 연구대상이 된다. 따라서 정책학의 연구대상들은 다음의 내용들이 모두 포함된다.

① 정 책 : 정책목표와 정책수단

② 정책과정 : 정책활동(정책의제설정, 정책결정, 정책집행)과 정책활동에 필요한 지적 활동(정책분석, 정책평가)

③ 투입과 산출 : 투입(사회문제)과 산출(정책문제, 정책, 정책결과)

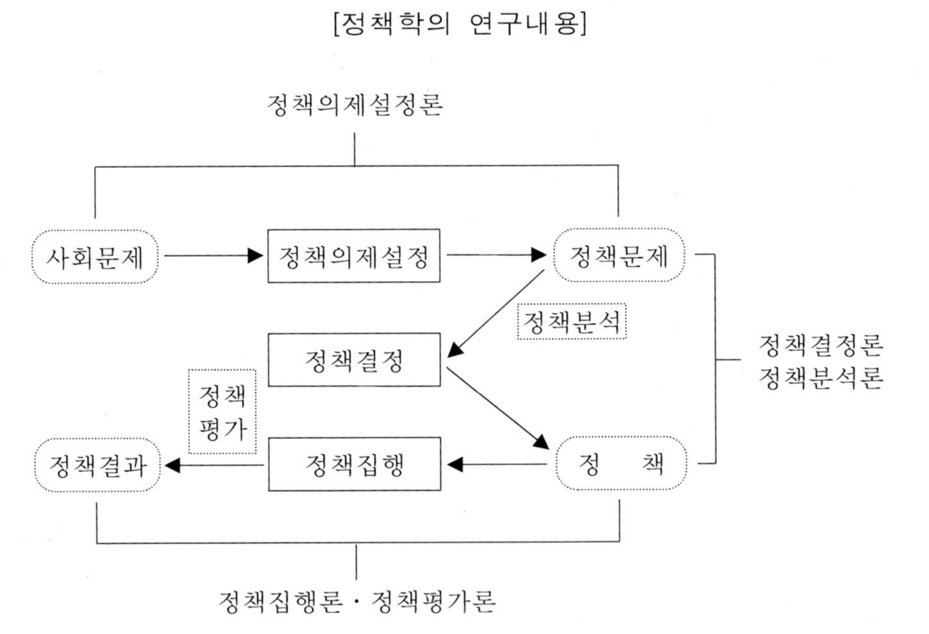

[정책학의 연구내용]

제 2 장 정책의 개념과 구성요소

Ⅰ. 정책의 개념과 성격

1. 정책의 정의

한 사회를 형성하고 있는 사회구조, 사회적 규범이나 가치관, 사회문화와 국민들의 행태, 물리적 환경 등은 시간의 흐름에 따라 끊임없이 변화하는데, 이러한 변화가 사회의 각 분야별로 볼 때 바람직한 방향으로 변화되어 갈 수도 있지만 그렇지 않는 경우도 많다. 정부는 사회구성요소들이 바람직한 방향으로 변화되어 갈 때는 이것을 유지·발전시켜 나가려 하지만, 그렇지 않는 경우에는 그것을 바람직한 방향으로 재구성하려고 노력한다. 이와 같이 정부가 사회적 상황이나 조건들을 유지 또는 변경시키고자 할 때 사용하는 개입(intervention)의 수단이 바로 정책이다. 정책은 다양한 형태로 표현되는데 법률, 명령, 시책, 사업계획, 사업(프로그램), 단위사업(프로젝트), 방침, 지침 등의 용어가 정책과 거의 같은 의미로 사용된다.

정책(public policy)이란 ① '바람직한 사회상태를 이룩하려는 정책목표와 이를 달성하기 위해 필요한 정책수단에 대하여 권위 있는 정부기관이 공식적으로 결정한 기본방침' 또는 ② '사회문제를 권위적으로 해결함으로써 공익을 향상시키고자 하는 정부의 미래지향적인 행동방침' 또는 ③ '사회문제(공공문제)의 해결이나 공익을 추구하기 위해 정부가 선택한 목표에 관한 장기적인 행동방안이나 방침' 등으로 다양하게 정의되고 있는데, 여기서는 정책이란 '사회문제의 해결이나 공익을 추구함으로써 바람직한 사회상태를 이룩하려는 정책목표와 이를 달성하기 위해 필요한 정책수단에 대하여 권위 있는 정부기관이 공식적으로 결정한 기본방침'이라고 정의하기로 한다.

이러한 정책의 개념 속에 포함되어 있는 중요한 내용들을 구체적으로 살펴보면 다음과 같다.

(1) 정책목표와 정책수단

정책은 원칙적으로 정책을 통하여 실현하고자 하는 바람직한 사회상태로서의 정책목표와 이것을 달성하기 위한 정책수단을 지니고 있다. 따라서 정책은 미래지향성과 규범성 그리고 처방성을 갖는다.

(2) 권위 있는 정부기관의 결정

정책은 국회, 중앙행정기관, 지방자치단체 등 정책결정권을 지니고 있는 권위 있는 정부기관에 의한 결정의 산물이다. 여기서 권위는 법 또는 투표와 같은 주권자들의 명시적·묵시적인 동의에 의해 부여되며, 개인이나 사조직이 갖지 못하는 합법적인 강제력을 수반한다.

(3) 공식적인 기본방침

정책은 정부가 공식적인 절차와 방법에 의해 결정·공표한 것으로서, 공공문제의 해결이나 목표달성을 위한 기본방침 또는 행동방침을 의미한다. 따라서 정책은 그것을 결정할 당시에는 원칙적으로 추상적인 기본방침만을 정하며, 그것의 구체화는 집행과정을 통하여 이루어진다.

(4) 정부의지의 표출

정책은 원칙적으로 그것을 추진·집행하려는 정부의 의지가 내포되어 있는데, 예외적으로 상징정책과 같이 그것을 집행할 의지가 전혀 없는 것도 있다.

2. 정책의 성격

정책의 성격은 정책의 개념 설명에서 이미 나타나 있지만, 중요한 성격들을 종합적으로 고찰하면 다음과 같다.

(1) 문제해결지향성과 변동대응성

정책은 바람직하지 않는 사회상태(사회구조, 규범, 가치관, 행태, 물리적 환경 등)를 바람직한 사회상태로 변화시킴으로써 사회가 당면하고 있는 문제를 해결하려고 하는 문제해결지향적 성격과 변동대응적 성격을 가지고 있다. 여기서 정책을 통해서 개선하고자 하는 사회문제(예; 주택부족, 교통체증, 환경오염, 열악한 교육환경 등)를 정책문제라고 한다.

(2) 인과성

정책은 사회가 직면하고 있는 문제를 해결하기 위한 수단이기 때문에 정책을 원인으로 보고, 정책의 시행으로 개선되거나 해결되는 사회상태를 그 결과 또는 효과로 본다면 정책수단과 정책목표(정책효과) 간에는 인과성을 띠고 있다고 말할 수 있다.

(3) 가치배분성

정책목표와 정책수단을 어떤 것을 선택하느냐에 따라 그것으로부터 이익

을 보는 개인이나 집단과 손해를 보는 개인이나 집단이 달라지기 때문에
정책은 결과적으로 사회적 가치를 배분하는 기능을 한다. 정책의 이러한
성격 때문에 D. Easton은 정책이란 '전체사회에 대한 가치의 권위 있는 배
분'이라고 정의하고 있다.

(4) 합리성과 정치성

정책은 바람직한 사회를 만들기 위한 수단을 선택하는 것이기 때문에 수
단선택의 합리성과 효율성이 강조된다. 따라서 정책은 정책목표를 달성할
수 있는 여러 대안들을 합리적으로 분석하고 비교·평가하여 최적의 대안
을 선택함으로써 만들어진 산출물이라고 할 수 있다. 그러나 다른 한편으
로는 정책은 사회질서를 재창조하는 것을 목적으로 하기 때문에 새로운 정
책에 의해 이익을 보는 개인이나 집단과 손해를 보는 개인이나 집단이 있
기 마련이다. 따라서 정책은 이들 이해관계를 달리하는 집단들 간의 역동
적인 상호작용을 통한 정치적 협상의 산물이라고 할 수 있다.

3. 정책의 중요성

정책의 중요성이 인정되는 일반적인 이유는 다음의 세 가지로 요약해 볼
수 있다.

(1) 중요한 사회변화의 동인

정책은 바람직한 사회상태를 구현하기 위한 정책목표와 그것을 달성하기
위한 정책수단을 그 내용으로 하고 있기 때문에 정책은 현실개혁과 미래실
현의 실천적 원동력이 된다. 정책은 사회변동의 목적과 방향을 설정하고,

자원의 배분에 영향을 미친다.

(2) 정책의 사회적 영향

정책의 중요성은 그것이 사회에 미치는 영향의 특성, 즉 정책영향의 장기성, 광범위성, 근본성에서 찾을 수 있다. 정책은 시간적으로 장기간 지속되며, 공간적으로 매우 넓은 지역에 걸쳐 영향을 미친다. 그리고 무엇보다도 중요한 것은 이와 같이 넓은 시간대와 공간대에 살고 있는 많은 사람들의 가치·규범·행태 등에 매우 중대하고도 근본적인 영향을 준다는 사실이다.

(3) 정치적 성격

정책이 사람들에게 주는 영향은 사람들에게 이익과 손해로 나타난다. 사람들이 정책에 대하여 갖는 기대감에 따라 찬성과 반대의 정치적 관계가 형성된다. 현실의 정책은 이러한 정치적 관계를 통한 정치적 합의의 표현 또는 그것의 전제로 채택된 것이다. 이와 같은 정치적 성격 때문에 정책은 많은 사람들에게 매우 중요한 것으로 인식된다.

II. 정책의 구성요소

정책의 구성요소로는 ① 정책목표, ② 정책수단, ③ 정책대상집단 등 세 가지를 들 수 있다.

1. 정책목표

(1) 의 의

정책목표(policy goals)는 '정책을 통하여 달성하고자 하는 바람직한 미래상태'를 의미한다. 모든 정책에는 묵시적이든 명시적이든 달성하려는 목표가 있는데, 예를 들면 경제안정화정책의 목표는 '경제의 안정', 보건의료정책의 목표는 '국민보건수준의 향상', 토지공개념정책의 목표는 '토지공개념이라는 이념의 실현'과 같은 것이다. 정책목표는 ① 방향성과 미래성을 가지며, ② 정책의 존재이유가 되며, ③ 가치판단에 의존하기 때문에 주관성과 규범성을 갖는다. 한편 정책목표가 달성되어 나타나는 결과를 정책효과(policy effect)라고 부른다.

(2) 종 류

① 치유적 목표(소극적 목표) : 문제발생 이전에 존재하던 상태를 정책목표로 삼는 경우이다.
② 창조적 목표(적극적 목표) : 과거에 경험해 보지 못한 새로운 상태를 정책목표로 삼는 경우이다.

(3) 정책목표들 간의 상호관계

하나의 정책은 여러 가지 정책목표를 가지고 있는 경우가 많은데, 이들 목표들 간에는 다음과 같은 상호관계가 있을 수 있다.
① 상하관계 : 상위목표와 하위목표는 「목표－수단의 계층제」의 관계에 있기 때문에 하위목표는 상위목표의 수단이 된다. 따라서 목표계층의 어느 수준에 초점을 맞추느냐에 따라 목표가 수단이 될 수도 있고 수단이 목표가 될 수도 있다.
② 보완관계 : 동일한 상위목표의 달성을 위해 몇 가지 하위목표들이 서

로 보완관계에 있는 경우이다.

③ 모순·충돌관계 : 하나의 정책문제를 해결하면 다른 문제가 더욱 악
   화되는 상충관계(trade-off)에 있는 경우이다.

④ 경쟁관계 : 이용될 자원의 획득을 위하여 목표들 간의 경쟁관계에 있
   는 경우이다.

(4) 정책목표의 기능

1) 사회지도체계의 방향 설정

사회를 바람직한 방향으로 변화시키려는 기능은 정책목표의 1차적 또는
본래적 기능·역할이다.

2) 정책과정의 지침과 기준의 역할

정책에 관련된 제과정이나 활동에서 길잡이 또는 목표물로서의 역할은
정책목표의 2차적 또는 부차적 기능·역할이다.

① 최선의 정책수단 선택의 기준 : 정책목표는 여러 가지 정책수단 중에
   서 최선의 것을 선택하는 기준으로서 이용된다. (효과성·능률성기준)

② 정책집행의 지침 : 정책목표는 정책집행과정에서의 구체적 결정이나
   활동의 길잡이 역할을 한다.

③ 정책평가의 기준 : 정책집행과정에서의 평가(과정평가)나 정책효과의
   발생여부를 판단하는 평가(총괄평가) 모두 정책목표가 그 중요한 평
   가기준이 된다.

2. 정책수단

(1) 의 의

정책수단(policy means)은 '정책목표달성을 위한 행동방안'으로서 정책의 실질적인 내용을 구성한다. 예를 들어 토지공개념이라는 정책이념 또는 정책목표를 달성하기 위하여 택지소유상한제, 토지초과이득세, 토지거래허가신고제, 지가공시제 등의 정책수단을 사용하게 되며, 국민보건수준의 향상이라는 정책목표를 달성하기 위한 수단으로는 국민의료보험 실시나 깨끗한 식수의 공급과 같은 정책수단을 생각할 수 있다. 어떠한 정책수단을 선택하느냐에 따라 국민들에게 직접적으로 미치는 피해 또는 혜택이 달라지며, 목표달성의 효과 또한 달라지기 때문에 정책결정시 최선의 수단을 선택하는 것은 매우 중요하다.

(2) 구별 개념

1) 정책목표와 정책수단
목표-수단의 계층제에서 하위목표는 상위목표의 정책수단이 된다.

2) 정책수단과 정책대안
① 정책수단 : 정책목표를 달성하기 위한 행동방안(수단)을 말한다.
② 정책대안 : 정책목표와 정책수단의 배합(combination)의 하나 하나를 말한다.

(3) 중요성

① 정책수단은 정책의 실질적 내용으로서 정책의 가장 중요한 구성요소이다.
② 어떤 정책수단을 선택하느냐에 따라 피해집단과 수혜집단이 달라지기 때문에 이를 둘러싼 이해관계자들의 정치적 갈등이 치열하다.
③ 정책수단의 실현을 위해서는 많은 정책비용 또는 사회적 희생을 부담해야 한다.

④ 정책수단의 실현을 통하여 원하는 목표달성 외에 부수효과를 수반하는 경우
가 많다.

(4) 종 류

1) 실질적 정책수단

목표－수단의 계층제에서 말하는 것으로서, 상위목표를 달성하기 위한
정책수단의 실질적인 내용을 의미한다. 이는 구체적인 정책의 종류(교육
정책, 교통정책, 환경정책, 국방정책, 경제정책 등)에 따라 그 수단이 달
라진다.

2) 실행적·보조적 정책수단

실질적 정책수단을 보조적으로 실행하기 위한 수단 또는 실질적 정책수단
의 행동화에 필요한 수단을 의미한다. 예컨대 ① 순응확보수단으로서의 설
득·유인·강압, ② 집행기구·요원, ③ 자금, ④ 공권력 등은 모든 정책을
추진하는데 있어서 보조적으로 필요한 수단들이다.

(5) 최선의 정책수단 선택을 위한 작업

여러 가지 정책수단들 중에서 정책목표를 가장 잘 달성할 수 있는 최선
의 수단선택의 논리는 다음과 같다.

1) 목표의 명확화

정책목표는 정책과정의 지침적 기능을 수행하므로 최선의 정책수단을 선
택하기 위해서는 먼저 정책목표를 명확히 하고 구체화하여야 한다.

2) 정책대안의 탐색·개발

정책목표와 그 달성을 위한 정책수단을 합하여 정책대안이라고 하는데, 정책목표를 달성할 수 있는 최선의 수단을 선택하기 위해서는 먼저 관련된 대안들을 광범위하게 탐색하고 개발하여야 한다.

3) 정책대안의 결과예측

여러 가지 정책대안들을 실행에 옮길 경우 발생할 중요한 결과(정책효과와 정책비용)들을 미리 검토한다.

4) 대안결과의 비교·평가

정책대안들의 우선순위를 결정하기 위하여 소망성(desirability)과 실현가능성(feasibility) 기준에 비추어 대안결과들을 비교·평가한다.

5) 최선의 대안선택

여러 가지 대안들 중에서 실행가능하고, 가장 바람직스러운 대안을 최선의 정책대안으로 선택한다.

3. 정책대상집단

(1) 의 의

정책대상집단(policy target group)이란 '정책의 적용을 받는 집단' 또는 '정책집행으로 인해 영향을 받는 집단'을 말한다. 정책의 대상집단들은 정책으로 인하여 이익을 볼 수도 있고 손해를 입을 수도 있기 때문에 이들 집단들은 정책의 결정이나 집행에 대하여 적극적으로 찬성하거나 순응하기도 하고, 반대하거나 불응을 하기도 한다. 따라서 정책대상집단들의 반응은 바람직한 정책의 입안 및 성공적인 집행에 중대한 영향을 미친다.

(2) 종 류

정책대상집단은 정책으로부터 이익을 보느냐 또는 손해를 보느냐에 따라 수혜집단과 비용부담집단으로 구분된다.

1) 수혜집단 : 정책집행으로부터 재화나 서비스를 제공받는 집단을 말하는데, 이들은 정책의 채택이나 집행에 대하여 적극적으로 찬성하거나 순응을 한다.
2) 비용부담집단 : 정책집행으로 인해 정책의 비용을 부담해야 할 집단을 말하는데, 이들은 정책의 채택이나 집행에 대하여 소극적이거나 적극적인 반대 또는 불응을 하게 된다.

(3) 정책유형과 정책대상집단

정책유형에 따라 정책대상집단의 특징이 달라지는데, 근본적으로 이러한 특징들 때문에 다음 장에서 보게 되는 정책과정상의 특징이 달라진다.

1) 배분정책 : 배분정책이란 국민들에게 권리나 이익 또는 서비스를 배분하는 내용을 지닌 정책을 말하는데, 이 정책의 수혜집단은 특정한 개인·기업·지역주민들이 되기 때문에 특정적인 반면에 비용부담집단은 일반국민들이기 때문에 불특정적이다.
2) 규제정책 : 규제정책이란 공익보호를 목적으로 특정한 개인이나 일부 집단의 재산권 행사나 행동의 자유를 구속·억제하는 것을 내용으로 하는 정책을 말하는데, 이 정책의 수혜집단은 불특정한 대중이기 때문에 불특정적인 반면에 비용부담집단은 특정한 개인이나 기업이 되기 때문에 특정적이다.
3) 재분배정책 : 재분배정책이란 고소득층으로부터 저소득층으로의 소득

이전을 목적으로 하는 정책을 말하는데, 이 정책의 수혜집단은 저소
득계층이 되고 비용부담집단은 고소득계층이 되기 때문에 두 집단 모
두 특정적이다.

제 3 장 정책의 유형

I. 서 론

1. 의 의

정책유형 분류의 목적은 정책들 사이의 유사성과 차이점을 이해함으로써 정책현상에 대한 이해를 쉽게 하고, 정책연구나 실무에 도움을 주고자 하는 데 있다.

정책유형에 따라 정책과정의 특성을 살펴보려는 연구는 T.J. Lowi에 의해서 시작되어 R.H. Salisbury, J.E. Anderson 등에 의해 활성화되고, R. Ripley와 G. Franklin은 정책집행과정에까지 그 논의를 확대시키고 있다. 종래에는 정책이란 정치체제의 산출물로서 정치과정에 의해 결정된다는 종속변수로 보았으나, Lowi는 상황론적 주장을 근거로 정책내용 또는 정책유형에 따라 정책과정이 달라질 수 있다고 주장하여 정책을 독립변수로 전환시켰다. Ripley와 Flanklin은 이와 같은 Lowi의 주장을 더욱 발전시켜 정책의 유형은 정책결정과정 뿐만 아니라 정책집행과정까지도 영향을 미친다고 주장하고 있다.

2. 정책유형의 분류

정책은 관점과 기준에 따라 여러 가지 유형으로 구분해 볼 수 있는데,

바람직한 정책의 유형분류는 다양한 정책들을 몇 가지로 범주화하여 모두 포괄할 수 있는 분류이어야 한다.

(1) 직제·기능에 따른 분류

정부조직이나 그 기관이 하는 일에 따라 분류하는 것으로서, 우리가 흔히 말하는 경제정책, 환경정책, 교통정책, 문화정책, 교육정책, 통일정책, 외교정책, 국방정책 등이 이에 해당한다. 이러한 상식적인 분류는 일상생활에서 흔히 사용되고 있기는 하나, 수많은 정책을 몇 가지로 범주화할 수 없다는 한계가 있다.

(2) 정책의 성격에 의한 분류

1) Lowi의 분류

정책분류의 효시(1964)로서 오늘날 가장 많이 원용되고 있는 분류방법이다. Lowi는 정책이 사회에 미치는 영향과 정책결정과정에의 참여자들 간의 관계적 특성을 기준으로 하여 ① 배분정책, ② 규제정책, ③ 재분배정책으로 분류하고, 후에 ④ 구성정책을 추가하였다.

2) Ripley와 Flanklin의 분류

Ripley와 Franklin은 정책결정과정 뿐만 아니라 정책집행과정에서도 수많은 정부기관과 이해관계집단이 참여하여 상호 타협·흥정하는 정치적 과정이라고 보고, 정책의 유형에 따라 정책집행을 둘러싼 집단들(의회, 민간부문의 이익집단이나 시민집단, 행정부)간의 정치적 과정이 달라진다고 보았다. 이들은 Lowi의 논의를 더욱 발전시켜 정책의 유형을 ① 배분정책, ② 경쟁적 규제정책, ③ 보호적 규제정책, ④ 재분배정책으로 분류하고, 이러한 정책의 유형에 따라 정책집행의 특징(특히 SOP에 의한 원만한 집행의 정도)이 달라진다는 것을 미국의 국내정책들을 대상으로 하여 체계적으로 연구하였다.

3) Salisbury의 분류

그는 정책의 영향과 정책결정의 참여자들 간의 관계를 기준으로 하여 ① 배분정책, ② 규제정책, ③ 자율규제정책, ④ 재분배정책으로 분류하고 있다.

4) Almond와 Powell의 분류

그들은 정치체제의 산출활동의 기능적 특성을 중심으로 정책을 ① 배분정책, ② 규제정책, ③ 추출정책, ④ 상징정책으로 구분하고 있다.

Ⅱ. Lowi의 분류

1. 의　의

T.J. Lowi의 정책유형론은 정책분류의 효시가 되고 있는데, 그는 당시의 다원주의와 엘리트주의의 주장을 통합하려는 의도를 가지고서 정책내용 또는 정책유형에 따라 정책결정과정상의 특징이 달라진다고 주장하였다. 그에 의하면 규제정책의 경우에는 다원론자들의 주장이 옳고, 재분배정책의 경우에는 엘리트론자들의 주장이 옳다고 한다.

여기서는 Lowi의 분류에 따라 정책의 유형을 ① 배분정책, ② 규제정책, ③ 재분배정책, ④ 구성정책으로 분류하고, R. Ripley와 G. Flanklin, R.H. Salisbury 등의 논의를 추가하여 정책과정 전반의 특성을 고찰해 보기로 한다.

2. 정책의 유형

(1) 배분정책

1) 의 의

배분정책(distributive policy)이란 '국민에게 권리나 이익, 서비스를 배분하는 내용을 지닌 정책' 또는 '특정한 개인, 집단, 지역주민들과 국민의 일부분에게 이익과 서비스를 배분하여 주는 정책'을 말한다. 예컨대 정부에 의한 고속도로, 항만시설 등의 사회간접자본의 구축, 기업에 대한 수출보조금·융자금의 지원, 농어촌 소득증대사업의 지원, 국공립학교를 통한 교육서비스의 제공 등이 여기에 포함된다.

2) 일반적인 특징

① 수혜집단은 개인·집단·조합·지역사회 등 특정적이나, 비용부담집단은 일반 국민이기 때문에 불특정적이다.

② 주된 정치단위는 기업·개인이며, 정치단위간의 안정성이 높다.

③ 승자(수혜집단)와 패자(비수혜집단)간의 정면대결의 필요가 없다. 왜냐하면 모든 국민의 세금에 의해 정책비용이 지불되고 정책의 혜택이 분배되기 때문에 경쟁의 대상이 존재하지 않기 때문이다.

④ 정책으로부터 혜택을 받으려고 하는 집단(수혜집단)들이 갈라먹기식 정치(pork-barrel politics)를 하거나, 서로 상부상조(log-rolling)를 한다.

⑤ 정책이 여러 사업들로 구성되고 이 사업들은 상호 큰 연계 없이 독립적으로 집행될 수 있기 때문에 이러한 세부사업들의 집합이 하나의 정책을 구성한다. 즉 정책내용이 쉽게 세부사업단위로 분해될 수 있다.

3) 정책과정상의 특징

(가) 정책의제설정

① 재화와 서비스를 향유할 특정부문의 집단(수혜집단)들이 의제화에 적극적인 역할을 한다.

② 수혜자들이 정책결정자에게 은밀하게 접근하여 정책의제로 채택(내부접근형)되도록 하기 때문에 의제화가 조용히 이루어지는 경향이 있다.

(나) 정책결정

① 정책결정과정에서 이익집단, 의회의 위원회, 관료집단의 3두마차(troika)가 결정적인 역할을 한다.

② 의원들은 출신지역구를 위해서 그리고 특정집단은 더 많은 혜택을 받기 위해서 갈라먹기식 다툼을 하거나, 상부상조를 한다.

③ 수혜집단과 비용부담집단간의 정면대결의 필요가 없다.

(다) 정책집행

정책의 유형에 따라 정책집행의 특징(특히 SOP에 의한 원만한 집행의 정도)이 달라진다는 것을 미국의 국내정책들을 대상으로 하여 체계적으로 연구한 Ripley와 Franklin의 논의를 중심으로 살펴보면 다음과 같다.

① 정책집행과정에서 의회, 행정부의 일선집행기관, 수혜자가 적극적으로 개입한다.

② 수혜집단이 정책의 주요한 대상집단이기 때문에 집행을 둘러싼 이데올로기적인 논쟁이나 작은 정부에 대한 요구가 거의 없다.

③ 참여자(집행관련 집단)간의 관계가 안정적이며, 집행에 대한 반대나 갈등이 거의 없다.

④ 따라서 집행을 둘러싼 집단들 간의 집행에 대한 상대적 영향력의 합의라고 할 수 있는 SOP 또는 상례적 절차(routine)의 확립이 용이하며, 원만한(smooth) 집행의 가능성이 높다.

(라) 정책평가

수혜자의 평가활동에의 참여는 미비한 편이나, 정부나 의원의 경우 대국민홍보를 위해 평가결과를 적극적으로 활용한다.

(2) 규제정책

1) 의 의

규제정책(regulatory policy)이란 '특정한 개인이나 집단의 재산권 행사나 행동의 자유를 구속·억제하여 반사적으로 다른 사람들을 보호하려는 정책' 또는 '특정한 개인이나 집단의 행태에 제한 또는 규제를 부과하는 정책'을 말한다. 예컨대 기업간의 불공정경쟁규제, 과대광고규제 등이 이에 포함된다.

2) 유 형

(가) 보호적 규제정책과 경쟁적 규제정책

Ripley와 Franklin은 Lowi의 규제정책을 다시 보호적 규제정책과 경쟁적 규제정책으로 나눈다.

① 보호적 규제정책 (protective regulatory policy) : 개인이나 집단의 권리행사, 또는 행동의 자유를 구속·통제함으로써 일반대중을 보호하려는 정책이다. 예컨대 소비자를 보호하기 위한 공정거래법, 식품위생법, 근로자를 보호하기 위한 근로기준법 등 대부분의 규제정책이 여기에 해당한다.

② 경쟁적 규제정책 (competitive regulatory policy) : 많은 경쟁자들 중에서 몇몇 개인이나 집단에게 일정한 재화나 서비스를 공급할 수 있도록 하는 반면 공익을 위하여 서비스 제공의 일정한 측면을 규제하는 배분정책적 성격과 규제정책적 성격을 동시에 지니고 있는 잡종(hybrid)정책이다. 예컨대 Radio·TV 방송권, 항공노선 취항권, 고속버스노선 운행권의 부여 등이 이에 해당한다.

(나) 경제적 규제정책과 사회적 규제정책

Tatalovich와 Daynes, Spitzer, Wilson 등은 규제정책을 경제적 규제정책과 사회적 규제정책으로 구분한다.

① 경제적 규제정책(economic regulatory policy) : 기업간의 경쟁이 성립되지 않거나 경쟁의 결과 자원의 최적배분이 이루지지 않을 때 기업의 본원적 활동에 대하여 규제를 행하는 정책이다. 예컨대 인·허가, 공공요금규제, 독과점 및 불공정거래규제 등이 이에 해당한다.

② 사회적 규제정책(social regulatory policy) : 국민의 생명, 건강에 관한 안전성을 확보하고 기업의 사회적 책임을 강제하기 위한 규제정책이다. 예컨대 환경규제, 소비자보호규제, 산업재해의 규제, 사회적 차별에 대한 규제 등이 이에 해당한다.

(다) 자율규제정책

R.H. Salisbury가 주장한 것으로서, 규제대상자에게 그 소속활동에 대한 규제기준의 설정과 그 집행권한까지 위임하여 특정한 전문집단에게 자율성과 함께 필요한 규제권까지도 부과하는 경우이다. 자율규제정책은 일반적인 규제정책과 마찬가지로 특정집단에 제한과 통제를 부과하지만, 규제정책과 다른 점은 대상집단이 자기이익을 보호하는 방편으로 규제를 희구하고 지지한다는 점이다. 전문직업집단(변호사회, 약사회, 의사회 등)의 면허제도 등을 그 예로 들 수 있는데, 각 전문집단들이 스스로 소속 구성원들에 대한 통제기준을 정하고, 그것을 위반 시 제재를 가하는 것을 볼 수 있다.

3) 일반적인 특징

① 비용부담집단은 특정한 개인이나 기업이 되나, 수혜집단은 일반대중이기 때문에 불특정적이다. 그러나 규제정책에서는 배분정책과는 달리 비용부담집단과 수혜집단이 명백히 존재하기 때문에 이 두 집단 사이의 갈등이 분명하고 치열하다.

② 주된 정치단위는 이익집단이며, 정치단위간의 관계는 이합집산을 거듭하면서 안정성(지속성)이 매우 낮다.

③ 규제대상집단(비용부담집단)의 재산권 행사나 행동의 자유를 구속·
제약하기 때문에 이들의 정치적 반발이 심하다.
④ 규제대상집단의 저항을 극복하기 위해 정책집행에 있어서 공권력이
필요하며, 인권 및 재산권 침해가 뒤따르기 때문에 국가권력에 의한
남용을 막기 위하여 법적 근거가 요구되는 경우가 많다.

4) 정책과정상의 특징
(가) 정책의제설정
① 정책의 수혜집단은 일반대중이나, 비용부담집단(피해집단)은 일부집
단인 집단적 문제(collective issue)의 경우 비용부담집단의 강력한 반
대로 인해 정책의제화가 어렵다.
② 규제를 원하지 않는 피규제집단은 정부규제를 사유재산권의 침해라고
주장하는 반면 규제를 원하는 집단은 자유와 사회정의의 구현을 위해
필요한 것이라고 주장함으로써 이념적 논쟁이 제기된다.
(나) 정책결정
① 정책결정시에 정책으로부터 혜택을 보는 집단과 피해를 보는 집단(피
규제집단)을 선택하게 된다.
② 수혜집단과 비용부담집단간, 정부와 대상집단 간에 대립과 충돌이 야기
될 수 있으며, 서로가 지지세력의 확대를 위해 정치적 연합을 한다.
③ 양대 세력이 직접적인 흥정과 타협을 통해 정책을 결정하는 경우도
있다.
④ 이슈에 따라 이합집산을 계속하면서 정치적 연합의 구성원이 달라지기
때문에 Lowi는 규제정책의 경우에는 다원론자들의 주장이 옳다고 한다.
(다) 정책집행
Ripley와 Fraklin의 논의에 따라 보호적 규제정책의 집행과정상의 특징을
살펴보면 다음과 같다.
① 정책집행과정에서 행정부의 중앙부처, 비용부담자(피규제자)가 적극

적으로 개입한다.

② 정책결정과정뿐만 아니라 집행과정에서도 공익에 기초한 정부의 강한
규제냐 또는 기업활동을 위한 정부개입의 최소화냐를 중심으로 이념
적 논쟁이 지속되며, 작은 정부 또는 규제완화에 대한 요구가 강하다.

③ 집행과정상의 참여자들 간의 관계가 불안정하고 가변적이며, 피규제
자들이 집행에 저항하고 집행추진조직과 갈등상황이 지속된다.

④ 따라서 규제정책의 경우에는 SOP 또는 상례적 절차의 확립이 곤란하
며, 원만한 집행이 어렵다.

(라) 정책평가

① 관련 집단들이 자료, 정보제공 등을 통해 자신들에게 유리한 평가를
하려고 노력한다.

② 수혜자는 주로 정책의 성공을, 비용부담자는 주로 정책의 실패를 강
조한다.

(3) 재분배정책

1) 의 의

재분배정책(redistributive policy)이란 '고소득층으로부터 저소득층에로의
소득이전을 목적으로 하는 정책' 또는 '소득, 재산, 부, 그리고 권리 등을
국민의 모든 계층에 가급적 널리 그리고 평등하게 재분배하기 위한 정책'
으로서, 소득분배의 실질적인 변경을 목적으로 하는 정책이다. 예컨대 누진
세, 사회보장비지출 등이 이에 해당한다.

2) 일반적인 특징

① 수혜집단(저소득계층)과 비용부담집단(고소득계층) 모두가 계층분화
에 따라 특정적이며, 정책대상집단이 전국적으로 분포되어 있다는 점
에서 배분정책과 구별된다.

② 주된 정치단위는 연합회이며, 정치단위간의 관계는 계층분화에 따라 안정성(지속성)이 높다.

③ 이른바 '가진 자'와 '못가진 자'간의 계급대립적인 정책(class policy)이며, 계층간의 부의 배분이 시장원리가 아닌 정부정책에 의해서 조정·통제되기 때문에 정책과정 전반에서 강력한 이해대립과 사회계급, 복지혜택, 평등, 정의, 국가의 역할 등에 관한 이념논쟁이 야기(특히 미국의 경우)된다.

④ 정책의 내용이 재산권의 행사에 대한 것이 아니라, 재산 그 자체의 평등한 소유와 사회적 형평을 지향한다는 점에서 규제정책과 구별된다.

3) 정책과정상의 특징

재분배정책의 정책과정상의 특징을 계층간의 인종갈등이 첨예한 미국의 경우를 중심으로 살펴보면 다음과 같다. 다만, 이러한 논의는 유럽 등 사회보장제도가 정착된 여타의 국가에도 일반적으로 적용하는 데는 한계가 있다는 점을 유의하여야 한다.

(가) 정책의제설정

① 이데올로기적인 논쟁(복지국가 논쟁, 작은 정부의 요구)과 정당간의 갈등이 심하다.

② 정책의 수혜집단은 하위계층이나, 비용부담집단은 상위계층이기 때문에 이들 비용부담집단의 반대로 의제화가 어렵다.

③ 정책의제화를 위해서는 이데올로기 등 정치적 분위기의 변화, 전국적 차원에서의 공중의 지지와 정치지도자의 강력한 정책의지가 필요하다.

(나) 정책결정

① 수혜집단과 비용부담집단간의 이해대립과 이데올로기적 논쟁이 지속된다.

② 대통령의 주도하에 정상연합회(노조·기업대표)에서 정책내용이 실질적으로 결정되며, 이 과정에서 의회지도자가 조정역할을 하기 때문에 Lowi는

재분배정책의 경우에는 엘리트론자들의 주장이 타당하다고 한다.

(다) 정책집행

Ripley와 Franklin의 논의를 중심으로 재분배정책의 집행과정상의 특징을 미국의 경우를 중심으로 살펴보면 다음과 같다.

① 집행과정에 행정부의 일선집행기관, 수혜자와 비용부담자가 적극적으로 개입한다.

② 이데올로기적 논쟁이 정책결정과정에서 뿐만 아니라 집행과정에서도 첨예하게 지속되며, 비용부담집단들에 의한 작은 정부 또는 복지정책의 철폐에 대한 압력이 매우 강하다.

③ 참여자들 간의 관계는 안정적(지속적)이며, 재분배정책을 반대하는 세력의 정치적 반대와 조직적인 저항이 심하다.

④ 따라서 SOP 또는 상례적 절차의 확립이 곤란하며, 원만한 집행 또한 어렵다.

(라) 정책평가

비용부담자가 이데올로기적인 측면과 집행상의 능률성·효과성의 측면에서 정책의 효과를 비판한다.

(4) 구성정책

1) 의 의

구성정책(constitutional policy)이란 헌정수행에 필요한 운영규칙(rule of game)과 관련된 정책으로서 주로 정부기구의 조정과 관련된다. 구성정책은 Lowi의 1972년도 논문에서 추가된 것으로 그 구체적인 내용으로는 선거구의 조정, 정부의 새로운 조직이나 기구의 설립, 공직자의 보수 등에 관한 정책이 포함된다.

2) 특 징

① 구성정책은 정책결정과정에서 정당이 중요한 영향을 미친다.

② 대체로 미국과 같이 안정된 나라에서는 헌정의 기본 틀이 확립되어
   있기 때문에 헌정질서에 급격한 변동을 가져오는 새로운 구성정책은
   거의 없는 편이다.
③ 후진국에서는 헌정의 기본질서와 관련된 제도가 수시로 변경되고, 지
   방의회의원 선거, 지방자치단체장의 선거 등 정부의 기본구조에 관한
   기본 틀이 정착되어 있지 않기 때문에 구성정책의 범주가 중요하고,
   현상을 유지하려는 세력과 변경을 원하는 세력간의 갈등도 심각하게
   나타난다.

Ⅲ. Almond와 Powell의 분류

1. 의 의

G. Almond와 G. Powell은 정책을 정치체제의 산출(output)로서 성과
(performance)로 이름 부르면서 이를 배분·규제·추출·상징정책 등의 네
가지로 분류한다. 배분·규제정책은 Lowi의 것과 비슷하고, 재분배정책 중 누
진세 등은 추출정책에 포함시키고, 사회보장비지출은 배분정책에 포함시킨다.

2. 정책의 유형

1) 배분정책
Lowi의 배분정책의 내용과 같다.

2) 규제정책

Lowi의 규제정책의 내용과 같다.

3) 추출정책 (extractive performance)

민간부문으로부터 인적·물적 자원을 추출하는 내용을 지닌 정책을 의미한다. 징병, 조세정책 등이 그 대표적인 예이다.

4) 상징정책 (symbolic performance)

정치지도자들이 이념에 호소하거나, 미래의 업적 혹은 보상을 약속하는 정책이다. 이는 정치체제의 정통성에 대한 인식을 좋게 하고, 다른 정책에 대한 순응(compliance)을 확보하기 위해서 이용된다.

Ⅳ. 결 론

이들 여러 학자들이 분류한 정책들을 정책수행의 목적에 따라 재분류하면 요구충족을 목표로 하는 정책과 지지획득을 목표로 하는 정책으로 대별할 수 있는데, 규제정책과 배분정책은 요구충족정책에 그리고 추출정책과 순응확보정책은 지지획득정책에 포함시켜 분류할 수 있다. 그리고 재분배정책은 위의 여러 정책들과 중첩된다.

① 요구충족정책 ┌ 규제정책－일부의 횡포로부터 타인의 보호
　　　　　　　└ 배분정책－서비스와 재화의 공급

② 지지획득정책 ┌ 추출정책－징병, 조세 등 인적·물적 자원의 획득
　　　　　　　└ 순응확보정책－상징정책, 구성정책, 여론조작정책 등
　　　　　　　　　（재분배정책은 위의 여러 정책들과 중첩）

■ 정부규제 ■

1. 문제의 제기

1960년대 이후 우리 사회는 정부주도의 고도성장정책을 추진하면서 광범위한 정부규제가 행하여져 왔으나, 1980년대 이후 정부의 역할과 효과가 한계에 봉착하면서 정부의 기능을 재조정하여야 한다는 인식이 확산되고 있다. 이제는 사회발전의 기반과 원동력을 민간의 자율성과 창의성에서 찾아야 하며, 국제화·개방화 시대에서 민간부문의 경쟁력을 강화하기 위해서는 정부규제를 과감하게 철폐·완화하여야 한다는 것이다. 이에 따라 최근 정부에서도 적극적으로 규제완화를 추진하고 있으나 이러한 규제개혁이 올바른 방향으로 추진되기 위해서는 먼저 정부규제의 논리적 근거와 그 한계를 분명히 인식하고 우리나라 정부규제의 문제점 및 그 개혁방향에 대해 면밀히 검토해 볼 필요성이 있다.

2. 정부규제의 의의

정부규제(regulation)란 '바람직한 경제사회질서의 구현을 위해 정부가 시장에 개입하여 기업과 개인의 행위를 제약하는 것' 또는 '정부가 금지·중재·조장의 목적으로 민간주체의 행위에 변경이나 제한을 부과하여 그 자연발생적인 결과에 간섭하는 행위'를 말하는데, 이것은 민간부문에 대한 정부부문의 확대를 의미한다. 정부규제의 방법으로는 ① 불응 시 불이익과 처벌을 가하는 국가의 강제력 행사, ② 사회적으로 유익한 행위를 유도하기 위해 보조금을 지급하는 것과 같은 적극적 유인과 보상, ③ 행정지도의 방식으로 행하여지는 권위 또는 도덕적 설득 등을 들 수 있다.

3. 정부규제의 종류

(1) 경제적 규제 (economic regulation)

1) 개 념

경제적 규제란 '기업간의 경쟁이 성립되지 않거나, 경쟁의 결과 자원의 최적배분이 이루어지지 않을 때 이루어지는 규제' 또는 '기업의 본원적 활동에 대한 정부규제'를 의미한다.

2) 목 적

경제적 규제는 정부가 규제활동을 통하여 ① 독과점 횡포방지, ② 부당이득 방지, ③ 부당한 가격차별 방지, ④ 서비스공급의 확대 등을 실현하여 소비자를 보호하고, ① 과당경쟁 방지, ② 산업육성, ③ 불공정한 기업간의 경쟁 방지 등을 통하여 생산자를 보호하는 것을 목적으로 한다.

3) 종 류

① 진입규제 : 어떤 산업 또는 직종에 참여하여 사업을 할 수 있는 영업의 자유를 제약하는 규제이다. (예; 인·허가 등)

② 가격규제 : 기업이 생산하는 제품이나 서비스의 질을 직접적으로 규제하는 경우이다. (예: 공공요금규제, 최고가격제, 최저가격제 등)

③ 독과점 및 불공정거래규제 : 시장경쟁을 촉진할 목적에서 독과점 및 불공정거래에 대하여 행하여지는 규제이다. (예; 기업결합, 합병, 카르텔, 불공정거래 등에 대한 규제)

(2) 사회적 규제 (social regulation)

1) 개 념

사회적 규제란 '국민의 생명, 건강에 관한 안전성의 확보를 위한 규제' 또는 '기업의 사회적 횡포를 막고, 사회적 책임을 강제하기 위한 규제'를 의미한다.

2) 목 적

사회적 규제는 ① 삶의 질의 함양, ② 인권의 신장, ③ 경제적 약자의 보호, ④ 사회적 형평 확보 등에 그 목적이 있다.

3) 종 류

① 환경규제 : 환경기준의 설정, 공해배출부과금, 보조금 지급 등의 방법을 통해 환경오염을 규제한다.

② 소비자보호규제 : 물품의 안전기준의 설정, 허위·과장광고의 규제, 불공정 거래행위의 규제, 정보공개, 품질인증제도, 제품표준화, 소비자 피해구제 등을 통해 소비자의 안전과 권익을 보호하기 위한 규제이다.

③ 산업재해의 규제 : 안전기준·보건기준의 설정과 공장검사, 안전정보의 제공, 산업재해보상제도 등을 통해 산업재해를 예방하고, 근로자의 안전과 보건을 유지하기 위하여 행하여지는 규제이다.

④ 사회적 차별에 대한 규제 : 역사적 전통 및 사회문화적 관습 등에 의한 성별·인종별·지역별 사회적 차별(고용기회·임금·교육차별 등)에 대한 규제를 통해 사회적 차별을 철폐하고, 인간의 존엄성과 평등을 지향하고자 하는 규제이다.

4. 정부규제의 논거

효율적인 자원배분을 지향하는 시장의 결함(시장실패)이 존재하거나 소득분배의 불공평성, 경제의 불안정성이 존재할 경우 이를 시정하기 위해 정부의 개입 또는 규제가 정당화된다.

(1) 시장실패

① 독과점 등 불완전경쟁, ② 외부효과, ③ 공공재, ④ 규모의 경제, ⑤ 불충분한 정보 등으로 인해 시장실패(market failure)가 발생하는 경우 정부가 개입하게 된다.

(2) 소득분배의 불공평성

시장기능의 결과로 나타나는 소득분배의 불공평성은 시장에 대한 정부개입을 정당화시켜주는 가장 중요한 요인이 된다.

(3) 경제의 불안정성

극심한 인플레이션이나 경기침체 상태가 지속되고 있는 경우 경제를 안정화시키기 위해 정부가 시장에 개입하게 된다.

5. 정부규제의 한계 : 정부규제 완화의 논거

(1) 정부실패

1) 개 념

정부의 시장개입으로 오히려 ① 경제의 비효율성과 경직화를 야기시키고, ② 소득분배의 불공평성이 심화되며, ③ 경제의 불안정성이 지속되는 경우를 정부실패(government failure)라고 말한다.

2) 정부실패 원인

정부실패의 발생원인은 ① 정부의 비민주성과 ② 정부의 비효율성 두 가지 측면에서 고찰될 수 있는데, 전자는 정통성 없는 정부가 규제를 행하는 경우이고, 후자는 규제자의 불완전한 지식과 정보, 규제수단의 비효율성 또는 불완전성, 규제의 경직성, 정치적 제약조건, 근시안적 규제, 포획현상 등으로 인해 정부실패가 발생하는 경우이다.

3) 공공선택이론

공공선택이론은 정부의 집단적·정치적 정책결정방식에 경제학적 이론을 적용시켜 공공문제를 해결하려는 시도에서 J. Buchanan과 G. Tullock, V. Ostrom과 E. Ostrom 등에 의해 체계화된 이론이다. 공공선택론자들은 집권적·계층제적 구조를 강조하는 전통적인 정부관료제는 시민의 요구에 민감하게 반응하지 못하며 오히려 시민의 선택을 억압하는 제도적 장치로서 소위 정부실패의 원인이 되고 있다고 비판한다. 이들은 시민의 편익을 극대화하고, 경쟁을 통해 공공재를 효율적으로 공급하기 위해서는 공공재의 생산과 소비에 참여하는 사람들이 의사결정에 영향을 미칠 수 있는 분권적이고 다양한 규모의 제도적 장치를 마련해야 하는데, 이것은 공공부문의 시장경제화를 통해서 가능하다고 주장한다.

(2) 정부규제의 폐단

1) 관료부패의 가능성 : 규제내용이 법정화 되어 있지 않거나 불투명하여 집행과정에서 규제공무원의 재량이 많을 때 부정·부패가 발생하게 된다.
2) 관료권의 팽창 : 규제를 위한 행정기구와 인력이 확대 재생산되고, 관료권이 팽창하게 된다.

3) 기회의 불평등 야기 : 정부가 인허가 등 진입장벽을 설정함으로써 다수의 민간기업들이 새로운 사업에 참여할 기회를 제약받게 되어 경제주체간의 불평등이 야기되고, 진입과정에서 치열한 경쟁과 이권이 개입하게 된다.

4) 경쟁의 결여와 기술혁신의 소홀 : 정부규제에 의해 독점력이 확보된 기업은 새로운 제품을 개발하고 수요자의 기호에 적응하기 위해 노력하기 보다는 이익집단을 형성하고 기득권 유지에 노력하게 된다.

(3) 규제완화의 필요

정부실패 및 정부규제의 폐단을 고려할 때 종래 정부의 간섭과 통제 하에 놓여 있던 영역을 다시 시장의 자율적인 경쟁 메카니즘에 맡겨야 할 필요가 있다. 다만 이러한 규제완화(deregulation)의 논의는 경제적 규제가 그 대상이고, 사회정의와 관련되는 사회적 규제는 합리적으로 강화하여야 할 필요가 있다.

6. 우리나라에서의 정부규제

(1) 불필요한 규제의 만연

1960년대 이후 정부주도의 경제성장을 추진하면서 경제적 규제가 광범위하게 만연하였다. 이로 인하여 민간부문의 자율성과 창의성을 제약하고, 자원배분의 비효율성과 불공평성을 야기 하였으며, 경제의 불안정성을 심화시키는 부작용을 가져 왔다. 반면에 사회정의의 구현, 삶의 질의 함양과 관련되는 사회적 규제는 미흡하였기 때문에 1980년대 이후 환경오염의 심화, 사회적 약자의 소외, 삶의 질의 저하 등의 심각한 문제점이 표출되기 시작하였다.

이처럼 우리나라의 사회 모든 부문에서 불필요한 정부규제(경제적 규제)가 지나치게 만연하게 된 원인은 다음과 같다.

1) 정부주도의 경제성장과 행정만능주의

경제성장이 시장경제원리가 아닌 정부의 계획·통제·보호에 의존함으로써 국민의 정부의존성이 증대되었다. 민간의 자율능력, 사회의 자율조정기능에 대한 불신으로 인하여 행정이 사회 모든 부문에 개입하여 문제해결을 도모하고자 하였다. 여기에 정부규제가 가지고 있는 자기 확장적 성격이 가미되어 정부규제의 누적적 증가현상이 발생하게 되었다.

2) 무한정한 행정책임주의

개인과 기업은 사회경제적인 문제가 발생할 때마다 그 원인과 책임을 정부에 추궁함으로써 정부가 모든 문제에 개입하고자 하는 동기와 불가피성을 제공하였다.

3) 자율성 부재의 악순환

정부간섭과 규제 → 민간의 자율성 부재 → 정부의 추가적 간섭과 규제로 인하여 규제의 악순환이 확대 재생산되게 되었다.

(2) 규제개혁의 현황 및 문제점

1) 현 황

1980년대 이후 정부와 시장관계에 대한 새로운 인식이 확산되면서 정부의 규제완화가 추진되었는데, 특히 1997년 행정규제기본법이 제정되면서 규제법정주의, 규제최소화의 원칙, 규제일몰법, 규제신설 사전심

사제, 총량규제 등의 내용이 반영되었다. 또한 대통령 자문기관으로 규제
개혁위원회, 국무총리 직속의 국무조정실에 규제조정관이 신설되었다.

2) 문제점 : 규제완화의 저해요인

① 자율경쟁체제의 우월성에 대한 신념부족 : 시장경제, 자유경쟁의
   우월성에 대한 신념이 부족하여 정부가 간섭하지 않으면 비윤리
   적인 기업 활동으로 인해 갖가지 사회문제가 발생할 것으로 생각
   하고, 규제완화를 기업에 대한 특혜조치로 인식하는 경향이 있다.

② 핵심분야에 대한 규제완화의 지체 : 금융·토지·노등 등 생산
   요소에 대한 규제완화가 지체되고, 대체로 규제존속 하에 절차
   나 형식(구비서류, 처리기간)의 간소화라는 민원처리 수준의 단
   편적·국지적 접근이 대부분이었다.

③ 무차별적인 규제완화 : 규제완화의 대상은 경제적 규제가 주를
   이루어야 하나, 사회적·경제적 규제를 무차별적으로 완화하려
   는 경향이 있다.

④ 관료들의 부정적·소극적 행태 : 규제에 따른 기득권 의식, 규제
   철폐가 가져올 기구, 인력, 기능 축소에 대한 우려, 규제완화 이후
   에도 문제발생시 해당부처에 대한 책임추궁 등으로 인해 관료들
   이 규제완화에 대해 부정적이고 소득적인 태도를 견지하고 있다.

⑤ 정부주도의 경제운영 지속 : 경제운영이 민간주도가 아닌 정부
   의 계획·통제지향적으로 운영되면서 규제완화의 걸림돌로 작용
   되고 있다.

(3) 규제개혁의 방향

1) 자율경쟁체제의 우월성에 대한 인식 : 개방화·국제화 시대에서
   공무원이나 일반국민들이 시장경제, 자율경쟁의 원칙이 정부주도

의 통제·계획지향적인 경제보다 우월하다는 신념을 먼저 가져야 하며, 이를 위해 지속적인 사회교육이 필요하다.

2) 핵심분야에 대한 규제완화 : 단순한 절차 간소화나 부문별 건수 위주의 규제완화에서 탈피하여 규제완화의 효과가 큰 금융, 토지, 노동 등 생산요소에 대해 규제완화를 종합적인 시각에서 일관성 있게 추진하여야 한다.

3) 경제적 규제의 대폭 완화와 사회적 규제의 합리적 강화 : 규제완화의 대상에서 경제적 규제와 사회적 규제를 구별하여 기업이나 개인의 경제활동과 관련된 경제적 규제는 대폭 완화하되, 사회정의 및 삶의 질과 관련된 사회적 규제는 합리적으로 강화하여야 한다.

4) 규제철폐 후 행정책임 면제 : 규제완화 이후에는 시장의 자율적인 기능이 책임을 져야 한다는 원칙을 확립하여야 한다.

5) 민간주도의 경제운영 : 경제운영이 정부주도에서 탈피하여 민간주도로 이루어져야 하며, 정부는 종래의 선도적인 입장에서 지원·조장하여 주는 역할로 전환하여야 한다.

6) 규제행정조직의 개선 : 불필요한 규제조직을 폐지·통폐합하고, 규제공무원의 전문성과 윤리성을 제고하여야 한다.

7) 자율규제의 확산 : 민간단체가 스스로 규제기준을 설정하고 집행할 수 있는 권한을 일임하고 사후관리만 하는 자율규제체제의 도입·확산이 필요하다.

7. 결 론

위에서 본 바와 같이 우리의 경우 과거 정부의 민간부문에 대한 지나친 개입으로 인하여 그 폐해가 컸다는 점을 고려해 볼 때, 이제는 민간부문의 자율성과 창의성 신장의 측면에서 불필요한 정부규제는 대폭적으로 완화·철폐해야 할 필요가 있다. 다만 규제완화의 논의는 어디까지나 경제적 규제가 그 대상이 되는 것이고, 사회적 규제까지 무차별하게 그 범주에 포함시키는 것은 경계하여야 한다.

규제개혁과정에서 이해관계인의 참여가 보장되어야 하며, 국민 또는 공익의 측면에서 규제가 이루어져야 한다. 또한 입법부, 언론 및 소비자단체 그리고 환경보호단체 등과 같은 민간공익단체를 통한 규제의 집행과정에 대한 감시기능이 강화되어야 할 것이다.

제 4 장 정책을 보는 시각

I. 의 의

정책을 보는 시각이란 정책의 내용과 형성과정을 어떻게 인식하고 이해하느냐에 관한 학자들의 관점을 의미한다. 이는 ① 특정 정책은 과연 무엇을 실현하고자 하는 것인가? ② 그 정책으로부터 나오는 혜택은 누구를 위한 것인가? ③ 정책과정에 사회구성원들의 요구가 골고루 반영되는가? 라는 등의 질문에 대답하기 위한 것이다.

정책을 보는 시각은 엘리트주의, 다원주의, 신보수주의, 조합주의, 신베버주의, 신막스주의, 신중상주의, 관료적 권위주의, 종속이론 등 다양한 관점이 있지만, 여기서는 특히 우리에게 큰 의미가 있는 엘리트주의, 다원주의, 신보수주의, 조합주의를 중심으로 살펴보기로 한다.

II. 정책을 보는 시각

1. 엘리트주의(Elitism)

(1) 의 의

정책과정에는 의회, 대통령, 행정기관 등 공식적 행위자뿐만 아니라 이익집단, 정당 등 비공식적 행위자들이 참여하여 정책의 산출에 영향을 미친다. 엘리트론은 정책과정에 참여하는 세력들이 특정 소수의 엘리트들에 국한되고 이들에 의해 국가나 지역사회의 주요 정책이 좌우된다고 본다. 엘리트론은 19세기 말 유럽학자들에 의해 주장된 이래 다원주의 등 다른 이론들로부터 비판을 받고, 또 그에 대한 대응을 거치면서 발전되어 왔다.

(2) 논의의 전개

여기서는 정책이론에서 중시되고 있는 ① 고전적 엘리트론, ② 1950년대 미국에서 발전된 엘리트론, ③ 다원주의의 비판에 대응한 신엘리트론으로 나누어 살펴보기로 한다.

1) 고전적 엘리트론

19세기말에서 20세기 초 고전적 엘리트론자들은 18세기 이래 확산된 고전적 자유민주주의론에 대해 비판을 하면서, 어느 조직체나 어떤 사회에서도 소수의 엘리트에 의한 과두지배체제가 필연적으로 대두될 수밖에 없다고 주장하였다. 고전적 엘리트론의 대표적인 학자들로는 '엘리트순환론'을 주장한 V. Pareto와 「지배계급」이라는 논문에서 "인간사회는 언제나 소수가 다수를 지배 한다"고 주장한 G. Mosca, 그리고 「정당론」에서 '과두제의 철칙'을 주장한 R. Michels 등이 있다. 이들의 주장을 요약하면 다음의 세 가지로 정리될 수 있다.

① 한 사회는 사회를 지배하는 지배계급(즉 엘리트계급)과 피지배계급 (즉 일반대중)으로 구분되는데, 창조적인 능력을 가진 엘리트들이 정책을 결정하면 일반대중들은 이들 엘리트들의 의사를 따른다.

② 엘리트들은 동질적이고 폐쇄적이다. 즉 엘리트들은 비슷한 사회적 배경, 가치관, 이해관계를 가지고 있기 때문에 집단의식과 응집성이 강하고, 사회의 특수계층(보통 부유층이나 명성이 있는 사람들의 자제

나 대변자들)으로부터 충원된다.

③ 엘리트들은 자율적이며, 다른 계층 즉 일반대중에 대해 책임을 지지
  않는다. 중요한 정치적 문제는 대중들의 이익이나 사회 전체의 이익
  과는 상관없이 엘리트 자신들의 이해관계를 고려하여 해결하게 된다.

2) 1950년대 미국의 엘리트론

19세기 말 유럽의 학자를 중심으로 전개된 고전적 엘리트론은 1950년대
일단의 미국학자들에 의해 계승되었다. C.W. Mills와 F. Hunter로 대표되는
1950년대 미국의 엘리트론은 미국 사회에 있어서 지배엘리트의 존재와 그
정치적 기능을 실증적으로 분석하는데 초점이 있다.

Mills는 지위접근법을 통해 미국 사회를 지배하는 권력엘리트는 정치적으
로 중요한 조직이나 기관(즉 군·산·정 복합체)의 지도자들이라고 보고,
이들이 최고 정책결정 수준에서 국가의 중요한 모든 것을 결정한다고 주장
하였다. 한편 Hunter는 명성접근법을 통해 지역사회(Atlanta시)의 권력구
조를 연구함으로써 엘리트의 지배구조를 주장하였는데, 그에 따르면 기업
가 및 최고경영자, 고위공직자, 변호사, 노동지도자 등 엘리트들이 지역사
회의 기본적인 정책방향을 결정한다는 것이다.

3) 신엘리트론

1950년대 미국의 엘리트론은 R. Dahl 등의 다원론자들에 의해 방법론상
문제가 있다고 비판을 받게 되었고, 이러한 다원론자들의 주장에 대해 다
시 비판을 제기한 것이 무의사결정론(無意思決定論)을 핵심으로 하는 신엘
리트론이다.

대표적인 다원론자인 Dahl은 엘리트의 다원성과 정책결정에서 대중의 간
접적인 영향을 주장하였다. 그러나 신엘리트론자인 P. Bachrach와 M.
Baratz는 Dahl의 권력의 배분에 관한 New Haven시 연구를 비판하면서,
정치권력에는 두 가지 얼굴(two faces of power)이 있는데 ① 정책문제 해

결을 위해 정책결정과정에 행사되는 권력과 ② 정책의제설정과정에서 갈등을 억압하고, 갈등이 정치과정에 진입하는 것을 방지하는데 행사되는 권력이 있다고 주장하였다. 이들은 Dahl이 두 번째 과정에 행사되는 권력을 간과함으로써 연구결과의 오류를 범하였다고 비판하면서, 이와 같이 엘리트들에게 안전한 이슈만을 논의하고 불리한 문제는 거론조차 못하게 봉쇄하는 것을 무의사결정(non-decision making)이라고 불렀다. 무의사결정에 대해서는 정책의제설정론에서 다시 구체적으로 논의하기로 한다.

(3) 엘리트주의의 정책관(政策觀)

① 공공정책은 대중의 이익이나 사회 전체의 이익과는 상관이 없는 엘리트의 사익(私益)을 구현하기 위한 것이다.

② 정치권력이 엘리트나 일반대중 간에 불평등하게 배분되어 있기 때문에 엘리트는 대중에 대하여 책임을 지지 않으며, 대중은 엘리트에 대해서 영향력을 행사할 수 없다. 따라서 정책과정에서 대중이 실질적으로 참여하여 그들의 이해관계를 반영할 수 없고, 엘리트의 필요에 의해 제한적 또는 명목적 참여만이 있을 뿐이다.

③ 엘리트가 정책대안을 검토할 때는 자신들의 근본적인 가치에 합치되는 대안만 한정적으로 검토한다. 따라서 중요한 사회문제들이 모두 정책의제화 될 수 있는 것은 아니다. 엘리트들의 가치에 부합되는 이슈만이 논의되고 불리한 문제는 거론조차 못하게 봉쇄되는 이른바 무의사결정이 이루어진다. 이러한 무의사결정은 정책의제설정뿐만 아니라 정책과정 전반에서 이루어진다.

④ 창조적인 능력을 가진 소수의 엘리트들이 국가의 중요한 모든 정책을 결정하고, 일반대중들은 엘리트들의 결정에 따른다. 대중은 수동적이고 정책에 무관심하여 왜곡된 정보를 가지고 있기 쉽고, 이 때문에 그들은 엘리트에 의해 쉽게 이용되며 엘리트들의 정책활동에 거의 영

향을 미치지 못한다.

⑤ 엘리트들의 주된 관심 중의 하나는 체제유지이기 때문에 정책은 보수적·점진적으로 변화한다.

2. 다원주의(Pluralism)

(1) 의   의

다원론은 소수의 지배집단인 엘리트가 정부의 모든 정책영역에서 지배적인 영향력을 행사한다고 주장하는 엘리트론과 대비되는 이론이다. 물론 다원론이 대한 통일적이고 체계적인 이론체계가 구축되어 있는 것은 아니나, 다원론에서는 ① 권력이 다수의 집단에 널리 분산되어 있으며, ② 이이관계세력은 비록 영향력에 차이가 있으나 정부의 정책과정에 동등한 접근기회를 가지고 있다는 전제를 일반적으로 가정하고 있다.

(2) 논의의 전개

여기서는 ① 집단과정론(이익집단론)과 다원적 권력론으로 대별되는 고전적 다원론(정통 다원주의론)과 ② 고전적 다원론을 다소 수정·보완한 신다원주의론, 그리고 ③ 미국적 다원주의에서 구체적인 정책결정이 이루어지는 모습을 나타내고 있는 하위정부모형으로 나누어 살펴보기로 한다.

1) 고전적 다원주의(정통 다원주의)

다원주의의 초기적 이론의 틀을 갖추고 있는 것은 Bentley와 Truman의 이익집단론 또는 집단과정론이다. 이 이론은 기본적으로 정치과정의 핵심은 이익집단의 활동이며, 정책이란 결국 다양한 이익집단들 간의 경쟁과 타협의 산물로 간주된다. 또한 이익집단들의 요구에 따라 정책을 결정·집행하는 것이 가장 민주적이며, 미국의 정치체제는 다음의 두 가지 메카니즘에 의해 특수이익에 좌우되지 않고 다양한 이익집단의 주장과 요구에 부응할 수 있다고 주장한다.

① 잠재이익집단론이다. 잠재집단(potential group)은 실질적으로는 조직화되어 있지는 않지만 만약 특수이익을 가진 지배집단이 자신들의 이익을 침해할 가능성이 있는 경우 조직화될 수 있는 상태의 집단을 말한다. 정책결정자들은 이러한 잠재집단을 염두에 두면서 정책을 결정하기 때문에 소수의 특수이익이 정책을 지나치게 좌우하지 못한다는 것이다.

② 중복회원(multiple membership)에 의한 것이다. 이익집단의 구성원은 여러 집단에 중복적으로 소속되어 있기 때문에 어느 한 집단이 자신들의 특수이익만을 추구할 수 없다는 것이다.

이러한 이익집단론을 계승한 R. Dahl은 현실의 정책결정에 대한 경험적 연구(New Haven시에 대한 사례연구)를 통해 C.W. Mills와 F. Hunter에 의해 이루어진 미국의 엘리트론의 주장을 반박하였다. 그에 따르면 정치적 자원이 분산되어 있기 때문에 정책영역별로 영향력을 행사하는 엘리트들이 각기 다르고, 그들 간에도 서로 경쟁과 갈등이 일어나기도 하며, 대중도 선거나 정치참여를 통하여 엘리트나 정책에 영향력을 행사할 수 있다는 것이다. R. Dahl과 C.E. Lindblom 등으로 대표되는 다원주의들의 견해를 종합하여 다원적 권력론의 핵심적인 주장내용을 살펴보면 다음과 같다.

① 서구의 민주정치체제에서의 권력이 다양한 세력에 분산되어 있으며, 엘리트는 대중의 선호에 민감하게 반응하기 때문에 다양한 대중의 선호가 정책과정에 반영된다.

② 이익집단들 간에 영향력의 차이는 있지만 전체적으로 균형을 유지하고 있으며, 이들 집단들은 정부의 정책과정에 동등한 접근기회를 갖

는다.

③ 이익집단들 간에는 상호 경쟁적이지만, 기본적으로 게임의 규칙을 준
수해야 한다는 데에 합의를 하고 있다.

④ 정부는 이익집단들 간의 갈등적 이익을 조정하는 중개인 혹은 게임규
칙의 준수를 독려하는 심판자의 역할을 수행한다.

2) 신다원주의

다원주의에 뿌리를 같이 하면서도 고전적 다원주의의 내용을 다소 수정
하여 새롭게 다원주의의 재모형화를 시도한 이론이 소위 수정다원주의 또
는 신다원주의(neo-pluralism)이다. 그들은 고전적 다원주의의 시대에 뒤떨
어진 요소들을 비판하고, 자유민주주의체제를 보완할 수 있는 제도개혁을
강조한다. 먼저 고전적 다원주의에 대한 그들의 비판을 보면 다음과 같다.

① 다원주의는 이익집단의 역할을 지나치게 강조하고 정부의 역할을 소
극적이라고 보고 있으나, 오늘날 정부는 현대사회에서 발생하는 다양
한 사회문제를 해결하기 위해 그 역할이 확대되어 가고 있으며 이익
집단의 영향력에 구애됨이 없이 관료이익 또는 정부의지에 따라 독자
적으로 정책을 결정할 수 있는 능력이 있다.

② 이데올로기는 정책의 본질을 규명하고 정부의 민간부문에 대한 개입
의 정도를 규정하는 등 매우 중요한 역할을 함에도 불구하고, 다원주
의자들은 그것이 관찰될 수 없는 속성이 있다는 이유로 정책과정에서
그 역할을 간과하고 있다.

③ 다원주의자들은 정부를 둘러싼 외부환경 또는 구조적 제약이 정책에
미치는 영향을 고려하고 있지 못한다.

④ 다원주의자들은 중복회원, 잠재집단의 존재, 그리고 정부 내 부처간의
견제와 균형으로 특수이익이 지배하지 못할 것이라고 주장한다. 그러
나 현실적으로 상충되는 이해관계를 가진 집단에 중복적으로 구성원
이 가입되어 있는 경우는 드물고, 소비자나 노인들과 같이 자원이 부

족하여 조직화가 곤란한 잠재집단이 많으며, 시간과 전문성 등의 한계로 인하여 부처들 간에 실질적인 대안을 제시하지 못하는 경우가 많다.

다음으로 신다원주의의 주장내용을 보기로 하자.

① 자본주의 국가에서 정부는 중립적인 조정자가 아니라 정책과정에서 기업집단에게 특권적 지위를 부여할 수밖에 없는 특성이 있다. 왜냐하면 불황과 인플레이션은 정부의 존립기반을 위태롭게 하므로 재집권을 위해서는 사적영역의 수익성을 보장해야 하기 때문이다. 이러한 이유 때문에 정부는 기업의 이익에 더욱 반응적이며 불평등 구조를 심화시켜 왔다.

② 정부는 이익집단의 투입활동에 수동적으로 반응하기 보다는 전문화된 체제를 갖추고 능동적으로 활동한다. 현대사회의 복잡한 사회문제를 해결하기 위해서는 정부는 과학적인 방법들을 활용하여 합리적인 정책결정을 하여야 한다.

③ 현재의 다두제 국가에서 이루어지는 선거, 이익집단의 압력, 의회의 견제, 정부기구의 분화 등 내부통제가 강화되어야 한다. 또한 불평등 구조의 심화를 방지하기 위해서는 구조적 개혁이 필요하다.

3) 하위정부모형

미국적 다원주의에서는 정책분야별로 실질적인 정책결정권을 공유하는 집합체가 있는데, 하위정부모형은 미국적 다원주의에서 구체적인 정책결정이 이루어지는 모습을 나타내고 있다.

이 이론에서는 각 정책영역별로 이익집단, 의회의 위원회, 해당관료조직이 비록 추구하는 이해관계는 다르지만 서로 양립할 수 있는 (즉 의회의 의원들은 재선과 자신의 경력발전을 위한, 이익집단은 더 많은 혜택을 받기 위한, 관료들은 예산을 확보함으로써 권력이나 위신을 확대하기 위한) 이해관계를 갖고 있기 때문에 하위정부(subgovernment) 또는 하위체제

(subsystem)를 형성하여 정책의 주요 내용과 성격에 결정적인 영향을 미친다고 본다. 그리고 이들 3자간의 연계는 외부로부터의 개입을 배제하고 상당히 독립적인 역할을 수행하고 있다는 것이다.

하위정부 또는 하위체제와 거의 동일한 의미로 사용되고 있는 것이 철의 삼각관계(iron triangle)이라는 개념인데, 전자가 다소 중립적인 의미를 가지고 있다면 후자는 부정적인 의미를 담고 있다.

(3) 다원주의의 정책관

특히 고전적 다원론자들의 정책관을 요약해 보면 다음과 같다.

① 정책이란 결국 다양한 집단들 간의 협상과 타협의 산물이며, 집단들 간의 이익갈등을 정부가 공정하고 중립적인 입장에서 조정한 결과로서의 균형(equilibrium)이다. 공공정책이 궁극적으로 지향하는 바는 특정집단이나 엘리트의 사익이 아닌, 사회전체의 후생을 증진시키는 데에 있다.

② 권력이 사회내의 여러 집단에 골고루 분산되어 있고, 중복회원, 잠재집단의 존재, 집단간·정부부처간의 견제와 균형 등으로 인하여 특정집단이나 엘리트가 정책과정을 지배할 수 없으며, 다양한 집단 및 대중의 요구가 정책에 반영된다.

③ 엘리트는 대중의 선호에 민감하게 반응하며, 일반대중도 선거나 정치참여 등을 통하여 엘리트나 정책과정에 영향을 미칠 수 있다.

④ 정치체제로의 투입기능과 대의절차는 매우 중요하며, 어떠한 사회문제도 정치체제로 침투할 수 있다.

3. 신자유주의(Neo - Liberalism)

(1) 의 의

자유주의를 대표하는 다원주의론은 보수와 진보라는 두 가지 시각으로부터 비판을 받고 있는데, 그 중에서 1960년대 중반 이래 새롭게 대두되기 시작하여 전통적인 자유주의의의 가치를 주장하는 보수적인 시각을 신자유주의 또는 신보수주의(Neo-Conservatism)라고 부른다. 이의 대표적인 이론이 J. Buchanan과 G. Tullock, W.A. Niskanen 등이 주장하는 공공선택이론(public choice theory)이다. 신자유주의는 전통적 다원주의와 신다원주의를 비판하면서 개인 자유의 가치를 강조하고 자유시장원리에 입각한 제도 개선을 주장한다.

(2) 다원주의와 신다원주의에 대한 비판

1) 다원주의 비판
① 현실적으로 다원주의체제는 불완전하여 정부의 과도한 성장과 외부통제의 무력화를 초래하고, 결과적으로 경제성장 및 민주주의의 기본이념인 자유 자체가 위협을 받고 있다.
② 정치체제에 대한 투입기능을 담당하고 있는 이익집단, 정당 등 매개기관(intermediary institutions)의 자기이익 추구행위, 즉 이익집단의 특수이익 극대화 행위, 정당인의 투표극대화 추구행위 등은 다원주의체제의 내재적 한계로 작용한다.
③ 국회의원들은 국민 전체의 이익보다는 출신지역구를 위하여 나눠 먹기식 정치(pork-barrel politics)를 하고, 정부조직내의 관료들은 예산지출의 효율화를 추구하는 것이 아니라 예산지출의 극대화를 추구함으로써 자원배분의 비효율성을 초래한다.

2) 신다원주의 비판

① 독과점, 공공재, 외부효과 등 시장실패와 소득분배의 불공정성을 치유하기 위한 정부의 민간부문에 대한 개입은 오히려 정부실패(government failure)로 인해 자원배분의 왜곡을 더욱 심화시킬 수 있다.
② 전문가에 의한 총체적·합리적 결정방식은 결과적으로 정책결정과정의 집권화와 엘리트주의의 역기능을 초래할 가능성이 있으며, 거기에는 전체주의(totalitarianism)의 위험이 도사리고 있다.

(3) 주장내용

위에서 본 바와 같이 신자유주의자들은 다원주의는 현실적으로 공익추구나 자원배분의 효율성과는 거리가 멀고, 신다원주의가 주장하는 정책결정의 합리화 방안은 실용적·이념적 문제가 있다고 비판한다. 그렇다면 그들이 주장하는 개선방안은 무엇인가?

① 자유시장원리에 입각한 제도개선을 해야 하며, 무엇보다도 경쟁의 원리를 도입하여야 한다. 먼저, 공공부문과 민간부문 간의 경쟁을 유도하여 민간부문에 비해 비효율적인 정부사업은 모두 민영화(privatization)시켜야 한다. 정부부문에도 경쟁의 원리를 도입하여 분권화와 정부규모의 축소로 각 정부수준 간 또는 지방정부 간의 경쟁이 가능하도록 해야 한다. 이러한 제도개선은 정부에 대한 시민의 민주적 통제 가능성을 그만큼 높일 뿐만 아니라 시장에서와 같은 효율적인 자원배분을 좀 더 가능케 하여 준다. 다음으로 민간부문의 자율성과 창의성을 제약하는 규제를 대폭 완화(deregulation)하여 기업들의 경쟁을 자극하고, 복지비 등의 정부경비를 줄여서 기업의 세금부담을 경감함으로써 투자를 촉진시켜야 한다. 결국 신자유주의는 작은 정부를 위한 공공부문 감축운동, 정부의 민간활동에 대한 개입의 축소, 민간경제의 활성화를 주장한다.
② 이와 같은 구체적인 제도 개선방안 외에 좀 더 근본적으로 바람직한

헌법을 창안해야 한다고 주장하는 학자들(R. Nozick등)이 있다. 그들에 의하면 한 사회의 정의로운 헌법은 개인의 자유를 보호하고 재산권을 보장함으로써 민주적인 사회질서를 형성하고, 사회후생을 극대화 시킬 수 있다고 본다.

(4) 신자유주의의 정책관

① 모든 정책은 기본적으로 경제시장에서의 상품에 해당하며, 어떤 상품이 고객들의 선호에 가장 적절한 것인가가 가장 중요하다. 따라서 가장 바람직한 정책이란 시민들의 편익을 극대화 시킬 수 있고, 정치의 장(場) 속에 존재하는 다양한 연합적 조직에 바람직해야 한다.

② 그러나 현실의 불완전한 다원주의 체제 하에서는 정부관료제에 의한 정책결정은 시민들의 요구에 민감하게 반응할 수 없으며, 오히려 시민들의 선택을 억압하는 제도적 장치로서 소위 정부실패(government failure)의 원인이 되고 있다.

③ 시민들의 편익을 극대화 할 수 있는 정책결정이란 공공부문의 시장경제적 접근방법을 통해서 가능하며, 이를 위해서는 제조개선이 필요하다. 즉 정책결정 구조를 분권화 하고, 정치적 비용을 극소화 시키면서 집합적 결정이 이루어질 수 있는 정책결정 장치를 만드는 것이 중요하다.

4. 조합주의(Corporatism)

(1) 의 의

조합주의는 다원주의의 한계성에 대한 대안적 패러다임으로 P.C. Schmitter

등에 의해 주장된 이익대표의 한 유형이다.

Schmitter에 의하면 조합주의란 '각 이익집단들이 단일적이고 위계적인 전국규모의 이익대표체계를 형성하고, 일면 국가이익을 대변하면서 그 대가로 특정범주의 이익공동체의 요구를 독점적으로 정책과정에 투입하는 이익대표체계'를 의미한다.

다원주의에서는 기본적인 분석의 대상을 집단으로 삼고 그들 간의 대등한 경쟁관계를 전제로 하고 있는 반면에 조합주의에서는 국가이익의 확대와 사회질서의 유지를 위해서 국가가 적극적으로 사회에 개입하는 것을 특징으로 한다. 또한 다원주의에서는 국가의 수동적 성격과 이익집단의 국가에 대한 투입기능을 강조하는 반면 조합주의에서는 국가의 능동적인 성격과 국가의 이익집단에 대한 통제기능에 중점을 둔다.

(2) 유 형

1) 국가조합주의 (State Corporatism)

국가가 통치력을 강화하기 위해 강제적으로 편성한 이익대표체계로서, 국가의 권위에 의해 위로부터 사회집단이 조직되며 이들은 국가에 보조적·종속적인 관계의 형태를 띠게 된다. 따라서 이익집단의 결성은 구성원의 이익 못지않게 사회적 합의를 유도하려는 정부의 의도가 크게 작용한다.

1980년대 중반 이전의 남미, 한국 등 권위주의체제 하에서 나타난 유형이며, 국가조합주의는 다시 다음의 두 가지 유형으로 나뉜다.

① 배제적 조합주의(exclusionary corporatism)는 국가가 강압적 수단들을 통해 노동계급집단들을 일차적으로 탈정치화 시키고 관료적으로 재조직화하여 국가와 사회의 관계를 새롭게 구성하려는 유형으로서, 여기에서는 국가와 자본이 지배동맹을 형성하고 노동부문의 정치·경제적 참여를 배제한다.

② 융합적 조합주의(inclusionary corporatism)는 국가가 근대화 과정에서

노동계급집단들을 새로운 정치적·경제적 질서에로 통합하려는 노력에 의해 국가와 사회의 관계를 새롭게 정립하려는 유형으로서, 여기에서는 국가·자본·노동이 수평적인 협력체제를 이룬다.

2) 사회조합주의 (Societal Corporatism)

자본주의 발전에 따른 국가의 통치력 약화에 대한 반작용으로 국가의 통치력 보강과 사회·경제적 위기를 해소하기 위해 이익집단에 의존하는 이익대표체계로서, 사회에서 자발적으로 조직된 이익집단이 국가기관에 침투해 들어감으로써 국가의 정당성과 기능이 일차적으로 사회집단에 의존하게 된다.

사회조합주의는 국가에 의한 하향적 통제기능은 배제하고 상향적 투입기능을 중시하기 때문에 다원주의의 변형된 형태라고 할 수 있으며, 북구의 스웨덴, 노르웨이, 핀란드 등 후기자유주의적·선진민주복지국가에서 나타나는 유형이다.

(3) 국가조합주의의 정책관

① 정책은 국가가 사회를 일정한 방향으로 유도하기 위하여 의도적으로 사회집단과 개인의 이익 및 가치를 통제·조정하며, 정책목표를 효과적으로 달성하기 위한 수단이다.

② 정부는 자체 이익을 가지면서 이익집단의 활동을 규정하고 포섭 또는 억압하는 독립적인 실체로 존재하기 때문에 정부는 중립적이지 않으며, 이익집단들에 대해서 차별적으로 대하기도 한다. 따라서 이익집단들 간의 불평등 문제가 발생할 수 있다. 정부이익과 합치되는 집단이익의 투입은 과대 반영되고, 비판적인 집단이익의 투입은 배제·통제된다.

③ 정부에 의해 독점적인 이익대표권을 부여받은 이익집단은 그에 대한

반대급부로 이익집단의 요구를 일정한 범위로 제한하는 등 정부의 통제를 수용하게 된다. 즉 정부와 이익집단 간에는 편익의 상호관계가 성립하며, 이익집단은 정책목표의 달성을 위해 협력적이다.

④ 정책결정과정에서 정부와 이익집단 간에는 합의형성이 발생하며, 이러한 합의는 공식화된 제도 속에서 이루어진다. 이익집단의 주된 협의대상은 행정부이며, 제도적인 참여가 주된 활동방식이다. 집행과정에서 이익집단의 주된 역할은 정부와 이익집단 간의 합의된 내용을 대리집행하거나, 집행을 보조하기 위해 구성원을 규제하고 순응을 확보하는 데 있다. 따라서 이익집단은 준정부기구 또는 확장된 정부의 일부분으로 기능한다.

Ⅲ. 결 론

정책을 보는 관점은 다양하기 때문에 정책내용과 정책과정을 보다 분명히 이해하기 위해서는 여러 가지 시각들을 종합적으로 분석·검토하고 평가하는 것이 바람직하다고 할 것이다.

제 5 장 정책학연구에서 신제도주의

Ⅰ. 제도와 정책

제도와 정책은 상호 밀접한 관련이 있다. ① 정책은 권위 있는 정부기관
이라는 정치제도에 의해서 공식적으로 결정(채택)되고, 집행되고, 강제되어
야 성립된다. 왜냐하면 제도는 누가 권위적인 결정을 내려야 하는 지에 대
한 사회적 합의를 나타내기 때문이다.

② 제도적 구조와 절차는 정책내용 및 그 결과에 대하여 중요한 영향을
미친다. 제도는 사회가 의도하는 것을 대표함으로써 제도 내에서 행동하는
사람들의 행위를 구체화하는 압력을 행사한다. 또한 오랜 기간 동안 지속되
는 인간행동의 규칙화된 유형의 집합으로 나타난 제도는 정책의 내용과 의
사결정에 영향을 미친다. 제도는 어떤 정책결과를 용이하게 하기 위하여, 또
는 어떤 정책결과를 막기 위하여 구조화된다.

③ 제도는 정부의 정책결정과정에 구조를 부여한다. 제도는 그 안에서
행동하는 사람들의 행위에 유인과 제약의 범위를 제공하고, 채택해야 할
일련의 상례적 절차(rou- tines), 실행할 수 있는 수단의 목록, 사용자원의
규모, 정보선택의 기준, 의견갈등의 해소원칙 등을 제시한다. 이에 따라 제
도는 정책결정의 복잡성을 체계화하는 근거를 제공한다.

④ 정치제도는 정책체제가 환경에 어느 정도 개방할 것인가를 결정한다.
이들 정치제도는 결정에 도달하는 일정한 규칙들의 집합으로서 누가 언제,
어떻게, 그리고 어떤 영향력을 가지고 결정에 관여하여야 하고, 또한 관여

할 수 있는가에 관한 참여규칙이다. 정치제도의 구조가 개인이나 집단에게 허용하는 정책과정상의 접근성이 상이하기 때문에 정책결정, 정책집행과정에서 개인이나 집단의 영향력이 상이하게 나타나게 된다.

요컨대, 제도는 정책의 정당성을 제공하고, 정책과정에 참여하는 행위자들의 선호와 이익에 대한 정의, 행위자들의 접근가능성과 접근정도, 그리고 행위자들의 상호작용의 패턴에 영향을 미치고 제약하는 거시적 구조로서 기능을 한다. 반면에 정책은 그러한 제도적인 틀 안에서 행위자들의 상호작용에 의하여 만들어진 결과이다.

Ⅱ. 신제도주의의 의의

무엇이 국가의 정책을 결정하는가? 사회를 구성하고 있는 개인이나 집단의 상호작용의 결과인가, 아니면 이들을 둘러싸고 있는 거시적인 사회구조나 제도가 핵심적인 영향을 미치는 것인가? 이에 대하여 종래 1960~1970년대 사회과학을 주도한 행태주의(behaviorism)와 합리적 선택 접근방법에서는 개인주의적 가정에 근거하여 개별 행위자의 전략적 행위(독립변수)의 결과가 곧 정책(종속변수)이 된다고 보았다.

그러나 이러한 접근방법은 ① 인간행태만을 피상적으로 관찰하고 정책을 둘러싼 제도나 구조의 역할을 무시함으로써 사회현상이나 정책에 대한 본질적인 분석을 할 수 없고, ② 정책의 다양성에 따른 국가별·사회별·시기별 차이를 설명하지 못한다는 비판을 받는다.

이러한 배경 하에 1980년대 이후 최근에는 사회현상을 설명하고, 정책과정을 분석하는데 '제도'를 중심 개념으로 설정하는 학문분파가 등장하게 되었는데, 이들을 포괄하여 '신제도주의(new institutionalism)'라고 부른다.

신제도주의라고 부르는 이유는 행태주의 이전에 정치학에서 풍미하였던 '구제도주의'와 구별하기 위한 것이다. 구제도주의와 신제도주의는 양자 모두 제도를 연구의 중심개념으로 상정하고 있다는 점에서 공통점이 있으나, 전자는 각국간의 제도적 차이를 헌법을 비롯한 법 구조, 통치체계, 행정조직 등 공식적 제도를 중심으로 정태적으로 기술하고 있는 반면에, 후자는 국가별 정책의 특성은 국가간의 제도적 차이에 기인한다고 보고, 사회를 구성하는 다양한 제도적 요소들의 역동적인 관계, 제도와 개인의 행태사이의 관계, 공식적 제도보다는 비공식적 제도를 중시한다는 점에서 차이가 있다.

신제도주의는 학문적 뿌리와 접근방법에 따라 다양한 연구 분야로 나뉘어 지나 P. Hall과 R. Taylor의 분류에 따라 ① 경제학, 정치학에서 발전한 합리적 선택 제도주의, ② 정치학에서 발전한 역사적 제도주의, ③ 사회학, 조직학에서 발전한 사회학적 제도주의로 대별된다. 이러한 세 가지 관점은 제도에 대한 개념 정의, 제도와 행위자간의 관계, 제도의 형성 및 변화 등에 대하여 각기 상이한 설명을 하고 있다.

Ⅲ. 합리적 선택 제도주의

1. 이론적 발전

합리적 선택 제도주의(Rational Choice Institutionalism)는 1970년대 이후 경제학과 정치학의 영역에서 발전하여 왔다. 먼저, 경제학에서 합리적 선택 제도주의는 신제도주의 경제학에서 주장되고 있다. 신제도주의 경제학은 전통적인 신고전파 경제학의 비현실적인 가정(완전경쟁, 유일한 균형점의 존재, 외생적으로 주어진 선호체계)을 비판하면서 현실세계의 경제는 단순히 가격기구에 의하여 작동되는 것이 아니라 법률, 사회적 관습 등 각종 제도에 의하여 규정된다고 주장하면서 경제분석에서 제도연구의 중요성을 강조하였다.

R. Coase, O. Williamson, D. North 등 신제도주의 경제학자들은 신고전파 경제학에서 가정하는 엄격한 합리성을 가진 존재가 아닌 제한된 합리성(bounded rationality)을 가진 존재라고 본다. 제도는 이러한 개인들의 합리적 사고의 산물로서 반복적이고 상호의존적인 관계에서 개인의 행동에 영향을 미치며, 경제체제는 행위자들의 학습과정을 통하여 시간이 경과함에 따라 진화하는 것으로 인식하고 있다. 이들은 기존 연구는 완벽한 정보와 거래비용(transaction cost)의 부재 등으로 대표되는 가상적인 제도, 혹은 제도의 진공상태에서 개인의 행동 연구에 관심을 기울여 왔으나 이러한 가정은 비현실적이므로 거래비용에 대한 구체적인 가정이 필요하다고 본다.

다음으로, 정치학에서 합리적 선택 제도주의는 미국의 의회행태 연구에서 시작되었다. 전통적인 합리적 선택이론의 경우 의원들의 선호가 다양하고 다루는 문제가 다차원적이어서 미국 의회의 입법과정에서는 안정적인 균형점이 존재할 수 없을 것이라고 예측하였다. 그러나 현실의 의회 입법과정에서는 상당히 안정적인 균형점이 존재하자 K. Shepsle과 B. Weingast 등 합리적 선택론자들은 이론과 현실간 괴리에 대한 해답을 제도에서 찾게 되었다. 미국 의회의 의사진행 규칙이나 위원회 제도 등이 의원들 간의 타협상의 거래비용을 줄이고 상호 협조의 이익을 증가시켜 의원들이 직면하는 집합행동의 문제(collective action problem)를 해결하게 되어 그 결과로 의회의 입법과정에서 상당히 안정적인 균형점이 존재하게 된다는 것이다. 그 후 이러한 합리적 선택 제도주의 연구는 의회와 행정부의 관계(G. Cox & M. McCubbin), 유럽연합의 제도개혁(G. Tsebelis), 국제관계와 국제기구(K. Oye), 그리고 공유재의 관리나 기타의 정치현상에서 집합행동의 문제(V. Ostrom & E. Ostrom) 등에 적용되어 연구의 범위가 확장되고 있다.

합리적 선택 제도주의는 그 안에 다양한 관점 및 이론들이 존재하는데 여기서는 거래비용이론, 게임이론, 공유재문제의 자치적 해결에 관한 이론, 주인-대리인이론 등에 대해 살펴보기로 한다.

(1) 거래비용이론(transaction cost theory)

신제도주의 경제학에서 발전된 거래비용이론은 신고전파 경제이론으로는 기업이 시장에서의 거래를 포기하고 내부거래에 의존하는 지를 설명하지 못한다고 비판하면서 기업과 같은 위계조직이 어떻게 시장을 대체하게 되는지에 대해 설명하고 있다. 거래비용이라는 개념을 처음 사용한 R.H. Coase는 거래의 빈도수나 복잡성이 클수록 거래비용이 발생하게 되며, 이러한 거래비용을 줄이기 위해 기업이 존재하게 된다고 주장하였다. 거래비용이란 시장거래를 위해서 교환되어지는 것의 유용한 속성을 측정하는 비용과 권리를 보호하고 계약을 감시·집행하는 비용을 말한다. 이러한 거래비용은 조직이나 시장 등 어떠한 제도적 상황에서도 개인이 재산권을 보호하고 유지하기 위해서 항상 발생하게 되는데, 근본적으로 불확실한 정보 때문에 발생한다.

Coase의 이론을 더욱 정치화시킨 O.E. Williamson은 상호의존도가 높은 생산 및 분배의 거래과정에서 불확실성, 복잡성, 정보 비대칭성, 그리고 기회주의와 같은 요인들이 내재하고 있어 부대비용이 발생한다고 주장한다. 이러한 과정이 시장기구만을 통해서는 조정되기 어렵기 때문에 거래비용을 줄이기 위하여 기업이 형성된다고 본다.

한편 D.C. North는 산업조직론에서의 Coase와 Williamson의 거래비용 개념을 확장하여 국가간의 경제적 성과의 차이에 초점을 맞추어 논의하고 있다. 그에 따르면 제도란 사회에 적용되는 게임의 규칙으로서, 일상생활에 대한 구조를 제공함으로써 불확실성을 감소시킨다고 본다. 즉 제도는 인간들이 정치적·경제적·사회적 상호작용을 조정하기 위하여 고안한 것으로서 개인의 행동을 금지 또는 허락하는 제약요건이다. 따라서 제도는 개인의 선택 집합을 정의하고 제한하며, 한 경제의 인센티브 구조를 제공한다. 제도가 경제변화의 방향을 결정하기 때문에 제도가 얼마만큼 거래비용을 줄이고 신뢰할 수 있는 합의장치를 마련하느냐에 따라 경제성장에 영향을 미친다는 것이다.

(2) 게임이론(game theory)

어떤 규칙에 의해 이루어진 사회상황에서 개인들의 상호작용의 결과를 예측하고자 하는 게임이론은 매우 유용한 분석기법이 될 수 있다. P. Ordeshook에 따르면 게임이론은 '상호의존적인 선택에 관한 접근법'을 의미하는데, 여기서 상호 의존적 선택이란 한 개인의 단독 선택으로는 결과를 판정하지 못하는 상황에서의 선택을 말한다. 게임이론에서는 상호의존적인 이해관계를 갖는 둘 이상의 개인들의 선택과 행동을 게임으로 파악하여 그 선택과 행동의 결과로 나타날 사회상황을 예측하고자 한다.

게임에서 가장 중요한 것은 바로 게임의 규칙이다. 이러한 게임의 규칙이 경기에 참여할 수 있는 경기자(players), 경기자들이 가질 수 있는 정보의 수준, 경기자들이 선택할 수 있는 전략(strategy), 그리고 경기자들이 상호작용의 결과 이익과 손해를 얻게 되는 보수(payoffs)를 결정하게 된다. 이러한 사항들이 결정되면 게임이론은 주어진 게임을 풀어 결과를 예측한다. 이 때 사용되는 개념이 내쉬 균형점(Nash equilibrium)이다. 여기에서 내쉬 균형점이란 상대방도 합리적인 선택을 할 것이라는 가정 하에서 자신의 보수를 극대화하는 선택의 결과 도달하게 되는 상태로서 상대방이 다른 선택을 하지 않는 한 자신의 선택을 변화시켜 이익을 얻지 못하는 상태를 말한다. 이 내쉬 균형점이 개인의 선택에 대한 게임이론의 예측이다.

합리적 선택 제도주의에서는 게임의 규칙을 제도로 파악한다. 자연적 법칙과는 달리 사회적 규칙은 원래 인간에 의해서 만들어진 것이기 때문에 쉽게 변경이 가능하나, 사회적 규칙으로 설명되는 사회현상은 통제가 곤란한 경우가 많다. 사회적 규칙은 공식적 규칙과 비공식적인 규칙으로 구성되는데, 공식적 규칙은 대부분 과거 정책들의 산물로서 법률의 형식을 띠게 되며, 비공식적인 규칙들은 문화나 사회적 규범과 같이 구성원들에 의해서 준수되는 것으로서 단기간 내에 인위적으로 변경하는 것이 매우 어렵다.

게임이론에서는 이러한 규칙이 게임을 규정하고 게임의 해(解)를 결정한다고 본다. 그러나 게임규칙의 변화가 반드시 사회현상의 변화로 연결되는 것은 아니다. 규칙의 변화가 활동의 장에서 상호작용하는 개인들의 유인구조를 실질적으로 변화시킬 수 있어야만 사회현상은 변화하게 된다. 따라서 게임상황에서 구체적으로 규칙의 변화가 어떻게 경기자의 전략 선택의 폭과 보수함수를 변화시켜 유인구조를 변경시키는가를 파악하는 것이 중요하다. 이처럼 게임이론을 활용하면 제도변화가 어떻게 개인행위에 변화를 초래하는지를 분석할 수 있다.

(3) 공유재 문제의 자치적 해결에 관한 이론

E. Ostrom 등이 주장한 공유재 문제의 자치적 해결에 관한 이론은 공유재의 사회적 최적 사용을 위해 일정한 조건, 즉 자치적으로 마련된 적절한 제도적 장치가 필요하다는 이론이다. 공유재(common pool resources)란 다수의 개인들이 공유하고 사용하며 잠재적인 사용자들을 배제하기가 불가능하거나 곤란하고, 한 개인의 사용량이 증가함에 따라 다른 사용자들이 사용할 수 있는 사용량이 감소하는 자연적 또는 인위적 시설물을 말한다.

공유재의 이러한 비배제성과 편익감소성의 특성 때문에 자신의 이익을 극대화하려는 합리적 개인의 행동이 사회 전체적인 합리성을 달성하지 못하게 되는 이른바 '공유재의 비극' 또는 '사회적 딜레마' 현상이 발생하게 된다. 그 결과 기존의 이론들은 이러한 상황이 죄수의 딜레마 상황과 같아 정부의 개입 없이는 공유재의 효과적인 사용과 관리가 불가능하다고 지적하고 있다.

그러나 최근의 많은 실증적인 연구들은 사례분석을 통해 공유재 문제의 자치적 해결의 가능성에 대해 주장하고 있다. 즉 사용자들의 단기 유인구조가 일회적인 죄수의 딜레마 게임과 일치하는 공유재 사용의 상황에서도 일정한 조건이 충족되면 기존의 이론들이 예측한 것보다 훨씬 더 협조적인 결과를 개인의 합리성에 근거해서 얻을 수 있다는 것이다. 따라서 공유재의 사회적 최적사용을 위해서는 행위자들의 미래의 유인구조에 영향을 줄 수 있는 적절한 자치적인 제도적 장치를 마련하는 것이 중요하다는 것이 공유재문제의 자치적 해결에 관한 이론의 주된 관심사항이다.

(4) 주인-대리인 이론(principal-agent theory)

주인-대리인 관계는 한 사람(주인)이 다른 사람(대리인)으로 하여금 자신의 이익과 관련된 행위를 그의 재량으로 하여 줄 것을 내용으로 하는 계약이 있을 때 성립된다. 이러한 관계는 국민(주인)-국회의원(대리인) 관계, 지주(주인)-소작농(대리인) 관계, 환자(주인)-의사(대리인) 관계, 소송당사자(주인)-변호사(대리인) 관계, 주주(주인)-경영자(대리인) 관계 등에서 수없이 많이 볼 수 있다. 이러한 위임관계가 성립하는 것은 대리인이 주인보다 특정한 과업에 대하여 더 많은 지식과 능력을 갖고 있기 때문이다. 그러나 주인은 대리인보다 그 과업에 관하여 지식이 부족하고, 대리인의 업무 수행과정을 관찰하기 어렵기 때문에 만일 대리인이 자기 이익의 극대화를 추구한다고 가정하면 대리인이 주인을 위하여 적정한 행동을 취하고 있는 지를 보장할 수 없게 된다.

T. Eggertsson 등에 의해 주장된 주인-대리인 이론은 이처럼 지식과 정보가 부족한 주인의 약점을 이용하여 자신의 이익을 위해 기회주의적으로 업무를 수행하기 쉬운 대리인으로 하여금, 어떻게 하면 위임자인 주인의 이익을 극대화하면서 동시에 자신의 이익을 함께 도모할 수 있는 유인체계

를 개발하느냐 하는 것이 주된 관심사이다.

주인-대리인 문제의 핵심은 주인과 대리인 간의 '비대칭적인 정보'에 기인하는데, 이의 해결책으로 ① 대리인 스스로가 자신의 능력과 지식에 대한 정보를 주인에게 제시하는 방법, ② 주인이 차별화된 복수의 계약을 제공하여 대리인으로 하여금 선택하게 함으로써 능력과 지식에 관한 정보를 얻는 방법, ③ 대리인의 능력과 업무 성과에 대한 명성에 의존하는 방법, ④ 다수의 대리인을 고용함으로써 대리인 간의 경쟁, 상호통제, 정보의 제공 등을 꾀하는 방법, ⑤ 조직 내에서 공동으로 활용할 수 있는 정보체계를 구축하여 정보의 비대칭성 자체를 완화할 수 있는 방법 등이 제시되고 있다. 그러나 주인-대리인 문제의 보다 근본적이고 고전적인 해결방법은 성과급의 도입과 같이 적절하게 고안된 인센티브의 제공을 들 수 있다. 대리인의 업무성과가 증가할수록 주인의 이익뿐만 아니라 대리인의 금전적 보상이 늘어나므로 대리인과 주인 간의 이해의 상충문제가 감소하게 되고 대리인은 더욱 열심히 일할 인센티브를 가지게 된다는 것이다.

2. 제도의 의미

합리적 선택 제도주의는 그 안에 다양한 관점 및 이론들이 존재하기 때문에 제도에 대한 개념정의도 학파별로 다양하다. 먼저, Williamson, North, Ostrom 등과 같은 신제도주의 경제학자들은 제도를 '사회의 게임규칙으로서, 인간이 인간들의 상호작용을 구체화하기 위하여 고안한 제약'으로 정의한다. 한편 A. Schotter, W. Riker 등과 같은 게임이론적 학자들은 제도를 '개인들이 상호의 선호를 이해하고 이에 따라 최적의 행동을 선택한다면 존재하게 되는 행태의 안정적인 유형'이라고 정의한다. 이와 같이 학자에 따라 다른 시각에서 제도의 개념정의를 하고 있지만 이들 간에는 관찰되는 인간행태의 규칙성을 제도로 파악한다는 점에서 공통점이 있다.

　이러한 제도는 구체적으로 ① 헌법, 법률, 조례 등과 같은 공식적인 규칙(formal rules)과 ② 행위양식, 행동규범, 관습 등과 같은 비공식적인 제약(informal constraints)으로 구성되어 있는데, 양자의 차이는 정도의 차이이다. 먼저, 비공식적인 제약은 공식적인 규칙의 기초를 이루는데, 그것은 단지 공식적 규칙의 부가물이 아닌 그 자체로서 중요하다. 타인과의 일상적인 상호작용의 지배적인 구조는 비공식적인 제약에 의해 규정된다. 이것은 사회적으로 전달된 정보에서 유래하며, 문화라 부르는 유산의 일부이다. 비록 공식적인 규칙의 전면적인 변화가 있다고 하더라고, 관습, 행위규범, 행동준칙과 같은 비공식적인 제약으로 인하여 제도는 점진적으로 변화하는 것이다. 다음으로, 공식적인 규칙은 비공식적인 제약의 효력을 보완 또는 증대시킬 수 있으며, 비공식적인 제약을 수정, 변경, 대체하기 위하여 제정될 수 있다.

　합리적 선택 제도주의 시각에서 볼 때 제도는 다음과 같은 기능을 수행한다. ① 제도는 사회구성원들이 서로 편익을 증진시킬 수 있는 방향으로 교환과 협력을 하도록 강제하는 기능을 한다. ② 제도는 정치·경제적 행위자에게 기회를 제공할 뿐만 아니라 행위를 제약하는 역할을 수행함으로써 그들의 전략적 선택에 영향을 미친다. ③ 제도는 다른 사람들이 미래에 어떤 선택을 할 것인지에 대한 정보를 제공함으로써 게임에 임하는 행위자가 봉착하게 되는 불확실성을 감소시켜 주는 인간의 상호작용에 대한 안내자 역할을 한다. ④ 제도는 개인의 자율성의 영역을 보호하고 보장함으로써 개인이 외부로부터 부당한 간섭을 받거나 압력을 행사 받지 않도록 하여 준다.

3. 주요 주장내용

(1) 미시적 접근

합리적 선택 제도주의는 방법론적 개인주의에 근거하여 인간을 분석의 기초단위로 하면서, 제도가 개인이 선택할 수 있는 기회와 제약을 제공한다고 본다.

(2) 제한된 합리성 가정

합리적 선택 제도주의는 개인은 제도적 제약 하에서 일련의 선호체계를 가지며, 자신의 선호 혹은 효용을 극대화하기 위하여 광범위한 계산 하에 고도의 전략적인 행동을 한다고 보는 '합리적 개인'을 가정한다. 다만, 전통적인 합리적 선택모형과는 달리 이들은 개인들은 항상 완벽한 정보를 가지고 엄격한 합리성 가정에 따라 행동한다고 보지 않는다. 합리적 선택 제도주의는 주어진 정보와 규칙, 규범 등의 여건 하에서 가장 적절하다고 생각되는 행동을 한다고 본다.

(3) 제도와 행태의 관계

합리적 선택 제도주의는 제도의 기원(형성), 지속성, 변화를 모두 개인의 효용극대화 추구에 기반 하여 연역적으로 설명하고 있다. 즉, 제도란 각 개인의 효용을 극대화하기 위한 수단으로서 행위자들의 자발적 협력에 의해 '창조'되며, 현존하는 제도가 다른 대안적 제도보다 개인들에게 더 많은 편익을 제공하고 있기 때문에, 혹은 현존하는 제도를 유지하면서 얻게 되는 편익이 제도를 변화시키는 데 소요되는 비용보다 크기 때문에 현 제도가 '유지'되며, 개인적 합리성과 사회적 합리성간의 괴리가 발생하였을 때 인간의 의식적인 설계를 통해 제도의 '변화'가 이루어진다고 보고 있다.

(4) 사회적 딜레마의 해결책으로서 제도

모든 사람들이 자신의 효용을 극대화하기 위해 노력하게 되면 누구도 제대로 자신의 효용을 극대화시키지 못하는 공유재의 비극과 같은 이른바 집합적 딜레마(collective dilemma) 또는 사회적 딜레마 상황이 나타나게 되는데, 이러한 딜레마로부터 벗어날 수 있도록 고안된 것이 제도이다.

(5) 의식적 설계의 결과로서의 제도

개인이 가치를 부여하는 목적, 개인이 소유하는 정보의 수준 등에 대한 제도의 영향이 구체적으로 고려되나, 개인을 '제도의 제약이 결정하는 바를 기계적으로 수행하는 존재'가 아닌 사회현상의 동인이고 제도를 선택하는 주체라고 본다. 결국 인간이 제도에 의해 제약을 받지만 그러한 제도를 설계하고 형성하는 것 또한 인간이 선택한다고 본다.

(6) 균형으로서의 제도

합리적 선택 제도주의에서 제도란 효용극대화를 추구하는 개인들 간의 교환관계가 안정된 상태에서 유지되도록 만드는 동시에 거래비용을 최소화함으로써, 궁극적으로는 파레토의 효율적인 결과(Pareto-superior outcome)가 창출되도록 만드는 기능을 담당한다고 본다.

4. 비판과 최근 경향

합리적 선택 제도주의는 ① 연역적인 분석을 통하여 제도와 개인 행태간의 관계에 대하여 정확한 개념화를 이루어 내고, ② 체계적인 이론형성을 가능하게 하는 고도로 일반화된 개념집합을 만들어 냈다는 점에서 강점이 있으나 다음과 같은 비판을 받는다.

(1) 제도의 비공식적 측면에 대한 경시

합리적 선택 제도주의는 집합적 딜레마를 해결하거나 거래비용을 낮추기 위한 수단으로 의식적으로 만든 것이 제도라고 보기 때문에 헌법, 법률 등과 같은 공식적인 제도에 초점을 맞출 뿐 규범이나 문화, 이데올로기 등 비공식적인 제도의 중요성을 소홀히 하는 경향이 있다.

(2) 선호형성에 대한 부적절한 설명

합리적 선택 제도주의는 개인의 선호를 외생적으로 주어진 것으로 가정할 뿐, 선호가 어떻게 형성되고 변화하는지에 대해서는 설명하지 못한다. 게다가 행위의 기초로 선호를 설정하지만, 실제 설명방식은 관찰된 행위로부터 선호를 추론한 후 이렇게 추론된 선호로부터 행위를 설명하는 순환론적 오류에 빠지게 된다. 다시 말해서, 설명되어야 할 종속변수(행위)로부터 그 원인이 되는 독립변수(선호)를 추론하고, 그렇게 추론한 원인(즉, 선호)으로부터 그 행위를 다시 설명하는 순환론적인 설명방식을 취한다는 것이다.

(3) 제도형성에 대한 기능주의적 설명

합리적 선택 제도주의의 제도형성에 관한 설명방식은 다음과 같은 문제점이 있다. ① 기능주의적(functionalist)이라는 것이다. 즉, 개인의 효용을 극대화하기 위한 수단으로서 행위자들의 자발적인 협력에 의해 제도가 창조되는 것으로 설명하고 있으나, 이러한 설명방식은 종속변수(제도의 효과)로부터 독립변수(제도의 기원)를 설명하는 오류에 빠지게 된다. 게다가 이 접근법은 어떤 제도의 효율성을 과대평가함으로써 제도가 가져오는 많은 비효율성에 대해서는 간과하는 경향이 있다. ② 의도적(intentionalist)이고, 도구주의적(instrumentalist)이라는 문제점이 있다. 합리적 선택 제도주의자들은 제도를 만드는 각 개인들이 제도가 가져올 효과를 충분히 인식하고 그러한 효과를 낳기 위한 목적으로 제도를 창조한다고 보고 있으나, 이는 행위자들의 선견지명과 사건의 전개과정에 대한 통제능력을 지나치게 과대평가하고 있다. ③ 이들의 설명 방식은 자발적(voluntarist)이라는 문제점이 있다. 합리적 선택 제도주의자들은 동등하고 독립적인 행위자들 간의 자발적인 동의에 의한 계약을 통해 제도가 형성된다고 간주함으로써 불균등한 권력 관계에 의해 제도형성 과정이 영향을 받을 수 있음을 간과하고 있다.

(4) 역사적 과정과 맥락에 대한 무시

합리적 선택 제도주의는 '균형'으로서 제도가 만들어져 있는 상태에 대해서만 관심을 가질 뿐이지 그러한 균형상태에 이르게 된 과정에 대해서는 관심을 기울이지 않는다. 제도가 만들어지는 과정에 대한 설명이 없기 때문에 그 과정이 진행되는 맥락에 대한 설명이 있을 리 만무하다. 이러한 이유로 합리적 선택 제도주의가 몰역사적(ahistorical)이라고 비판받는다.

(5) 권력관계의 무시

합리적 선택 제도주의는 평등한 개인 간의 자발적 교환을 통해 파레토 최적에 이른다는 경제학의 개념을 차용함으로써 한 사람이 얻게 되면 다른 사람이 잃게 되는 재분배의 문제나 개인들 간의 불평등한 권력관계 등은 소홀히 취급하고 있다.

위와 같은 비판에 대하여 North 등 합리적 선택 제도주의자들은 최근 자신들의 이론적 문제점을 극복하기 위하여 자기 혁신의 노력을 집중하고 있는 데 주요 변화내용은 다음과 같다.

① 헌법, 법률, 조례 등과 같은 공식적 규칙뿐만 아니라 일상적인 상호작
   용을 규율하는 행위양식, 행동규범, 관습 등과 같은 비공식적 규칙의
   중요성을 강조하고 있다.
② 제도적 맥락 속에서 선호가 형성되고 변화됨을 인정한다.
③ 제도(특히, 정치제도)란 강제와 재분배의 도구라고 갈파하면서 권력
   관계의 불평등과 정치적 역학관계에 대해 강조하기도 한다(Moe,
   Knight 등).
④ 보편적인 이론 또는 방법론뿐만 아니라 사회적·학문적으로 중요한 문
   제에 대한 실증적 분석을 위해서 합리적 선택이론에서 활용하는 분석
   적 기법과 역사연구에서 사용하는 서술적 형태를 결합하여 이른바 분
   석적 서술기법(analytic narratives)을 활용하려는 경향을 보이고 있다.

5. 정책학적 함의

정책은 제도 내에서의 활동하는 행위자들의 상호작용의 산물로 볼 때 합
리적 선택 제도주의는 정책과정에 참여하는 행위자들의 상호작용의 원인과
과정을 분석하고 설명하는 데 많은 도움을 준다.
① 정책결정과정에서 개별 행위자들은 자신의 이익을 극대화하기 위하여
   정치적 거래비용이 가장 작은 방법을 선택하여 참여하게 된다. 따라
   서 합리적 선택 제도주의는 정책결정과정에서 제도적 제약이 어떤 행
   위유인을 발생시켜 주는 지를 분석함으로써 제도를 설계하는 데 많은
   이론적 함의를 제공한다.
② 정책집행과정에서도 정책대상이 되는 행위자들은 자신의 이익을 극대
   화하는 방향으로 정책내용이나 집행과정을 변화시키고자 노력하게 된

다. 따라서 합리적 선택 제도주의는 집행현장에서 발생하는 행위자들
의 유인구조를 설명하고, 행동원인에 대한 제도적 구조를 밝혀냄으로
써 집행성공 및 실패 원인을 분석하는 데 함의를 제공한다.
③ 정책평가와 관련하여 합리적 선택 제도주의는 행위자들의 합리적 선
택의 결과 정책담당자가 의도하지 않은 정책 또는 부작용을 분석하
고, 새로운 정책설계 대안에 대한 함의를 제공 한다

Ⅳ. 역사적 제도주의

1. 이론적 발전

역사적 제도주의(Historical Institutionalism)는 1960-1970년대 이후 국가
를 경쟁하는 집단들 간의 중립적 중재자로 인식하는 다원주의(Pluralism),
국가를 지배계급의 도구로 보는 신마르크스주의(neo-Marxism), 그리고 국
가를 사회 필요의 산물로 보는 구조기능주의(Structural-functionalism)간의
논쟁에 대한 반발로 나타났다.

역사적 제도주의자들은 국가는 집단간 경쟁의 결과와 구조에 영향을 줄
수 있는 자율적인 독립적 행위자로서 제도들의 복합체이며, 국가와 사회를
연결하는 제도는 역사적 산물로서 현재와 미래의 정책결정에 영향을 미치
게 되는 역사의존적 또는 경로의존적인 성격을 지닌다고 주장하고 있다.
따라서 역사적 제도주의는 제도를 부수적인 현상으로 다루고 있는 기존의
정치학 이론이나 몰역사적인 정책학(행태주의, 다원주의, 체계이론, 구조기
능주의, 합리적 선택이론 등)과는 달리 거시구조적 분석과 역사적 시각을
통합함으로써 국가간 정책의 상이성과 한 국가 내 정책패턴의 지속성을 효
과적으로 설명하고 있다. 즉 역사적 제도주의는 행위를 형성하고 제약하는

'사회적 맥락'으로서 제도의 중요성을 강조함과 동시에 이러한 제도가 형성되는 '역사적 과정'의 특수한 상황을 중시한다는 점에 그 특징이 있다.

대표적인 학자들로는 E.M. Immergut, G.J. Ikenberry, I. Katznelson, S.D. Krasner, K. Thelen과 S. Steinmo 등을 들 수 있는데, 이들의 연구는 주로 공공정책의 국가간 비교연구들로 나타나고 있다. 대표적인 사례로 국회의원, 이익집단, 유권자, 사법부간의 관계를 구조화하는 국가 정치제도들의 영향을 강조하는 비교연구들을 들 수 있다. 비교정치경제 분야에서는 국가 노동운동, 사업자조직, 금융체제에 관한 연구 등이 있다.

2. 제도의 의미

역사적 제도주의에서 제도의 개념은 논자에 따라 매우 다양하지만 대체로 제도란 '정체(polity)나 정치경제의 조직적 구조 속에 내재된 공식·비공식적 절차, 상례(routines), 규범과 관행'으로 정의된다. 따라서 제도의 범주에는 헌정 질서의 제반 규칙이나 관료제의 표준운영절차(SOP)에서부터 노조들의 행태나 은행-회사관계를 규율하는 관행(conventions)에 이르기까지 다양하게 포괄된다.

역사적 제도주의에서 제도는 다음과 같은 기능을 수행한다고 본다. ① 제도는 정책을 형성하고 집행하는 정부의 능력을 제한한다. ② 제도는 정치·경제적 행위자에게 기회를 제공할 뿐만 아니라 그들의 행위를 제약하는 역할을 수행함으로써 그들의 전략에 영향을 미친다. ③ 제도는 정치·경제적 행위자들 간의 권력배분에 영향을 미침으로써 궁극적으로 정책결과에 대한 행위자들의 영향력을 좌우한다. ④ 제도는 행위자들이 그들의 이익 또는 선호를 어떻게 정의할 것인가에 영향을 미침으로써 행위자들이 추구하는 목적을 구체화하는 역할을 한다. 이러한 제도의 역할에 대한 역사적 제도주의의 ①과 ②의 견해는 다른 신제도주의 시각과 같지만, ③과 ④의 견해는 합리적 선택 제도주의나 다원주의, 행태주의와 차이가 난다.

3. 주요 주장내용

(1) 역사와 거시적 맥락

역사적 제도주의는 정책을 단순히 행위자들 간의 상호작용의 산물로 보는 행태주의나 합리적 선택이론과 같은 미시적 접근방법으로는 국가간 정책의 상이성과 한 국가 내에서의 정책패턴의 지속성을 설명할 수 없다고 본다. 왜냐하면 정책결과는 정책과정에 대한 행위자들의 접근가능성과 접근정도, 선호와 이익에 대한 정의, 그리고 행위자들의 상호작용의 패턴에 영향을 미치고 제약하는 거시적 구조에 궁극적으로 의존한다고 보기 때문이다. 따라서 정책을 설명하기 위해서는 정책과정이 이루어지는 제도적 맥락에 초점을 맞추어야 하며, 제도적 맥락을 설명하기 위해서는 역사에 초점을 맞추어야 한다는 것이다.

다원주의나 행태주의에서는 유사한 정책문제에도 불구하고 국가간 상이한 정책결과와 정책결과의 불평등을 설명할 수 없으나, 역사적 제도주의는 정책을 설명할 때 각국에 고유한 '맥락'의 중요성, 그리고 이러한 맥락을 형성하는 주요 요인인 '역사'의 중요성을 부각시킴으로써 그러한 현상들을 설명하고 있다. 역사적 제도주의에서는 사회현상에 대한 인과관계를 설명할 때 복잡 다양한 요인의 결합을 중요시하며, 그러한 요인들이 결합되는 역사적 우연성과 맥락을 중시하기 때문에 자연히 '역사적 접근'과 '비교분석방법'을 활용하게 된다. 따라서 역사적 제도주의에서는 보편적인 인과관계 모형의 가능성은 거의 인정하지 않으며, 특정한 역사적 현상을 해석하는데 주안점을 둔다.

(2) 제도와 선호형성

역사적 제도주의는 합리적 선택이론이 가정하는 바와 같이 선호가 제도와 상관없이 외부적(exogenous)으로 주어지거나 고정된 것이 아니라, 제도적 맥락에서 내재적(endogenous)으로 형성된다고 보기 때문에 선호란 설명되어야 할 대상이지 논의의 출발점일 수는 없다고 주장한다. 행위의 맥락을 이해하지 못한다면 자기 이익을 위한 행위가 아무런 의미가 없다는 것이다. 다만, 선호가 제도적 맥락에서 형성된다는 것은 제도가 개인 행위를 완전히 결정한다는 의미가 아니고, 단지 제도가 행위자의 선택을 제약하는 맥락을 제공할 뿐이라고 한다. 따라서 동일한 제도적 제약 요건 하에 놓여 있더라도 다른 행위가 나올 수 있다고 본다.

(3) 독립변수와 종속변수로서의 제도

역사적 제도주의는 구조적 맥락과 행위의 상호작용에 초점을 맞추기 때문에 행위자는 역사의 객체(objects)로서 뿐만 아니라 역사의 주체(agents)로서 개념화된다. 즉, 역사적 제도주의에서는 역사적 산물로서 국가와 사회의 거시적인 제도적 구조(독립변수)가 개인과 집단의 행위(종속변수)를 제약하나, 동시에 개인과 집단의 선택과 행위(독립변수)에 의해 제도(종속변수)가 형성 또는 변화한다고 보기 때문에, 제도는 독립변수인 동시에 종속변수로 개념화 되는 것이다.

(4) 국가-사회관계와 제도

역사적 제도주의는 사회로부터 상대적인 자율성을 갖는 독립적인 행위자로서 국가를 상정할 뿐만 아니라 더욱 중요하게는 국가와 사회의 관계, 즉 국가와 사회의 관계를 연결하는 제도적 모습에 초점을 맞추고 있다.

이 점에서 기존의 다원주의 혹은 집단이론, 네오 마르크스주의와는 차별화 된다.

(5) 불평등한 권력관계와 정책

기존의 다원주의, 행태주의, 합리적 선택이론, 체계이론에서는 정치과정에 참여하는 개인이나 집단간의 권력이 상대적으로 균등하게 배분되어 있다고 상정하고 있으나, 역사적 제도주의에서는 역사적으로 형성된 제도는 사회집단사이에 권력을 불균등하게 배분하며, 이에 따라 의사결정과정에서 특정 집단이나 이익에 대해 특권적 접근을 허용한다고 본다. 따라서 이를 통해 형성·집행되는 정책의 결과는 사회구성원 모두의 후생이 증가되는 것이 아니라 국가정책의 수혜집단과 피해집단이 구조적으로 나타날 수밖에 없게 된다는 것을 시사한다.

(6) 제도의 지속성과 경로의존성

역사적 제도주의는 제도의 지속성을 강조하는 동시에 제도의 변화와 발전을 설명하는 데 '경로의존성(path dependence)'과 의도하지 않았던 결과를 중시한다. 과거의 특정 시점에서의 기능적 요구에 부응하기 위하여 어떤 특정 제도가 형성되면, 설사 사회적 환경변화에 따라 새로운 기능적 요구가 제기되더라도 과거의 제도가 지속되는 경향을 갖는다는 것이다. 이로 인하여 과거에 형성된 제도가 그 이후의 정책선택을 지속적으로 제약하게 되고, 제도가 환경변화에 최적의 적응이 아닌 의도하지 않는 비효율적인 결과를 초래할 수 있다는 것이다. 기능주의적 시각에서는 구조가 특정한 기능을 수행하기 위해 존재하기 때문에 환경이 변화하면 이에 적절히 적응하기 위하여 제도가 변한다고 보고 있으나, 역사적 제도주의에서는 역사적 발전과정의 복잡성과 비효율성을 강조한다. 과거의 산물인 현재의 제도적

구조가 미래의 역사발전의 경로를 제약함으로써 국가간의 상이한 정책결과
와 불평등을 야기한다고 본다.

4. 비판과 최근 경향

역사적 제도주의는 국가간 비교역사분석을 통하여 ① 기존의 기술적이고
몰역사적인 정책연구를 극복할 수 있는 분석틀을 제시하고, ② 국가간 정
책의 상이성을 설명하거나, ③ 제도의 안정성과 지속성을 적절히 설명하는
데 매우 효과적인 접근방법이라고 평가할 수 있다. 그러나 역사적 제도주
의는 다음과 같은 점들이 비판받고 있다.

(1) 일반화의 문제

역사적 제도주의는 비결정성과 사례의 독특성을 강조함으로써 연구결과
의 일반화를 기대하기 어렵다.

(2) 행위에 대한 미시적 설명의 문제

역사적 제도주의에 의하면 제도가 행위자의 선택을 제약하는 맥락을 제
공한다고 주장하나 제도가 정확히 어떻게 얼마만큼 행위를 제약하는지 설
명하지 못하며, 거시적 차원의 변수에만 초점을 맞춤으로써 행위의 미시적
기초를 설명하는 데는 한계가 있다.

(3) 제도결정론의 문제

　역사적 제도주의는 제도가 행위자의 선택을 제약하는 맥락을 제공한다고 주장하나 이러한 제도적 제약요인이 제도적 결정론(institutional determinism)으로 변해 버릴 위험이 있다.

(4) 제도변화에 대한 설명의 문제

　역사적 제도주의는 일단 형성된 제도의 지속성과 역사의존적인 성격을 강조하기 때문에 제도의 형성 및 변화에 대한 설명력이 약하다.

　이러한 비판에 대하여 최근 역사적 제도주의자들은 ① 유사한 사례에 대한 '중범위' 수준의 비교연구를 통한 일반화를 추구하고, ② 제도와 행위를 연결하기 위하여 개인의 '아이디어'에 주목하고 있으며, ③ 제도변화의 원인으로 위기상황과 같은 외재적 요인뿐만 아니라 행위자 및 그들 간의 상호작용 같은 '내재적 요인'에 의해서도 이루어 질 수 있다고 인정하는 등 이론적 변화를 보이고 있다.

5. 정책학적 함의

　역사적 제도주의는 비교론적 관점에서 볼 때 동일한 제도적 구조 하에서 결정되고 집행된 정책내용이 왜 상이한 결과를 나타내며, 비합리적이고 비효율적으로 보이는 정책이 왜 지속되는 지를 설명하는 데 유용하다.
　구체적으로 역사적 제도주의는 정책집행과정에서 역사적 요인에 의하여 결정된 제도(특히 정치제도)가 정책대상집단들 간의 사회적 연합의 형성에 대해 어떤 영향을 미치는지, 그리고 그에 따라 정책결과가 어떻게 달라지는지에 대해 설명하는 데 도움을 준다. 또한 역사적 제도주의는 제도가 개인들의 행위 혹은 선택에 영향을 미치는 제도적 환경의 탐구에 많은 도움을 준다.

V. 사회학적 제도주의

1. 이론적 발전

1970년대 말 이후 주장된 사회학적 제도주의(Sociological Institutionalism 또는 조직론적 제도주의)는 기본적으로 조직이론의 영역에 속한다. 전통적으로 M. Weber이래 많은 사회학자들은 현대 사회조직(정부부처, 회사, 학교, 이익단체등)의 전반에 걸쳐 나타나고 있는 관료제적 구조들은 현대 사회에서 요구하고 있는 제 과업을 수행하기 위한 효율적인 구조로 보았다.

그러나 이러한 관점과는 달리 J.W. Meyer와 B. Rowan, P.J. DiMaggio와 W.W. Powell, L.G. Zucker 등 사회학적 제도주의자들은 현대조직에서 사용되는 많은 유사한 제도적 형태(구조)와 절차가 단순히 과업을 수행하는데 요구되는 '기술적 효율성'을 제고하기 위한 것만은 아니고, '사회적 정당성'을 얻기 위하여 사회적으로 당연시되는 문화적 관행들을 채택한 결과라고 주장하고 있다. 즉 많은 조직의 형태와 절차들은 사회에서 고안된 신비(myths)나 의식(ceremonies)처럼 문화적 관행으로 보아야 한다는 것이다.

사회학적 제도주의자들은 이러한 관점에서 공공조직, 제3부문의 조직, 사업조직들을 대상으로 왜 조직들이 특정한 제도적 형태와 절차 또는 상징을 채택하는지, 그리고 그러한 조직형태·절차·상징들이 어떻게 다른 조직영역 및 국가간에 확산되는 지에 대하여 연구를 수행하고 있다.

2. 제도의 의미

사회학적 제도주의자들은 정치학자들에 비해 제도를 좀 더 광범위하게 개념지우고 인지적 차원(cognitive dimension)에서 접근하고 있다. 제도란

'사회에서 확립된 인간 행동유형으로서 규칙과 같은 지위를 획득한 각종 사회적 행동유형'을 의미하는데, 인간의 행동을 지도하는 의미의 준거틀(frame of meaning)을 제공하는 상징체계, 인지적 묘사, 도덕적 전형 등과 같은 문화를 포함하는 개념으로 이해된다.

사회학적 제도주의자들은 이처럼 제도를 현상학, 민속방법론, 그리고 인지심리학의 입장에서 기술하고 설명함으로써 제도와 문화사이의 개념적 경계를 무너뜨리고 서로 중첩되는 것으로 보고 있다.

사회학적 제도주의 시각에서 볼 때 제도는 사회생활의 불확실성을 줄이고, 개인들에게 목적과 상황에 따른 의미를 부여하는 기능을 한다고 한다. 이러한 기능은 제도가 단순히 개인들이 선택할 수 있는 대안들을 한정함으로써 달성되는 것이 아니라 개인들이 자신의 선호를 발견할 수 있는 판단의 기준(criteria)을 제공함으로써 가능하다고 본다.

3. 주요 주장내용

(1) 제도 채택과 사회적 정당성

사회학적 제도주의자들(Meyer & Rowan 등)은 조직은 과업 상 요구되는 기술적 효율성보다는 사회적 정당성(social legitimacy)을 확보하기 위하여 사회에서 당연시되는 공유된 인지(cognition)를 하나의 신화나 의식처럼 조직의 구조로 채택한다고 주장한다.

(2) 구조동형화

조직이 제도화되는 과정에서 조직구조가 비슷해지는 과정을 DiMaggio와 Powel은 '구조동형화(isomorphism)'라고 부르고 있는데, 동형화의 이유는 조직이 기술적 효율성을 높이기 위한 것이 아니라 대신, 사회로부터 정당성을 획득하고 조직의 생존가능성을 높이기 위한 것으로 보고 있다.

DiMaggio와 Powell은 구조동형화는 강제적 동형화, 모방, 규범적 압력 등 세 가지 메커니즘을 통해 이루어진다고 설명하고 있다. ① 강제적 동형화는 국가나 사회의 강력한 행위자의 압력과 설득, 국가의 법적 강제 등에 의하여 조직형태가 유사해지는 경우이다. ② 모방은 정당성을 인정받고 있거나 성공적이라고 평가받는 조직을 모방함으로써 조직형태가 유사해지는 경우이다. ③ 규범적 압력은 대학, 전문교육기관, 전문가 조직, 협회 등을 통하여 조직관리자들이 조직형태에 대한 규범을 공유하게 되고, 이것이 조직형태의 동형화로 나타나는 경우이다.

4. 비판과 최근 경향

제도의 문화적·인지적 측면과 거시적 수준의 분석을 강조하는 사회학적 제도주의는 그것이 주창된 이래 가설적 논의와 경험적 연구가 꾸준히 이루어지고 있지만, 아직 이론이 완전히 정착된 것은 아니며 다음과 같은 비판을 받고 있다.

(1) 이익추구 행위의 무시

사회학적 제도주의는 무엇보다도 사회현상을 설명하는 데에 있어서 개인의 이익추구행위를 철저하게 무시하는 오류를 범하고 있다.

(2) 미시적 수준의 행위무시

사회학적 제도주의는 미시적 수준에서 구체적인 행위자들 사이의 상호작용이 어떻게 제도의 형성과 유지에 영향을 미치는지에 대하여 분석을 결여하고 있다.

(3) 권력현상의 무시

문화적 가치가 확산되는 과정에는 인지적 과정뿐만 아니라 권력을 바탕으로 인위적으로 조작될 수도 있는데, 사회학적 제도주의는 이러한 권력과 갈등현상에 대해서 간과하고 있다.

(4) 규범적 측면의 무시

사회학적 제도주의는 제도의 인지과정에만 초점을 맞추고, 규범적 가치의 중요성을 무시하는 오류를 범하고 있다.

(5) 환경의 일방적 영향 강조

사회학적 제도주의는 문화적 환경이 개인행위나 조직형태에 미치는 영향력에 대해서만 주목할 뿐, 개인의 구체적 행위와 조직이 환경에 미치는 영향에 대해서는 관심을 두지 않는다.

이러한 비판에 대하여 최근 사회학적 제도주의자들은 자신들의 이론체계에 많은 수정을 가하고 있는데 그 주요내용은 다음과 같다.

① 제도가 개인행위를 제약할 뿐만 아니라 개인행위 또한 제도적 틀을 변화시킬 수 있는 가능성을 인정함으로써 사회현상을 설명하는 데 있어서 개인과 제도를 동시에 고려한다.
② 제도와 '효율성 추구'는 상호 보완적 관계에 있거나 제도가 효율성 추구에 맥락을 제공하는 것으로 이해한다.

③ 문화는 다양한 요소들(때로는 갈등적인 요소들)로 구성되어 있다고
  인정함으로써 이러한 다양한 요소들에 대한 개인들의 선택과 자율
  성·능동성을 부각한다.
④ 제도형성과정에서 행위자의 역할을 강조함으로써 행위자들의 상대적
  권력에 따라 제도가 택하는 형태가 달라질 수 있음을 인정하고 있다.
⑤ 제도의 인지적 측면뿐만 아니라 규범적 차원의 영향력에 대해서도 주
  목하는 경향을 보이고 있다.

5. 정책학적 함의

사회학적 제도주의는 정책이 결정되는 사회적 환경과 문화적 요인이 정
책에 미치는 영향을 분석하는 데 유용하다. 즉 사회학적 제도주의는 정책
의제설정과 정책결정과정에서 사회적 환경이나 문화적 요인을 중요하게 고
려하여야 할 필요가 있다는 점을 시사한다.

사회학적 제도주의에서 논의되는 구조동형화라는 개념은 동일한 유형의
정책결정조직이 반복적으로 모방되고, 유사한 조직에서 같은 유형의 정책
이 반복적으로 재생산되는 이유를 잘 설명 해 준다. 또한 비공식적이고, 비
합리적으로 보이는 정책결정과정을 거시적인 제도인 문화적 영향으로 설명
함으로써 정책의 사회적 특성을 밝히는 데도 도움을 준다. 이외에도 사회
학적 제도주의는 합법적으로 결정된 정책이 정책집행과정에서 정책대상집
단이 불응함으로써 실패한 요인을 문화적 측면에서 분석할 수 있도록 하는
데에 유용하다.

제 2 편 정치체제와 정책환경

제 1 장 정치체제와 정책환경

제 1 장 정치체제와 정책환경

Ⅰ. 의 의

정책과 환경은 상호작용을 한다. 정책결정을 담당하는 정치체제로 투입 (input)이 들어가면, 전환과정(conversion)을 거쳐 외부환경에 정책이 산출 (output)되고, 이는 다시 환류(feedback)되어 재투입된다.

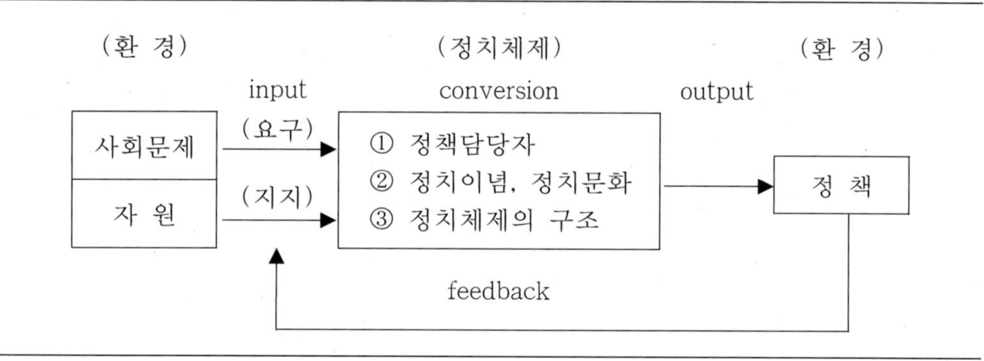

Ⅱ. 환경과 정책과의 일반적인 관계

정책과 환경의 상호관계는 ① 환경이 정책에 영향을 미치는 경우와 ② 정책이 환경에 영향을 미치는 경우로 나누어 볼 수 있다.

1. 환경이 정책에 미치는 영향

(1) 환경이 정책에 미치는 간접적 영향

환경이 정치체제의 특성을 변화시키고 다시 정책에 영향을 미치는 경우이다. 환경이 정치체제의 특성에 미치는 영향을 살펴보면 다음과 같다.

1) 정책담당자의 능력과 성향에 미치는 영향
① 사회전체의 교육·기술수준은 정책담당자의 능력에 영향을 미친다.
② 사회분위기, 출신배경, 소속사회집단의 특성은 정책담당자의 성향에 영향을 미친다.
③ 환경으로부터 정책담당자의 충원방법은 정책담당자의 능력과 성향에 영향을 미친다.

2) 정치이념과 정치·행정문화에 미치는 영향
① 사회·경제적 환경의 변화는 정치이념에 영향을 미친다.
② 사회문화적 요소는 정치·행정문화에 영향을 미친다.

3) 정치체제의 구조에 미치는 영향
① 농업사회에서는 정치권력이 집중되어 있으나, ② 산업화·도시화가 진전되면서 정치권력이 분산된다. ③ 그러나 산업사회가 고도화되면서 의회권한이 약화되고 행정권이 강화되는 행정국가화 현상이 나타난다.

(2) 환경이 정책에 미치는 직접적 영향

환경으로부터의 투입(요구·지지)이 정치체제의 특성을 변화시키지 않고 직접적으로 정책에 영향을 미치는 경우인데, 현실적으로 투입이 정치체제 내부의 전환과정을 거치지 않고 직접 정책에 영향을 미치는 경우는 거의 없다.

2. 정책이 환경에 미치는 영향

정책학의 핵심적 연구분야로서 정책이 환경에 미치는 영향은 정책효과와 정책비용으로 나눌 수 있다.

(1) 정책효과

여기에는 의도된 효과와 부수효과(side effect)가 포함되며, 정책이 집행되어 정책목표를 달성함으로써 사회문제가 해결되는 경우이다.

(2) 정책비용

정책수단의 실현을 위하여 지불된 사회적 희생을 의미하는데, 정책비용의 내용이나 성질, 규모는 정책수단과 정책집행에 의해 주로 결정된다.

■ 정책결정요인론 ■

1. 의 의

정치체제는 환경과 끊임없이 상호작용한다. 환경으로부터 정치체제에 투입이 들어가면 전환과정을 거쳐 그 산출물로서 정책이 나오게 된다. 이 경우 정책의 내용을 결정하는 것이 환경으로부터의 투입

(사회·경제적 요인)인지, 정치체제의 특성(정치적 요인)인지의 논쟁이 있는데, 이에 대한 연구결과가 정책결정요인론이다.

2. 이론의 전개

(1) 초기 정치행정학자들의 환경연구

  정책은 정치체제의 산물로서 환경으로부터의 투입내용에 따라 정책내용이 달라진다는 체제론적 접근에서나 행정을 문화적·환경적 조건하에서 고찰하는 생태론적 접근(F.W. Riggs, J.M. Gaus등), 그리고 1950년대에 활발히 전개된 비교행정·비교정치학에서도 모두 환경의 중요성을 강조하고 있다.

(2) 경제학자들의 환경연구

  정치행정학자들과는 별개로 S.Fabricant 등 일단의 경제학자들에 의해 사회·경제적 환경이 정책내용에 영향을 미친다는 연구가 전개되었다. 그들은 주정부의 재정지출 규모는 1인당 소득, 도시화, 인구밀도 등의 사회경제적 요인(특히 소득수준)에 의해 영향을 가장 크게 받는다고 주장함으로써 정치학자들에게 자극을 주었다.

(3) 정치학자들의 환경연구

  ① V.O. Key 등 종래의 정치학자들은 정치적 요인(정당간 경쟁 등) 이 정책(사회복지비 지출 등)을 좌우한다고 보았다.
  ② 그런데 이러한 전통적인 정치학자들의 주장을 전면적으로 부정한 경제학자들의 주장에 자극을 받은 R.Dawson과 J.Robinson의

연구는 오히려 경제학자들의 주장을 강화시켜 주는 결과를 가져왔다. 즉 사회복지정책은 정당간 경쟁과 같은 정치적 요인이 아닌 소득수준, 도시화, 산업화와 같은 사회·경제적 요인에 의해 좌우된다는 것이다.

③ 한편 H. Wilensky는 국가간의 비교연구를 통해 사회정책의 내용은 이념(ideology)에 의해 크게 영향을 받지 않는다는 주장까지 하였다.

3. 정책결정요인론의 충격

(1) 정치적 변수의 역할인식에 충격

정치이념, 정치체제의 차이 등 정치적 변수가 정책에 독자적인 영향을 미치지 못한다는 사실은 비교정치학 및 다원론에 대해 충격을 가져 주었다.

(2) 정책학의 학문적 가능성에 대한 충격

정책이 정치적 변수가 아닌 주로 사회·경제적 변수에 의해 결정된다면, 정치체제를 변화시키려는 노력이나 합리적 정책결정을 위한 노력 등이 무의미해진다는 일종의 운명론적인 벽에 부딪치면서 정책학의 학문적 가능성에 대해 충격을 주었다.

4. 정책결정요인론에 대한 비판

주로 정치·행정학자들에 의해 제기된 결정요인론에 대한 비판을 한마디로 말하면 정책결정요인론은 정치적 변수(정치체제의 특성)가 정책에 미치는 영향은 과소평가하고, 사회·경제적 환경변수가 정책에 미치는 영향은 과대평가하고 있다는 것이다.

(1) 개념의 계량화의 문제

① 정책결정요인론에서는 정당간 경쟁, 투표율 등과 같은 주로 계량화가 용이한 정치적 변수를 선정하여 분석결과의 편향성을 나타내고 있는데, 그러나 행정부와 의회와의 상대적 권한, 관료권의 확대 여부, 실질적 권력집단의 여부 등은 정치체제에 따라 달라진다.

② 노동정책, 환경규제정책, 독과점금지정책 등은 소득수준보다도 정치적 활동에 의해 크게 영향을 받는데 이들 정치적 변수는 계량화가 힘들기 때문에 연구에서 무시되었다.

③ 정책수준의 차이에 따른 문제로서 소득수준과 정책의 상위수준인 총재정지출 규모와의 상관관계는 매우 높다고 할 수 있으나, 세부사업 수준의 결정에 있어서는 정치적 결정이 중요해진다.

(2) 인과관계의 불명확성

① 환경으로부터의 투입은 정치체제의 전환과정에 따라 산출되는 정책의 내용이 달라지는데, 정책결정요인론은 이와 같은 정치체제의 매개경로적 역할을 무시하였다.

② 또한 정책결정요인론은 정치체제(선·후진국간의 차이)나 정책(도시정책, 경제정책 등)의 환경에 대한 영향을 무시하였다.

5. 결 론

이상과 같은 정책결정요인론과 그 비판을 종합해 볼 때 환경이 정책에 중요한 영향을 미치는 것도 사실이지만, 정치체제의 특성 또한 정책내용에 큰 영향을 미친다고 할 수 있을 것이다.

Ⅲ. 정책환경이 정책에 미치는 영향

정책의 내용에 영향을 미치는 환경으로부터의 투입에는 요구(demand)와 지지(support)가 있다.

1. 정책환경의 요구

사회문제 해결에 대한 요구(demand)가 강해지면 이의 해결을 위한 정책이 추진될 가능성이 커진다. 현대사회에서 사회문제를 야기 시키는 가장 중요한 원인인 산업화, 도시화, 빈부격차의 심화 등 사회·경제적 요인들을 중심으로 살펴보기로 한다.

(1) 산업화

① 산업화(공업화)에 따라 2차산업(공업, 광업등)에 종사하는 노동자들의 수가 증대되면서 이들의 근로조건개선을 요구하는 노동쟁의, 노사문제 등이 발생하게 된다. 이러한 노동문제를 해결하려는 노동운동이 확대되면서 이에 대항하는 기업가·사용자들의 저항도 점차 강화되는데 이와 같은 노·사 간의 대립을 중재하기 위해 노동정책이 필요하게 된다.

② 실직·실업이나 노령, 부상 등으로 근로자가 근로능력을 상실하게 되는 경우 실업문제 해결에 대한 요구가 커지게 되는데 이를 해결하기 위해 실업보험제도, 실업수당제도, 연금제도 등 사회보장정책이 필요하게 된다.

③ 산업화는 또한 산업공해, 식품위생문제 등을 발생하게 되는데, 이의 해결요구가 강화되면서 환경정책, 보건정책이 등장하게 된다.

(2) 도시화

도시화란 일정한 공간에 보다 많은 인구가 집중되는 것을 의미하는데, 도시화가 진전되면서 주택·교통·범죄·보건위생 등의 문제가 발생하게 된다. 이러한 도시문제들로부터 피해를 입는 사람들이 이의 해결을 정부에 요구하면서 각종 도시정책들이 산출되어 나오게 된다.

(3) 경제성장과 경제안정

① 발전도상국과 같이 경제가 저발전의 상태에 있는 경우 국민들은 경제성장이나 발전을 위한 정부의 적극적인 지원을 요구하게 되고, 정부는 이에 대응하여 각종 경제성장정책을 추진하게 된다.
② 반면 공업화가 어느 정도 진전된 후에 극심한 불경기 또는 인플레이션이 진행될 경우 국민들은 이의 해결을 정부에 요구하게 되고, 이에 대응하여 정부는 경제안정화 정책을 추진하게 된다.

(4) 빈부격차와 독점의 폐해

산업화·경제성장이 진전되면서 빈부의 격차와 독과점의 폐해가 심화되는 경향이 나타나는데, 이것으로부터 피해를 보는 계층은 이의 해소를 위한 정부의 정책을 강력히 요구하게 된다. 이에 따라 정부는 부의 불평등 해소를 위한 사회복지정책을 추진하게 되고, 소비자를 보호하고 독과점기업을 규제하기 위한 독과점금지법, 공정거래법 등을 제정하게 된다.

(5) 기 타

소득수준이 향상됨에 따라 국민들의 교육·문화·체육·예술방면에서의

정부의 지원과 개입을 요구하게 된다. 이에 따라 각종 교육·문화·체육정
책 등이 산출되어 나온다.

2. 정책환경의 지지

환경으로부터의 지지(support)가 있어야만 정책추진이 가능하기 때문에
환경의 지지는 정책의 제약요인(constraints)이라고 불린다. 환경의 정치체제
에 대한 지지에는 ① 인적 자원의 제공, ② 물적 자원의 제공, ③ 정치체제에
대한 정신적 지지와 순응이 있다.

(1) 인적 자원

정치체제를 운영하는 人力을 환경이 제공하게 되는데 이러한 투입에 따
라 정치체제가 제공하는 정책의 내용이 달라진다. 특히 환경에서 투입되는
인력의 질에 따라 정책이나 사업의 내용이 크게 좌우된다.

(2) 물적 자원과 국민소득

환경이 정치체제에 제공하는 물적 자원 중 가장 중요한 것이 조세, 수수
료 등의 정부재정수입이며, 이 재정수입의 증가를 좌우하는 것이 국민소득
수준이다. 국민소득이 높아져야만 재정수입의 규모가 커지고, 재정상의 여
유를 가질 수 있으므로 정치체제가 선호하는 정책이나 사업을 추진할 수
있다. 이는 소득수준이 높아질수록 소득수준이 정책에 미치는 영향이 그만
큼 약화된다는 것을 의미한다.

(3) 정치체제에 대한 정신적 지지와 순응

우리와 같은 발전도상국의 경우 특히 중요한 환경의 지지 중의 하나가 국민들의 정치체제에 대한 지지와 순응이라고 할 수 있다. 그러나 정치체제가 국민들로부터 무조건적 지지와 순응을 강요한다면 자칫 비민주적 정책이나 특정집단을 희생시키는 정책을 산출하기가 쉽다.

Ⅳ. 정치체제의 특성이 정책에 미치는 영향

정책은 정치체제활동의 산물이기 때문에 정치체제의 특성에 따라 정책의 내용도 바뀌게 된다. 정책의 내용에 영향을 미치는 정치체제의 특성으로는 ① 정치체제의 담당자, ② 정치이념(정치체제의 규범), ③ 정치·행정문화(정치체제의 분위기), ④ 정치체제의 구조 등을 들 수 있다.

1. 정책담당자의 특성

정치체제를 운영하는 정책담당자의 두 가지 속성, 즉 능력과 성향이 정책에 커다란 영향을 미친다.

(1) 정책담당자의 능력(ability)

① 전문적 능력 : 문제해결을 위한 전문적 지식이나 경험은 분석적·합리적 결정과 성공적 집행 및 타당성 있는 정책평가에 영향을 미친다.
② 정치적 능력 : 상호 충돌되는 이해관계를 조정할 수 있는 정치적 능력은 정책의제설정, 정책결정, 정책집행과정에서 발생하는 정치적 갈등을 해소하는데 결정적인 영향을 미친다.

(2) 정책담당자의 성향(disposition)

이는 신념·태도·가치관 등으로 표현되는데, 정책의 특정내용에 대한 정책담당자의 선호도 또는 태도를 의미한다. 이러한 성향은 정책담당자가 정책결정·집행·평가과정상에서 나타내는 여러 가지 결정의 기준에 영향을 준다. 정책과정상의 준거기준들을 간단히 정리해 보면 다음과 같다.

[정책과정상의 준거기준]

- 정책결정상의 대안의 비교·평가기준 : 효과성, 능률성, 공평성

- 성공적 정책집행의 판단기준
  ① 실질적·내용적 기준 : 효과성, 능률성, 공평성
  ② 주체적·절차적 기준 : 정책의도의 실현, 관료적 합리성, 집행관련 집단의 요구 충족

- 정책평가의 기준 및 방법
  ① 총괄평가 : 효과성평가, 능률성평가, 공평성평가
  ② 과정평가 : 집행과정평가(집행분석), 협의의 과정평가

---

2. 정치이념

정치이념(ideology)이란 '정치적 가치에 대한 일관성 있는 사고체계' 또는 '정치체제가 지향하는 규범·이상'을 의미하는데, 이것은 정책내용(정책목표와 정책수단)에 대한 가치판단의 방향을 제시하는 역할을 할 뿐만 아니라 정책과정의 활동에도 영향을 미친다. 따라서 정치이념의 변화는 정책의 기본방향과 테두리를 변화시켜 새로운 정책들을 정당화시킨다. 정치이념의 구체적인 내용은 정치체제에 따라 다르나, 여기서는 우리에게 가장 중요한

몇 가지만을 살펴보기로 한다.

(1) 자유주의

자유주의 정치이념은 경제적 환경에서의 자본주의 발전과 밀접히 관련되며, 자유주의 이념의 변화는 정부정책의 기본방향을 변화시킨다.

① 초기의 '자유방임주의'는 19세기 산업자본주의의 정치적 철학으로서 국가는 시민생활에 간섭하지 않아야 한다는 것이었다.

② 그러나 이러한 국가 불개입원칙은 19세기말 이후 독점자본주의의 발전에 따른 불경기의 만성화와 실업, 저임금 등의 문제가 발생하면서 국가개입의 필요성을 제기하였다. 결국 사회적 약자인 근로자 계층의 인간다운 생활을 보호하기 위해 20세기 이후 정부가 각종 사회복지정책을 추진하는 복지국가를 표방하면서 자본주의는 수정자본주의로 접어들게 되었다. 이는 국가가 경제부문을 포함한 국민들의 사생활에 개입·간섭하는 '제한된 자유주의'를 의미한다.

③ 20세기 후반에는 범세계적으로 전개되고 있는 정보화·세계화와 더불어 자본과 노동의 자유로운 이동이 가속화됨에 따라 '신자유주의'의 이념이 확산되고 있다. 신자유주의는 1990년대 영미를 중심으로 전개된 신공공관리이론과 결부되면서 작은 정부를 위한 공공부문 감축운동, 정부의 민간활동에 대한 개입의 축소, 민간경제의 활성화를 주장한다.

④ 이처럼 자유주의 정치이념은 정책의 기본방향을 변화시키고 있는데, 자유방임주의는 경제에 대한 불간섭·불개입의 이념인 반면에, 제한된 자유주의는 복지국가의 이념으로서 사회정책과 규제정책을 정당화시킨 원동력이 되었으며, 신자유주의 이념은 다시 정부역할의 축소와 시장기능에 대한 새로운 변화를 불러오고 있다.

(2) 경제성장주의

1) 의 의

우리나라를 포함한 후진국의 특수한 정치이념으로, 경제성장주의는 우리의 경우 1960년대와 1970년대 국가정책의 기본방향을 좌우한 통치이념이었다. 정부는 경제성장을 위하여 주도적인 역할을 담당하면서 모든 부문에서 필요한 조치를 강구하였다. 민간저축, 외자도입, 적자재정에 의한 투·융자 등으로 재원을 조달하고, 이를 사회간접자본을 구축하는데 대대적으로 투자하였다. 또한 수출증가를 위해 수출기업에 대한 정부보조, 면·감세 등 조세혜택, 융자 등 각종 재정·금융정책을 통한 지원과 특혜를 아끼지 않았다.

2) 문제점

경제성장주의로 인하여 우리나라는 1960년대 이후 단시일 내에 급속한 경제성장은 이룩할 수 있었으나 ① 지속적인 물가상승으로 인한 경제의 불안정성, ② 빈부격차의 심화로 인한 저소득계층의 소외, ③ 환경공해의 심화, ④ 정치발전의 후퇴 등의 희생을 가져왔다. 이외에도 경제성장주의는 정부주도주의와 연계되어 다음과 같은 여러 가지 문제점들을 파생시켰다. ① 무엇보다도 민간부문의 자율성과 창의성을 저해하였고, ② 효율성을 강조하였으나 오히려 광범위한 사회적 비능률을 야기 시켰으며, ③ 정책담당자에게 자원배분권이 주어져 있었기 때문에 정치·행정적 부패의 구조화를 만연시켰으며, ④ 정책과정에서 관련 집단의 참여가 배제됨으로써 정책과정이 폐쇄적·집권적·비민주적으로 운영되었다.

3) 경제성장주의의 수정

이러한 경제성장주의의 문제점들이 표출되자, 1980년대에 들어와서는 성장과 안정의 조화를 목표로 한 경제정책들이 추진되었고, 지속적인 성장을 위해서는 성장의 잠재력을 확충해야 한다는 인식들이 확산되기 시작하였다. 이러한 인식을 바탕으로 1990년대 이후에는 정치이념으로서 경제성장주의가 수정되고 ① 국가경쟁력의 강화와 ② 개인의 삶의 질의 고양이라는 국가목표가 제시되고 있다. 즉 경제뿐만 아니라 교육, 과학·기술, 문화, 환경 등 사회전반에 걸친 균형 있는 발전을 통하여 국가의 경쟁력을 강화하고, 사회복지정책을 확대하여 계층간의 격차를 완화하고 쾌적한 환경을 조성하여 개인의 삶의 질을 높여야 한다는 것이다.

아울러, 정부주도의 경제성장의 역기능이 인식되면서 1980년대에 들어와서는 정부주도에서 민간주도로 정치체제의 움직임을 선회해야 한다는 광범위한 논의가 제기되었다. 이러한 움직임은 비단 경제 분야에서 뿐만 아니라 사회 각 분야에서도 자율화의 이름으로 추진되었으며, 1980년대 후반부터 추진된 정치의 민주화도 이러한 내용을 포함하고 있다. 최근 정부가 적극적으로 추진하고 있는 규제완화의 노력도 궁극적으로는 민간부문에 자율적인 경쟁의 토대를 만들어 줌으로써 민간주도의 경제성장의 방향으로 전환하고자 하는데 그 근본적인 취지가 있다고 할 것이다.

(3) 복지주의

1980년대 중반까지 경제성장제일주의가 지배적인 시기에 복지문제는 단순히 재분배정책으로 인식되거나 복지는 성장의 결과물이라는 사고가 지배적이었다. 이 단계에서는 복지와 경제성장은 상호 대립적인 이념으로 이해되었다. 그러나 경제성장과 더불어 노동운동이 활성화되고, 정치적 민주화가 촉진되면서 복지주의가 통치이념으로 대두되게 되었는데 그 주요 요인은 다음과 같다.

① 1987년 6월 민주화항쟁 이후 그동안 권위주의 정권 하에서 억눌렸던 노동자, 농민 등이 대대적인 파업과 데모를 통하여 복지향상적인 정책요구를 하면서 정책과정에서 민주화와 형평성에 기초한 복지주의 이념이 전면에 등장하게 되었다.

② 1997년 IMF 위기에 따른 사상초유의 대량실업사태가 발생하면서 서민들의 기본적인 생존을 보호하기 위한 사회보험제도가 확대되고, 국민의 정부 때는 민주적 시장경제를 보오나하기 위한 복지주의 이념을 강조하였다.
③ 우리나라의 인구 및 산업구조가 고령화 사회 및 저성장 고실업의 산업구조로 전환되어 가면서 기존의 사회보험제도의 수정을 요구하고 있다.

이러한 사회적 전환기에서 정치이념으로서 복지주의(사회적 약자를 위한 정부의 개입확대)는 신자유주의(시장 활성화를 위한 정부의 개입축소)와 갈등이 유발될 수 있는데, 이를 조화시킬 수 있는 방안으로 최근에 이른바 '질서자유주의(Order-Liberalism)'라는 이념이 제시되고 있다. 질서자유주의는 정부규제의 축소와 가격기구의 활성화 등 시장경제를 원칙으로 한다는 점에서는 신자유주의와 공통되지만 중소기업, 저소득층 등 사회적 약자에 대한 정부의 지원을 강조하고 있다는 점에서 차이가 있다.

(4) 법치주의

법치주의는 법률의 정신을 최대한 살리는 법치행정의 원리를 의미하는데, 민주행정의 또 다른 측면을 의미한다.

정책과정의 지배이념으로서 법치주의를 강조하는 이유는 대통령을 중심으로 하는 행정권의 과도한 권력집중을 견제하고, 고질적인 행정부패와 부조와 같은 행정의 횡포로부터 국민을 보호하기 위해서이다. 우리나라의 경우 1960년대 이후 정부가 경제성장을 주도하면서 이에 따른 부작용으로 정책과정의 폐쇄화와 비민주화, 광범위한 정치·행정적 부패의 구조화, 정치권력의 집중화 등을 강화시켰다. 이와 같이 정부주도의 부작용으로 인한 부패와 부조리를 방지하기 위해서는 법치주의에 입각한 정책활동이 필수적이다. 이러한 측면에서 봉 때 법치주의는 합법성의 행정이념만이 아니라 부패의 방지, 권력의 견제와 같은 민주성의 이념과도 관련된다.

다만, 1980년대 이후 국내·외적으로 행정에 크게 영향을 미치고 있는 신공공관리와 법치주의를 관련하여 유념하여야 할 점이 있다. 신공공관리는 정책집행의 능률성을 향상하기 위하여 행정통제 목적의 법규들을 대폭 감소시켜야 하는데, 이는 부패와 부조리에 대한 통제를 목적으로 하는 법치주의와 갈등을 유발한다. 이처럼 행정능률과 법치행정 사이에 존재하는 갈등 사이에서 어떤 이념을 우선하느냐가 현재 우리나라 행정이 당면하고 있는 가장 치명적인 딜레마라고 할 수 있다.

3. 정치·행정문화

(1) 의 의

정치문화란 '정치체제와 국민과의 관계 및 정치체제의 운영방식에 대한 신념·태도'를 의미하는데, 이것은 정책담당자의 행태를 좌우하여 간접적으로 정책과정상의 활동방식에 영향을 미친다.

(2) 정치체제와 국민과의 관계에 대한 신념·인식

G. Almond와 S. Verba는 정치체제에 대한 시민들의 의식이나 태도에 따라 정치문화를 이념형(ideal type)으로서 지방적·신민적·참여적 정치문화로 구분하고 있다.

1) 지방적(parochial) 정치문화 : 시민들은 정부나 정치체제의 존재 및 활동에 대하여 거의 모르기 때문에 여기에서는 정치체제에 대한 시민들의 참여나 요구가 없다.

권한은 어느 정도 제약이 있으나, 우리나라와 후진국의 경우에는 행정각부에 대한 대통령의 권한은 공식적으로나 실질적으로나 강력하다고 할 수 있다. 특히 우리나라에서 대통령에게 권력이 집중된 원인으로는 유교문화의 가부장적 권위주의의 잔재, 남북대치 상황에서 대통령의 비상대권의 강화와 안보우선주의, 정부주도의 경제성장정책의 추진, 정당이나 이익집단의 취약, 몇몇 대통령의 장기집권 등을 들 수 있다.

제 3 편 정책과정과 참여자

제 1 장 정책과정

I. 서 론

1. 의 의

정책이란 '바람직한 사회상태를 이룩하려는 정책목표와 이를 달성하기 위해 필요한 정책수단에 대하여 권위 있는 정부기관이 공식적으로 결정한 기본방침'이라고 정의하였는데, 이러한 정책이 산출되고 실행되는데 거쳐야 할 일정한 단계적 절차를 정책과정(policy process)이라고 한다. 정책학의 연구대상인 정책을 연구하기 위해서는 정책과정을 중심으로 검토하는 것이 편리하다. 그런데 정책과정의 구체적 단계의 구분에 대해서는 학자에 따라 견해가 나뉜다.

2. 정책과정 분류의 접근방법

정책과정을 세부단계로 분류하는 방법으로는 연구목적과 연구대상에 따라 크게 규범적 접근방법과 실증적 접근방법으로 나눌 수 있다. ① 규범적 접근방법에서는 정책과정의 개선을 목적으로 정책과정을 세부하위단계로 체계화하는 반면에, ② 실증적 접근방법에서는 실제의 정책과정이 어떠한 단계들로 이루어지는가를 중심으로 고찰한다.

1) 규범적 접근방법

초창기 H.D. Lasswell이나 Y. Dror와 같은 학자들은 보다 바람직한 정책결정이 이루어질 수 있도록 하기 위해서는 정책과정 특히 정책결정과정이 어떻게 설계되어야 할 것인가에 연구의 초점을 맞추고 「7단계모형」, 「최적모형」 등을 개발하였다. 오늘날 '합리적·분석적 정책결정' 과정은 기본적으로 이들이 주장한 합리적 정책결정과정을 전제로 한다.

2) 실증적 접근방법

실증적 관점에서 정책과정을 고찰하는 J.E. Anderson, C.O. Jones 등과 같은 학자들은 현실의 사회문제가 어떻게 정책결정체계속으로 진입되는가, 즉 정책의제설정의 단계에서부터 시작하여 정책이 채택·집행되는 실제의 정책과정을 설명한다.

Ⅱ. 정책과정의 단계

정책과정의 세부단계를 어떻게 구분할 것이냐에 대해서는 학자들에 따라 견해가 나뉜다. 먼저, Lasswell은 의사결정과정을 ① 정보의 수집 및 처리, ② 동원(promotion), ③ 처방(prescription), ④ 행동화(invocation), ⑤ 적용(application), ⑥ 종결(termination), ⑦ 평가(evaluation) 등 7단계로 나누고 있는데, 그가 분류한 의사결정과정은 정책과정 전반을 포함하여 개념상의 혼돈을 가져오고 있다.

다음으로, Dror는 정책과정을 ① 상위정책결정, ② 정책결정, ③ 후정책결정 단계로 구분하고 있다. 그는 상위정책결정(Meta-Policymaking) 단계에서 정책문제, 관련된 가치, 이용 가능한 자원을 확인·확보하고, 정책결정체제의 분석과 정책결정 전략을 수립하며, 정책결정(Policymaking) 단계에서 자원의 배분과 목표의 명확화, 정책대안의 탐색 및 결과예측, 정책대안의 비교평가 및 최선의 대안선택이 이루어지며, 후정책결정(Post-Policymaking) 단계에서 집행준비, 정책집행, 정책평가 및 환류가 이루어진다고 설명하면서 거시적인 정책결정체제를 분석하고 있다.

한편, Anderson은 정책과정을 ① 정책의제설정, ② 정책형성, ③ 정책채택, ④ 정책집행, 정책평가의 5단계로 구분하고, Jones는 ① 문제의 정부 귀속화, ② 정책형성·합법화, ③ 정책집행, ④ 정책평가의 4단계로 구분하고 있는데, 여기서는 Anderson과 Jones 등의 견해에 따라 정책과정을 ① 정책의제설정, ② 정책결정(정책형성과 채택), ③ 정책집행, ④ 정책평가의 단계로 나누기로 한다.

1. 정책의제설정

정부가 정책적 해결을 위하여 사회문제를 정책의제로 채택하는 활동이다.

2. 정책결정 (정책형성과 채택)

정책문제를 해결하여 달성할 목표를 설정하고, 이 목표를 달성할 수 있는 여러 대안들을 고안·검토하여 하나의 정책대안을 채택하는 활동이다.

3. 정책집행

현실세계로 정책내용을 구체적으로 실현하는 활동 또는 정부가 결정한 정책내용 및 정부사업계획을 실천해가는 활동이다.

4. 정책평가

정책이 효과적이었는지 등을 비판적으로 검토하는 활동 또는 정책수단과 정책효과(정책목표)간의 인과관계에 대한 검증되지 않은 가설을 검증하려는 지적 활동이다.

Ⅲ. 정책과정의 성격

정책과정은 여러 가지 성격을 내포하고 있는데, 그 중에서도 다음과 같은 두 가지 성격이 특징적으로 나타난다.

1. 순환성

정책과정이란 정책결정·집행·평가가 단일방향적으로 이루어지는 과정이 아니라, 이들이 상호작용을 하면서 영향을 주고받는 순환적인 과정이다. 이것을 보다 구체적으로 살펴보면 다음과 같다.

(1) 정책결정과 정책집행

정책과정의 연계(linkage) 중에서 가장 중요한 것이 정책결정과 정책집행의 관계라고 할 수 있다. 정책결정과정에서 수립된 정책내용의 소망성과 실현가능성, 그리고 정책목표의 명확성 등이 성공적인 정책집행에 영향을 주며, 또한 정책집행과정 중에서도 실질적인 정책결정이 이루어진다.

(2) 정책집행과 정책평가

정책집행은 정책평가의 대상(집행과정 및 집행결과)을 제공하며, 정책평가(특히 집행과정평가)의 결과는 환류 되어 정책집행지침의 수정에 영향을 미친다.

(3) 정책평가와 정책결정

정책평가의 결과가 환류 되어 정책결정에 영향을 미쳐 정책의 추진여부, 정책내용의 수정 등을 가져오며, 정책결정과정에서 수립된 정책목표에 의거하여 정책평가가 이루어진다.

2. 합리성과 정치성

정책과정 특히 정책결정과정은 합리성(분석적인 측면)과 정치성(정치적인 측면)의 두 가지 성격을 내포하고 있다.

(1) 합리성

이것은 정책과정이 합리적으로 이루어질 수 있도록 하기 위해 일련의 분석적 절차와 기법을 적용하는 지적(知的)인 활동을 의미한다. 예를 들면 정책결정에서 최선의 정책대안을 선택하기 위해 지적인 측면에서 정책분석적 논리를 적용하는 경우이다.

(2) 정치성

　정책과정에서 참여자들이 자신들의 이해관계를 정책과정에 반영하기 위하여 상호 협상하고 타협하는 정치적 활동이 이루어지는데, 이것은 정책과정의 현실적인 측면을 반영한다. 이러한 측면들은 정책과정의 참여자에서 자세히 논의된다.

Ⅳ. 우리나라 정책과정의 특징

　해방 이후 우리나라는 여러 가지 면에서 커다란 변화를 경험하였다. 특히 1960년대 이후 정부가 주도가 되어 급속한 경제성장을 추진하는 과정에서, 그리고 1980년대 후반 이후 민주화가 진전되면서 사회 각 부문에서 커다란 변화를 가져 왔다. 여기서는 우리나라 정책과정상의 특징을 중심으로 1960년대 이후 1980년대 중반까지, 그리고 1980년대 후반 이후로 나누어 살펴보기로 한다.

1. 1980년대 중반 이전

　1980년대 중반 이전 과거 권위적인 정치체제하에서 나타난 정책과정상의 특징은 다음과 같다.

(1) 일반적인 특징

1) 관료중심의 효과성 지향

정책과정상에서 정책담당자들이 지향하는 정책이념으로 국민을 위한 민주성이나 형평성보다는 조직내부의 목표달성에 치중하는 효과성(기술합리성)이 지배적이었다.

2) 정책과정의 폐쇄성

정치체제의 폐쇄성으로 인하여 정책과정 전반에 걸쳐 조직외부의 이해관계인, 전문가 등의 비공식적 참여자들의 참여가 미약하였고, 조직내부의 부하들의 참여도 실질적으로 제한되었다. 따라서 현실과 부적합한 정책의 산출, 정책과정상에서의 불응, 정책과정의 비민주화 등 많은 문제를 야기 하였다.

3) 과도한 집권화

정책결정권이 중앙정부 또는 조직내부의 상위계층에 집중되어 있어 행정이 환경변화에 탄력적으로 적응하지 못하고, 조직내부의 부하들의 사기를 저하시켰으며, 행정의 형식주의를 야기 시켰다.

(2) 정책과정상의 특징

1) 정책의제설정

① 행정부 내부의 공식적 참여자, 특히 대통령, 장관 등 최고정책결정권자가 의제화에 있어서 결정적인 역할을 하는 정부주도의 동원형이 주를 이루었고, 정경유착에 의한 내부접근형의 의제설정 양태가 많이 나타났다.

② 따라서 정부의 목표 또는 의지와 부합되는 안건은 쉽게 의제화가 촉진되고, 그렇지 않는 안건의 경우에는 의제화가 억제되었다. 예컨대 경제성장제일주의에 따라 경제성장과 관련한 경제적 안건들은 정부주도로 쉽게 의제화 되고 결정이 뒤따랐으나 환경문제, 노동문제, 사회

복지문제 등은 이슈의 억압을 받는 이른바 무의사결정(non-decision making)이 이루어졌다.

2) 정책결정

① 정책결정체제의 폐쇄성으로 인해 정책결정과정에서 일반시민, 이익집단, 정당, 언론, 전문가 등 비공식적 참여자의 역할은 극히 미미하였고, 공식적 참여자인 정부기관의 역할이 압도적이었다.

② 정부기관 내부에서도 의회의 힘은 약하고, 행정부의 힘이 매우 강력하였으며, 대통령을 정점으로 하는 행정부의 상위층에 결정권이 집중(집권화)되어 있다. 그 원인으로는 정부주도의 경제성장, 안보우선주의, 대통령에의 권력집중, 권위주의적인 행정문화 등을 들 수 있다.

③ 정책결정과정이 모든 정책분야에서 비공개적이고 비공식적으로 이루어지는 경향이 있었으며, 결정된 사항이 비밀로 처리되는 경우가 많았다.

④ 이외에도 결정된 정책이 내용면에서 뿐만 아니라 시간적·공간적으로 일관성을 상실하고, 단절성이 매우 심하였다. 이러한 정책의 비일관성은 장관들의 잦은 교체와 실적위주의 전시행정(展示行政) 등에 기인하는 것으로서, 결과적으로 국민들의 정책 또는 정부에 대한 불신을 심화시키는 주요 요인이 되어 왔다.

3) 정책집행

① 정책집행과정에서도 민의(民意)보다는 관료중심의 기술합리성(효과성)에 의존하고, 행정관료의 대민(對民)우월의식에 기인한 자의적인 집행이 이루어지는 경우가 많았다.

② 권위적·집권적 집행체제하에서 중앙통제적인 정형적 집행이 지배적이었고, 효과성이나 정책결정자의 의도구현 등이 성공적 집행의 주요 판단기준으로 작용하였다.

③ 집행과정에서 관련 집단의 참여가 제약되고, 일선관료들이 정책대상
   집단과 협상, 설득, 타협 등의 방법으로 문제를 해결하기보다는 물리
   적인 공권력에 의존하는 경우가 많았다.

4) 정책평가
① 체계적인 정책평가에 대한 노력이나 평가결과를 다시 정책과정에 반
   영하려고 하는 환류기능이 매우 취약하였고, 다분히 정권유지적·선
   전적 차원에서 이루어지는 평가가 많았다.
② 감사원은 회계검사 위주의 합법성 평가에 중점을 두어 왔으며, 정책의
   효과성·능률성·형평성에 대한 평가는 제대로 하지 못하였다. 종래
   경제기획원에서 운영하던 심사분석제도도 집행과정의 진도분석에 치
   중함으로써 정책효과 등에 대한 총괄평가는 제대로 이루어지지 못하
   였다.

2. 1980년대 후반 이후

1980년대 후반 이후 우리의 정치·사회적 상황들이 급변하고 있다. 국제
적으로는 동구권의 몰락 이후 국제화·개방화에 따른 국가간의 경쟁이 더
욱 가속화 되고 있다. 국내적으로는 이른바 6·29선언 이후 권위적인 정치
체제가 붕괴되고 1990년대 이후 민주적인 정부가 등장하였으며 지방자치제
의 부활, 정보통신매체의 발전에 기인한 정보화의 진전 등 많은 변화가 이
루어지고 있다. 이러한 상황에서 근래에 나타나고 있는 우리의 정책과정상
의 특징을 살펴보면 다음과 같다.

(1) 일반적인 특징

1) 민주성과 공평성 지향

6·29선언 이후 민주화가 진전되고 그동안 경제성장과정에서 소외되었던 노동자, 농민계층의 요구가 분출되면서 정책이념으로서 민주성과 공평성(형평성)이 중시되고 있다.

2) 정책과정의 개방화

정치체제가 개방화 되면서 정책과정 전반에 걸쳐 관련 집단들의 참여가 확대되고 있다. 특히 이익집단, 공익집단 등 비공식적 참여자들의 참여가 활성화 되고 참여방법도 다양화 되고 있다.

3) 분권화

행정의 분권화에 따라 조직내부의 하위계층에 권한이 대폭 위임되고, 지방자치 및 지방분권화에 따라 종래 중앙부처에서 담당했던 많은 업무와 권한들이 지방자치단체에게 위임·이양되고 있다.

(2) 정책과정상의 특징

1) 정책의제설정

① 아직도 정부주도의 동원형적인 정책의제설정현상이 많이 나타나고 있으나 구체적인 정책내용이 일반국민이나 관련 이익집단의 의견을 반영하여 결정되는 경우가 많아지고, 관련 집단의 저항이나 반대의견의 제시로 당초 정부의 의도가 좌절되거나 수정되는 경우도 나타나고 있다. 또한 언론, 공익집단들의 힘이 강해지면서 특히 사회적 사건 등을 계기로 정치체제의 외부집단이 의제화에서 주도적인 역할은 하는 외부주도형적 의제화도 더욱 늘어나고 있다

② 종래 경제성장제일주의에 따라 정부에 의해 이슈의 억압을 받아 왔던 환경문제, 노동문제, 사회복지문제 등이 1980년대 이후 의제화가 이루

어지고 있으며, 특히 1980년대 중반 이후 민주화와 함께 언론과 관련 집단들의 관심 속에서 정부의 중요한 안건으로 처리되고 있다.

2) 정책결정

① 정책결정체제가 개방화되면서 정책결정과정에서 공식적 참여자뿐만 아니라 비공식적 참여자의 역할이 커지고 있다. 일반시민의 참여나 여론을 통한 영향력이 증가하고 있고, 이익집단 그중에서도 특히 권위주의체제 속에서 조직화가 억제 되었던 노동자, 농민집단들이 참여가 분출되면서 그들의 영향력이 크게 증가하고 있으며, 환경보전단체, 소비자보호단체 등 공익집단도 활성화되고 있다. 민주화 이후 정책공동체가 활성화되면서 전문가들의 영향력이 강화되고 있으며, 정당의 영향력도 증가하고 있다.

② 아직도 공식적 참여자로서 대통령을 비롯한 행정부 상층부의 결정권이 강력한 편이나 1980년대 후반부터는 의회의 힘이 강화되고, 행정부 내부에서도 분권화가 서서히 진행되고 있다. 특히 1990년대 초반 이후 지방자치가 본격화되면서 분권화 현상은 더욱 가속화되고 있다.

③ 민주화 진행과 함께 정책결정이 공식적인 절차를 통해 이루어지고 결정사항을 공개적으로 처리하는 경향이 강해지고 있다. 특히 행정정보공개법, 행정절차법 등이 제정되면서 더욱 공개적이고 민주적인 정책결정양식이 강화되고 있다.

④ 다만 민주화가 진행되면서 권위주의체제 때와는 다른 요인들로 인하여 정책의 표류 및 비일관성 문제가 자주 나타나고 있다. 정치이념간의 갈등·경쟁(예컨대 경제제일주의, 안보우선주의와 복지주의, 자유민주주의간의 갈등), 분권화에 따른 부처할거주의, 그때그때의 사회적 분위기나 여론, 정책담당자의 잦은 교체 등으로 인하여 정부 내에서 정책안이 확정되지 못하고 표류하거나, 정책의 일관성이 상실되는 경우도 많이 나타나고 있다.

3) 정책집행

① 집행과정에서도 민주화가 지방자치로 인하여 국민을 위한 민주성과 공평성을 중시하는 경향이 나타나고 있다

② 지방자치제의 실시, 집행과정에서 이익집단의 참여 확대, 중간매개집단들의 역할 증대 등으로 인하여 정책집행구조가 종래의 계층제적 엄격한 연계구조에서 비계층제적 느슨한 연계구조로 바뀌고 있다. 이러한 상황 속에서 종래와 같은 중앙 통제적 또는 정형적 집행이 실패하는 경우가 많아지고, 현지적응적 집행이 확산되고 있다.

③ 집행과정에서 관련 집단의 참여가 확대되고, 일선관료들이 물리적인 공권력에 의존하기보다는 정책대상집단과 협상, 설득, 타협 등의 방법으로 문제를 해결하려는 경향이 많아지고 있다.

4) 정책평가

① 이직도 체계적인 정책평가나 그 결과를 다시 정책과정에 반영하려고 하는 환류기능은 미약하나, 몇 차례의 제도개선을 통해 정책평가기능을 활성화 하려고 노력하고 있다. 예를 들어 감사원의 경우 1980년대 초부터 회계검사와 직무감찰 외에 정책감사 기능까지 수행하면서 각 부처에서 입안·시행하고 있는 정책의 효율성 측면까지 평가하고 있으며, 1994년 말 정부조직의 개편과 함께 종래 경제기획원에서 운영하던 심사분석기능을 국무총리실로 이관하고 심사평가기능으로 통합하여 정책평가기능을 강화하였다.

② 외부의 전문가 및 전문기관, 그리고 공익단체들에 의한 평가 활성화되고 있으며, 정책에 대한 주민들의 만족도 등을 평가하기 위해 평가과정에서도 주민참여가 많아지고 있다.

제 2 장 정책과정의 참여자

Ⅰ. 서 론

정책과정은 정책의제설정 → 결정 → 집행 → 평가의 일련의 연속된 과정으로 이루어지며, 정책과정에서 나오는 갖가지 산출물(정책문제, 정책, 정책산출, 평가내용 등)은 모든 국민에게 영향을 미친다. 따라서 이해관계인들이 자신의 이해관계를 반영하기 위해 이 과정에 참여하는 것은 민주정치체제에서 당연한 일이다.

이해관계인들은 정책과정상에서 공식·비공식적인 지위를 가지고 참여를 하게 되는데, ① 공식적 참여자로는 의회, 대통령, 행정기관, 사법부 등을 들 수 있고, ② 비공식적 참여자로는 정당, 이익집단, 일반국민, 전문가 및 학자, 언론기관 등을 들 수 있다.

Ⅱ. 의 회

1. 의 의

다원론적 관점에서 보면 의회는 의제설정에서부터 정책결정, 정책평가에 있어서 주요한 행위자이다. 그러나 오늘날 행정국가화 현상으로 인해 의회의 권한은 크게 약화되고, 행정부의 권한이 강화되고 있다.

2. 정책과정에서 의회의 역할

이는 선·후진국간 혹은 대통령중심제와 내각책임제 간에 차이가 있기는 하나 대체로 다음과 같다.

(1) 정책의제설정

1) 선진국

전통적인 다원론자들의 견해에 의하면 다원적인 선진국의 경우 외부주도형이 대부분이고, 의제화 과정에서 비공식적 참여자들의 역할이 크다고 보았다. 그러나 최근 J.Kingdon의 연구에 의하면 선진국에서도 이 과정에서 비공식적 참여자보다 공식적 참여자인 대통령이나 의회 내의 정치지도자의 역할이 중요하다고 한다.

2) 후진국

정책의제가 정부에 의해 설정(동원형, 내부접근형)되는 경우가 대부분이고, 의회의 역할은 상대적으로 미약하다.

(2) 정책결정

1) 의 의

의회는 입법권을 통하여 여러 가지 이질적인 의견과 이해관계를 조정·통합(interest aggregation)하고, 법제화함으로써 정책결정권을 행사한다.

2) 정책의 유형

R. Ripley와 G. Franklin은 T. Lowi가 분류한 3가지 정책유형에 대하여 미국의 경우 의회, 대통령, 관료조직, 이익집단들이 정책결정과정에서 어떤 영향력을 행사하는지를 분석하였다.

① 배분정책 : 의회의 위원회, 이익집단, 관료조직의 삼두마차(troika)가 결정적인 영향력을 행사한다.

② 규제정책 : 의회의 본회의와 이익집단이 강한 영향력을 행사하고, 대통령도 상당한 영향력을 행사한다.

③ 재분배정책 : 대통령의 주도하에 노조와 기업대표들로 구성된 정상연합회(peak association)에서 실질적인 정책내용을 결정하고, 이 과정에서 의회지도자들도 깊이 개입하여 조정역할을 한다.

(3) 정책집행·정책평가

집행은 행정조직의 전속적 권능이기 때문에 의회는 예산심의, 국정감사, 국정조사, 정책평가 등을 통하여 행정의 통제차원에서 간접적으로 정책집행에 개입·간섭한다.

3. 정책과정에서 의회의 약화

(1) 행정국가화 현상

오늘날 복잡·다양한 사회문제를 해결하기 위한 행정국가화 현상으로 인해 의회는 단지 행정부의 결정을 심의·통과시키는 역할을 담당하거나, 골격입법(skeleton legislation)으로 구체적 결정은 행정부에 위임하는 것이 선·후진국을 망라한 일반적인 현상이다. 우리의 경우 과거 권위주의체제

하에서 의회의 역할은 매우 미약하였고, 정부정책을 공식적으로 합법화시켜주는 역할에 머물렀다. 그러나 최근 정치체제가 민주화 되면서 의회의 권한이 많이 강화되고 있다. 특히 14대 국회 초반, 15대·16대 국회 등 이른바 여소야대의 시기 때에는 정책결정에서 부분적으로 국회가 행정부보다 우위에 서는 경우도 있었으며, 이 시기에는 국무총리 임명동의안, 예산안 의결권 등을 통하여 행정부의 정책활동을 상당히 견제하였다.

(2) 의회약화의 원인

1) 선진국

미국과 같은 선진국에서 의회의 권한이 약화되고, 행정권이 확대·강화하게 된 몇 가지 원인들을 들면 다음과 같다.

① 도시화, 산업화의 진전에 따라 대두한 복잡·다양한 사회문제의 해결을 위해 전문적이고 계속적인 조직이 필요하게 되었다.

② 위기관리정책이나 국가안보와 관련된 외교·국방정책의 경우 신속한 결정과 보안유지가 요구되었다.

③ 현실적으로 의회가 특정지역 또는 특정집단의 특수이익만을 대표하고 있다는 이념적 문제가 제기되었다.

2) 우리나라

의회의 전문성 부족 등과 같은 일반적인 원인뿐만 아니라, 우리나라의 특수한 의회약화·행정권강화의 원인으로 다음의 것들을 들 수 있다.

① 국토분단으로 인한 안보제일주의와 정부주도의 경제성장제일주의는 폐쇄적이고 신속한 결정, 효율적인 자원배분을 필요하게 하였다.

② 과거 권위주의체제 하에서 비민주적인 정치제도는 의회의 공식적인 권한을 더욱 축소시켰다.

Ⅲ. 행정기관(행정관료)

1. 의 의

오늘날 행정관료는 정책결정과 집행 및 평가에 이르기까지 정책과정 전반의 실질적인 주체로서 중요한 역할을 수행하고 있다.

특히 우리의 경우 ① 행정국가화라는 보편적인 추세뿐만 아니라 ② 남북분단으로 인한 안보우선주의와 정부주도의 급속한 경제성장정책의 추구, ③ 관존민비(官尊民卑)의 전통적인 행정문화로 인하여 행정관료는 정책과정에서 주도적인 역할을 담당하여 왔다.

2. 정책과정에서 행정관료의 역할

(1) 정무관과 행정관

1) 정무관

선거에 의해서 선출되거나, 정치적으로 단기 임용되는 행정인(장·차관)으로서 정책문제를 인식하고, 그 해결방향을 지시하며 건의된 대안을 선택함으로써 정책의 최종적인 결정권과 그 결정에 대한 정치적 책임을 진다.

2) 행정관

정실주의(實績主義) 인사의 적용을 받는 행정인(우리나라의 경우 5급에서 2급)으로서 일정한 전문성을 가지고 정책문제를 분석하고 정책대안을 제시하며, 정책집행을 실질적으로 담당한다.

(2) 정책과정에서 행정관료의 역할

고전적 다원론자들은 정책결정의 주요 장(場)으로 의회를 설정함에 따라 행정관료의 역할을 소극적으로 보았다. 그러나 행정국가화 현상으로 행정기능이 확대·강화되자 신다원론자들은 행정의 정책결정 및 기획기능을 중시하면서 행정관료의 적극적인 역할을 인정한다.

행정관료가 정책과정 전반에서 영향력을 행사할 수 있는 요인으로는 ① 행정조직의 계속성과 행정관료의 전문성, ② 정보취득의 용이성, ③ 행정관료와 소관위원회, 관련이익집단과 맺고 있는 일련의 관계(철의 3각관계), ④ 행정조직이 확보하고 있는 고객의 지지 등을 들 수 있다.

1) 정책의제설정

① 선진국 : 종래에는 의제설정에 있어서 외부주도형이 대부분이기 때문에 비공식적 참여자의 역할이 크다고 보았으나, 최근 J.Kingdon의 연구결과에 의하면 이 과정에서도 정부의 공식적 참여자의 역할이 중요하다고 한다. Kingdon은 정책의제를 정부의제와 결정의제로 구분하고, 어떤 쟁점을 의제로 삼을 것인가에 대한 정부의제(governmental agenda)의 채택에 있어서는 대통령, 의회지도자 등이 결정적인 역할을 하나, 쟁점과 함께 실현가능한 대안을 검토하는 결정의제(decision agenda)의 채택에 있어서는 행정관료, 전문가들이 크게 영향력을 행사한다고 한다.

② 후진국 : 의제설정에 있어서 동원형과 내부접근형이 대부분이기 때문에 이 과정에서 행정조직 내부의 정무관과 행정관이 주도적인 역할을 한다.

2) 정책결정

① 행정관료는 정책결정의 주요단계인 대안의 탐색과 분석에서 큰 역할

을 한다.
② 정책유형 : R. Ripley와 G. Franklin의 연구결과에 의하면 미국의 경우
　정책유형별 주요 참여자들의 정책결정과정상에서의 역할은 다음과 같다.
　ⅰ) 배분정책 : 관료, 위원회, 이익집단이 큰 영향력을 행사한다.
　ⅱ) 규제정책 : 의회의 본회의와 이익집단이 큰 영향력을 행사하고,
　　관료는 약간의 영향력을 행사한다.
　ⅲ) 재분배정책 : 기업체와 노조의 정상연합회, 대통령과 의회의 지도
　　자가 중요한 역할을 하고, 관료의 역할은 소극적이다.

3) 정책집행

어느 나라든 정책집행권은 행정조직의 고유한 권한이기 때문에 정책집행
과정에서 행정관료가 행사할 수 있는 재량권의 범위는 매우 광범위하다.

이와 같이 집행관료에게 넓은 재량권을 인정할 수밖에 없는 이유는 ①
정책결정자의 시간·정보·전문성의 부족과 상황의 불확실성, 정치적 연합
의 필요성 때문에 정책결정시에는 골격입법과 추상적인 정책내용만 결정되
고, 구체적인 결정은 집행단계에서 이루어지며, ② 또한 집행단계에서 발생
하는 상호 대립되는 이해관계를 집행관료가 집행을 하면서 조정하기 때문
이다.

4) 정책평가

행정조직은 대통령이나 의회의 지시에 의해 또는 제도화된 기능이나 자
발성에 의거하여 자주 정책평가를 하게 된다. 행정조직 내부에는 전문적인
평가담당기관이 있는데, 우리나라의 경우 감사원, 국무총리실의 국무조정
실, 각 부처의 기획관리실 등이 그 예이다.

■ 민주화 시대에서 행정관료의 역할 ■

1. 일반적인 방향

(1) 민주적 봉사자

행정편의주의를 지양하고 국민에게 행정서비스를 제공하는 민주적 봉사자로서, 그리고 제3자적 입장에서 이해관계를 조정할 수 있는 공익의 대변자로서 위상이 정립되어야 한다.

(2) 사회적 형평성 지향

공무원이 지향해야 할 행정이념으로 형평성(공평성)이 우선적으로 고려되어야 하며, 정책과정에 관련 집단의 참여가 확대되어야 한다. 특히 참여자간의 균형을 유지하기 위해서는 공무원의 적극적인 노력이 요청된다.

(3) 분권화의 촉진

권한의 위임 및 이양을 통하여 분권화를 촉진하고, 환경변화에 신축적으로 대응할 수 있는 적극적·전향적인 자세가 요구된다.

(4) 전문성의 제고

복잡·다양한 사회문제를 해결하기 위해서는 관련분야의 전문적인 지식과 기술적 능력이 요구되며, 전문성을 바탕으로 하여 지속적인 문제분석과 대안개발이 이루어져야 한다. 또한 정보공개와 관학연계적인 공동 연구를 통해 개방적인 정책공동체를 형성·활성화하여야 할 것이다.

2. 정책과정에서의 역할

1) 정책의제설정

장기적으로 사회문제를 분석하여 중요한 사회문제가 정책의제화 될 수 있도록 적극적인 역할을 하여야 한다.

2) 정책결정

전문성을 바탕으로 정책결정에 있어서 분석적 측면의 합리성을 도모하고, 이해관계인의 참여를 확대시켜 정치적 측면의 절차적 민주성을 확보하여야 한다.

3) 정책집행

현지적응적 집행을 통하여 지역적 특수성에 적응하고, 집행과정에 관련 집단의 참여를 확대시켜 지역주민의 요구에 대응하여야 한다. 또한 공정한 정책집행과 정책의 일관성을 유지하는 것이 정책의 신뢰성과 순응확보에 필수적이다.

4) 정책평가

체계적인 정책평가를 활성화하고, 평가결과를 적극적으로 정책결정 및 집행과정에 활용하여야 한다.

3. 정책과정에서 행정권의 강화

정책과정 전반에 걸쳐 행정관료의 역할이 강화되는 것은 행정국가화에 따른 보편적인 현상으로서, 그 원인은 선진국과 후진국 및 우리나라와 다음과 같은 차이가 있다.

(1) 선진국

① 복잡·다양한 사회문제 해결에 전문성이 약한 의회의 한계와 이의 전담조직으로서 행정조직이 확대·강화되고,
② 행정조직의 이익집단간의 갈등조정 역할과 관련 집단들의 정치적인 지지도 행정권 강화의 주요 요인이 되었다.

(2) 우리나라

① 선진국과 마찬가지로 국가기능 확대·강화라는 일반적 요인뿐만 아니라
② 우리나라의 특수한 안보우선주의와 정부주도의 경제성장정책의 추진,
③ 대통령에의 권력집중으로 인한 행정조직의 권한강화 등이 행정권 강화의 주요 원인이 되었다.

4. 우리나라 행정내부에서의 정책결정과정

(1) 품의제

1) 의 의
품의제(稟議制)는 우리나라 행정조직 내부의 의사결정절차로서, 부하가

의견을 제시(기안)하고 상관이 그 의견을 검토하되, 부하와 상의하여 최종 결정(결재)을 내리는 계선 중심의 제도이다.

그러므로 이 제도는 공식적으로 보면 계층제의 하층부에서 기안을 하여 상층부로 올라가면서 하의상달(下意上達)이 되는 매우 민주적인 제도이다. 그러나 실제로는 상급자의 의견이 압도적으로 영향력을 미치고 하급자의 의견이 무시될 수 있는 공식·비공식적인 장치가 마련되어 있는 것이 이 제도운영의 현실이다.

2) 장 점

품의제는 ① 종적 참여제도(MBO)로서 공식적으로 보면 누구나 소속감과 참여감을 느낄 수 있고, ② 부하와 상관의 접촉기회가 확대되어 상호간의 의견교류와 정보공유가 가능하며, ③ 상관이 모든 중요한 결정에 개입하여 사전조정과 심사가 가능하고, ④ 부하에 대한 통제와 교육훈련(일종의 관리자훈련)의 효과가 있으며, ⑤ 정책결정과 집행을 유기적으로 연계할 수 있다는 등의 장점이 있다.

3) 단 점

그러나 품의제는 ① 종적 의사결정절차이기 때문에 최종결재권이 상층부에 집중되어 있을 경우 집권화를 강화시켜 조직의 상층부(장관)가 중요한 정책문제보다 일상적인 업무에 시간과 노력을 소모하며, ② 부처할거주의를 심화시켜 부처간 횡적 의사전달 및 조정에 장애가 되고, ③ 결재과정상에서 시간지체와 형식주의(문서과다주의)가 발생하여 업무처리의 적시성(timing)을 놓치는 경우가 있고, ④ 1 : 1의 관계이기 때문에 정실의 개입에 의한 행정의 전문성 저해와 토론·회의를 통한 합리적·분석적 결정이 곤란하며, ⑤ 하급자가 기안을 하기 때문에 하급자의 사고방식에 부합하는 발의와 함께 정치적 요인이 간과될 수 있고, ⑥ 사후 정책결과에 대한 문제가 발생시 책임한계가 불명확(책임회피)하다는 등의 단점이 있다.

4) 개선방안

① 권한의 위임 : 최종결정권자는 정책적으로 매우 중요한 사안 이외에
   는 각급 관리자에게 권한을 위임(분권화)하는 것이 바람직하다.

② 품의절차의 명확화 : 불필요한 결재과정을 단축시키고 책임한계를 분
   명히 하기 위해서는 품의절차를 명확하고 구체적으로 정하여야 한다.

③ 참모기능의 강화 : 상급자의 능력과 시간상의 한계를 보완하기 위해
   담당관이나 비서 등을 통해 사안을 면밀히 검토하게 한다.

(2) 실제의 정책결정과정

정책결정권자가 정책의 기조와 상위정책을 결정하고, 정책입안자가 각국
의 사례 등을 포함한 구체적인 정책대안을 검토하여 일차적으로 의사결정
을 하고, 품의제를 통하여 상위직급에 보고하여 최종적인 부처의 방안을
결정한다.

부처간 협의가 필요한 것은 차관회의, 국무회의 등을 거쳐 안건의 조정
을 한다. 예컨대 경제안건의 경우 각 부처의 안건이 경제차관회의 → 경제
장관회의 → 차관회의 → 국무회의를 거쳐 최종적으로 대통령의 재가를 받
아 정부안으로 확정된다.

그러나 국가적으로 바람직한 정책이 부처할거주의로 인해 조정과 협조가
잘 되지 않아 지체되거나 변질되는 경우가 많다.

■ 정부부처간 갈등과 정책조정 ■

1. 의 의

최근 민주화의 진행과 더불어 정부 부처간의 정책갈등이 증대하면서 정부의 중요한 정책이 표류하거나, 잦은 정책변경으로 인하여 정책의 일관성을 상실하는 경우가 많아지고 있다.

이러한 부처간 정책갈등 원인은 근본적으로 부처할거주의(sectionalism)에 기인하는데, 부처할거주의란 관료제의 병리현상의 하나로서 '하위조직들이 자신들의 중요성을 강조하여 타 하위조직 또는 조직전체에 대항하려는 경향' 또는 '전체 행정의 목적보다는 자기부처의 입장과 이익만을 생각하여 다른 부처와 상호 협조와 조정이 이루어지지 않는 현상'을 의미한다.

부처간에 갈등을 보이는 것은 민주행정체제에서 당연한 현상이나 이러한 갈등이 민주적으로 조정되지 못하는 경우 그 역기능이 증폭될 수 있으므로 합리적이고 효율적인 정책조정방안을 강구할 필요성이 있다.

2. 정부부처간 갈등의 기능

(1) 순기능

부처간 갈등은 ① 갈등 조정과정에서 창조적·탄력적인 문제해결을 가능하게 하며, ② 각 부처로 하여금 사전에 정책결정의 신중성을 제고하도록 하고, ③ 정책들에 대한 상호 개방된 비판을 통하여 정책결정의 반응성 향상에 기여하며, ④ 조직발전의 계기가 되기도 한다.

(2) 역기능

부처간 갈등은 ① 조정이 잘 안 됨으로 인해 행정활동이 지연되고, 궁극적으로 그 피해가 국민에게 전가되며, ② 결과적으로 행정에 대한 불신을 야기 시키고, ③ 행정기관간의 영토싸움에 따른 행정활동의 중복은 행정비용의 낭비를 가져오며, ④ 자기부처의 목표만을 강조함으로써 행정의 전체목표와 전도현상을 가져와 행정의 효과성을 떨어뜨리며, ⑤ 갈등이 심화되는 경우 행정의 안정성·통일성이 침해하는 부작용을 가져온다.

3. 정부부처간 정책갈등의 원인

(1) 부처간 분화와 부처의 독자성

행정기능이 분화됨에 따라서 행정부처가 지나치게 세분화되고, 정책문제가 여러 기관에 분산되어 있어 부처간의 관할권 다툼이 발생하게 된다. 행정기능의 분화와 전문화는 부처할거주의의 근본적인 원인이 된다. 게다가 부처들은 부처 내의 국·과와는 달리 독자성(autonomy)이 훨씬 강하고, 폐쇄적이기 때문에 할거주의를 심화 시킨다.

(2) 국가이념의 변화와 가치의 다양화

과거 권위주의 시대에서는 경제발전, 국가안보가 가장 중시되었으나, 민주화가 되면서 다양한 가치(사회복지, 환경 등)가 중요시되면서 이념간의 갈등·경쟁관계가 조성되었다. 이러한 정책이념 간의 갈등은 해당 부처간 정책갈등으로 연결되고 있다.

(3) 정책지향의 차이

각 부처가 추구하는 정책지향의 차이로 인해 정책갈등이 발생하게 된다. 예컨대 환경규제와 관련해서 환경부는 환경규제의 강화를 주장하는 반면에, 산업자원부는 환경규제가 기업에 미치는 비용부담의 측면을 중시하고, 재정경제부는 조세증대에 미칠 영향을 우려하나, 기획예산처는 예산수반을 우려하며, 행정자치부는 새로운 기구나 인원의 증설이나 환경규제가 주민들에게 미칠 영향 중시하는 등 각 부처의 입장이 상이함으로 인하여 갈등이 유발된다.

(4) 부처들 간 수혜집단의 차이

각 부처들이 확보하고 있는 고객 및 수혜집단들은 부처간의 갈등이 발생했을 때, 강력한 정치적 지지집단이 되어 부처간 갈등을 더욱 심화 시킨다.

(5) 국지적 합리성(local rationality)의 추구

부처 수준에서는 행정조직 전체의 최적화 수준을 알기가 곤란하기 때문에 각 부처들은 각자의 업무가 국가적으로 가장 중요한 것이라고 강조한다.

4. 일반적인 갈등조정방안

(1) 기획 및 예산을 통한 조정

기획을 통해 정책의 방향과 우선순위를 정하거나, 구체적인 자원배분을 통해 정책조정을 할 수 있다. 과거 경제기획원이 이러한 역할을 수행하였다.

(2) 조정기구에 의한 조정

행정부의 최고의결기관인 국무회의, 경제장관회의, 차관회의나 조정 전담기구인 국무총리 국무조정실에서 부처간 대립된 의견을 조정한다.

(3) 관련 부처간 협의 및 회의

법령의 제정 및 개정과정에서 관련 부서의 의견조회 등의 과정을 거치고, 필요하면 실무조정회의 등을 개최하여 조정한다. 이는 타 부처의 협조와 지원을 받기 위한 수단으로 이용되기도 한다.

(4) 대통령 또는 대통령 비서실에 의한 정책조정

예외적으로 관련 부처간의 갈등·마찰이 심해 결론이 나지 않는 경우 대통령이 직접 나서거나 수석비서관을 통해 대통령의 의중을 전달하여 조정하기도 한다.

(5) 당정협의회

이는 행정부와 집권당 사이의 정책협의 및 조정창구 역할을 한다.

(6) 기타 방법

이밖에 위원회, 협의체에 의해 조정하거나, 협상을 통한 담판(상호양보), 갈등의 공개(여론의 동원, 공청회, 토론회) 등을 통해 조정하기도 한다.

5. 정부부처 간 갈등조정을 위한 전략적 방안

(1) 기본방향

1) 민주적 정책조정에 대한 인식의 전환

보통 정책조정이란 '종합적인' 안목에서 '합리적'으로, 그리고 정책의 '일관성'을 확보할 수 있도록 이루어져야 한다고 생각한다. 그러나 현실의 정책문제는 복잡·다양·불확실하기 때문에 이것이 불가능할 뿐만 아니라 오히려 권위적·중앙집권적인 정책조정을 정당화할 우려가 있다. 민주사회에서 합리적 정책조정이란 상호 대립되는 정부부처와 이해집단들이 모두 참여하여 민주적인 협상과 타협을 통하여 조정이 이루어지는 것을 의미한다.

2) 참여와 공개의 확대

조정과정의 공평성과 신뢰성을 제고하기 위해서는 정책참여의 폭을 확대하고 그 과정을 공개하여야 한다. 이를 위해서는 정책공동체 및 공청회 등을 적극 활용할 필요가 있다.

3) 목표·권한·책임한계의 명확화

부처간의 업무영역이 중복되거나 애매한 경우 부처간의 권한과 책임한계를 명시하여 상호 갈등·대립을 방지

4) 수평적 의사교류의 활성화

부처간 각종 회의와 협의, 운영위원회 등을 통하여 수평적 의사교류를 활성화 하여야 한다. 공통의 문제를 해결하기 위하여 부처간 task force, project team을 공동으로 구성하여 운영하는 것도 하나의 방법이 될 수 있다. 이외에도 부처간 인사교류의 범위를 확대하고, 교육훈

련을 강화하여 상호 이해의 폭을 확장하는 것도 중요하다.

(2) 구체적 방안

1) 갈등분쟁조정위원회의 설립

다양한 행정수요에 대응하기 위해 중앙부처간 책임이 분산되어 있으므로 이러한 권한갈등 조정을 위해서는 전문행정협의회와 같은 위원회 설립이 필요하다.

2) 대통령비서실의 역할 정립

잘못된 편견 및 개인적 이해관계가 개입되지 않도록 정책주창자·조정자 역할보다는 가능한 모든 대안들을 분석·평가하여 대통령에게 제시함으로써 대통령이 바람직한 결정을 할 수 있도록 조언하는 정책관리자 역할에 충실하여야 한다.

3) 부처간 이익대표성의 불균형 시정

정부부처의 이익대변이 특정집단에게 유리하게 편향되어 있거나, 정부부처 간 영향력에 차이가 있는 경우 정책조정의 결과가 공익을 벗어나기 쉽다. 과거와 같이 안보 및 대기업의 이익을 대변하는 부처의 영향력이 크고 농민, 중소업자, 근로자, 소비자의 이익을 대변하는 부처의 영향력이 약한 경우가 그 예이다. 따라서 서로 다른 정책가치를 대변하는 기관의 권한과 책임을 균형 있게 재분배하는 문제가 중요하다.

4) 국회의 정책조정기능 강화

국회가 국가정책에 대한 비판과 국가정책방향의 대강에 대한 국민적 합의를 이끌어내는 정책토론의 장이 될 수 있도록 위원회의 전문화와 활성화가 필요하다.

6. 결 론

행정조직구조의 분화에 따라 부처간의 갈등은 필연적인 현상이나, 이러한 갈등을 민주적으로 조정하는 절차가 중요하다. 이를 위해서는 정책결정과정을 공개하고 결정과정에 이해관계자의 참여를 확대하여 정책결정 이후의 불필요한 갈등과 순응비용(compliance cost)을 절감하려는 노력이 중요하다.

Ⅳ. 대통령과 행정수반

1. 대통령의 지위와 권한

(1) 대통령의 지위

대통령중심제하에서는 국가원수로서의 지위와 행정수반으로서의 지위를 가지나, 내각책임제하에서는 국가원수로서의 지위를 가진다.

(2) 행정수반으로서 대통령의 권한

일반적으로 행정수반으로서 갖는 대통령의 권한으로는 ① 정책결정권, ② 정책집행권, ③ 국군통수권, ④ 비상대권 등을 들 수 있다.

그러나 대통령의 권한행사의 실상은 선진국과 후진국에 따라 큰 차이가 있다. 선진국의 경우에는 대통령의 권한이 제한되어 있으나, 후진국과 우리의 경우에는 대통령에게 권력이 집중되어 있다. 우리나라에서 대통령에게 권력이 지나치게 집중된 원인으로는 ① 정부주도의 경제성장제일주의와 안보우선주의, ② 가부장적 권위주의, ③ 비민주적인 정치제도, ④ 몇몇 대통령의 장기집권 등을 들 수 있다.

2. 정책과정에서 대통령의 역할

다원적·권력분산적인 선진국의 경우에는 대통령의 정책과정상의 역할이 제한적이나, 권력집중적인 후진국과 우리의 경우에는 그 역할이 막강하다.

(1) 선진국

1) 정책의제설정

종래에는 다원적인 선진국의 경우 외부주도형이 대부분이기 때문에 대통령을 비롯한 공식적 정책담당자의 역할은 소극적이라고 보았다. 그러나 최근의 연구(J. Kingdon)에 의하면 선진국의 경우에도 의제설정과정에서 비공식적 참여자보다 공식적 참여자인 대통령 및 의회지도자의 역할이 매우 중요하다고 한다.

2) 정책결정

대외정책에서는 대통령이 결정적인 역할을 하나, 국내정책의 경우 분배정책에서는 거의 영향력을 행사하지 못하고 규제정책에서는 약간의 영향력을 행사하며 재분배정책에서는 중요한 조정역할을 한다.

3) 정책집행

대통령의 영향력 행사에 큰 제약이 따른다. 왜냐하면 선진국의 경우에는 관료권이 확립되어 있고, 강력한 이해집단을 고객으로 가지고 있는 행정각 부처가 대통령의 집행명령을 따르지 않는 경우가 많기 때문이다.

(2) 우리나라

후진국과 우리의 경우 대통령의 권한이 막강하여 정책과정 전반에 걸쳐서 커다란 영향력을 행사한다. 이렇게 대통령에게 권력이 집중되어 있는 경우 ① 일관성 있고 혁신적인 정책을 결정할 수 있고, ② 결정된 정책을 강력히 집행할 수 있다는 장점이 있으나, 정책과정이 비민주적이고 비타협적이 되어 불합리하고 무모한 정책이 등장하기 쉽다는 단점이 있다.

1) 정책의제설정
정부주도의 동원형의 경우 대통령의 정책적 의지나 선호가 크게 작용한다.

2) 정책결정
의회보다 행정부, 대통령이 실질적으로 결정권을 장악하고 있으며, 행정부의 정책도 실질적으로 대통령이 강력한 결정권을 행사한다.

3) 정책집행
대통령이 행정부를 완전히 장악하고 있기 때문에 의회의 개입이 극소화되고, 대통령의 의도에 따라 집행이 획일적으로 이루어진다.

3. 대통령의 정책결정상의 한계

(1) 대통령의 정책결정을 제약하는 요인들

대통령이 모든 정책을 결정하기에는 ① 시간의 부족, ② 정보의 부족과 왜곡, ③ 전문지식의 부족 등으로 인해 한계가 있다.

(2) 대통령의 직접결정과 위임

위와 같은 이유로 대통령의 정책결정권한이 실질적으로 장·차관이나 대통령비서관들에게 많이 위임되는데, 대통령의 직접결정과 위임의 한계는 주로 ① 안건의 중요성, ② 그 방면에 대한 대통령의 전문지식의 정도에 의존하게 된다.

(3) 대통령비서실의 개입

대통령의 능력상의 한계를 보완하기 위하여 대통령비서실은 일종의 소내각(mini-cabinet)과 같이 되어 대통령의 정책결정에 개입을 하게 된다. 이때 비서실의 영향력은 ① 비서실의 전문성, ② 대통령의 비서관에 대한 신임정도, ③ 대통령의 비서실에 대한 태도 등에 의존한다.

V. 사법부

1. 사법부의 지위와 역할

우리나라 헌법은 삼권분립과 함께 사법권의 독립을 천명하기 위하여 사법권은 원칙적으로 법원의 권한임을 명백히 규정하고 있다. 사법부를 구성하는 기관으로는 법원과 헌법재판소로 이원화 되어 있는데, 법원은 소송절차에 따라 사법권을 행사하고, 헌법재판소는 사법권 중 위헌법률심사·탄핵심판·위헌정당해산·권한쟁의심판·헌법소원심판 등을 관할하고 있다.

우리나라의 경우 과거 권위주의체제 하에서는 실질적 삼권분립이 이루어지지 않아 사법부의 역할이 미약하였다. 그러나 민주화 이후 국민들의 권리의식이 제고됨에 따라 법적 절차에 호소하는 경향이 증대하고, 권리회복을 위하여 헌법소원 등을 통한 적극적인 방법을 활용하고 있다. 사법부 또한 대통령을 비롯한 행정부, 국회의 간섭을 벗어나 독자적인 판단을 내림으로써 그 위상을 제고시키고 있다. 따라서 정책과정에서 사법부의 역할이 대폭 증대되었다.

2. 정책과정에서 사법부의 역할

사법부의 결정(특히 헌법재판소의 결정)은 기본적으로 정부정책에 대한 사후적인 사법적 판단의 성격을 갖고 있으나, 헌법재판소의 위헌판결의 경우(예: 군가산점 위헌판결)와 같이 그 자체가 정부의 정책과정 전반에 영향을 주는 경우도 많다.

(1) 정책의제설정

사법부의 결정(특히 헌법재판소의 결정)은 정부나 입법부가 기존에 심각하게 생각하지 않았던 문제를 인식하고 대책을 마련토록 촉구하는 계기가 된다. 이 경우 사법부의 판단은 일종의 '강요된 정책의제'가 된다.

(2) 정책결정

기본적으로 사법부의 판단은 정책에 대한 사후 평가의 성격을 가지고 있으나, 그 자체가 새로운 정책결정을 의미하는 경우도 있다. ① 사법부가 위헌·위법여부의 판단뿐만 아니라 판결을 통해 구체적인 내용까지 제시하는 경우(예: 총선시민연대 낙선운동 불허 결정)에는 사법부의 판단 자체가 새로운 정책결정에 해당된다. ② 사법부는 위헌여부만을 결정하나 정부, 입법부가 새롭게 결정할 정책내용의 범위를 어느 정도 규정하는 경우(예: 민법의 동성동본 금혼규정에 대한 헌법불합치결정)에는 사법부가 정책결정에 실질적으로 영향을 미치게 된다.

(3) 정책집행·정책평가

대부분의 국가에서 사법부는 명령심사권과 행정재판권을 가지고 있으므로 집행과정에 관여하고 있다. 우리나라도 정책의 집행이 법률적 쟁송이 되어 있는 경우 사법부는 정책집행의 지속과 중단 여부, 정책내용과 집행방법의 수정 등에 대한 판단을 통해 정책집행과정에 개입할 수 있다. 최근 사법부가 정책집행에 영향을 미친 가장 대표적인 사례는 새만금 간척사업에 대한 집행정지 결정을 들 수 있다. 이외에도 사법부는 구체적으로 재판의 전제가 된 경우 정책의 합법성 여부를 심사한다.

Ⅵ. 정 당

1. 개 설

(1) 개 념

정당이란 '동일한 정견(政見)을 가진 사람들이 정권의 획득·유지를 통하여 정견을 실현시키려는 자주적·계속적인 조직단체'를 말한다.

(2) 정당과 이익집단의 구별

① 정당은 공익을 추구하나, 이익집단은 특수이익을 추구한다.
② 정당은 정권의 획득·유지를 위해 공직후보자를 공천하고 선거에 임하나, 이익집단은 특수이익을 위해 후보자를 지지할 뿐이다.
③ 정당은 정부통제가 주요 목적이나, 이익집단은 이에 직접 개입하지 않고 압력을 행사한다.

(3) 기　능

1) 여론의 형성과 조직화 : 현대 대의제하에서 정당의 1차적 기능은 사회내의 개인이나 집단이 표출하는 다양한 이익을 결집하는 것이다.
2) 국민에 대한 정치교육 : 이것은 정당의 정치사회화 기능으로서, 정당은 국민의 정치적 의견형성을 돕는 일종의 준거집단의 기능을 한다.
3) 정치적 충원기능 : 정당은 정치지도자를 양성하여 국민들에게 선택할 수 있는 기회를 제공하여 준다.
4) 정부의 조직 및 통제 : 정권을 장악한 집권여당은 정부를 조직하고, 야당은 정부활동에 대한 통제기능을 수행한다.

(4) 정치체제와 정당

1) 민주주의체제
① 제도와 운영이 민주적이며, ② 의사결정이 밑으로부터 상향적으로 이루어지며, ③ 환경으로부터 투입기능이 활성화되어 있고, ④ 충원통로가 개방적이다.

2) 비민주주의체제
① 제도와 운영이 괴리되어 있고, ② 의사결정에 있어서 당 지도부의 의

사가 압도적으로 작용하며, ③ 투입기능이 배제·제한되며, ④ 충원통로가 폐쇄적이다.

2. 정책과정에서 정당의 역할

(1) 정책의제설정

정책의제설정은 정치과정상으로는 이익표출과 이익결집의 두 가지 기능이 결합된 활동이다. 이 중에서 이익표출(interest articulation)의 기능도 정당이 수행하는 경우가 있으나, 정당의 가장 중요한 역할은 이익결집(interest aggregation)의 기능이라고 할 수 있다.

(2) 정책결정

정책결정의 공식적 기관은 의회, 대통령이나 행정부이지만 실질적으로 보면 정당이 큰 역할을 하고, 특히 집권당의 경우 선거 때 그들이 공약으로 제시한 정책대안이 그대로 정책으로 채택되는 경우가 많다.

(3) 정책집행·정책평가

① 집권여당의 경우 정책집행이 자신들의 원하는 방향과 방법으로 추진될 수 있도록 행정부의 지도층에 영향력을 행사한다.
② 야당의 경우는 주로 정책에 대한 비판적 평가나 집행과정에서의 실패, 행정부패를 파헤쳐 이를 비판함으로써 정부통제의 기능을 담당한다.

3. 정책기구로서 정당의 한계

(1) 전제조건

정당이 정책기구로서 기능을 하려면 ① 정당이 공약(公約)으로서 구체적인 정책을 밝히고, ② 국민들이 자신이 지지하는 정책을 제시한 정당에 투표하고, ③ 선거에서 승리한 정당이 공약한 정책을 결정·집행하여야 한다는 전제조건이 필요하다.

(2) 한　계

그러나 경쟁적 복수정당제 하에서 정당은 다음과 같은 정책과정상의 한계가 있다. ① 정당은 구체적 정책을 밝히는 것이 득표에 불리하므로 추상적인 정책을 내세우는 경우가 많고, ② 정당의 정책이 명백하더라도 국민들이 정책간 갈등이나 인간관계·혈연·지연 등으로 인해 자신들이 선호하는 정책을 제시하는 정당에 투표하지 않는 경향이 있으며, ③ 삼권분립의 원리, 정당응집력의 부족 등으로 인해 집권여당의 공약내용과는 전혀 다른 정책이 결정되는 경우가 많다.

4. 우리나라 정당의 정책과정에서 역할

(1) 여당의 역할

여당은 정책의제설정, 정책결정에서 주도적 역할을 하고, 정책집행에 대한 통제·감독 및 정책평가기능도 수행하는 것이 원칙이다.

그러나 우리나라의 집권여당은 이러한 기능을 충분히 수행하지 못하였는데, 그 이유로 ① 국회의 권한약화로 인한 집권당의 권한약화, ② 집권당의 자율성의 미약, ③ 정책결정에서 대통령의 행정부에의 의존, ④ 당정협조의 약화 등을 들 수 있다.

(2) 야당의 역할

정책과정에서 야당의 역할은 그들의 주된 제도적 활동무대인 국회의 권한이 어떠하냐에 따라 달라진다. 유신시대와 같이 국회가 위축되던 때에는 야당의 활동도 위축되고, 14대 초반, 15·16대 국회와 같이 권한이 강했던 시기(이른바 여소야대 시기)에는 상대적으로 야당의 영향력이 강해진다.

1) 정책의제설정 : 사회문제 중 정부가 외면하려고 하는 문제에 대하여 국회에서 공식적으로 검토하도록 여론을 환기시키고, 여당에 압력을 행사한다.
2) 정책결정 : 국회의 권한이 위축된 시기에는 야당의 역할이 미흡하나, 국회의 권한이 강해진 시기에는 그들이 원하는 방향으로 상당한 영향력을 행사한다.
3) 정책평가 : 정책내용, 정책집행과정, 정책결과의 소망성 여부에 대하여 평가한다.

(3) 방 향

1) 정당의 제도화 : 끊임없는 이합집산과 타율성을 그 특징으로 하는 우리나라 정당의 발전을 위해서는 먼저 정당의 제도화가 이루어져야 한다. 이를 위해서는 제도와 운영, 인적 충원과 정책면에 있어서 권위주의적 요소를 탈피하고 민주주의가 확립되어야 한다.

2) 국회기능의 정상화 : 정당의 행정권에 대한 통제기능과 정책과정상의 역할을 높이기 위해서는 정치의 민주화와 국회기능의 정상화가 선행되어야 한다.

3) 정책정당화 지향 : 당내의 전문적인 정책기구의 기능을 활성화하여 심각한 사회문제를 검토하고, 이를 해결할 수 있는 실현가능한 정책대안을 개발하여야 한다. 또한 다원화된 국민이익을 수용할 수 있는 정당구조의 개편이 요구된다.

Ⅶ. 이익집단

1. 개 설

(1) 개 념

이익집단(interest group)이란 '집단 구성원의 공동의 이익을 증진함을 목적으로 하는 집단'을 말한다. 이들은 정책과정에서 자신들에게 유리한 결정이 이루어지도록 하기 위하여 정책담당자에게 여러 가지 압력을 행사하는데, 그래서 흔히 압력단체(pressure group)라고 불리기도 한다.

정치적 무대에 압력단체가 등장하게 된 원인으로는 ① 사회구조의 복잡화에 따른 이익의 다양화와 대표원리의 변질, ② 정당의 과두제화로 인한 여론에 대한 대응력 약화, ③ 국가기능의 확대와 행정권 강화 등을 들 수 있다.

(2) 정치적 기능

　　이익집단은 집단의 특수이익을 증진시키기 위해 노력하기 때문에 다른 개인이나 집단 또는 공익에 반대되는 활동을 하는 파벌집단과 같이 취급되기도 하나, D. Truman 등과 같은 집단론자(group theorist)들에 의하면 이익집단의 활동은 민주주의에서 필수적인 기능을 한다고 한다. 즉 ① 이익집단이 자신들의 이익을 스스로 정부에 요구하는 것이야말로 진정한 그 집단의 요구이며, ② 개개인들보다는 집단을 구성하여 공동으로 요구하는 것이 보다 효과적이라는 것이다.

(3) 종　류 (G. Almond의 분류)

1) 아노미적 집단 : 조직화되지 않고 일시적으로 불만과 저항을 표출하는 폭동·데모·시위집단 등을 말한다.
2) 비결사적 집단 : 혈연, 지연, 직업 등 문화적·경제적 이익에 기반을 둔 동족집단, 지역집단, 직업집단 등을 말한다.
3) 제도적 집단 : 군부·관료집단 등과 같이 공식적 조직이 2차적으로 그들의 이익을 추구하는 경우를 말한다.
4) 결사적 집단 : 특정한 이익표출을 위해 전문화된 조직으로서 일반적으로 이익집단이란 이것을 말한다.

(4) 정치체제와 이익대표체계

1) 민주주의체제 : 다원주의(pluralism)적 시각이 적합하며, 이익집단의 정치체제에 대한 자율적인 투입기능에 중점을 둔다.
2) 권위주의체제 : 국가조합주의(state corporatism)적 시각이 적합하며, 국가의 이익집단에 대한 하향적인 통제에 중점이 두어진다.
3) 전체주의체제 : 단원주의(monism)적 시각에서 바라보는 관점으로, 사회구조가 위계적으로 조직되며 국가의 사회집단 전반에 대한 하향

적인 통제에 중점이 두어진다. 이러한 사회에서는 이익집단이 제도적 집단으로서의 성격을 띤다.

2. 정책과정에서 이익집단의 역할

(1) 정책의제설정

이익집단은 자신들에게 피해를 주는 문제를 해결하여 줄 것을 정부기관에 요구하는 형태의 이익표출(interest articulation)을 하게 되는데, 그들은 ① 집단의 구성원들에게 피해를 주는 문제의 정책의제화에 필요한 정치적 지지를 동원할 수 있고, ② 문제해결을 위한 실현가능한 대안을 제공함으로써 정책의제설정에서 결정적인 역할을 한다.

(2) 정책결정

이익집단은 ① 자신들의 정치적 지원을 미끼로 정책결정자에게 압력을 가하거나, ② 정책결정에 필요한 정보·자료·전문이론 등을 제공함으로써 자신들에게 유리한 정책이 결정되도록 정부기관에 영향력을 행사한다.
이익집단이 실제로 정책결정에서 어느 정도 영향력을 행사하느냐는 정치체제의 특성에 따라 달라지는데, ① 미국과 같은 이익집단이 강력한 나라에서는 이익집단이 의회의 소관위원회, 담당행정부처와 함께 소위 하위정부(subgovernment)를 형성함으로써 실질적인 정책결정을 하는 경우가 많으나, ② 이익집단이 취약한 후진국에서는 정부의 동원용으로 이용되는 경우가 대부분이다.

(3) 정책집행

이익집단은 대개 정책대상집단이 되므로 이들의 순응이 정책집행의 성공에 관건이 되는데 ① 배분정책에서와 같이 수혜집단은 정책의 성공적 집행을 위해 관료들을 독려하고 자극하는 역할을 하는 반면, ② 규제정책에서와 같이 비용부담집단은 정책을 유명무실하게 만들기 위해 정책집행을 최대한 방해하려 한다.

(4) 정책평가

이 과정에서도 이익집단들은 자신들에게 유리하도록 정책의 효과·비용에 대한 여론을 환기시키고, 정보를 제공하여 공식적 평가에 영향을 미치려고 한다. ① 수혜집단은 정책의 성공에 초점을 맞추는 반면, ② 비용부담집단은 전문연구기관 등에 의뢰하여 정책의 실패를 강조하게 된다.

3. 정치세력으로서 이익집단의 문제점

(1) 이익집단의 문제점

이익집단이 정책과정에 깊이 개입하게 되면 ① 개별적 특수이익(specific interest)이 전체 공공이익(public interest)을 침해하거나, ② 강한 이익집단이 사회적 약자를 희생시킬 수가 있다. 이는 이익집단의 영향력이 경제력(재정력), 구성원의 사회적 명성, 정책결정자와의 친밀도, 집단의 규모, 응집성(cohesion) 등에 의해 좌우되기 때문이다.

(2) 이익집단론의 논거와 비판

1) 논 거

위와 같은 비판에 대하여 이익집단론자들은 미국의 정치체제는 이러한 문제점을 스스로 해결할 수 있는 자기수정기제(self-correction mechanism)를 가지고 있다고 주장한다.

① 잠재이익집단론 : 잠재집단이 보통의 경우에는 집단화하지 않고 조용히 있다가 특수이익이 자신들의 이익을 침해한다고 느낄 때는 집단화할 수 있기 때문에 특수이익이 정책을 지나치게 좌우할 수 없다는 것이다.
② 중복회원(overlapping membership) 현상 : 집단의 구성원이 여러 집단에 소속하여 있기 때문에 특정집단이 자신들의 특수이익만을 추구할 수 없다는 것이다.
③ 수많은 거부점 : 연방제도, 삼권분립제도 등으로 인하여 집단들이 서로 견제를 하기 때문에 특수이익의 지배가 곤란하다는 것이다.

2) 비 판

그러나 이러한 주장에 대하여는 다시 다음과 같은 비판이 제기되는데, ① 잠재집단의 이익은 파악하기 어렵거나 표출이 곤란하고, ② 중복회원도 현실적으로 서로 모순·충돌되는 여러 이해집단에 가입하는 경우가 드물고, 가입되어 있다고 하더라도 모든 집단을 위해 활동하는 경우가 없으며, ③ 연방제도나 삼권분립 때문에 거부점이 많아 기존의 특수이익을 대변하는 정책에 혁신이나 개혁이 극히 어렵다는 것이다.

4. 우리나라 이익집단의 정책과정에서의 역할

(1) 우리나라 이익집단의 특징

　종래 우리나라 이익집단들은 재정력과 응집력이 약하며, 특히 자주성이 취약하였다. 이익집단이 정부에 의해 하향적으로 조직되고, 각종 통제(법적 통제, 집단의 조직화에 대한 통제, 재정운용에 대한 통제, 리더쉽에 대한 통제, 정치활동에 대한 통제 등)가 가해지기 때문에 이익집단은 정부에 대해 보조적·종속적인 지위에 있는 경우가 대부분이었고, 재정력이 뒷받침되고 사회적으로 영향력이 있는 집단을 제외한 대부분 이익집단의 정치적 기능은 매우 미약하였다.

(2) 정책과정에서의 역할

1) 정책의제설정 : 정부주도의 동원형이 지배적이고, 정부의 필요에 의한 이익집단에 대한 통제에 중점이 두어졌다. 예컨대 1960년대 이후 경제성장제일주의에 의해 경제성장을 촉진시키기 위한 안건들은 정부에 의해 쉽게 의제화 되었으나, 대기업의 이익과 관련된 환경오염문제, 독과점규제문제, 노동문제 등의 안건은 의제화를 억제(無意思決定)하였다. 이러한 안건들은 1980년대 이후에서야 비로소 의제화가 이루어졌다.
2) 정책결정 : 참여의 제한으로 정책결정과정에서 이익집단의 영향력은 전반적으로 미약하였고, 재정력이 뒷받침되고 사회적으로 영향력이 있는 집단의 이익만이 어느 정도 반영되는 경향이 있었다.
3) 정책집행 : 정책결정과정에 자신의 이익이 반영되지 못한 대상집단들은 집행과정에서 영향력을 행사하려고 노력하였으나, 이 과정에서도 그 영향력은 미약하였다.

(3) 최근의 동향

　그러나 1987년 6·29선언 이후 우리 사회의 민주화에 따라 우리나라 이익집단도 어느 정도 제 기능을 찾아가고 있으며, 정책과정에서 그들의 영향력도 커지고 있다.

① 이익집단들의 설립에 있어서 자율성이 높아지고 있으며, 이익표출을 위한 참여방식도 과거와 같은 동원적·상호협조적 참여가 아닌 독자적 이익투입 활동으로 변화하고 있다. 특히 자율성이 강한 비제도권 집단(노동집단, 농민집단 등)들은 온건한 방법뿐만 아니라 집단시위 등 과격한 방법도 빈번하게 사용하고 있다.

② 규제정책과 같은 특정 산업정책의 결정에 있어서 관련 민간기업이나 그들의 협의체가 참여할 수 있는 제도적 공간과 그 영향력도 매우 커지고 있다. 이들의 정책참여는 단순한 이익투입의 차원을 넘어서 정부당국과 산업정책의 내용과 방향을 조정할 수 있는 협상력을 가진 것으로 나타나고 있다.

③ 소비자보호정책, 환경보호정책과 같은 보호적 규제정책에 있어서 소비자보호단체, 환경보호단체와 같은 공익집단들의 참여가 엄청나게 증가하고 있다. 이들은 시민여론을 동원하여 정책의제설정에 영향을 행사할 뿐만 아니라 정책대안의 제시, 집행활동의 감시 등을 통해 정책과정 전반에 걸쳐 상당한 영향력을 행사하고 있다.

④ 앞으로 우리나라 이익집단의 기능은 더욱 활성화 될 것이며, 정책과정에서 그들의 영향력도 더욱 커질 것으로 보인다.

Ⅷ. NGO

1. 개 설

(1) 의 의

NGO(Non-governmental organization : 비정부단체)는 시민사회의 자발적인 행동을 기초로 하여 공익을 추구하는 민간기구를 의미하며, 자발적단체, 제3섹터 단체, 공동체 단체, 시민단체 등과 유사한 개념으로 사용되고 있다. 이러한 NGO의 특성은 ① 사익보다는 공익을 추구하며, ② 정부 및 시장부문과는 독립적으로 운영되고 있으며, ③ 비영리를 추구하고, ④ 내부의 운영이 자치적이며, ⑤ 시민의 자발적인 참여를 전제로 하고 있다.

(2) NGO의 증가요인

NGO의 활동영역은 과거에는 경제원조사업과 인권보호 등 주로 대변적인 업무에 국한되었으나 근래에는 교육 및 연구, 보건복지, 환경 및 소비자보호, 문화 및 예술 등의 분야에 확장되고 있다. 이처럼 현대 사회에서 NGO의 역할이 증가하는 이유는 ① 정부 및 민간기업에 대한 도덕적 불신과 관료조직의 한계에 따른 대안, ② 사회의 다원화 현상에 따른 공공적 서비스에 대한 수요 증가와 NGO 리더의 정책창도자(policy entrepreneur)적 역할 증가, ③ NGO를 통한 행정수행방식의 혁신, ④ 시민사회의 발전에 따른 시민의 참여의식 증진 등을 들 수 있다.

(3) NGO의 기능

NGO의 기능 및 역할은 다음과 같다. ① NGO는 가치를 공유하는 시민들이 사회적 공익을 증진시키려는 목적으로 특정 이슈에 대한 시민적 의사를 정부에 전달하여 정책에 반영시키려는 정치적 기능을 수행하고 있다. ② NGO는 시민들의 정책과정상 참여를 가능하게 하며 개인들의 분산된 정치적 의사표현을 결집하여 보다 효과적인 정치적 의사표현이 가능하도록 한다. ③ NGO는 정부시책 및 민간기업의 반사회적 기능에 대한 비판과 대안제시를 통하여 정부나 시장에 대한 견제의 역할을 수행 한다. ④ NGO는 종교적 서비스, 기초 과학연구, 예술 활동 등의 분야와 같이 사회적 수요는 있으나 시장과 정부에 의하여 생산되지 않고 있는 공공적 서비스를 생산하는 역할을 한다. ⑤ NGO는 환경 분쟁, 소비자-생산자 분쟁, 인권보호 등의 분야에서 사회적·정치적인 중재자 역할을 수행한다. ⑥ NGO는 다원화된 사회에서 다양한 사상과 아이디어를 확산시키는 역할을 한다. ⑦ NGO는 민간연구기관의 활동 등을 통하여 정부의 정책개발을 보완하여 주고, 사회복지분야에서 정부의 집행업무를 대행하는 역할을 수행한다.

2. 정책과정에서 NGO의 역할

(1) 정책의제설정

NGO는 시민사회의 자발적인 참여에 기초하여 각종 사회적 이슈, 특히 기존의 정책집단으로부터 소외된 특정 사회·정치·경제적 이슈에 대한 문제 제기를 통하여 정책의제설정과정에서 시민의 의견을 대변하고 정책에 투영하는 중요한 기능을 수행하고 있다. NGO는 그들이 제기한 특정한 사회문제가 정책의제로 채택되도록 하기 위하여 정부위원회 등 제도적인 참여방식과 시위·집회·항의 등 비제도적인 참여방식을 병행하려 활동한다. 최근에는 인터넷 등 정보통신매체의 활용과 NGO간의 연대를 통하여 대중의 정치적 지지를 확보하고, 문제해결을 위한 실현 가능한 정책대안을 제시함으로써 정책의제설정에서 중요한 행위자로 등장하고 있다.

(2) 정책결정

NGO는 자신들이 추구하는 가치가 정책에 반영될 수 있도록 정부기관들에게 영향력을 행사한다. 그들은 ① 자체 연구기관이나 내부 전문직 자원봉사자를 활용하여 고위정책결정자들에게 전문적인 지식과 정보, 자료를 제공하거나, ② 시위, 집회, 항의 또는 기부, 투표 등을 통하여 정책결정자에게 정치적 압력을 가하거나, ③ 각종 첨예한 이해갈등 상황에서 정부를 대신하여 정책의 중재자의 역할을 수행함으로써 정부기관에 대하여 영향력을 행사한다.

정책결정과정에 NGO가 어느 정도 개입할 수 있는지는 정치체제의 특성과 정부의 NGO에 대한 태도에 따라 달라지는데 ① 행정권이 상대적으로 약한 전통을 가진 국가일수록, 그리고 ② 정부가 NGO의 역할에 대하여 긍정적인 입장을 취할수록 NGO의 참여가 활발하다.

(3) 정책집행

정책집행과정에서 NGO는 두 가지의 역할을 한다. ① NGO는 공익적 정책집행에 대한 감시와 비판기능을 수행한다. 새만금 간척사업의 중단을 요구하는 환경단체의 활동과 같이 정책이 집행과정에서 상당한 문제가 있다고 판단되는 경우에 NGO는 정책집행의 중단이나 정책내용의 변경을 요구하는 활동을 통해 집행에 영향을 미친다.

② NGO는 정부와 상호의존적 또는 협력적 관계 속에서 정책집행의 파트너로서 집행활동에 참여한다. 정책집행과정에서 NGO의 참여는 주로 정부와의 계약 또는 정부의 재정지원을 통하여 NGO가 서비스를 공급하는 방식으로 이루어지는데, 특히 사회복지, 교육, 문화·예술 등의 정책분야에서 두드러진다. 이러한 정책집행의 파트너로서 NGO의 역할은 신국정관리(New Governance)의 대두와 함께 더욱 확산되어 가고 있다. 다만, NGO가 정부의 재정지원 및 사업참여 등에 지나치게 의존할 경우 NGO의 정책과정에서의 자율성과 독립성이 침해되는 문제가 제기된다.

(4) 정책평가

NGO의 정책평가 활동은 ① 정부의 요청에 의한 각종 평가위원회 등의 참여를 통한 공식적인 방식과 ② 세미나, 포럼, 기자회견 등을 통한 비공식적인 방식을 통하여 이루어지는데, NGO의 전문성의 정도가 정책평가에 영향을 미친다. 이러한 정책평가 활동을 통하여 NGO는 의제설정에서 주도권을 확보하고 집행과정에서 영향력을 행사할 수 있다는 장점이 있으나, 공식적 참여를 통하여 NGO가 관료집단에 의해 포획될 경우 NGO의 명성에 부정적인 영향을 미칠 수 있다는 단점이 있다.

3. 정치세력으로서 NGO의 발전과제

NGO가 정책과정에 대한 감시와 비판기능을 효율적으로 수행하고, 시민의 목소리를 제대로 대변하기 위해서는 다음과 같은 과제가 충족되어야 한다. ① NGO가 정부로부터 자율성과 독립성을 유지하고, 내부 의사결정의 민주성을 확보하기 위해서는 내부 지배구조의 개선을 통하여 집행부의 책임성을 확보하는 것이 중요하다. ② 조직 및 인력의 전문성을 확보하기 위하여 내부 교육을 강화하고 전문직 자원봉사자의 참여를 확대시켜야 한다. ③ 일반시민의 참여를 통한 대표성 확보와 함께 중·장기적으로 자체 재원의 확보 노력이 필요하다. ④ 외부적으로는 다른 NGO와의 연대 및 기존의 정책결정네트워크에의 참여를 통하여 정책결정자와의 교류를 확대하는 작업이 중요하다.

4. 우리나라 NGO의 정책과정에서의 역할

과거 정부가 제도적 참여를 독점하고 있었던 권위주의 정부 하에서 정책에 대한 비판은 곧 정권에 대한 도전으로 간주되었기 때문에 정책과정에서

NGO의 참여는 많은 제약이 뒤따랐다. 이러한 상황에서 NGO는 제도적인 참여보다는 시위, 집회 및 캠페인 등 비제도적인 방식을 통하여 이슈의 정치화를 추구하였으며, 정부와 NGO의 관계는 기본적으로 적대적·대립적인 관계가 지속되었다.

그러나 1990년대 이후 민주적인 정부가 들어서면서 NGO의 정책과정상의 참여방식과 정부와의 관계에 큰 변화가 나타나게 되었다. 시민의 관심과 지원 속에서 수많은 시민단체와 새로운 세대의 정책창도자(policy entrepreneur)가 등장하여 새로운 영역에서 적극적인 방식으로 활동을 전개하기 시작하였다. 정부도 NGO와의 보다 건설적이고 협력적인 관계를 모색하면서 다양한 재정적 지원과 함께 정책참여의 기회를 NGO에게 부여하였다. 이에 따라 정부의 위원회, 임시조직(Task Force), 공청회, 연구팀의 참여 등 제도적인 참여방법과 비제도적인 참여방법이 병행하게 되었다. 이외에도 NGO간의 자원교환, 유사한 이슈에 대한 정책연대 등을 통하여 NGO의 정치적 영향력이 확대되었다. 앞으로 우리나라 NGO의 기능은 더욱 활성화 될 것으로 보이며 정책과정에서 그들의 영향력은 지속적으로 증가할 것으로 전망된다.

Ⅸ. 시민·여론·언론

1. 정책과정에서 시민의 역할

선거, 공직자와의 개별적인 접촉, 집단행동 등을 통해 시민이 정책과정에 영향을 미치는 경우가 있으나, 일반적으로 그 역할은 미약하다고 할 수 있다.

그러나 근래 정치·행정의 민주화와 지방자치제의 실시 등에 따라 정책과정상에서 시민 또는 주민참여의 중요성이 더욱 강조되고 있다.

■ 시민참여(주민참여) ■

1. 의 의

정책과정은 현실적으로 여러 관련자들이 복합적으로 상호작용하는 정치적 과정이기 때문에 이해관계 있는 개인 또는 집단들은 정책과정 전반에 참여하여 그들의 이해관계를 반영하려고 노력한다. 정책과정에서 시민참여란 '특정한 정책으로 인하여 직·간접적으로 영향을 받는 일반국민, 정책대상집단, 전문가 등이 정책결정·집행·평가 등의 각 단계에 의도적으로 개입하여 영향을 미치려는 적극적인 행위'를 말한다. 시민참여는 참여민주주의의 실현을 위한 제도적 장치로서, 민주화 의식이 보편화되고 분권화·도시화의 진전에 따라 그 요구도 강화된다.

2. 시민참여의 유용성과 한계

(1) 유용성(필요성)

1) 시민과의 협조체제 형성 : 정책과정에 대한 시민의 참여는 행정과 시민과의 협조체제를 형성하고, 나아가 정치·행정체제의 정통성 확보와 정치적 안정에 기여한다.
2) 민주화와 행정통제 : 정책과정에서 절차적 민주성을 확보할 수 있고, 행정에 대한 민주적 통제를 가능하게 한다.
3) 행정의 대응성 촉진 : 행정이 시민들의 요구나 여론에 보다 더 민감하게 반응하면서 정책을 다루도록 촉진하는 수단이 됨으로써 행정의 대응성(responsiveness)을 향상시킬 수 있다.
4) 정책의 질 향상 : 시민이익의 직접적 투입으로 정책의 질이 향상

되고, 적실성 있는 정책결정으로 행정의 형식주의와 자원의 낭비를 방지할 수 있다.

5) 정책의 신뢰성 제고 : 정부 또는 정책에 대한 일반국민의 신뢰를 높이고, 정책집행상의 순응을 확보하여 집행상의 효율성을 제고할 수 있다.

(2) 한 계

1) 시민의 비전문성 : 오늘날 사회가 전문화·다원화·복잡화되면서 정책의 내용도 전문화되는 경향이 있는데, 일반적으로 비전문가인 시민들의 의견이 실제 정책결정과정에 얼마나 반영될 수 있느냐의 문제가 있다.

2) 참여의 불균형 : 정책결정자에게 실질적으로 접근할 수 있는 자는 잘 조직화되고 재정력의 뒷받침이 있는 강력한 집단에만 한정되기 때문에 참여의 불균형문제가 제기된다.

3) 특수이익화 : 일반적으로 시민들은 자신들의 직접적인 사익과 관련되지 않은 공익에 대해서는 관심이 없기 때문에 개인적·지역적 특수이익에 의해 공공의 이익이 희생될 수 있다.

4) 책임의 전가와 악용 : 정책담당자가 스스로 해결할 수 없거나 책임지기 어려운 문제가 발생할 우려가 있는 경우, 또는 정책에 대한 반발을 무마시키기 위해 시민참여를 전략적으로 이용할 가능성도 있다.

3. 우리나라에서 시민참여의 특징

(1) 1980년대 중반 이전

종래 중앙집권적 관료체제의 정치구조 속에서 시민은 경제발전과 국가안보를 위한 동원과 관리의 대상에 불과하였고, 명목적인 참여제도와 방법만이 존재하였다.

1) 형식적·동원적 참여

시민이 정책결정과정에서 그들의 요구와 의사를 실질적으로 투입하기보다는 정부관료들이 결정한 정책을 사후에 지지하도록 동원된 형식적인 참여가 많았다.

2) 참여의 불균형과 저항적 참여

조직적이고 강력한 집단의 요구는 정책결정과정에서 과대 반영되고, 그러하지 못한 집단의 요구는 과소 반영되는 참여의 불균형문제가 심각하였다. 그들의 요구를 정책결정과정에 반영시키지 못한 개인 및 집단들은 정부기관에 건의, 진정 등 비교적 온건한 형태뿐만 아니라 물리적 저항, 집단시위 및 집단민원을 제기하는 등 비제도적이고 저항적인 참여형태를 취하게 되었다.

3) 사익 추구적 참여

특정 개인이나 집단이 공익보다는 주로 사익을 위해 개별적인 시혜를 호소하는 형태의 참여가 대부분 이었다

4) 집행단계에서의 투입

정책의제설정 및 결정단계에 참여하기보다는 결정된 정책의 집행단계에서 문제점이 발생할 때 그 시정을 요구하는 경우가 많았고, 정책이 그들의 이해에 합치되지 않을 때에는 집행단계에서 불응의 형태로 나타났다.

(2) 1980년대 후반 이후

1987년 이른바 6·29선언 이후 정치·사회의 민주화, 지방자치제의 실시, 시민의 민주의식의 신장 등으로 우리 사회도 시민사회(civil society)를 지향하는 현상이 나타나기 시작하였고, 정책과정에서 시민참여가 활성화 되고 있다.

1) 적극적·자발적 참여

시민들이 정부의 정책결정과 집행과정에서 그들의 의사를 더욱 적극적으로 투입하려고 노력하는 경향이 나타나고 있다.

2) 시민단체의 활성화

시민들이 개별적으로 정책과정과 행정에 참여하기보다는 점차 이익집단 또는 시민단체 등에 참여하여 조직적으로 자신들의 이익과 의사를 반영시키려는 경향이 크게 나타나고 있다. 소비자단체, 환경단체, 경제정의실천연합 등 각종 공익단체들이 많이 구성되고 있으며, 그들의 정책과정에 대한 영향력이 엄청나게 커지고 있다.

3) 공익 추구적 참여

과거에는 개인의 재산권과 관련된 개발사업에 주로 참여하였으나, 점차 환경보전 등과 같은 사회전체이익과 관련된 활동에 참여하는 시민의 수가 증가하고 있다.

4) 참여형태의 다양화

종래의 시민참여방법으로는 주로 반상회, 공청회, 위원회, 민원 및 청원, 그리고 여론 정도였으나, 최근에는 주민투표, 시민제안, 시민포럼, 시민에 의한 감사청구, 빈번한 집단행동 및 공생산운동(Coproduction Movement) 등 다양한 참여방법이 발전하고 있다.

4. 시민참여의 발전방안

우리의 경우 과거 참여가 매우 제한적이었기 때문에 정책과정 전반에 걸쳐 시민참여를 확대하는 것이 필요하다. 그러기 위해서는 시민참여의 발전을 촉진시킬 수 있는 시민참여의 기반을 강화하는 것이 중요하다.

(1) 분권적 정치·행정체제의 강화

교통, 환경, 복지, 교육, 문화, 지역 및 도시계획 등 시민생활과 밀접히 관련된 정책의 결정·집행권은 중앙정부가 아닌 지방정부가 가져야 한다. 이를 위해서는 지방정부의 자율적인 정책영역이 확대되고 결정권이 강화되어야 하며, 지방정부우선의 원칙 하에 중앙과 지방간의 정부기능이 재배분 되어야 하며, 지방정부의 자주적인 조직권, 인사권 및 재정권 등이 보장되어야 한다.

(2) 관료와 시민들의 의식 전환

정책결정과 집행에서 중요한 역할을 담당하는 관료들은 시민을 정책결정의 동반자라고 생각하고 그들의 요구에 높은 반응성(responsiveness)을 가져야 하며, 참여주체들 간의 불균형을 시정하려는 적극적인 윤리의식이 필요하다.

시민들은 자기와 지역사회의 생활에 영향을 미치는 정부의 정책과 행정에 적극적인 관심을 갖고, 마을주민회, 공청회, 주민투표 및 공동생산운동 등에 능동적으로 참여하는 태도를 가져야 한다. 시민의 참여의식을 고양하고 행태변화를 촉진하기 위해서는 특히 자발적인 시민조직의 역할이 중요하다.

(3) 정보공개의 확대와 참여의 제도화

정부가 보유·관리하고 있는 정보를 공개할 때 정부정책과 정부의 하는 일에 대한 시민의 알권리(right to know)는 보장되며 시민참여는 더욱 촉진되는 것이다. 시민에 대한 정부의 정보공개는 법규정에 따라 시민이 요구하는 사항뿐만 아니라 정부 스스로가 적극적으로 시민에게 정보를 제공하여야 한다.

시민참여의 실질화를 위해서는 정보공개제도를 마련하여야 하며, 공청회, 청문회, 심의회, 정책자문위원회, 시민위원회 등을 통해 정책과정에 시민이 참여할 수 있는 제도적 장치를 확충하여야 한다.

(4) 새로운 참여제도의 도입

우리나라에서 시민참여를 확대·발전시키기 위해서는 새로운 참여제도를 도입하여 확충시킬 필요가 있다.

1) 시민발안 : 이는 일정 수 이상의 유권자가 연서하여 지방자치단체의 조례의 제정과 개폐 및 공공문제의 해결을 위한 의제를 자발적으로 제안하는 것으로서, 행정의 민주화를 실현하고 시민의 의사를 더욱 충실히 정부의 정책과 행정에 반영할 수 있는 제도이다.
2) 시민소환 : 이는 일정 수 이상의 유권자가 연서하여 시민이 선출한 지방자치단체의 장과 의회의 해산을 요구할 권한을 갖는 것으로서, 정부에 대한 시민의 참여와 통제권을 강화할 수 있는 제도이다.
3) 시민옴부즈만제도 : 옴부즈만(Ombudsman)제도는 행정공무원의 위법·부당한 처분으로부터 피해를 입는 시민이 제기하는 민원이나 불평을 조사·확인하고 그 시정을 요구함으로써 시민의 권익을 보호하는 제도이다.

2. 정책과정에서 언론 및 여론의 역할

언론은 대중매체(mass media)를 통하여 사회구성원들 간의 사상전달을 돕고 여론을 형성하며, 사회에서 발생하는 주요 사건들을 알려줌으로써 정책과정에서 중요한 역할을 한다.

1) 정책의제설정 : 언론은 외부주도형이건 동원형이건간에 여론형성을 통하여 공중의제로 확산시킴으로써 의제화에 결정적인 역할을 한다.
2) 정책결정 : 언론의 역할은 비교적 약하나, 정책공동체(policy communities)에서 논의되는 중요한 대안을 소개함으로써 정책결정에 간접적인 영향을 미치기도 한다.
3) 정책평가·정책집행 : 집행결과상의 문제를 보도하여 여론을 일으키거나, 여론화되지는 않더라도 잊기 쉬운 문제점을 노출시켜 주는 역할을 한다. 언론은 집행상의 부정과 비리를 폭로함으로써 행정에 대한 강력한 통제기능을 수행한다.

X. 전문가·지식인

전문가와 지식인들은 특정분야에 전문성을 지닌 사람으로서 오늘날 행정의 전문화에 따라 그 참여범위가 넓어지고 있다.

1) 정책의제설정 : 학자들은 사회문제의 해결책을 제시함으로써 사회문제가 의제화 되는 과정에서 점화역할을 수행하여 간접적 영향을 미치기도 한다.
2) 정책결정 : 전문가들은 문제해결을 위한 정책대안을 제시하고, 이들

을 비교·평가하는 등 중요한 지적·분석적 작업을 수행하는 지식제
공자(think-tank)로서의 역할을 한다.
3) 정책집행 : 이 과정에서 전문가들은 거의 영향을 못 미친다. 다만 집
행과정에 대한 지속적인 점검(monitoring)을 통하여 정책의 일관성을
유지할 수 있도록 간접적인 영향을 미친다.
4) 정책평가 : 정책의 효과발생 여부를 판단하거나, 정책내용의 잘잘못
을 비판적으로 평가하는 부분에서 전문가들의 역할은 매우 크다.

■ 정책공동체 ■

1. 의   의

정책공동체(policy communities)란 '특정한 정책분야의 전문가들로
구성된 일종의 공동체'로서, 특정 정책분야에 대하여 전문지식이 있는
사람들(대학교수, 연구원, 공무원, 국회의원과 그 보좌관, 기자 등)이
공식적·비공식적으로 접촉하면서 형성된 하나의 공동체를 말한다.
정책공동체는 정치체제가 보유하고 있는 정책대안의 집합소(think-
tank)라고 할 수 있다. 정책공동체의 의미에 대하여 영국 학자들은
영국의 폐쇄적인 정책네트워크로 그 특징을 지우고 있으나, 미국 및
우리나라 학자들은 개방적인 전문가 네트워크로 그 의미를 지칭하고
있다. 여기서 정책공동체는 개방적인 정책네트워크를 의미한다. 미국
의 경우 정책공동체의 활동이 매우 활발하게 이루어지고 있는데, 우
리나라도 최근 정책체제의 개방화에 따라 정책공동체가 점차 활성화
되어가고 있다.

2. 정책공동체의 기능(필요성)

1) 정책내용의 합리성 제고 : 사회가 복잡·다양해질수록 정책분야
별로 전문가들의 지혜와 전문지식을 정책과정에 활용할 수 있으
므로 정책내용의 합리성이 제고될 수 있다.
2) 정책의 신뢰성 확보 : 장기간에 걸친 전문가들의 연구나 평가는
정책의 객관성을 확보하고, 국민들의 정책에 대한 신뢰성을 향상
시킨다.
3) 정책의 일관성 유지 : 특정한 정책에 대한 정책공동체 내에서의
지속적인 토론과 집행과정에 대한 점검(monitoring)을 통하여
정책의 일관성을 유지할 수 있다. 이는 급격한 사회변동을 막는
안전밸브 역할을 하기도 한다.
4) 정책집행상의 순응 확보 : 정책공동체의 참여를 통하여 다양한
요구들을 정책에 반영할 수 있으므로 정책으로부터 피해를 보는
집단이나 계층의 반대 또는 저항을 감소시킬 수 있다.
5) 정책의 미래상 제시 : 장기간에 걸친 사회문제와 그 해결책에 대
한 토론과 연구를 통하여 정책의 장기적인 미래상을 제시한다.

3. 정책과정에서 정책공동체의 역할

(1) 정책의제설정

① 정책공동체의 활동은 외부로 표출되지 않는 심각한 사회문제를
정책의제화 하는 과정에서 점화역할을 한다.
② 또한 사회문제의 해결가능성을 제시함으로써 그 문제가 정책문
제로 채택되는데 큰 영향을 미친다.

(2) 정책결정

① 정책공동체는 정책문제의 해결책이나 정책대안을 제시하고, 또한 이들 대안을 비교·평가하는 등 정책결정과정에서 중요한 역할을 담당한다.
② 정책공동체내에서 정책대안이 생존하려면 기술적 실현가능성과 소망성의 측면(능률성·공평성 등)에서 정책공동체의 지배적인 가치기준에서 벗어나지 않아야 한다(J.W. Kingdon).
③ 따라서 정책공동체가 정책결정과정에 참여함으로써 분석적 측면에서의 합리성뿐만 아니라 정치적 측면에서의 절차적 민주성도 동시에 확보할 수 있게 된다.

(3) 정책집행

정책집행과정에서 전문가나 지식인의 역할은 비교적 미미하나, 집행과정에 대한 지속적인 점검(monitoring)을 통해 정책의 일관성 유지에 간접적인 영향을 미친다.

(4) 정책평가

정책평가과정에서 전문가의 역할은 크며, 특히 정책문제가 오랫동안 해결되지 않고 있으면 기존 정책들에 대한 평가를 하게 된다.

4. 우리나라에서의 정책공동체

(1) 현황 및 문제점

　　우리나라의 경우 행정관료가 아닌 외부전문가로서 정책결정에 크게 영향을 미치는 전문가나 지식인은 연구기관에 종사하는 연구원이나 대학교수들이다.

　① 연구기관에 종사하면서 정책과정에 깊이 영향을 미치는 전문가로는 한국은행조사부, 한국개발원(KDI), 국토연구원, 한국산업연구원, 농촌경제연구원, 한국교육개발원 등에 종사하는 연구원이다.

　② 학자들은 1960년대 이후 경제정책의 수립·평가 등에서 많은 참여를 함으로써 정책결정에 크게 간여를 하고 있다. 이들의 참여는 1980년대 중반 일시적으로 감소하였으나 6공화국 이후 최근까지 정부부처의 주요 각료로 대거 참여하고 있다.

　③ 최근 정책공동체가 활성화 되면서 전문가들이 자문위원회와 같은 공식적인 참여장치를 통하거나 정책결정자와 비공식적인 접촉을 통해 정책결정과정에서 그들의 영향력을 증대시키고 있다. 또한 전문가들이 공익집단, 이익집단 등에 대거 참여하여 정책에 영향을 미치는 경우도 증가하고 있다.

(2) 발전방향

　　정책공동체의 구축은 장기간이 소요된다. 우리나라에서 정책공동체가 보다 활성화 되고 정책과정에서 적극적인 역할을 하기 위해서는 ① 관료들의 적극적인 정책토론에의 참여와 정보의 공개, ② 관·학·산·연 공동연구의 활성화, ③ 정책공동체의 정책과정 참여의 공식 절차화와 심의권 부여 등 여건 및 제도적 장치가 마련되어야 할 것이다.

■ 정책네트워크 이론 ■

1. 의　의

　오늘날 정치체제는 다양한 정책문제에 대응하기 위하여 단편화되고 분권화된 많은 하위체제들로 구성되어 있다. 이러한 정치체제 하에서는 정책결정의 책임이 다양한 하위체제로 분산되므로 정책문제의 해결을 위해서는 다양한 하위체제 간의 상호의존성과 협동이 매우 중요하다.

　정책과정에 대한 정책네트워크 분석은 이와 같이 오늘날 단편화되고 분권화된 정치체제하에서 구체적인 정책영역이나 정책부문에 대한 분석에 적용되어 공식적인 정책기구뿐만 아니라 매우 복잡하게 얽혀 있는 공식적·비공식적인 정책과정 참여자들 간의 상호작용을 분석하는 데 그 초점이 있다. 따라서 정책네트워크 분석은 현실의 정치 및 정책과정에서 국가와 사회의 상호 침투 영역에 관련되는 공식적·비공식적인 제도적 장치를 설명하는데 도움이 된다.

2. 등장배경 및 이론적 발전

　정책네트워크모형은 정책과정에 참여하는 다양한 행위자들 간의 관계에 대한 종래의 다원주의 및 엘리트주의, 그리고 조합주의모형에 대한 대안으로 등장하였다. 이러한 정책네트워크 이론은 정책과정에 관한 이론을 발전시켜온 정책학에 뿌리를 두면서 조직학에서 발전한 조직 간 관계론(S. Levine & P.E. White, J.K. Benson, H.E. Aldrich 등), 정치학에서 발전한 하위정부 및 하위체제, 이슈네트워크, 정책공동체

등의 논의(R.B. Ripley & G.A. Franklin, H. Heclo, R.A. Rhodes & D. Marsh 등)로부터 많은 영향을 받으면서 발전되고 있다.

3. 정책네트워크의 개념

일반적으로 네트워크는 '규정된 범위의 사람, 대상, 또는 사건들을 연결하는 특정 유형의 관계'로 정의된다. 정책네트워크는 네트워크 분석의 일반론을 정책결정의 구조에 관한 분석에 적용한 것이다. 정책네트워크를 연구하는 학자들은 정책네트워크에 대해서 현실의 '은유(metaphor)'로 보는 관점과 현실을 분석하는 '모형(model)'으로 보는 관점으로 나뉜다. 전자는 정책과정에서 공·사부문의 수많은 행위자가 관여한다는 사실을 묘사하기 위하여 정책네트워크를 특정한 이미지로 개념화하는 반면에, 후자는 특정 정책영역에서 상호작용을 하는 행위자들 관계에 초점을 맞추어 정책네트워크를 하나의 분석도구로 사용하고 있다.

정책네트워크 개념 정의와 관련하여 영국과 미국의 학자, 그리고 유럽 학자들의 견해가 상이하다. 먼저, 영국과 미국의 학자들은 정책네트워크를 공공부문과 민간부문 간의 '이익중재 유형'으로 보면서, 정부와 이익집단들 간의 다양한 형태의 상호관계에 관한 중범위 수준의 '일반적'인 개념으로 이해한다. 이들은 네트워크 사이에 발생되고 있는 실질적 내용을 분석하기보다는 정책참여자들 간의 상호작용에 의해서 형성되는 다양한 관계 유형을 포괄하는 '중립적'이고 '형식적'인 개념으로 정책네트워크를 파악한다(G. Jordan & K. Schubert, F.V. Waarden 등). 이러한 관점에서는 정책네트워트를 '특정 정책영역에 참여하는 공공과 민간 행위자들 간의 상호의존적인 연계형태'로 정의한다

다음으로, 독일, 네덜란드 등 유럽의 학자들은 정책네트워크를 공공부문과 민간부문 간에 광범위하게 퍼져 있는 정치적 자원을 동원할

수 있는 메커니즘으로서 이해한다. 이들은 정책네트워크를 시장과 계층제에 대비되는 제3의 제도로서 '거버넌스(governance; 신국정관리)의 특수한 형태'로 이해함으로써 정책네트워크를 실질적 의미로 파악한다(T.A. Börzel, R. Mayntz, E. Klijn등). 즉, 정책네트워크를 비공식적이고 분권화 되어 있으며, 수평적인 관계가 지배적인 정책결정영역에서 공공과 민간행위자들 간의 상호 의존적인 수평적 협력 및 조정의 연계장치인 하나의 '제도'로 인식 한다(J. Blom-Hansen). 이들은 네트워크 요소들 간의 연계와 상호작용의 유형뿐만 아니라 이들 구조 속에서 개별 행위자들이 행동하는 방법에 보다 많은 관심을 갖는다. 이러한 관점에서는 정책네트워크를 '정부와 조직화된 이익 사이의 상호작용을 규제하는 일련의 비공식적인 규칙'으로 정의한다.

4. 정책네트워크의 구성요소

정책네트워크의 구성요소에 대해서도 학자들에 따라 여러 가지 견해가 제시되고 있는데, 여기서는 정책행위자, 상호작용, 네트워크의 구조를 중심으로 설명하기로 한다.

(1) 정책행위자

행위자자들은 정책네트워크의 가장 역동적 요소기 때문에 그들이 정책문제에 대하여 어떻게 인지하고 있으며, 어떠한 이익을 가지고 정책과정에 참여하는 지를 파악하는 것이 정책네트워크 분석의 가장 핵심적인 사항이다.

특정한 정책영역에 참여하는 행위자는 이슈와 관련하여 영향을 받거나 영향을 미치는 이해관계가 있는 집단 또는 개인을 의미하는데, 네트워크 관점에서 볼 때 행위자는 개인이 아니라 전략적 의사결정능력이 있는 조직 또는 집단을 의미한다. 구체적으로 정책과정에 참여하는 행위자는 정치체제의 특성 및 정책영역에 따라 그 구성이 다르지만, 오늘날 국가와 사회 간의 상호침투의 영역이 확장되면서 정책네트워크 분석은 그 경계 내에 정부·민간부문의 행위자들을 포함하고 있다.

행위자들은 특정한 정책영역에서 자신들의 이익(이해관계)을 반영하기 위하여 정책과정에 참여하려고 하는데, 이러한 행위자들의 정책이익에 따라 그들의 구체적인 정책선호가 달라진다.

(2) 상호작용

정책네트워크는 특정한 정책영역에 참여하는 공공과 민간부문 행위자 간의 상호의존성에 토대를 둔 연결형태를 의미하므로 상호의존성은 참여자 간의 교환을 동기화하고 성립시키는 역할을 수행한다. 이러한 상호의존성을 바탕으로 정책네트워크 내 행위자들은 정책과정에서 상호작용을 하게 되는데, 행위자들은 상호작용을 통하여 상호 간의 신념, 욕구, 자원(지식, 정보 등) 및 전략을 교환하게 된다.

이러한 의사소통과 자원의 교환을 통하여 행위자들은 정책과정에서 자신들의 이익을 반영시키기 위하여 영향력을 행사하려고 한다. 영향력은 다른 사람에게 자신이 의도하는 결과를 산출하게 할 수 있는 일부 사람의 능력을 말하는데, 강제, 공식적 권한의 위임, 전문성, 권력, 협상 등 다양한 수단을 통해 행사가 가능하다. 이러한 영향력의 원천은 전문성, 공식적 권한의 위임, 관련단체의 대표성, 인맥이나 학맥, 사회적 지명도, 자원과 정보의 보유력 등으로부터 나온다.

행위자들 간의 상호작용의 양태는 행위자들이 추구하는 정책이익이 어떤 것인가에 따라 달라지는데, 행위자들 간의 정책이익이 서로 공통적이고 촉진적인 경우에는 협력(전략적 제휴)적인 연계가 이루어지고, 행위자들 간의 이익이 서로 상충적인 경우에는 갈등(경쟁)적인 연계가 이루어진다.

(3) 네트워크의 구조

정책네트워크의 구조는 행위자들 간의 관계형태를 의미하는데, 이러한 관계형태는 의사전달과 상호작용의 규칙성을 가리킨다. 정책네트워크의 구조를 나타내는 변수는 정책네트워크의 규모, 경계의 개방성, 구조의 안정성 등으로 구성된다.

정책네트워크의 규모는 정책과정에 참여하는 행위자 수에 따라 결정되는데, 규모가 작을수록 구성원들 간의 강한 응집성, 빈번한 상호작용이 나타난다. 다음으로, 경계의 개방성이란 정책과정에 대한 참여자들의 접근성의 문제로서 네트워크의 구조가 신규참여자에 대해 어느 정도 개방적인가의 정도를 나타낸다. 경계는 공식적인 제도들에 의해서 결정되는 것이 아니라 기능적 적합성과 구조적 틀에 의존하는 상호 인지의 과정으로부터 결정된다. 폐쇄적인 네트워크일수록 구성원들의 의무적 가입, 계층적 연계, 강한 응집성, 빈번한 상호작용, 중복회원, 일관된 리더쉽, 집권적인 정책단위 등의 특징을 갖는다. 끝으로, 네트워크 구조의 안정성이란 참여자들 간의 관계가 얼마나 지속적이냐의 문제와 관련된다. 네트워크 구조의 안정성이 높을수록 구성원 간의 상호연계성이 응집적·다면적·균형적이며, 중심조직이 나타나게 된다. 네트워크 구조의 개방성과 안정성은 밀접하게 관련되는데 네트워크 내의 참여자 수가 제한되고 폐쇄적일수록 네트워크는 안정성을 띠게 된다.

이러한 네트워크의 구조는 행위자들의 선호 및 상호작용에 영향을 미치며, 행위자들 또한 상호작용을 통하여 네트워크의 구조 형성에 영향을 미친다. 현실의 정책네트워크의 구조는 엄격한 공식조직과 명백한 경계가 없는 네트워크 내에서 일시적인 비공식적 관계의 군집들을 양극단으로 하는 어떤 모습을 띠게 된다.

5. 정책네트워크의 유형

　정책네트워크의 유형은 학자에 따라 다양하게 제시되고 있는데, R.A. Rhodes는 ① 정책공동체, ② 지역공동체, ③ 직업전문가네트워크, ④ 정부간네트워크, ⑤ 생산자네트워크, ⑥ 이슈네트워크로, V. Schneider 는 ① 조합주의 네트워크, ② 다원주의 네트워크, ③ 고객주의 네트워크 로, 그리고 Y. Yishai는 ① 철의 삼각, ② 이슈네트워크, ③ 정책공동체, ④ 정책커텐(policy curtain), ⑤ 철의 양자관계(iron duet)로 구분하고 있다. 여기서는 일반적인 유형으로서 하위정부, 정책공동체, 이슈네트 워크로 구분하여 설명하기로 한다.

(1) 하위정부모형(sub-government model)

　R.B. Ripley와 G.A. Franklin 등에 의해 주장된 하위정부모형은 주로 미국적 다원주의 정치체제 하에서 정책결정구조의 특징을 기술하는 이론으로 제시되었다. 하위정부는 정부의 관료조직과 의회의 위원회, 이익집단으로 구성된데, 이들 삼자연합이 특정 정책영역의 정책결정을 지배한다고 보고 있다.

　이 모형에서는 각 정책영역별로 철의 삼각(iron triangle)을 구성하 는 행정기관, 입법부 및 이익집단의 세 부류의 행위자들 이 상호 번번 한 접촉을 통한 호혜관계를 형성하고, 그들의 이익을 정책에 반영한다 고 본다. 따라서 하위정부는 외부 간섭으로부터의 자율성, 구성원들 간의 높은 상호의존성, 제한된 수의 참여자, 안정적이고 폐쇄적인 관 계를 그 특징으로 한다. 결과적으로 정책은 소수참여자의 협상의 산물 로서 나타난다.

(2) 정책공동체모형(policy community model)

정책공동체라는 동일한 용어를 사용하고 있지만 영국과 미국·우리나라 학자들이 사용하는 정책공동체의 의미와 그 내용이 다르므로 여기서는 폐쇄적 정책공동체와 개방적 정책공동체로 구분하여 설명하기로 한다.

1) 폐쇄적 정책공동체모형

정책공동체에 관한 연구는 1970년대 후반이후 주로 영국의 학자(R.A. Rhodes, D. Marsh, G. Jordan)들에 의하여 영국의 정책과정에 관한 연구를 위하여 도입된 이론이다. 그들에 의하면 정책공동체는 제한된 수의 특권적인 참여자와 이들 간의 안정적이고 지속적인 관계, 구성원들 간의 높은 상호의존성, 비밀주의적·폐쇄적인 정책과정으로 인하여 의회, 일반대중 등과는 분리되는 등의 특징을 갖는 정책체계를 의미한다.

정책과정에서 정책공동체의 주된 행위자들은 정부부처와 몇몇의 관련 집단(이른바 합법적인 고객)으로 한정되며, 이들 참여자들은 국가전체의 이익보다는 개인의 이익에 더욱 민감하며, 비판적인 의견의 투입은 거의 없으며, 정부는 공익의 추구보다는 고객의 보호에 더욱 민감한 특성을 갖는다.

이러한 폐쇄적 정책공동체와 하위정부가 구분되는 것은 정책과정에서 의회가 배제된다는 점이다.

2) 개방적 정책공동체모형

영국의 학자들이 정책공동체를 폐쇄적이고 부정적으로 보는 반면에, 미국학자(J.W. Kingdon등)나 우리나라 학자들은 정책공동체의 특성을 보다 개방적이고 긍정적으로 보고 있다. 개방적 정책공동체란 '특정한 정책분야의 전문가들로 구성된 일종의 공동체'로서 정치체제가 보유하고 있는 일종의 정책대안의 집합소(think tank)이며 평가체 라고 할 수 있다.

이러한 정책공동체의 구성원들은 전문 행정관료, 국회의원과 그 보좌관, 이익집단 지도자 및 막료들, 대학교수 및 연구소의 연구원 등 특정 정책영역에서의 전문가들로 이루어져 있다. 이들 구성원들은 정기적·비정기적으로 상호접촉하면서 특정 정책영역에서의 중요한 정책문제와 정책에 관한 지식과 정보를 교류한다.

이들 구성원들 간에는 상호 알 필요가 없으며, 정책문제의 해결방안을 둘러싸고 갈등이 발생할 수도 있고, 외부집단의 참여에 대하여 개방적이다.

이러한 점에서 개방적 정책공동체는 소수의 참여, 외부참여에 대한 폐쇄성, 구성원간의 높은 상호의존성 등을 특징으로 하는 하위정부와 폐쇄적 정책공동체와 구분된다.

(3) 이슈네트워크 모형(issue network model)

H. Heclo는 하위정부모형에 대한 비판을 토대로 이슈네트워크모형을 제시하였다. 그는 권력을 가진 소수만을 관찰하게 되면 마치 거미줄처럼 엮여진 수많은 행위자들 간의 관계를 간과하게 된다고 지적하면서 거미집같이 수많은 행위자들 간의 유동적이고 불안정한 관계를 이슈네트워크라고 지칭하였다.

이슈네트워크는 특정한 정책이슈가 제기될 때 정책참여자들 간에 일시적으로 형성되는 정책참여자 간의 결합이 매우 느슨한 형태의 정책네트워크를 의미한다.

이슈네트워크는 특정 이슈를 중심으로 이해관계나 전문성을 갖는 지식공유집단으로서, 구성원들은 행정관료, 국회의원과 그 보좌관, 이익집단 로비스트, 대통령 참모진, 지식인 등 기술적 전문성을 가진 개인이나 조직이 된다. 이들은 이슈에 관한 관심을 공유할 뿐 서로가 잘 알고 있을 필요는 없으며, 이들 간의 상호의존성의 정도는 낮다. 네트워크와 환경간의 경계가 분명하지 않고, 외부참여에 대하여 개방적이며, 이슈에 따라 참여자가 유동적이며, 이슈의 진행에 따라 수시로 새로운 연합이 형성될 수 있다. 정책결정이 보다 전문화되고 복잡해지면서 결국 전문적인 지식과 기술을 지닌 전문가가 이슈네트워크 내에서 주된 영향력을 행사하게 된다.

이슈네트워크는 소수의 참여, 외부참여에 대한 폐쇄성, 구성원간의 높은 상호의존성 등을 특징으로 하는 하위정부와 폐쇄적 정책공동체와 구분되며, 참여자들 간의 관계가 개방적 정책공동체보다 일시적·유동적이라는 점에서 차이가 있다.

6. 평 가

정책네트워크 모형은 다원주의 및 엘리트주의, 조합주의모형의 한계를 보완하기 위하여 정부와 사회집단간의 관계를 분석하는 중간수준(meso-level)의 이론으로 발전하여 왔다. 이러한 정책네트워크 모형은 오늘날 단편화되고 분권화된 정치체제하에서 구체적인 정책영역에 적용되어 다양한 공식·비공식적인 참여자들 간의 상호작용을 분석하는 유용하며, 정책결정 과정뿐만 아니라 구조를 동시에 파악할 수 있다는 장점이 있다.

그러나 정책네트워크 접근방법은 다음과 같은 비판을 받고 있다. ① 정책네트워크에 대한 명확한 개념 정의와 유형분류가 이루어지지 못하고 있다. ② 정책네트워크 분석은 정책과정에 대한 상세한 묘사를 하는 데는 유용하나 정책결과에 대한 설득력 있는 설명을 하지 못하는 한계가 있다. ③ 시간의 흐름과 환경의 변화에 따라 정책네트워크가 왜 그리고 어떻게 변화되는지에 대해서 제대로 설명하지 못한다.
④ 사례연구에서 정책영역, 정책부문, 정책하위부문, 그리고 정책이슈
등 다양한 수준의 정책분야를 다루고 있으나 위계적 관계를 갖는 이
들 정책수준의 구분과 상호작용에 대한 연구가 미흡하다.

제 4 편 정책의제설정론

제 1 장 정책의제설정

제 1 장   정책의제설정

I. 의   의

사회변동의 과정에서 수많은 사회문제들이 발생하게 되는데, 이러한 문제들 중에서 어떤 문제들은 정부의 관심을 받게 되어 정책화되고, 어떤 문제들은 그렇지 못한 채 방치된다. 어떤 한 사회문제가 정책화되기 위해서는 먼저 그 사회문제가 정책의제로 채택되어 검토되어야 하기 때문에 정책의제설정은 정책과정에서 가장 중요한 첫 번째 단계인 것이다.

1. 정책의제설정의 개념

(1) 개   념

정책의제(policy agenda)란 '정부가 여러 가지 사회문제 중에서 정책적 해결을 의도하여 공식적으로 채택한 문제'를 의미한다. 따라서 정책의제설정(agenda-setting)이란 '정부가 정책적 해결을 위하여 사회문제(social problems)를 정책의제로 채택하는 과정이나 행위' 또는 '사회문제가 정책문제(policy problem)로 전환되는 과정이나 행위'라고 정의할 수 있는데, 학자에 따라서는 이것을 정책의제채택 또는 정책의제형성이라고 부르기도 한다. 여기서 정책의제설정이나 정책의제채택이라는 용어는 정부 중심의 개념인 반면에, 정책의제형성은 중립적 개념이라고 한다.

(2) 사회문제와 정책문제

1) 사회문제 : 일반적으로 문제란 '구제를 요하는 사람들의 불만이나 결핍을 야기하는 상황 또는 조건'이라고 정의되는데, 사회문제란 '불특정 다수인에게 불만족스러운 상태가 장기간 지속되는 상태' 또는 '많은 사람들이 느끼는 결함이나, 기대에 미치지 못하는 상황'을 의미한다.
2) 정책문제 : 이것은 '정부가 해결의 필요성을 인식하고, 정책적 대처를 심각히 고려하기로 공식적으로 명백히 밝힌 사회문제'를 말한다. 사회에 존재하는 문제중에는 사적 문제로 취급되어 방치되는 경우가 있는가 하면, 공적 문제(public problem)로 취급되어 정부에서 그 해결을 위하여 공식적으로 채택한 문제도 있는데, 후자를 정책문제라고 부른다.

2. 정책의제설정에 대한 관심

1960년대 초 흑인폭동을 계기로 "왜 어떤 사회문제는 정부에서 해결하려고 노력하는데, 어떤 사회문제는 공식적인 거론도 없이 방치 되는가"에 대해 의문을 가지면서 정책의제설정에 대한 연구가 활성화되기 시작하였다.

3. 정책의제설정의 중요성

정책과정의 첫 번째 과정인 정책의제설정과정은 다음과 같은 네 가지 측면에서 중요한 의미를 지닌다.

(1) 문제해결의 첫 단계

정부가 관심의 대상이 되고 있는 사회문제를 해결하기 위한 신중한 검토를 시작함으로써 문제해결의 첫 단계가 된다.

(2) 정치적 갈등의 발생

그 문제해결에 대한 지지집단과 반대집단이 처음으로 등장하여 갈등과 투쟁을 시작한다.

(3) 정책대안의 실질적 제안과 범위 한정

정책의제설정 단계에서 정책대안들이 제시되는 경우가 많고, 기술적·정치적 실현가능성 측면에서 고려될 정책대안의 범위가 실질적으로 제한된다.

(4) 정책의제화의 차이에 따른 정책과정의 차이

정책의제화의 양상에 따라 나머지 정책과정에 커다란 영향을 미친다. A.O. Hirshman의 견해에 따르면 ① 외부주도형의 경우 정책의제화 단계에서 시작된 갈등과 타협(muddling through)이 정책결정, 집행, 평가에 이르기까지 지속되며, 정책의 내용도 상호 모순·충돌적이며, 단기적·단편적(정치적 결정)인 반면에, ② 동원형에서는 정책내용이 보다 종합적·체계적·장기적이고, 분석적으로 결정된다고 한다.

Ⅱ. 정책의제설정과정

사회 내에서 문제가 발생하여 정책의제로 채택되기까지는 여러 단계를 밟게 된다. 이를 R.W. Cobb과 C.D. Elder, R. Eyestone 등의 논의에 따라 개략적으로 살펴보면 다음과 같다.

1. 정책의제설정과정

정책의제설정은 일반적으로 ① 사회문제의 인지 → ② 문제의 사회적 쟁점화 → ③ 쟁점의 공중의제화 → ④ 정부의제로의 채택 단계로 이루어진다.

[정책의제설정과정]

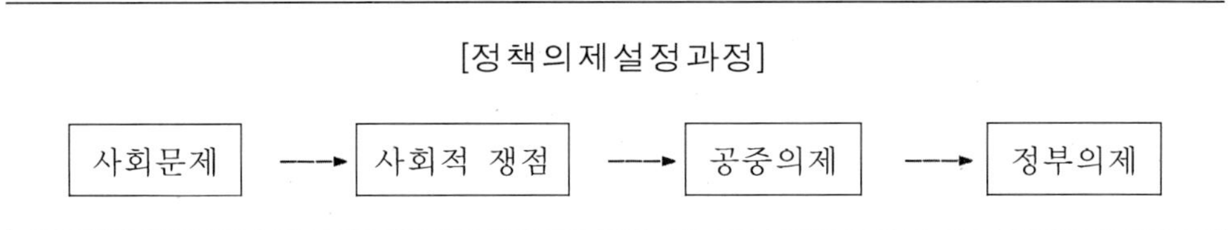

(1) 사회문제의 인지

어떤 문제와 관련된 개인이나 집단에 의해 사회문제로 인식된다. 여기서 사회문제란 '개인문제가 불특정 다수인에게 장기간에 걸쳐 반복적으로 일어나는 문제'를 말한다.

(2) 문제의 사회적 쟁점(social issue)화

사회문제의 해결방법 등에 대해 각기 다른 여러 집단들이 논쟁에 참여함으로써 사회적 쟁점이 제기되는데, 여기서 사회적 쟁점이란 '문제의 성격이나 해결방법에 대하여 집단들 간의 견해 차이가 있어 논쟁의 대상이 되어 있는 문제'를 말한다. 어떤 사회문제가 사회적 쟁점이 되기 위해서는 그 사회문제를 쟁점화 시키려는 주도자가 있어야 하고, 사람들의 주목을 끌 수 있는 사건과 같은 점화장치가 있어야 한다.

(3) 쟁점의 공중의제(public agenda)화

이것은 사회적 쟁점이 매스컴 등을 통하여 공중에까지 확산됨으로써 일반대중들이 그러한 사회문제에 관심을 갖게 되고, 그 사회문제를 해결하는 것이 정부의 당연한 역할이라고 믿게 될 때 이루어진다. 여기서 공중의제란 '일반대중의 주목을 받을 가치가 있고 정부가 문제해결을 하는 것이 정당하다고 인정되는 사회문제'를 말하며, 체제의제라고도 부른다. 쟁점의 공중의제화는 많은 사람들이 ① 그 문제에 대해 관심을 갖고, ② 문제의 해결책이 강구되어야 한다고 공감하며, ③ 그 문제의 해결책을 강구하는 것이 정부의 권한에 속한다고 생각할 때 이루어진다.

(4) 쟁점의 정부의제(governmental agenda)화

이것은 공중의제화 된 사회문제에 대하여 정부가 그 해결을 위한 관심과 행동을 집중함으로써 이루어진다. 즉 공중의제가 정부내부로 진입해 들어감으로써 정부의제화 되는 것이다. 여기서 정부의제란 '정부의 공식적인 의사결정에 의하여 그 해결을 위해서 심각하게 고려하기로 공식적으로 밝힌 문제'로서, 제도적 의제(institutional agenda) 또는 공식의제(formal agenda)라고도 부른다.

2. 정책의제설정의 다양한 과정

모든 사회문제가 위와 똑같은 경로를 밟아서 정부의제로 되는 것은 아니며, 아래와 같은 많은 예외가 있을 수 있다.

(1) 정책의제설정과정의 유형

정책의제설정과정은 다음의 네 가지 유형으로 나누어 볼 수 있다.

[정책의제설정의 다양한 과정]

```
• 제 1 유형 : 사회문제 ─────────────────────────→ 정부의제
• 제 2 유형 : 사회문제 → 사회적 쟁점 ─────────────→ 정부의제
• 제 3 유형 : 사회문제 ─────────────────→ 공중의제 → 정부의제
• 제 4 유형 : 사회문제 → 사회적 쟁점 → 공중의제 → 정부의제
```

1) 제 1 유형

사회문제가 정책결정자에게 인지되어 바로 정부의제가 되고, 정책결정이 뒤따르게 되는 경우이다. 이는 최고정책결정자가 문제의식을 가지고 관심을 갖는 경우에 나타나며, 정부지도자가 압도적인 역할을 하는 후진국에서 많이 나타난다.

2) 제 2 유형

사회문제가 사회쟁점화 된 후 공중의제화 되기 이전에 정책결정자가 먼저 이를 정부의제로 채택한 경우로서, 후진국에서 많이 나타난다.

3) 제 3 유형

극적사건이 발생한 경우와 같이 사회문제가 갑자기 많은 대중에게 알려져 공중의제화 되고 정부의제로 채택되는 경우로서, 선·후진국에서 많이 볼 수 있다.

4) 제 4 유형

네 가지 단계를 모두 거치는 경우로서, 외부주도형에서 보듯이 선진국에서 많이 나타나며 후진국에서도 볼 수 있다.

(2) 정책의제설정과정의 가장 극단적인 예외

반복적·관습적 의제로서, 정부에서 정기적·비정기적으로 반복하여 공식적인 정책의제로 검토하는 것들이다. 예컨대 해마다 반복되는 예산배정문제, 공무원의 봉급인상문제, 정부가 매입하는 추곡수매가 문제와 같이 사회문제라고 볼 수는 없지만 정부에서 중요한 안건으로 취급하는 경우나 사회문제가 사회적 쟁점이 되지 않는 상태에서 정부의제로 되는 경우가 여기에 포함된다. 이러한 안건은 정부에서 반드시 처리해야 하는 안건이라는 점에서 필수적 의제라고도 부른다.

3. 주도집단에 따른 정책의제설정과정

의제설정의 주도집단이 정부외부의 세력인가 내부의 세력인가에 따라 외부주도형과 동원형, 내부접근형으로 구분할 수 있다. 주도집단의 차이는 정책의제설정과정 뿐만 아니라 정책과정전반에 걸쳐 차이를 가져온다.

[정책의제설정과정의 세모형]

> ● 외부주도형 : 사회문제 ➡ 사회적 쟁점 ➡ 공중의제 ➡ 정부의제
> ● 동 원 형 : 사회문제 ➡ 정부의제 ➡ 공중의제
> ● 내부접근형 : 사회문제 ➡ 정부의제

(1) 외부주도형(Outside Initiative Model)

1) 의 의

정부외부에 있는 집단들이 주도하여 정책의제 채택을 정부에게 강요하는 경우인데, A.O. Hirshman이 말하는 강요된(pressed) 정책문제에 해당된다. 이것은 외부집단들이 자신들에게 피해를 주고 있는 사회문제를 정부가 해결해 줄 것을 요구하여 이를 사회쟁점화하고, 공중의제로 확산시켜 결국 정부의제로 채택하도록 하는 의제설정과정이다.

2) 특 징

① 이 모형은 정부에 대하여 압력을 가할 수 있는 이익집단들이 발달하고 정부가 외부의 요구에 민감하게 반응하는 정치체제, 즉 다원화되고 민주화된 선진국 정치체제에서 많이 나타나는 유형이며 특히 언론기관이나 정당 등의 역할이 중요하다.

② 사회문제가 정부의제로 공식적으로 거론될 수 있느냐의 여부는 외부주도집단이 반대집단을 누르고 정부의 정책결정자를 움직일 만큼의 정치적인 영향력(집단의 규모와 응집력, 리더쉽, 재정력, 사회적 지위와 명성 등)을 가지고 있느냐에 달려 있다.

③ 외부주도집단과 반대집단간의 싸움과 타협은 정책의제설정과정에서 뿐만 아니라 정책결정, 집행 및 평가에 이르기까지 계속되어 정책과정상에서 이른바 muddling through가 두드러지게 나타난다.

④ 외부주도형에 따라 의제화 되고 결정된 정책은 상호 대립되는 이해관계인들의 타협·조정의 산물이기 때문에 정책내용이 상호 충돌·모순적이며, 단기적·단편적인 성격을 띤다.

⑤ Hirshman의 견해에 따르면 선진국의 경우에는 일반대중의 정치의식이 높고, 대립되는 이해관계의 조정과정에서 공익이 고려되기 때문에 외부주도형이 적합하다고 한다.

(2) 동원형(Mobilization Model)

1) 의 의

정부 내 정책결정자들에 의하여 의제화가 주도되는 경우로서, Hirshman이 말하는 채택된(chosen) 정책문제에 해당된다. 이것은 주로 정치지도자의 지시에 의하여 사회문제가 바로 정부의제로 채택되고 일반대중의 지지를 얻기 위해 정부의 PR활동을 통해 공중의제로 확산시키는 의제설정과정이다.

2) 특 징

① 이 모형은 정부의 힘이 강하고 민간부문의 이익집단이 취약한 후진국에서 많이 나타나는 유형이나, 선진국에서도 정치지도자가 특정한 사회문제 해결을 주도하는 경우에 나타난다.

② 문제가 정부의제로 먼저 채택되고 정부의 의도적인 노력에 의해서 공중의제로 확산된다. 이때 공중의제화는 보통 정책결정이 진행되면서 이루어지는데, 정책결정 후에 이루지는 경우도 있다.

③ 동원형의 경우에는 정책결정이 보다 분석적으로 이루어지며, 그 산출로서 정책의 내용도 종합적·체계적이며 장기적인 성격(예 : 후진국의 경제개발계획)을 띤다.

④ Hirshman의 견해에 따르면 후진국의 경우에는 일반대중의 정치의식이 낮고, 정부를 통제할 수 있는 외부세력이 존재하지 않기 때문에

의제화에 있어서 동원형이 일반적이나, 이 과정에서 사회복지문제, 노동문제, 환경문제 등의 의제화가 억제되는 경향이 있기 때문에 정치발전이 필요하다고 한다.

(3) 내부접근형(Inside Access Model)

1) 의 의

정부 내 관료집단이나 또는 외부집단에 의하여 주도되어 이들이 최고 정책결정자에게 접근하여 문제를 의제화 하는 경우이다. 이것은 사회문제가 정책담당자들에 의해 바로 정책의제로 채택되나 공중의제화는 억제되는 의제설정과정이다.

2) 특 징

① 이 모형은 선진국의 경우 특수 이익집단이 비밀리에 정부의 혜택을 보려는 배분정책이나 외교·국방정책 등에서 나타나며, 후진국의 경우에도 배분정책이나 관료들이 주도하는 경제개발계획 등에서 흔히 나타난다.

② 이 모형은 정부가 어떤 문제를 다룰 때 일반대중이 그것을 사전에 알면 곤란하거나 시간이 급박했을 때 이용하는 의제화 방법이다. 주도집단이 정책내용을 일반대중에게 알리지 않으려고 공중의제화를 억제하기 때문에 일종의 '음모형'에 속한다고 할 수 있다.

③ 이 모형은 의제화가 쉽게 된다는 점에서 동원형과 동일하나, 다음의 두 가지 측면에서 차이가 있다. 첫째, 동원형의 주도세력은 최고 통치자나 고위 정책결정자인데 비해 내부접근형의 경우는 이들 보다 낮은 지위의 고위관료인 경우가 많다. 둘째, 동원형에서는 정부의제가 PR 활동을 통해서 공중의제화 되는데 반해 내부접근형에서는 공중의제화를 오히려 막으려고 한다는 점이다.

Ⅲ. 정책의제설정을 좌우하는 요인

1. 의 의

"어떠한 이유에서 또 어떠한 기준에서 수많은 사회문제 가운데 일부만이 정책의제로 선정되는가"는 정책의제설정론의 주요 연구주제이다.

이에 대해서 ① Simon은 인간과 마찬가지로 조직체도 주의집중력에 한계가 있기 때문이라고 보고, ② 체제이론(system theory)에서는 체제의 과중한 부담을 회피하기 위해서 체제의 문지기(gate-keepers)가 선호하는 문제만 채택된다고 보며, ③ 엘리트론에서는 「무의사결정론」(Bachrach와 Baratz)을 통해 엘리트의 이해관계가 주요 요인이라고 보고 있지만, 그 외에도 일반적으로 여러 가지 요인들이 정책의제설정에 영향을 미친다고 할 수 있다. R.W. Cobb과 C.D. Elder, B.W. Hogwood와 L.A. Gunn, J.W. Kingdon 등 많은 학자들이 그 요인을 탐색하고 있으나, 여기서는 ① 주도집단, ② 문제의 특성, ③ 정치적 요소 등으로 정리하고 있는 Kingdon의 연구를 중심으로 살펴보기로 한다.

2. 정책의제설정을 좌우하는 요인

(1) 주도집단

주도집단의 정치적 자원(집단의 규모, 응집력, 재정력, 구성원의 지위·명망 등)의 크기에 따라 정책의제설정이 영향을 받는다.

1) 내부접근형과 동원형의 경우 : 의제화의 주도집단이 정부 내 정책결정자들이기 때문에 정책의제화가 쉽게 이루어진다.

2) 외부주도형의 경우 : 외부주도집단이 반대집단을 누르고 정책결정자에게 영향력을 행사할 수 있을 만큼의 정치적 힘이 있느냐에 따라 사회문제의 정책의제화가 달라진다. 이 과정에서 종래에는 정부지도자의 역할은 수동적인 것으로 보았으나, 최근 Kingdon의 연구에 의하면 이 경우에도 의회나 행정부의 정치지도자들이 외부의 비공식적인 참여자들보다 큰 영향력을 행사한다고 한다.

(2) 정치적 요인

1) 정치체제의 구조 : 정치체제의 구조가 집권적이고 권위적인 후진국에서는 동원형과 내부접근형이 대부분이나, 분권적이고 민주적인 선진국에서는 상대적으로 외부주도형이 많다.

2) 정치이념과 정치문화 : 정치체제가 지향하는 규범으로서의 정치이념과 정치체제를 지배하는 분위기로서의 정치문화의 변화는 정책의제설정에 커다란 영향을 미친다. 예를 들면 우리나라의 경우 1960년대 이후 1980년대 초까지 경제성장제일주의 때문에 수출·외자도입의 문제는 쉽게 정책의제화 되고 환경·노동·복지문제 등은 의제화 되지 못했었는데, 1980년대 중반 이후 사회가 다원화·민주화되면서 이들 문제들이 정책의제화 되고 있는 경우를 볼 수 있다.

3) 정책담당자의 태도 : 정책담당자가 특정한 사회문제 해결에 어떤 태도를 가지느냐에 따라 ① 방관적 태도(let it happen), ② 후원적 태도(encourage it happen), ③ 주도적 태도(make it happen)로 나눌 수 있다. 만약 정책담당자(정부)가 특정한 사회문제 해결에 주도적 태도를 취한다면 정책의제화는 쉽게 이루어질 것이나, 방관적 태도를 취한다면 정책의제화는 쉽지 않을 것이다.

4) 정치적 사건 : 정치적 사건은 하나의 문제가 정책의제화 되는데 점화장치의 역할을 한다. 선거와 같은 정치적 사건은 정권의 변동을 초래하고, 정부 내의 핵심적인 의제설정주체의 변동을 가져와 사회문제의 의제화에 큰 영향을 미친다.

(3) 문제의 특성

1) 문제의 중요성

① 사회적 유의성(social significance) : 사회문제가 사회전체에 얼마나 큰 영향을 미치느냐에 따라 의제화에 영향을 미친다. 사회문제가 중대하거나 심각한 경우 즉 그 문제로 인한 피해자의 수가 많고, 피해의 강도가 클 경우에는 쉽게 의제화 된다.

② 기간의 적실성(temporal relevance) : 문제가 보다 근본적이고 장기적으로 지속될 것으로 예상될 경우 쉽게 의제화가 이루어진다. 다만 문제의 해결책이 없으면 오히려 정책의제로 채택될 가능성은 적어진다.

2) 문제의 외형적 특성

① 기술적 복잡성 : 문제가 복잡한 경우보다는 단순하여 쉽게 이해될 수 있으면 정부의제화가 쉽다.

② 구체성 : 논란이 있지만 문제가 구체적인 것보다는 추상적일수록 정부의제화의 가능성이 높다고 할 수 있다. 왜냐하면 문제가 구체적일수록 오히려 의제화의 지지세력을 감소시키기 때문이다.

3) 문제의 내용상의 특성

사회문제의 내용자체가 어떠한가에 따라서 정책문제로 채택될 가능성과 그 채택과정이 달라질 수 있다. 사회문제의 내용을 정책의 종류와 관련시켜 살펴보기로 한다.

① 배분정책과 관련된 문제 : 재화나 서비스를 향유하게 될 특정부문의
  개인이나 집단(수혜집단)들이 정책결정자에게 접근하여 정책의제화 되
  도록 적극적인 역할을 한다. 여기서는 내부접근형과 비슷하게 조용히
  의제화 된다.

② 규제정책과 관련된 문제 : M.A. Crenson의 견해에 따르면 문제가 해
  결되면 전체적인 이익을 가져오고 그 해결비용은 일부집단이 부담해
  야 하는 집단적 문제(collective issue ; 공해문제, 대중교통문제, 범죄
  예방문제 등)의 경우에는 비용부담집단의 적극적인 반대로 인하여 정
  책의제화가 어렵다.

③ 재배분정책과 관련된 문제 : 소득재분배상의 불평등이 아주 심각한
  사회문제가 정부의제화 되기 위해서는 이데올로기 등 정치적 분위기
  의 변화와 전국적 차원에서의 공중의 지지, 그리고 최고지도자의 정
  치적 신념이 있어야 한다.

4) 선례와 유행성 : 과거에 비슷한 선례가 있는 문제는 상례화 된 절차
  에 따라 쉽게 의제화 되고 해결책이 강구된다. 일종의 유행처럼 되어
  있는 문제 역시 의제화가 쉽게 될 수 있다.

5) 극적 사건과 위기 : 문제를 극적으로 부각시키는 사건·위기 또는 재
  난은 앞에서 본 정치적 사건과 더불어 문제를 정부의제화 시키는 양
  대 점화장치이다.

[정책의제설정을 좌우하는 요인]

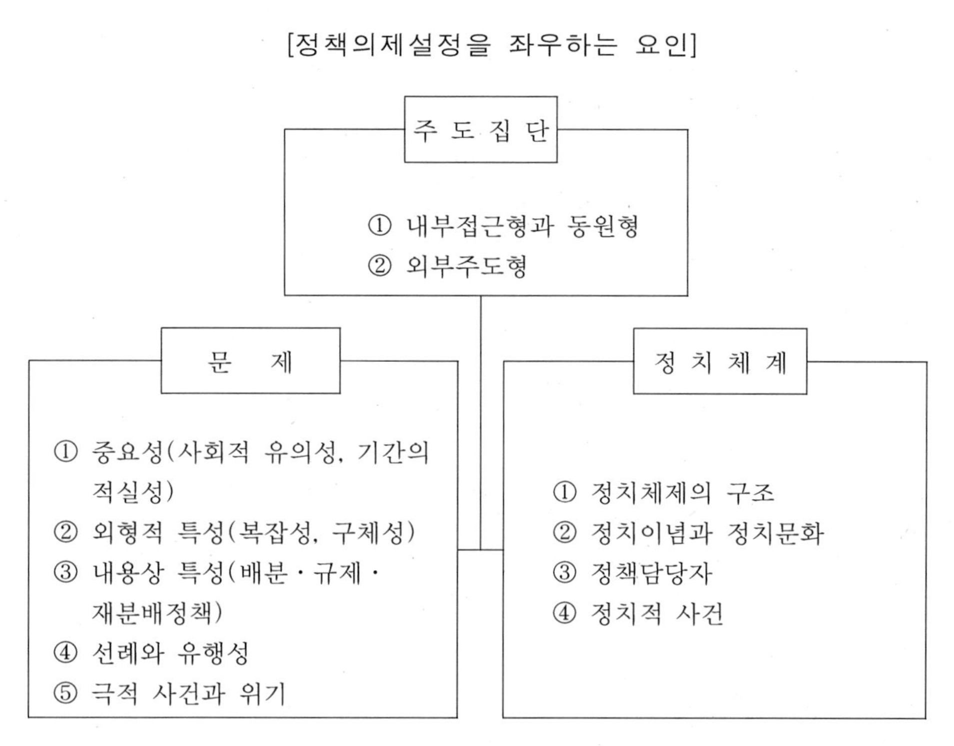

Ⅳ. 무의사결정(Non-decision making)

1. 의 의

무의사(無意思)결정론은 정책의제설정에 있어서 지배엘리트의 이해관계와 일치하는 사회문제만 정책의제화 된다는 이론을 말하는데, 여기서 무의사결정(nondecision making)이란 '의사결정자의 가치나 이익에 대한 잠재적인 도전을 억압하고 방해하는 결과를 초래하는 결정'을 의미한다. 이러한 무의사결정론에 따르면 ① 다수의 요구가 있음에도 불구하고 왜 특정한 이슈는 의제설정의 장(場)에 등장하지 못하는가 하는 '제한된 의제설정'의 실상을 파헤칠 수 있고, ② 어떤 문제에 대한 이슈가 의제설정의 장에 진입했느냐의 여부로 이슈의 중요성 정도를 파악해서는 안 된다는 점을 알 수 있게 해준다.

2. 등장배경

신엘리트론자인 P. Bachrach와 M. Baratz는 다원론자인 R. Dahl의 권력의 배분에 관한 New Haven시 연구를 비판하면서, 정치권력의 양면성(two faces of power) 이론을 주장하였다. 그들에 의하면 정치권력에는 ① 문제와 관련된 표면화된 갈등을 해결하기 위해 정책결정과정에 행사되는 명백한 권력작용과 ② 정책의제설정과정에서 갈등을 억압하고, 갈등이 정치과정에 진입하는 것을 방지하는데 행사되는 보이지 않는 권력작용이 있는데, 바로 두 번째 과정이 무의사결정이며 Dahl이 간과한 부분이라고 한다.

3. 무의사결정의 발생원인

(1) 불리한 사태의 방지

지배엘리트의 가치나 이해에 잠재적인 도전이 될 수 있는 이슈에 대하여 그것이 일반대중의 관심을 받기 전에 공개적으로 또는 은밀하게 억압한다.

(2) 과잉충성

정치입후보자나 공무원들이 특정한 이슈가 공개적으로 논의되는 것을 엘리트집단이 원하지 않을 것이라고 미리 추정하여 그러한 이슈를 사전에 기각시켜 버릴 수 있다.

(3) 지배적 가치에 의한 부정

그 사회의 지배적인 가치나 신념(정치이념, 정치문화)에 부정적으로 작용하는 문제나 정책안일 경우에 무의사결정이 일어난다.

(4) 편견적 정치체제의 구조

정치체제 자체가 편견을 동원하여 특정부문의 문제는 해결을 촉진하고, 다른 문제의 해결은 저지하도록 구조화되어 있는 경우에 무의사결정이 일어난다.

(5) 관료이익과의 상충

특정한 이슈가 관료들의 이익이나 기득권과 상충될 때 관료들은 고의로 정책의제화를 외면하거나 억압하게 된다.

4. 무의사결정의 수단

정부나 사회집단 모두에 의해 강구될 수 있는 무의사결정의 추진수단이나 방법으로는 다음과 같은 것들이 있다.

(1) 폭력의 행사

기존 질서의 변화를 요구하는 주장이 정치적 이슈가 되지 못하도록 테러 행위를 하는, 무의사결정의 가장 직접적이고 극단적인 수단이다. 이것은 어떤 집단 또는 개인의 사회적 행동에 대한 선택의 여지를 완전히 박탈하거나 제한하는 결과를 가져온다.

(2) 권력의 행사

이것은 폭력보다 온건한 방법으로서, 여기에는 변화의 주장자에 대해서 현재 부여되고 있는 혜택을 박탈하는 소극적인 방법뿐만 아니라 새로운 특혜를 부여하여 매수하는 적극적인 방법이 있다.

(3) 편견의 동원

정치체제내의 지배적 규범이나 절차를 강조하여 변화를 요구하는 주장을 꺾는 간접적 방법이다. 예를 들어 개혁요구에 대하여 그러한 주장을 공산주의적이고 비애국적·비민주적인 것이라고 낙인을 찍는 경우이다.

(4) 편견의 수정·강화

가장 간접적·우회적인 방법으로서, 정치체제의 규범, 규칙, 절차 등을 수정·보완하여 정책의 요구를 봉쇄하는 방법이다.

(5) 지연전략

조직력이 약한 집단의 요구에 대하여 협력하는 듯한 인상을 주면서 그 문제에 대한 고려를 연기시키는 방법으로 그들의 정치적 압력을 줄이는 경우이다.

5. 정책과정과 무의사결정

무의사결정은 정책의제설정과정 뿐만 아니라 정책과정 곳곳에서 일어난다고 Bachrach와 Baratz는 주장하고 있다.

(1) 정책의제설정과정

기존세력에 도전하는 요구를 정책의제화 하지 않고 억압하는 경우로서, 이 과정에서 일어나는 것이 좁은 의미의 무의사결정이다.

(2) 정책결정과정

정책의제설정단계에서 개혁요구세력들이 주장하는 논리를 기존세력이 저지하지 못했을 경우, 기존세력들은 정책결정단계에서 내용이 없고 상징에 그치는 정책대안이 채택되도록 노력하게 된다.

(3) 정책집행과정

정책결정단계에서도 실패한 경우, 집행과정에서 집행에 필요한 예산을 없애거나 집행자를 매수하여 집행을 실질적으로 막아버리는 방법을 쓴다.

(4) 정책평가과정

정책과 관련된 자료의 제공 또는 거부를 통하여 정책이 효과가 없었음을 주장하거나 전문가, 대중매체 등을 이용하여 불리한 여론을 형성한다.

6. 우리나라에서의 무의사결정

무의사결정은 정치체제가 분권적·개방적·민주적인 사회보다 집권적·폐쇄적·권위적인 사회에서 보다 많이 나타난다고 할 수 있다. 우리나라에서 1970년대까지 ① 노동문제, 환경문제, 사회복지문제 등이 경제성장제일주의라는 정치이념에 억눌려 정책의제화 되지 못하거나, ② 진보적 정치세력들의 주장이 안보우선주의에 억눌려 억압 받아 온 경우는 이러한 무의사결정의 예라고 할 수 있다. 그러나 이러한 문제들도 1980년대 후반 이후 우리 사회의 다원화·민주화·개방화에 따라 점차 중요한 정책문제로 대두되고 있다.

7. 평 가

다원론자들은 신엘리트론자들의 이러한 주장에 대하여 주로 연구방법론상의 문제점들을 지적하여 비판하고 있다. 그들은 "발생하지 않는 문제, 드러나지 않은 갈등을 어떻게 조사연구 할 수 있을 것인가, 이것은 단지 무의사결정론자들의 추론으로만 가능한 것이다"라고 비판한다.

그러나 이에 대하여 무의사결정론자들은 비록 측정이 곤란한 요소나 확인하기 힘든 권력작용이라고 할지라도 그것이 의제설정과정에서 결정적인 영향을 행사한다면 그러한 요소들은 충분히 고려되어야 하며, 그러한 연구만이 보다 적실성 있고 과학적인 연구라고 반박한다. 이를 위해서는 경험적·실증적 방법뿐만 아니라 질적 방법까지 동원하여 연구하여야 한다고 무의사결정론자들은 주장한다.

V. 적극적 문제탐색과 분석적 의제설정

1. 필요성

위에서 본 바와 같이 정책의제설정이 매우 중요함에도 불구하고 현실적으로는 중대한 문제가 정책의제화 되지 못하거나, 여러 가지 요인에 의해 정책의제설정이 바람직스럽지 못한 경우가 많다. 따라서 중대한 문제가 정책의제화 될 수 있도록 정부는 분석적 입장에서 그러한 문제들을 적극적으로 탐색하는 것이 필요하다. 그 이유를 좀 더 구체적으로 검토하기로 한다.

(1) 정책의제화의 애로

중대한 문제(피해자의 규모, 피해의 강도 및 범위가 큰 문제)와 해결이 시급한 문제가 우선적으로 정책의제로 채택되어야 하나, 실제의 경우에는 여러 가지 이유 때문에 그렇지 못하다. 그 이유로는 ① 정책결정자가 문제를 잘못 인지하거나, 눈앞의 문제에만 관심을 갖는 경우, ② 현실의 정치적 역학관계에 의해 강력한 집단이 반대하거나, 정치이념에 반하는 경우에는 중대한 문제의 의제화가 곤란해진다.

(2) 문제해결의 적시성 상실

문제는 적기에 해결되는 것이 최선이나, 현실적으로 ① 정책의제화 과정, ② 정책결정을 위한 정보·자료의 수집·분석과 정치적 타협과정, ③ 정책집행을 위한 담당조직·예산의 확보에 있어서 많은 시간을 요하기 때문에 문제해결의 시기(timing)를 놓치는 경우가 많다.

2. 적극적 문제탐색의 약점과 극복방안

적극적인 문제탐색과 의제설정은 문제탐색이 없었더라면 방치되었을 문제를 파헤쳐 공개적으로 검토하기 때문에 바람직하지 못한 결과를 초래할 수도 있다.

(1) 분석의 부담과중

새로운 문제를 적극적으로 탐색하는 데는 고도의 분석적 능력이 요구되므로 정책분석가의 부담이 과중된다. 다만 이 약점은 적극적으로 탐색을 해야 할 문제들 간의 우선순위를 정함으로써 어느 정도 해결할 수 있다.

(2) 정치적 부담과중

새로운 문제를 파헤침으로써 문제해결을 반대하는 집단과의 심각한 갈등관계가 조성될 수 있다. 다만 이 약점은 문제탐색을 가능한 한 은밀하게 진행함으로써 어느 정도 감소시킬 수 있다.

Ⅵ. 정책의제설정전략

우리는 앞에서 모든 사회문제가 정책의제로 성립되거나 채택되는 것이 아니라는 것을 보았다. 그렇다면 정부나 사회집단이 어떤 사회문제를 정책의제화 시키거나 저지하려는 의도를 가졌다면 어떠한 전략이 있겠는가? 이에 관한 것이 바로 정책의제설정전략이다. 정책의제설정 과정에서 주도집단은 주로 정부나 사회집단이 되기 때문에 이들의 의제화 전략은 같은 점도 있고 다른 점도 있다. 먼저 이 양자에게 공통적으로 적용되는 일반적인 정책의제화 전략을 알아보고 정부에게 고유한 정책의제설정전략을 보기로 한다.

1. 일반적인 정책의제설정전략

사회집단이나 정부가 공통적으로 어떤 상황에서 자신들의 문제를 정책의제화 하기 위해서는 대체로 다음과 같은 점들을 고려해야 한다.

(1) 문제의 명확화

먼저 자신들이 제기하고자 하는 문제를 명확히 하여야 한다. 이것은 다른 사람들을 설득시키고, 그 문제가 다수와 관련된 문제라는 것을 부각시키기 위해서도 필요하다.

(2) 자원의 확보

정책의제화에 필요한 각종 인적·물적 자원을 최대한 많이 확보하고 있어야 한다.

(3) 정확한 상황분석

자신들에게 주어진 상황을 정확히 인식하고, 상황변화에 민감하게 대응할 수 있는 전략을 준비하고 있어야 한다.

(4) 관련 집단과의 유대강화

자신의 문제와 관련된 의제화 과정에서 관여하고 있는 여러 집단이나 개인들과 유대를 공고히 할 필요가 있다.

(5) 대중매체의 활용

어떤 문제나 쟁점사항에 대하여 일반대중의 관심을 끌게 함으로써 공중의제화에 결정적인 역할을 하는 대중매체를 적극적으로 활용하여야 한다.

2. 정부의 정책의제설정전략

정부의 입장에서 보면 정책의제설정전략은 정부가 행하고자 하는 정책안에 대한 사회의 지지를 여하히 확보하느냐 하는 것을 의미한다. 즉 이것은 동원형에서의 정책의제화전략이라고 할 수 있는데, 정부가 인지한 문제를 공중의제화 하는 과정에서 필요한 전략이다. 대체로 정부는 다른 사회집단들 보다 물질적 자원이 풍부하기 때문에 다음과 같은 점들을 고려한 전략이 필요하며, 경우에 따라서는 무의사전략을 활용할 수도 있을 것이다.

(1) 조직구조의 개방화

정책담당자와 사회의 여러 집단들과의 관계가 보다 개방적이어야 하며 양자 간의 접촉기회가 많아야 한다.

(2) 관련 집단의 참여확대

정책안의 계획단계에서부터 문제와 관련된 집단들의 참여를 적극적으로 유도하고, 이들과 충분한 정보교류가 이루어져야 한다.

(3) 적극적인 홍보

관련된 문제가 사회적으로 매우 중요하며 해결이 시급하다는 것을 행정 PR을 통하여 적극적으로 홍보하여야 한다.

Ⅶ. 우리나라에서의 정책의제설정

우리나라는 1960년대 이후 정부주도의 경제발전을 추진하면서 동원형적인 의제설정이 주를 이루어 왔다(예컨대 경제개발5개년계획의 수립, 경부고속도로의 건설 등). 따라서 정부가 해결을 도모하고자 하는 문제는 정부의제로 채택되고 거의 정부의도대로 결정되는 경우가 많았으나, 그렇지 않는 문제들(예컨대 환경문제, 노동문제, 복지문제 등)은 이슈의 억압을 받아왔다.

그러나 최근 우리 사회가 다원화·민주화 되어가면서 동원형적 의제설정과정에 상당한 변화가 나타나고 있다. 비록 정부가 주도적으로 의제설정을 하는 경우에 있어서도 구체적인 정책결정은 일반국민 또는 관련이익집단의

의견을 반영하는 경우가 많고, 관련 집단의 저항·반대의견 제시로 인하여
원래의 정부의도가 좌절·수정되는 경우가 많아지고 있다. 또한 정치체제
외부의 이익집단, 공익집단, 정책공동체가 활성화되고 언론의 역할이 강화
되면서 외부주도형에 의한 의제설정(특히 사회적 사건이 발생하는 경우)의
가능성이 높아지고 있다.

제 5 편 정책결정론
(정책형성과 채택)

제 1 장 정책결정의 기초이론

Ⅰ. 정책결정의 의의

1. 정책결정의 개념

정책이란 '바람직한 사회상태를 실현하려는 정책목표와 이를 달성하기 위해 필요한 정책수단에 대하여 권위 있는 정부기관이 공식적으로 결정한 기본방침'이라고 정의하였다. 따라서 정책결정(policy-making)이란 '정책목표와 수단에 관한 기본방침을 개발하는 과정 및 행위' 또는 '사회문제를 해결하기 위해 복잡하고 동태적인 과정을 거쳐 정부의 미래대안을 작성·선택하는 과정' 또는 '정책문제를 해결하여 달성할 목표를 설정하고, 이 목표를 달성할 수 있는 여러 대안들을 고안·검토하여 하나의 정책대안을 채택하는 활동'이라고 할 수 있다. 이러한 정책결정의 산출물(output)이 바로 정책인 것이다.

학자에 따라서는 정책결정이라는 용어 대신에 정책형성, 정책분석 등의 용어를 사용하기도 한다. 여기서 정책결정과 정책형성은 거의 같은 의미로 사용되는데, 정책형성(policy formulation)은 주로 정책이 형성되어지는 과정에, 정책결정은 그 과정의 결과로서 하나의 대안을 선택한다는 점에 중점을 두고 사용하는 개념이라고 할 수 있다. 한편 정책결정(정책형성)과 정책분석이라는 용어는 일반적으로 구분되어 사용되지만, 이 두 개념은 상호 밀접한 관련이 있다. 왜냐하면 정책분석(policy analysis)은 '보다 합리적인 정책결정을 위해 필요한 지식과 정보를 창출·제공하는 지적 활동'을 의미하기 때문이다. 다음에서 보게 될 분석적 결정이란 정책분석의 논리나 절차에 따라 합리적으로 이루어진 정책결정을 말한다.

2. 정책결정과 의사결정

(1) 공통점

정책결정과 의사결정은 '논리구조'면에서 같다. 정책결정이나 의사결정 모두 목표를 설정하고, 그 목표를 달성하기 위한 대안을 탐색·선택한다는 점에서는 본질적인 차이가 없다. 따라서 정책결정에는 의사결정에 관한 일반이론이나 모형이 그대로 적용될 수 있다.

(2) 차이점

의사결정은 공·사를 막론하고 모든 개인이나 집단(조직)이 행위의 주체가 될 수 있기 때문에 보다 보편적인 성격을 띠나, 정책결정은 의사결정의 특수한 한 형태라고 말할 수 있다. 정책결정과 의사결정은 결정의 '주체', 결정의 '내용' 등에서 그 차이점을 발견할 수 있다.

1) 정책결정의 주체
정책결정의 주체는 '권위 있는 정부기관'이다. 이 권위 있는 정부기관은 분석수준에 따라 정부라는 체계가 될 수도 있고, 행정기관이라는 조직이 될 수도 있으며, 최고정책결정자라는 개인이 될 수도 있다.

2) 정책결정의 내용

정책결정은 근본적으로 정책문제의 해결을 지향하기 때문에 정치적 관련성이 대단히 넓다. 이러한 높은 정치적 관련성 때문에 정책결정상황은 개인이나 집단 혹은 조직적 차원에서 이루어지는 의사결정에 비해 훨씬 더 비합리적이고 정치적일 수 있는 것이다. 또한 정책결정의 목표는 공익, 국가발전, 질서유지 등과 같은 사회구성원들 모두와 밀접히 관련된 가치가 대부분이며, 그 성격에 있어서도 강제성과 규범성, 그리고 권위적인 성격을 강하게 띤다.

3. 정책결정의 특징

정책결정은 그 개념정의에서 알 수 있듯이 다음과 같은 여러 가지 특징이 있다.

(1) 정책목표와 정책수단을 개발하는 과정

정책결정은 사회문제를 해결하여 바람직한 사회상태를 구현하기 위한 정책목표와 이러한 목표를 달성할 수 있는 정책수단들을 개발하는 과정이다.

(2) 행동지향성

정책결정은 정책문제를 해결하기 위한 여러 가지 대안들을 마련하고 이의 집행을 통해서 사회에 영향을 미치려는 행동의지가 담겨 있다.

(3) 미래지향성

정책결정은 현실적으로 직접적인 행동을 취하여 사회에 영향을 미치는

것보다는 장래의 집행을 위하여 사전에 행동노선을 마련하는 것이기 때문
에 항상 불확실성을 내포하게 되며, 정책결정에서 사용되는 용어도 애매모
호하고 추상적이기 쉽다.

(4) 동태적 과정

정책결정과정에는 정치행위자(참여자), 정치체제, 체제와 환경 등 다양한
요소들이 상호 관련되어 작용하는 복잡하고 동태적인 과정이다.

(5) 정치적 성격과 분석적 성격의 통합

정책결정은 수많은 참여자들 간의 이질적인 이해관계의 대립을 조정하고
타협(정치적 성격)시켜 나가면서, 정부가 당면한 공공의 문제를 합리적으
로 해결(분석적 성격)하려는 일련의 노력으로 이루어진다. 따라서 실제의
정책결정은 항상 정치와 분석의 통합에 의하여 이루어진다고 말할 수 있
다. 여기서 정치는 협상과 타협 그리고 권력적 작용을 의미하며, 분석은 이
성과 논거를 통한 계산을 의미한다.

Ⅱ. 정책결정방법의 유형

정책결정자는 일상생활 속에서 수많은 결정상황에 직면하게 된다. 이러한
결정상황 중에는 매우 긴박하고 중요한 것도 있을 수 있으며, 별로 중요하지
않는 것도 있을 수 있다. 이러한 결정상황 속에서 정책결정자가 정책결정을 해
나가는 양태는 다음의 몇 가지로 분류해 볼 수 있다. 그러나 현실의 정책결정
은 이러한 몇 가지 유형들이 복합적으로 작용하면서 이루어진다고 할 것이다.

1. 분석적 결정

보다 합리적이고 바람직한 정책결정을 위하여 분석의 논리에 따라 결정이 이루어지는 경우이다.

(1) 완전분석에 의한 결정

이것은 정책결정이 합리적으로 되기 위해 거쳐야 할 단계들을 빠짐없이 거쳐 정책결정을 하는 방법이다. 즉 문제의 파악·정의 → 목표설정 → 대안탐색·개발 → 대안의 결과예측 및 비교·평가 → 최선의 대안선택이라는 여러 단계를 거쳐서 정책결정을 하는 것을 말한다. 완전분석이란 특히 모든 가능한 대안을 탐색하고 나타날 수 있는 모든 결과들을 다 예측한다는 의미를 지니고 있다(완전분석에 의한 의사결정을 흔히 '합리모형'이라고 부른다). 그러나 인간의 인지 및 예측능력에는 한계가 있고 시간·비용 상의 한계 때문에 이러한 완전분석은 현실적으로 불가능하다고 할 것이다. 여기에서 불완전분석에 의한 결정의 필요성이 제기된다.

(2) 불완전분석에 의한 결정

이것은 합리적인 정책결정을 위해 필요한 모든 절차를 거치지만 완전분석과의 차이는 모든 가능한 대안을 탐색하고 대안의 결과를 예측하는 것이 아니라, 중요한 대안만을 탐색하고 결과의 예측에 있어서도 중요한 것에만 한정한다는 점이다. 그러나 현실에 있어서는 이러한 불완전분석에 의한 결정마저도 잘 안되고 있는 실정이다.

2. 정치적 결정

현실의 정책결정과정에는 수많은 정치적 행위자들이 공식적·비공식적인 지위를 가지고 참여를 하면서 정책결정과정에 영향력을 행사하려고 한다. 정치적 결정이란 이러한 참여자들 간에 복잡한 일련의 상호작용을 거치면서 정책결정이 이루어지는 것을 말한다. 즉 참여자들 간의 정치적 게임에 따라 대안이 선택되는 것을 말하는데, 여기서는 개인이나 집단들 간의 대립·충돌되는 이해관계의 조정이 중요시된다.

정책결정과정에서 흔히 사용되는 정치적 결정의 방법으로는 협상, 설득 그리고 강제 등이 있다. 실제의 정책결정과정에서는 이 세 가지 방법이 선택적으로 사용되기보다는 혼합적으로 사용되는 것이 보통이며, 이 혼합의 비율에 따라 정책결정과정 뿐만 아니라 나아가 정책과정 전반의 정치적 성격이 달라진다.

(1) 협 상(bargaining)

이것은 정책결정과정에 참여하는 복수의 행위자들이 서로 일치하지 않는 그들의 목표를 상호조정하고 타협함으로써, 비록 각자에게 최선의 대안은 아니지만 함께 수용할 수 있는 행동경로(정책내용)를 도출하여 가는 과정이다.

(2) 설 득(persuasion)

이것은 정책결정과정에 참여하는 한 행위자가 다른 행위자에게 자기 주장의 타당성과 우수성을 확인시킴으로써, 상대방으로 하여금 자기의 주장을 받아들이도록 만들어 가는 과정이다. 그러므로 설득에서는 '합리적인 논거(good reasons)'의 제시가 무엇보다도 중요하다. 그리고 합리적인 논거는 논리내용의 우수성과 논리구조의 합리성에 의하여 결정되기 때문에 설득은 정치과정에서 활용되는 일종의 분석적 방법이라고 할 수 있다.

(3) 강　제(command)

이것은 정책결정과정에서 권력적으로 우월한 한 참여자가 열등한 다른 참여자에게 자기의 주장을 받아들이도록 강요하는 과정이다. 강제는 참여자들 간의 관계가 계층적 관계에 있을 때 적용되며, 강제의 가장 기본적인 방법은 권력적 작용이다.

3. 직관적 결정

이것은 정책결정자가 직관에 의하여 정책결정의 모든 단계들을 거의 순간적으로 결정하는 경우를 말한다. 이러한 결정의 질은 정책결정자의 직관이나 판단력에 달려 있는데, 이러한 요소들은 선천적·본능적으로 타고날 수도 있지만 후천적인 교육과 훈련경험에 의해서도 습득되어질 수 있다. 여기서 정책결정자의 교육훈련이 얼마나 중요한 것인가를 알 수 있다.

4. 관습적 결정

이것은 반복적으로 등장하는 문제의 해결에 사용하는 방법이다. 동일한 문제가 반복해서 등장하게 되면 정책결정자는 선례를 검토하여 정책결정을 하게 되는데, 이것이 거듭되면 그 문제에 대해 거의 자동적으로 인지를 하게 되고 인지를 하자마자 그 이전의 결정방법을 무의식적(관습적)으로 사용하게 된다. 나중에는 조직전체가 하나의 관습에 의해 움직일 가능성도 있는데, 그 대표적인 예가 표준운영절차(SOP)라고 할 수 있다.

제 2 장 합리적·분석적 정책결정

I. 의 의

1. 개 념

정책학의 가장 중요한 관심사는 어떻게 하면 정책을 보다 합리적으로 결정할 수 있을 것인가라고 할 수 있다. 여기서 합리적 정책결정(rational policy making) 또는 분석적 정책결정(analytic policy making)이란 '정책의 내용인 정책목표와 정책수단을 합리적으로 결정한다는 것'을 의미한다.

2. 연구경향

초기의 의사결정론자나 정책분석론자들은 목표는 이미 결정되어 있기 때문에 주어진 것으로 보고, 이러한 목표를 극대화할 수 있는 최선의 수단을 탐색·선택하는 작업이 합리적·분석적 결정이라고 보았다. 그러나 최근에는 정책목표의 올바른 설정이 바람직한 정책결정과정의 출발점이라고 보기 때문에 정책목표 자체의 타당성도 연구의 대상으로 삼고 있다. 다만 정책목표의 합리적 결정 자체보다는 목표설정에서 가장 핵심적인 작업인 정책문제 정의의 올바른 수행을 위해서 정책문제의 분석에 그 초점을 둔다.

3. 합리적·분석적 결정의 논리

합리적으로 정책결정이 이루어지기 위해서는 ① 정책문제의 파악과 정의, ② 정책목표의 설정, ③ 정책대안의 탐색과 개발, ④ 정책대안의 결과예측, ⑤ 정책대안의 비교·평가, ⑥ 최선의 대안선택이라는 일련의 단계를 모두 거쳐야 하는데, 이러한 일련의 절차들을 거쳐서 정책을 결정하는 것을 합리적·분석적 정책결정이라고 부른다. 따라서 여기서 설명하는 정책결정방법은 이상적인 정책결정방법이 된다.

그러나 현실에서의 정책결정은 이와 같이 이상적인 방법으로 이루어지는 것만은 아니다. 현실의 비분석적·정치적 결정에 대해서는 장(章)을 바꾸어 분석적 결정의 한계에서 함께 고찰하기로 한다.

Ⅱ. 정책문제의 파악과 정의

1. 의 의

정책문제란 '정부가 해결의 필요성을 인식하고 정책적 대처를 심각히 고려하기로 명백히 밝힌 사회문제'를 의미하는데, 따라서 정부가 관심의 대상이 되고 있는 정책문제를 해결하기 위해서는 먼저 정책문제의 올바른 정립에서부터 출발하여야 한다. 왜냐하면 정책문제를 잘못 진단하면 그 이후의 처방적 활동들이 무의미해지기 때문이다.

한편 정책문제는 합리적 정책결정을 위하여 분석적으로 검토되어야 하나, 정책문제를 어떻게 정의하느냐에 따라 관련 집단의 이해관계가 달라지기 때문에 정치적인 측면도 무시할 수 없다. 따라서 정책문제의 파악과 정의는 분석적 합리성과 정치적 합리성을 동시에 균형적으로 추구하여야 하는 복잡하고도 어려운 작업인 것이다. 아래에서는 정책문제의 바람직한 정립절차와 그 내용에 관해서 살펴보기로 한다.

2. 정책문제의 파악

(1) 의 의

정책문제의 파악이란 '정책문제의 원인, 결과, 이들 간의 인과관계를 파악하는 것'을 의미한다. 정책문제를 정확히 파악하는 것은 바람직한 정책결정을 위해 필수적이기 때문에 이를 위해서는 과학적이고 체계적인 분석작업이 필요하다.

(2) 중요성

정책문제의 정확한 파악은 ① 정책목표의 바람직한 설정을 위해서 필수적일 뿐만 아니라 ② 정책대안의 개발과 결과예측을 위해서도 불가결한 작업이다.

(3) 절 차

정책문제를 파악하는 절차는 일반적으로 ① 정책문제의 개략적 파악, ② 정책문제의 결과 파악, ③ 정책문제의 발생원인 및 인과구조의 파악, ④ 정책문제의 미래예측 등으로 이루어진다.

1) 정책문제의 개략적 파악
정책문제는 여러 가지 요소 즉 문제의 원인, 문제자체, 문제의 결과 등의 복합체로 이루어진 경우가 대부분이다. 따라서 문제의 파악에서 제일 먼저 수행하여야 할 작업은 이러한 정책문제를 구성하고 있는 여러 가지 요소(또는 측면)들을 개략적으로 확인하고, 정책문제의 인과구조를 간략히 살펴보아야 한다.

2) 정책문제의 결과 파악

정책문제는 그것 때문에 피해를 보는 개인이나 집단이 반드시 있기 때문에 정책문제의 방치(문제의 결과)로 인하여 피해를 입는 집단을 파악하고, 문제의 규모·범위·강도를 알아봄으로써 문제의 심각성을 파악하여야 한다. 이는 정책목표의 바람직한 설정을 위해서 필수적인 작업이다.

① 정책문제의 피해집단의 파악 — 정책문제를 방치하여 둠으로써 정책문제로부터 피해를 입는 계층이나 집단을 파악하는 것이다. 이러한 정책문제의 피해집단은 정책문제의 각각의 측면에 따라 다르다(예 ; 의료문제에 있어서 서비스와 비용문제의 상충관계).

② 정책문제의 심각성 파악 — 정책문제의 심각성 또는 중요성을 좌우하는 정책문제의 규모·범위 및 피해의 강도 등을 파악하는 것이다. 여기서 정책문제의 '규모'란 그 문제로부터 피해를 보는 집단의 수를 의미하며, 정책문제의 '범위(scope)'란 정책문제가 피해를 입히는 사회분야의 수를 의미하고, 정책문제로 인한 '피해의 강도'란 정책문제로부터 발생하는 피해의 강약과 피해영역의 중요성을 의미한다.

3) 정책문제 발생의 원인 및 인과구조 파악

정책문제의 결과를 파악했으면 왜 그러한 문제가 발생했는지의 원인을 파악하여야 한다. 이것은 정책수단의 합리적인 결정을 위해서 필수적인 작업이다. 다음으로는 그러한 문제발생의 원인과 문제를 방치해 둠으로써 나타난 결과간의 인과구조를 파악하여야 한다. 이것은 정책수단과 정책목표의 구조, 즉 정책의 구조를 구성하기 위해서 필수적인 작업이다.

4) 정책문제의 미래예측

마지막으로 정책문제가 해결되지 않고 지속될 경우 앞으로 어떤 결과(피해규모, 범위 및 강도)를 야기 시킬 것인지를 예측하는 것도 정책문제 파악의 중요한 일부분이 된다. 정책문제가 미래에 어느 정도 심각할 것인지를 예측하는 방법으로는 일반적인 미래예측 방법과 같이 ① 과거추세를 연장(extrapolation)하는 방법, ② 모형(model)을 이용한 이론적 추정을 통한 예측방법, ③ 전문가의 주관적 판단에 의존하는 델파이 방법 등이 있다.

3. 정책문제의 분류와 여과

(1) 필요성

정책문제의 파악은 많은 시간과 노력·경비가 소모되기 때문에 중요한 문제만을 골라 분석적으로 결정하여야 한다. 여기서 '여러 가지 문제들을 검토하여 보다 정밀하게 분석할 문제와 그렇지 않은 문제를 분류하여 전자만을 골라내는 작업'을 문제의 여과(issue filtration)라고 부른다.

(2) 분류기준

문제의 여과 또는 분류기준은 크게 세 가지로 나누어 볼 수 있다.

1) 문제의 중요성

문제가 매우 심각하고 막대한 정책비용이 투입되어야 하며 관련된 문제가 많은 중대한 문제나, 문제상황이 매우 복잡하고 불확실한 경우에는 문제를 분석적으로 검토하여야 한다.

2) 분석의 활용가능성

문제의 분석결과를 정책결정에 활용할 수 있는지의 여부도 당연히 문제의 분류기준이 된다.

3) 분석의 실시가능성

시간·비용·능력의 부족으로 인한 기술적 제약이 있는 경우에는 문제의 분석에 한계가 따른다. 다만 정치적으로 민감한 문제에 대해서는 정치적 반대나 저항을 무릅쓰고라도 분석적 해결을 위해서 노력하여야 할 것이다.

4. 정책문제의 정의

(1) 의 의

정책문제의 분석을 통하여 그 내용이 파악되면 정책문제의 정의가 있게 된다. 정책문제의 정의(definition)란 '정책문제의 구성요소, 원인, 결과 등의 내용을 규정하여 무엇이 문제인지를 밝히는 것'으로서, 그 문제에 대한 잠정적인 진단을 내리는 과정이라고 할 수 있다.

(2) 중요성

1) 정책내용의 1차적 규정

정책문제의 결과를 파악하는 것은 정책목표를 설정하는 것과 비슷하고, 정책문제의 발생원인을 규명하면 선택할 수 있는 정책수단을 알 수 있기 때문에 정책문제의 정의는 정책내용의 테두리를 1차적으로 결정하는 것과 같다.

2) 정치적 성격

정책문제를 어떻게 정의하느냐에 따라 정책목표와 정책수단이 달라지고, 이에 따라 관련 집단들 간의 이해관계가 달라지기 때문에 문제정의는 정치적 갈등과 타협의 대상이 된다.

(3) 정책문제정의의 특성

1) 주관성(subjectivity)·인공성(artificiality)

정책문제의 정의는 객관적인 문제상황을 주관적으로 정의하기 때문에 개인적인 이해관계, 선입견, 편견, 가치관 등에 의해 정책문제정의가 달라진다.

2) 정치성

위에 본 바와 같이 해결해야 할 정책문제를 어떻게 정의하느냐에 따라 정책목표 및 수단이 달라지고, 이에 따라 관련 집단의 이해관계도 달라지기 때문에 정책문제의 정의는 정치적 갈등·타협의 대상이 된다.

3) 가변성·동태성

문제 자체가 유동적이기 때문에 시간이 지남에 따라 정책문제를 재정의할 필요가 있다.

(4) 바람직한 정책문제의 정의 (사실판단과 가치판단의 통합)

정책문제의 정의는 정치성과 주관성·인공성을 띠기 때문에 관련자의 입장에 따라 달리 정의될 수 있다. 이러한 정책문제의 성격을 고려할 때 바람직한 정책문제의 정의를 위해서는 ① 정책분석가나 전문가는 그들의 가치관·세계관에 따라 독자적으로 정책문제를 정의해서는 안 되고, ② 국가·사회전체 또는 국민전체의 입장에서 정책문제를 정의하여야 한다. 이를 위해서는 먼저 정책문제의 구성요소, 원인, 결과에 대하여 정확히 파악 (사실판단작용)하여야 하고, 정책문제의 중요한 구성요소를 규정함에 있어서는 문제와 관련된 이해관계자들의 가치를 발견·수렴(가치판단작용)하고 그 해결의 소망성과 실현가능성 기준에 비추어 우선순위를 결정하여야 하는 것이다.

(5) 잘못된 정책문제정의의 결과

정책분석가나 전문가들이 정보의 부족, 편견의 개입 등에 의해 정책문제를 잘못 정의한 경우에는 제3종 오류(메타오류, 근본적 오류)를 범하게 된다. 제3종 오류를 범할 경우에는 진실된 문제를 방치하게 되고, 귀중한 자원의 낭비 등을 가져오게 된다. 한편 정책문제의 정의는 제대로 하였으나, 효율적인 해결대안을 탐색 또는 식별해 내는데 실패함으로써 잘못된 정보를 산출해 내는 것을 제1종 및 제2종 오류라고 부른다.

[정책분석 오류의 유형]

● 제3종 오류 : 문제정의나 목표설정을 잘못하여, 대안(수단)의 선택까지 잘못하는 오류
● 제1종 오류 : 대안이 실제로 효과가 없는데, 있다고 잘못 평가하여 채택하는 오류
● 제2종 오류 : 대안이 실제로 효과가 있는데, 없다고 잘못 평가하여 기각하는 오류

Ⅲ. 정책목표의 설정

1. 정책목표의 의의

(1) 정책목표의 개념

정책목표(policy goals)란 '정책을 통하여 이룩하고자 하는 바람직한 미래상태(desirable future state)'를 의미하는데, 이러한 정책목표가 달성되어 나타나는 결과를 정책효과(policy effect)라고 부른다. 정책목표는 ① 정책의 존재이유가 되며, ② 방향성과 미래성을 갖고, ③ 가치판단에 의존하기 때문에 주관성과 규범성을 갖는다.

(2) 정책목표의 소망성 평가기준

바람직한 정책목표는 그 실질적인 내용면에서 다음의 두 가지 속성을 지녀야 하는데, 이것은 정책목표의 소망성(desirability)을 평가하는 기준이 된다.

1) 적합성(appropriateness)
달성할 가치가 있는 여러 가지 목표들 중에서 가장 바람직한 목표를 채택했는지의 여부를 의미한다. 이것은 정책문제의 정의와 표리일체의 관계에 있다.

2) 적절성(adequacy)
정책목표의 달성수준이 지나치게 높거나 낮지 않고 적당한 수준인지의 여부를 의미한다.

(3) 정책목표의 종류

정책목표는 여러 가지 기준에 따라 분류할 수 있는데, 여기서는 두 가지의 분류만을 보기로 한다.

1) 치유적 목표와 창조적 목표

치유적 목표(소극적 목표)란 문제발생 이전에 존재하던 상태를 정책목표로 삼는 경우를 말하며, 창조적 목표(적극적 목표)란 과거에 경험해 보지 못한 새로운 상태를 정책목표로 삼는 경우이다. 정책학의 주요 연구대상이 되는 것은 전자에 해당된다.

2) 상위목표와 하위목표

목표들 간에 서로 상·하관계에 있는 경우, 목표－수단의 계층제(ends－means hierarchy)의 관계에서 하위목표는 상위목표의 수단이 된다.

2. 정책목표의 기능

정책목표는 크게 두 가지 기능 또는 역할을 한다.

(1) 사회지도체계의 방향 설정

사회를 바람직한 방향으로 변화시키려는 기능은 정책목표의 1차적 또는 본래적 기능·역할이다.

(2) 정책과정의 지침과 기준의 역할

정책에 관련된 제과정이나 활동에서 길잡이 또는 목표물로서의 역할은
정책목표의 2차적 또는 부차적 기능·역할이다.

1) 최선의 정책수단선택의 기준
정책목표는 여러 가지 정책수단 중에서 최선의 것을 선택하는 기준으로
서 이용된다. (효과성·능률성기준)

2) 정책집행의 지침
정책목표는 정책집행과정에서의 구체적 결정이나 활동에서 길잡이 역할
을 한다.

3) 정책평가의 기준
정책집행과정에서의 평가(과정평가)나 정책효과의 발생여부를 판단하는
평가(총괄평가) 모두 정책목표가 그 중요한 평가기준이 된다.

3. 정책목표들 간의 상호관계와 우선순위 결정

(1) 정책목표들 간의 상호관계

하나의 정책은 여러 가지 정책목표를 가지고 있는 경우가 많은데, 이들
목표들 간에는 다음과 같은 상호관계가 있을 수 있다.

1) 상하관계
상위목표와 하위목표는 목표－수단의 계층제의 관계에 있기 때문에 하위
목표는 상위목표의 수단이 된다.

2) 보완관계

동일한 상위목표의 달성을 위해 몇 가지 하위목표들이 서로 보완관계에 있는 경우이다.

3) 모순·충돌관계

하나의 정책문제를 해결하면 다른 문제가 더욱 악화되는 상충관계(trade-off)에 있는 경우이다.

4) 경쟁관계

이용될 자원의 획득을 위하여 목표 간의 경쟁관계에 있는 경우이다.

(2) 정책목표들의 우선순위 결정

정책목표들 간의 상호관계에 있어서 상하관계에 있는 경우에는 하위목표는 상위목표의 정책수단이 되기 때문에 하위목표만 고려하면 된다. 그러나 정책목표들이 상호보완적, 모순·충돌, 경쟁관계에 있는 경우에는 목표의 우선순위와 달성수준을 결정하는 것이 목표설정의 핵심적 활동이 된다.

4. 정책목표의 설정

(1) 정책문제의 정의와 정책목표의 설정

정책을 통하여 해결해야 할 정책문제를 정의(특히 정책문제의 결과와 구성요소에 대한 정의)하는 것은 바로 정책이 달성하고자 하는 정책목표를 일차적으로 규정하는 것과 동일하다. 따라서 바람직한 정책목표를 설정하는 것은 정책문제를 바람직하게 정의하는 것과 표리일체의 관계에 있다고 할 수 있다.

(2) 정책목표의 설정절차

정책목표를 바람직스럽게 설정하려면 대략 다음과 같은 순서에 따라 이루어져야 한다. 즉 ① 먼저 정책문제의 올바른 파악과 정의가 있어야 하며, ② 다음으로 정책문제를 해결을 하여 얻게 될 효과와 이를 해결하기 위해서 희생될 비용 및 문제의 해결가능성을 검토한 후, ③ 정책목표의 우선순위와 달성수준을 결정하여야 한다.

(3) 정책목표 설정의 이상적 방법과 한계

1) 이상적 방법

정책목표 설정의 이상적인 방법은 ① 정책목표들 중에서 달성 불가능한 것은 제외시키고, ② 실현가능한 정책목표들 중에서 능률성(동일한 비용으로 많은 효과를 내도록)과 공평성(비용과 효과의 배분이 사회적 정의에 합치하도록) 등의 기준을 고려하여 여러 가지 목표의 우선순위 및 달성수준을 결정하는 것이다.

2) 이상적 방법의 한계와 차선책

이상과 같은 방법은 이상적이나, 현실적으로는 ① 목표달성효과와 비용의 측정·비교가 어렵고, ② 목표선택의 기준간의 모순·충돌 시에는 어느 기준을 우선 적용해야 할지 판단하기가 곤란하다는 한계가 있다.

이런 한계를 보완하려는 하나의 방법으로는 하나 또는 몇 개의 목표를 제약조건(constraints)으로 하고, 나머지 다른 목표들을 극대화시키는 방법이 있을 수 있다. 그러나 이 방법은 ① 제약조건으로 취급하는 목표의 달성수준을 어느 정도로 해야 할지를 결정하는 것이 어렵고, ② 전체의 정책효과를 극대화시킬 수 있는 목표수준의 설정은 불가능하기 때문에 어디까지나 차선책이라고 할 수 있다.

5. 정책목표의 구체화와 수정

(1) 목표 구체화의 중요성

정책목표는 위에서 본 바와 같이 정책과정의 지침적 기능을 수행하기 때문에 가능한 한 명확하고 구체화되어야 한다. 정책목표를 명확히 하고 구체화시키려면 정책목표의 소망성과 실행가능성을 보다 정밀하게 검토해야 하는데, 이를 위해서는 채택가능성 있는 정책수단에 대한 분석과 검토가 필요하다.

(2) 목표 구체화의 한계

정책목표를 구체화하는 것은 다음과 같은 세 가지의 커다란 한계 또는 제약에 부닥친다.
① 새로운 상황의 발생시 구체적이고 명확한 목표의 수정 필요성이 커진다.
② 목표가 구체적이고 명확할수록 정치적 지지획득이 곤란하고, 정치적 반대가 강화될 가능성이 커진다.
③ 또한 정책목표의 구체화는 집행단계에 가서야 비로소 가능한 경우가 많다.

그러나 정책결정과정과는 달리 집행과정에서 구체적으로 결정되는 목표는 보통 비공개적이고, 일반대중의 이익보다는 특수집단의 이익을 반영하는 경향이 있기 때문에 가능한 한 정책목표의 구체화는 많은 사람들이 참여한 상태에서 공개적으로 이루어져야 할 필요성이 제기된다.

■ 최선의 정책수단 선택의 논리 ■

1. 정책수단 선택의 중요성

바람직한 정책목표를 설정한 후에, 이 목표를 달성할 수 있는 정책수단 중에서 최선의 수단을 선택하게 되면 합리적·분석적 결정은 일단락되게 된다. 종래 정책분석가들은 정책목표는 주어진 것으로 전제하고 최선의 정책수단 선택을 위한 분석적 작업을 밝히는데 그 초점을 두어 왔는데, 그 이유는 정책수단 선택 자체가 지니고 있는 중요성 때문이라고 할 수 있다. 그 중요성을 간단하게 검토하면 다음과 같다.

① 정책수단은 정책목표를 달성하기 위한 수단이므로 정책목표를 달성하기 위해서는 정책수단의 결정과 실현이 있어야 한다.

② 정책수단은 목표달성 외에 많은 부수효과를 수반하는 경우가 대부분이기 때문에 그 자체의 독자적인 중요성을 갖는다.

③ 정책수단의 실현을 위해서는 사회적 희생이 포함된 정책비용을 지불해야 한다.

④ 어떤 정책수단을 선택하느냐에 따라 정책비용의 부담자가 달라지기 때문에 정책수단의 선택 자체는 정치적 갈등과 투쟁의 대상이 된다.

2. 최선의 정책수단 선택을 위한 작업

최선의 정책수단을 선택하기 위해서는 다음과 같은 순서를 밟아야 한다. 즉 ① 먼저 해결할 정책문제 또는 달성할 정책목표를 명확히 하고, ② 정책대안들을 광범위하게 탐색·개발하고, ③ 각각의 정책대안들이 가져올 결과를 예측하고, ④ 정책대안의 결과들을 상호 비교·평가한 후에, ⑤ 그 중에서 최선의 정책대안을 선택하는 것이다. 이상의 다섯 단계는 바로 합리적·분석적 의사결정 또는 합리적·분석적 정책결정이 밟아야 할 기본적인 단계인 것이다.

3. 정책수단과 정책대안

앞에서 정책수단 대신에 정책대안이라는 용어를 사용하고 있는데, 이 두 용어의 의미는 다음과 같다.

(1) 정책수단(policy means)

이것은 정책목표를 달성하기 위한 수단을 말한다. 이러한 정책수단은 정책목표와 더불어 목표-수단의 계층제를 이룬다.

(2) 정책대안(policy alternatives)

이것은 정책목표와 정책수단을 하나씩 배합(combination)해 놓은 것을 말하는데, 채택 가능한 여러 가지 정책들을 하나하나 지칭하는 용어이다.

Ⅳ. 정책대안의 탐색과 개발

1. 의 의

정책대안(policy alternative)이란 '문제해결을 위한 가능한 행동경로(possible course of action)' 또는 '정책목표와 이를 달성하기 위한 정책수단들의 배합의 하나하나'를 의미하는데, 최선의 정책수단을 선택하기 위해서는 우선 중요한 대안들을 광범위하게 탐색하고 개발해야 한다. 이 단계는 정책분석가의 역할 중에서 가장 창의성과 상상력이 요구되는 단계이다.

2. 정책대안의 원천

정책결정자나 정책분석가가 의식적으로 또는 무의식적으로 고려하는 정책대안은 몇 가지 원천(source)으로부터 나온다.

(1) 과거의 정책

과거 또는 현존의 정책은 정책결정자들이 현실적으로 고려하는 정책대안을 제공하는 가장 중요한 원천이 된다. 현재 해결해야 할 정책문제와 유사한 정책문제를 과거의 정부정책으로 해결한 경우에 그러한 정책목록(program repertory)은 문제해결의 하나의 정책대안이 될 수 있다.

1) 장 점

현존정책이나 정책목록 속에 포함된 정책들을 정책대안으로 사용하면 다음과 같은 몇 가지 장점이 있다. ① 정책결정자들이 해당 정책대안을 추진했을 때 나타날 결과, 필요한 활동이나 자원, 관련정치세력의 반응 등을 미리 예측할 수 있고, ② 과거 정책을 추진하는 과정에서 나타난 문제점들을 개선할 수 있으며, ③ 이미 정책결정과정에서 채택해 보았던 것이므로 채택이 용이하다는 점이다.

2) 단 점

그러나 현존정책이나 정책목록 속에 포함된 정책들을 정책대안으로 사용할 때는 주의를 요하는 점이 있다. 정책결정자들이 과거와 현재의 상황변화(시간적 차이)를 인식하지 못한 경우, 상황의 변화에 따른 정책 실패를 야기할 수 있다는 것이다.

(2) 타정부의 정책

다른 정부의 정책목록들도 정책대안의 출처가 될 수 있는데, 여기서 다른 정부란 다른 지방정부인 경우도 있고 또 다른 국가의 정부인 경우도 있다. 다른 정부의 정책을 정책대안으로 고려하는 경우의 장·단점은 과거의 정책목록을 이용하는 경우와 비슷하다. 즉 ① 정책을 추진했을 때 나타날 결과의 예측, ② 정치세력의 분석, ③ 집행상 필요한 자원, 계획 등의 사전 검토가 용이하다는 장점이 있는 반면에 정책결정자가 상황의 공간적인 차이를 인식하지 못했을 때 정치·경제·사회·문화적인 측면에서의 다른 상황으로 인하여 동일한 정책이라도 전혀 다른 결과를 초래할 수 있다는 단점이 있다. 따라서 다른 나라의 정책을 정책대안으로 고려할 때는 신중을 기하고 상황의 차이를 면밀히 검토하여야 하는 것이다.

(3) 관련 이론

이론(theory)은 정책목표와 정책수단 간의 인과관계를 내포하고 있기 때문에 정책대안의 원천이 된다. 이론을 적용하여 현실적인 정책대안을 창출할 때는 모형화 하는 경우가 대부분이다. 모형은 현실을 단순화한 것으로서 정책대안을 개발하거나 정책대안이 가져올 결과를 예측하는데도 사용된다. 모형의 유용성은 ① 선정된 변수들 간의 인과관계의 정도, ② 자료의 정확성 여부에 따라 결정된다. 다만 모형을 이용하여 정책대안을 탐색하거나 결과예측을 하는 방법은 이론이나 전문지식이 부족하거나, 상황에 대한 정보가 부족한 경우에는 한계가 있다.

(4) 주관적 · 직관적 방법

위의 여러 가지 방법들에 의한 대안탐색이 곤란할 경우에는 관계자들의 주관적인 의견을 이용하여 정책대안을 탐색할 수 있다. 주관적 · 직관적 판단을 이용하는 방법으로는 집단토의(Brainstorming)와 델파이(Delphi) 기법이 있는데, 양자 모두 정책대안의 개발 · 창출뿐만 아니라 정책대안의 결과예측에 사용된다.

1) 집단토의(Brainstorming)

이것은 즉흥적이고 자유분방하게 여러 가지 기발한 아이디어를 창안하는 활동을 말한다. 여러 사람들이 모여서 집단적 토의를 할 경우 독창적이고 창의적인 아이디어를 얻을 수 있는데, Brainstorming은 다음의 두 단계로 이루어진다.

① 아이디어들의 제안 : 이 단계에서는 정책대안들이 자유스럽게 제시될 수 있도록 아이디어에 대한 평가는 하지 않아야 한다.
② 대안들의 평가와 종합 : 여기에서는 비슷한 아이디어들을 취합하고, 실현 불가능한 대안 등은 제거함으로써 몇 가지 대안들을 제시하게 된다.

2) 정책델파이(Policy Delphi)

① 의 의 : 이것은 전문가들의 의견을 종합하여 보다 합리적인 아이디어를 얻기 위해 시도된 Delphi 기법을 정책대안의 탐색이나 정책대안의 결과예측에 활용한 것이다. 일반적인 델파이 기법은 익명성, 반복성과 환류, 전문가의 합의도출 등을 그 특징으로 하는데, 정책델파이는 정 반대의 입장에 있는 정책관련자들의 서로 상반되는 의견을 표출시켜 정책대안을 개발하고 대안의 결과예측을 하는데 이용되는 방법이다.

② 특 징 : 정책델파이는 일반적인 델파이와는 다른 다음과 같은 몇 가지 특징을 지닌다.

 ⅰ) 정책관련자의 의견 중시 : 전문가뿐만 아니라 정책관련자를 참여시켜 이들로부터 의견을 얻는다.

 ⅱ) 선택적 익명성 : 익명성은 처음에만 유지하고, 상반된 주장이 나오면 대면(對面)에 의한 토론을 하도록 한다.

 ⅲ) 유도된 의견 대립 : 일부러 갈등을 조성하고, 그것으로부터 대안이나 대안의 결과에 대한 창의가 나오기를 기대한다.

③ 의견집계방법 : 각자의 의견을 통합·집계하는데 있어서 정책관련자들 간에 상호 차이가 많이 나는 부분을 부각시키는 방법을 쓴다.

3. 정책대안의 탐색·개발의 절차

정책대안을 탐색하거나 개발할 때는 다음의 세 가지 단계를 거치는 것이 합리적이다.

① 먼저 정의된 정책문제를 정확히 인지하고, 정책목표를 명확히 하여야 한다.

② 이론이나 과거 정책, 창의적인 방법 등 다양한 방법을 이용하여 정책수단들을 광범위하게 파악한다.

③ 각각의 정책수단들과 정책목표를 결합시켜 구체적인 정책대안을 만든다.

4. 정책대안의 예비분석

(1) 의 의

무수히 많이 개발된 모든 정책대안들을 분석하는 것은 시간·비용·기술상의 한계가 있고, 또한 그렇게 하는 것이 바람직스러운 것도 아니다. 따라서 수많은 대안들 중에서 중요한 정책대안들만 골라내어 이들만을 본격적으로 분석할 필요가 있다. 이와 같이 '탐색·개발된 무수한 대안들을 예비적으로 검토하여 본격적인 분석의 대상이 될 몇 개의 대안만을 골라내는 작업'을 정책대안의 예비분석(screen)이라고 부른다.

(2) 기 준

수많은 대안들 중에서 본격적인 분석의 대상이 될 중요한 대안만을 골라내는데 이용되는 기준으로는 다음의 두 가지를 들 수 있다.

1) 정책대안의 실현가능성(feasibility) : 정책대안이 정책으로 채택되고 집행될 가능성이 있어야 한다. 따라서 정책대안이 실현가능성이 있는 경우에만 본격적인 분석의 대상이 된다.
2) 정책대안의 소망성(desirability) : 정책대안이 소망성 측면에서 다른 정책대안들보다 바람직스러워야 한다. 따라서 다른 대안들보다 바람직하지 못한 대안들은 본격적인 분석에서 제외된다.

5. 정책대안 탐색·개발의 한계와 극복방안

(1) 한 계

  최선의 정책수단을 선택하기 위해서는 먼저 중요한 정책대안들을 광범위하게 탐색·개발하여야 하나, 실제로는 ① 정책담당자의 능력부족, ② 조직이나 강력한 집단의 반대, ③ 정치이념에 반하는 정책대안은 처음부터 제외된다.

(2) 극복방안

  이러한 한계를 극복하기 위해서는 ① 정책결정자의 능력을 보완할 수 있는 정책참모기구 및 기능의 확충, ② 강력한 집단의 반대를 극복할 수 있는 정책분석가의 창도자적 역할, ③ 정책공동체의 활성화 등을 통해 광범위하게 대안을 탐색·개발할 수 있는 방안이 모색되어야 할 것이다.

V. 정책대안의 결과예측

1. 의 의

(1) 정책대안 결과예측의 의미

  문제해결을 위한 정책목표가 설정되고 이것을 달성할 수 있는 정책수단들이 광범위하게 탐색·개발된 후에는, 그러한 각각의 정책수단들이 집행될 때 어떤 결과가 나타나게 될지에 대하여 미리 예상해 보아야 한다. 이와 같이 '정책대안을 집행 또는 실시했을 경우에 나타날 결과들(정책효과와 정책비용)을 미리 예상하는 것'을 정책대안의 결과예측이라고 부른다.
  정책대안을 미리 예측하는 것은 합리적·분석적 정책결정에서 가장 어려운 단계이면서 능력과 시간이 부족한 정책결정자에게 정책분석이 도움을 줄 수 있는 가장 중요한 단계이다.

(2) 정책예측의 중요성

우리가 선택하는 정책대안은 미래에 영향을 줄 뿐 아니라 정책대안이 가져올 성과도 미래의 상황에 의해 영향을 받기 때문에 정책결정과정에서 미래예측이 얼마나 정확히 이루어졌느냐에 따라 정책의 내용과 질이 영향을 받는다. 특히 복잡하고 불확실성이 높으며, 시계(時界)가 긴 장기정책의 경우에는 더욱 그러하다.

2. 정책대안의 결과예측방법

앞에서 본 정책대안의 탐색·개발 방법들은 그대로 정책대안의 결과예측 방법들이 될 수 있기 때문에 중복된 내용에 대해서는 간단히 설명하기로 한다.

(1) 과거의 정책 및 외국의 정책에 의한 예측

① 과거에 추진했던 정책을 정책대안으로 고려하는 경우 과거의 정책추진 결과가 앞으로도 나타날 것이라고 예측할 수 있다. 다만 이 방법은 정책대안의 결과가 상황에 따라서 달라질 수 있음을 인식할 필요가 있다.
② 또한 외국에서 추진하고 있는 정책을 대안으로 고려하는 경우 외국에서 나타난 정책추진 결과가 우리나라에서도 나타날 것이라고 예측할 수 있다. 다만 이 경우에도 외국과 우리나라 상황의 차이로 인하여 정책대안이 다른 결과가 나타날 수 있음을 인식할 필요가 있다.

(2) 모형의 이용

① 모형은 정책대안의 탐색뿐만 아니라 정책대안의 결과예측을 가능케 해준다.
② 모형을 작성할 때는 해결해야 할 정책문제의 발생원인과 정책대안을 추진했을 때 나타날 결과를 탐색하고, 각 원인 또는 결과변수 및 요소들 간의 상호관계를 나타내 주어야 한다. 이와 같이 원인변수와 결과변수간의 인과관계를 규명함으로써 정책대안의 결과예측을 할 수 있다.
③ 정책대안의 결과를 예측하는 모형의 종류에는 결과를 확정적으로 예측하는 확정적 모형(선형계획 등)과 상황에 따라 다르게 결과를 예측하면서 상황의 발생확률을 밝히는 확률적 모형(의사결정분석 등)이 있다.
④ 모형의 예측력은 모형의 정확성(중요한 변수들의 포함정도와 변수들 간의 인과관계의 정확도)과 자료의 정확성에 의하여 좌우된다.

(3) 정책실험

전면적으로 정책을 추진하기 전에 소규모로 일정한 정책대상집단에게 실험적으로 정책을 실시하여 정책의 효과발생 여부를 알아보는 방법이다.

(4) 직관적·주관적 방법

1) Brainstorming
이것은 여러 개인들의 창의를 통해 정책대안의 결과의 종류에는 어떤 것들이 있는가를 알아보는데 도움을 준다.

2) 델파이와 정책델파이

익명성을 유지하면서 전문가들에 의해 정책대안의 결과를 예측하는 방법이 일반적인 델파이 기법이고, 일반적인 델파이 기법을 활용하면서 정책관련자들을 통해 정책대안 결과의 종류를 알아보는 방법이 정책델파이 기법이다.

(5) 기 타

이외에도 정책대안의 결과예측방법으로는 ① 시계열분석을 이용한 경향분석(과거추세연장), ② 회귀분석, ③ 선형계획 등이 있다.

3. 불확실성과 결과예측

(1) 개 념

정책분석에서의 불확실성(uncertainty)이란 '올바른 의사결정을 위하여 알아야 할 것과 실제로 알고 있는 것과의 차이' 또는 '정책대안의 성공에 영향을 미치는 요소들에 대한 예측불가능성'을 의미한다.

(2) 정책결정에서의 불확실성

정책결정과정에서 불확실하게 느끼는 것은 ① 정책문제의 원인과 결과, ② 바람직한 정책목표, ③ 정책대안의 종류, ④ 정책대안의 결과, ⑤ 바람직한 정책대안의 평가기준이 무엇인지를 모르는 경우이다.

이 중에서 ②, ⑤는 바람직한 가치(values)에 대해 잘 모르는 경우이나 ①, ③, ④는 사실(facts)을 잘 모르는 경우이므로 정책결정에서의 불확실성은 ①, ③, ④만을 포함한다.

(3) 불확실성의 종류 (E.S. Quade)

1) 확률적 불확실성

무작위적(random)인 사건에 의한 것으로서 ① 대안의 결과는 알고 있으나, 그 발생확률을 모르는 경우(uncertainty)와 ② 발생확률은 알고 있으나, 어떤 특정 결과가 나올지 모르는 경우(risk)가 포함된다.

2) 실질적 불확실성

여기에는 ① 어떤 대안의 개념은 알고 있으나, 그 결과나 확률을 모르는 경우와 ② 인간의 의도적 행동·선호·동기의 가변성으로 인해 생기는 경우가 있다.

(4) 불확실성의 발생원인

의사결정에 있어서 불확실성이 발생하는 원인으로는 ① 문제 상황이 매우 복잡(complexity)하고 동태(dynamics)적인 경우와 ② 정책담당자의 능력·시간·경비의 부족, 그리고 ③ 모형의 불확실성과 정보·자료의 부족 등이 있다.

(5) 불확실성의 대처방안

불확실성에 대처하는 방안은 ① 불확실한 것을 적극적으로 확실하게 하려는 적극적 방법과 ② 불확실성을 주어진 것으로 전제하고 이러한 불확실성을 감안하여 정책을 결정하는 소극적 방법이 있는데, 현실적으로는 이 두 가지 방법을 동시에 사용하게 된다.

1) 적극적 방안

① 정보 획득 및 모형 개발 : 상황에 대한 정보를 획득하거나 모형을 개발하여 정책대안이 가져올 결과를 확실하게 예측하는 방법이다.

② 불확실한 상황의 통제 : 불확실성을 제거하기 위하여 환경과 흥정하거나 연합함으로써 불확실성을 발생시키는 상황자체를 통제하는 방법이다.

2) 소극적 방안

① 보수적 방법 : 불확실한 상황에서 최악의 경우를 전제하고, 이 전제하에서 정책대안의 결과를 예측하여 최선의 대안을 선택하는 방법이다.

② 중복성(redundancy) : 위험발생의 사태에 대비하여 중복성 또는 가외성(redundancy), 신축성(flexibility) 등의 추가안전장치를 확보하는 방법이다.

③ 민감도분석과 상황의존분석 : 민감도분석(sensitivity analysis)이란 정책대안의 결과들이 모형상의 패러미터의 변화에 얼마나 민감한지를 파악하는 방법이고, 상황의존분석(contingency analysis)이란 민감도분석과 본질적으로 동일하지만 외생변수인 정책상황의 변화 및 발생확률에 정책대안의 결과들이 얼마나 민감한지를 파악하는 방법이다.

④ 악조건가중분석(a fortiori analysis) : 우수한 정책대안에서는 최악의 상태가 발생하고, 나머지 대안에서는 최선의 상태가 발생하리라고 가정함에도 불구하고 여전히 최초의 우수한 대안이 가장 우수하다면 이를 채택하는 방법이다.

⑤ 분기점분석(break−even analysis) : 최선 및 차선으로 예상되는 대안들이 동등한 결과를 산출하기 위해서는 불확실한 요소들에 대하여 어떤 가정을 해야 하는지를 파악하여, 가장 발생가능성이 높은 대안을 최선의 대안으로 채택하는 방법이다.

■ 거대정책분석 ■

1. 거대정책분석의 필요성

고도의 불확실한 상황 속에서 최고정책결정자들이 국가의 진로와 관련된 중대한 정책결정을 행하는 것은 본질적으로 모험이며 불확실한 도박(fuzzy gambles)적인 성격을 띤다. 이러한 중대한 정책결정은 미래사회를 형성하는데 더욱 장기적이고 광범위하며 강하게 영향을 미치기 때문에 최고정책결정자의 통찰력과 판단의 질을 높일 수 있는 거대정책분석의 활동이 요청된다.

주로 미시경제분석과 체제분석의 방법을 활용하는 전통적인 정책분석방법들은 거대정책결정문제를 다룸에 있어서 결정적으로 중요한 '불확실성'을 적절히 다룰 수 없기 때문에 국가나 대규모 조직의 중대한 선택을 위한 결정에는 별로 도움이 되지 못한다는 한계가 있다. 따라서 고도의 불확실한 상황 속에서 최고정책결정자의 판단의 질을 높이기 위한 분석활동이 필요한데 그것이 바로 거대정책분석이다.

2. 거대정책분석의 개념

거대정책분석(grand policy analysis)이란 '사회전반의 발전방향에 커다란 영향을 미치는 중대한 선택문제에 직면했을 때 이를 분석하여 정책결정자에게 필요한 정보를 제공하는 활동'을 말한다.

3. 거대정책분석의 주요 원칙

고도의 불확실한 상황 속에서 미래사회의 발전방향을 결정해야 하는 최고정책결정자의 의사결정의 질을 높일 수 있는 거대정책분석의 주요원칙은 다음과 같다.

① 거대정책분석은 과학철학에 기초를 두는 것이 아니라 인간의 초합리성에 바탕을 둔 판단과 행동철학에 기초를 두며, 가치의 분석과 목표의 탐색에 더 큰 비중을 둔다.

② 거대한 미래설계를 추구하기 때문에 점증정책, 혁신정책 등 다양한 정책양식을 심사숙고해서 고안해 내며, 최악 및 나쁜 상황은 감소시키고 바람직한 상황의 가능성은 향상시키는 양면전략을 구사한다.

③ 여러 가지 대안적인 미래의 가능성에 특히 주의를 기울이며, 동태적인 환경과의 상호작용이라는 관점에서 분석을 시행한다.

④ 환경에 대한 모니터링과 환류에 의하여 정책결정의 오류를 교정할 수 있는 장치를 마련한다.

Ⅵ. 정책대안의 비교·평가

1. 의 의

정책대안들이 개발되고 나면 각각의 대안이 가져올 예상결과를 예측하고 또 어떤 대안이 더 바람직한가를 비교·평가함으로써 정책대안들 간의 우선순위를 정해야 한다. 정책대안의 우선순위를 비교·평가하기 위해서는 일정한 기준이 있어야 되는데, 일반적으로 소망성(desirability)과 실현가능성(feasibility) 기준을 들 수 있다.

2. 소망성 기준

정책대안의 평가기준으로서의 소망성은 정책대안이 얼마나 바람직스러운 가를 나타내는 것이다. 소망성을 판단하는 기준으로는 효과성, 능률성, 공평성의 기준이 가장 중요하며, 이외에도 만족도, 대응성, 위험성, 일관성 등의 기준이 있다.

(1) 효과성

1) 의 의
효과성(effectiveness)은 일반적으로 '목표의 달성정도' 또는 '달성된 목표·계획된 목표'를 의미한다. 정책효과는 ① 정책목표를 달성한 결과로 나타나는 직접적 효과도 있고, ② 부수적으로 나타나는 부수효과(side effect) 또는 파급효과도 있다. 따라서 정책분석가는 대안작성 당시에는 예측하지 못했던 효과가 다른 정책이나 문제, 또는 예상 밖의 사람들에게 영향을 미칠 수 있다는 점을 고려해야 한다.

2) 정책대안의 평가기준으로서의 효과성
목표를 가장 잘 달성할 수 있는 수단이 선택된 경우, 즉 목표와 수단사이의 인과관계가 분명한 경우 효과적인 대안이 선택되었다고 할 수 있다.

3) 장·단점
정책목표달성의 극대화를 가져오는 정책대안을 선정할 수 있다는 장점이 있지만, 이 기준은 목표달성을 위하여 희생해야 하는 정책비용을 고려하고 있지 않다는 한계가 있다.

(2) 능률성

1) 의 의

능률성(efficiency)은 '투입(비용)과 산출의 비율' 또는 '비용과 효과(편익)의 비율'로 정의된다. 전자를 좁은 의미의 능률성, 후자를 넓은 의미의 능률성이라고 부르는데, 전자는 기계적 능률성, 후자는 사회적 능률성과 비슷한 개념이다.

- 좁은 의미의 능률성＝산출(output)/투입(input)＝산출/비용(cost)
- 넓은 의미의 능률성＝정책효과(effect)/정책비용＝편익(benefit)/비용

---

2) 넓은 의미의 능률성

일반적으로 정책대안의 평가기준으로는 넓은 의미의 능률성을 사용하는데, 이것은 정책대안의 사회적 총효과(총편익)를 사회적 총비용으로 나누는 것이 된다. 정책을 집행할 때 희생되는 가치를 정책비용이라고 부르는데, 여기에는 정책담당자가 부담하는 직접비용(정책의 추진을 위하여 직접 사용되는 비용)과 간접비용(여러 정책을 동시에 추진할 때 공동적으로 투입되는 비용), 그리고 민간부문의 정책대상자가 부담하는 비용과 정책의 부작용으로 인한 사회적 희생이 포함된다.

3) 능률성의 측정기준

넓은 의미의 능률성은 비용－편익분석(Cost－Benefit Analysis)에서 말하는 비용－편익비(B/C ratio)에 해당되는 것인데, 이외에도 능률적인 대안을 판단하는 기준으로는 순현재가치(NPV), 내부수익률(IRR)이 있다.

① 비용－편익 비－비용－편익 비(B/C ratio)는 편익의 현재가치를 비용의 현재가치로 나눈 것으로서, 경제적 능률성 척도로 가장 널리 이용되고 있다. 따라서 어떤 대안의 B/C ratio가 1 보다 크면 그 사업은 추진할만한 가치가 있고, 사업대안이 복수일 경우에는 그 값이 가장

큰 대안이 가장 타당성이 있는 대안이라고 할 수 있다.

② 순현재가치－순현재가치(NPV : net present value)는 편익의 순현재
가치에서 비용의 순현재가치를 뺀 것을 말한다. 따라서 어떤 대안의
NPV가 0보다 크면 그 사업은 추진할만한 가치가 있고, 사업대안이
복수일 경우에는 그 값이 가장 큰 대안이 가장 바람직한 대안이라고
할 수 있다.

③ 내부수익율－내부수익율(IRR : internal rate of return)은 NPV를 0
으로 만드는 (즉 편익＝비용이 되도록 하는) 할인율을 말하는데, 이
는 대안평가에 적용할 적정한 할인율을 모르는 경우에 유용하게 이용
된다. IRR의 값은 편익이 클수록 커지기 때문에 IRR의 값이 클수록
훌륭한 대안이라고 할 수 있다.

[대안비교의 평가기준]

평가기준	계　산　방　법
1. 비용편익비	$\dfrac{\text{편익의 현재가치}}{\text{비용의 현재가치}}$
2. 순현재가치	편익의 현재가치 － 비용의 현재가치
3. 내부수익율	NPV ＝ 0 이 되도록 하는 할인율

* 여기서 편익의 현재가치는 편익의 현재가치의 총합계를 의미하고, 비용의 현재가치는
비용의 현재가치의 총합계를 의미한다.

4) 정책대안의 평가기준으로서의 능률성

능률성을 기준으로 하면 일정한 목표달성을 위하여 최소한의 비용이나
희생을 지불한 정책대안이 가장 능률적인 대안이 될 것이다.

① 협의의 능률성 기준－동일한 비용으로 최대의 산출을 내거나, 동일한
산출을 위하여 최소의 비용이 드는 정책대안이 가장 능률적인 대안이

된다.

② 광의의 능률성 기준-동일한 비용으로 최대의 효과를 내거나, 동일한 정책효과를 위하여 최소의 정책비용이 드는 정책대안이 가장 능률적인 대안이 된다.

5) 평 가

능률성 기준은 효과성 기준에 비해 정책효과 뿐만 아니라 정책비용도 고려할 수 있고, 사회적 자원의 최적배분을 도모할 수 있는 최선의 대안을 선택할 수 있다는 장점이 있으나, 정책효과나 비용의 배분상태가 바람직한가 즉 공평성의 문제는 고려할 수 없다는 한계가 있다.

■ Pareto 최적기준과 Kaldor-Hicks 기준 ■

1. 의 의

능률성의 기준을 정책분석 과정에 적용할 수 있도록 좀 더 구체적인 기준으로 발전시킨 것이 Pareto 최적기준과 Kaldor-Hicks 기준이다.

2. Pareto 기준

Pareto 최적상태란 어느 한 사람에게도 손실을 끼치지 않고는 다른 사람들의 후생을 증진시킬 수 없는 경제적으로 효율적인 상황을 말한다. 정책대안의 평가기준으로서 Pareto 최적기준은 만일 어떤 정책의 시행으로 아무도 더 나빠지지 않으면서 많은 사람들의 후생이 증가할 때 이러한 정책은 바람직한 정책이라고 보는 기준이다. 따라서 이 기준은 이미 주어진 소득분배 구조 하에서 사회전체 후생의 극대화를 도모한다는 점에서 능률성의 기준이 된다. 그러나 이 기준에는 두 가지의 문제점이 있다. ① 만일 어떤 정책의 시행으로 일부의 사람들에게는 후생이 증가하고, 또 다른 일부의 사람들에게는 후생이 감소한다면 이것을 어떻게 판단해야 하는지가 문제이고, ② 공평성에 대해서는 적절한 판단기준이 되지 못한다는 점이다.

3. Kaldor-Hicks 기준

Kaldor-Hicks 기준은 Pareto 최적기준이 가지고 있는 첫 번째의 문제점을 해결하기 위해 제시된 기준이다. 즉 어떤 정책을 시행하여 어떤 사람들은 전보다 더 좋아지고 또 어떤 사람들은 더 나빠지게 될 때, 더 좋아지는 사람들이 더 나빠지게 되는 사람들에게 보상을 해주고도 남을 때 사회 전체적인 복지나 후생은 증가하게 되며, 이러한 정책은 바람직한 정책이라는 것이 Kaldor-Hicks 기준이다. 이것은 비용-편익분석에서 보는 순현재가치 기준과 완전히 동일한 논리이다.

(3) 공평성

1) 의 의

공평성(equity) 또는 형평성이란 일반적으로 '동일한 경우는 동일하게 취급하고(수평적 공평성: horizontal equity), 서로 다른 경우는 서로 다르게 취급하는 것(수직적 공평성: vertical equity)'으로 정의된다. '수평적 공평성'은 모든 인간은 존엄과 인격 면에서 동등하기 때문에 정부의 정책에서 동등하게 취급(예 : 동일한 투표권, 동일 노동에 대한 동일한 임금, 병역의

무 등)되어야 한다는데 반해서, '수직적 공평성'은 인간의 존엄과 인격 면에서는 동일하지만 다른 측면에서는 차이가 있으므로 차이 있는 경우에는 차이 있는 취급(예 ; 누진세율 등)이 있어야 한다는 것이다. 이렇게 보면 수직적 공평성은 배분적 정의(distributive justice)를 의미하게 된다.

2) Rawls의 정의의 원칙

공평성의 원칙과 밀접히 관련된 중요한 원칙이 J. Rawls의 정의(正義)의 원칙인데, 이것은 두 개의 원칙으로 되어 있다.

① 정의의 제1원칙－평등한 자유의 원칙으로서, 모든 사람은 다른 사람의 유사한 자유와 상충되지 않는 한 가장 광범위한 자유에 대한 동등한 권리를 갖는다는 것이다. 이 원칙은 수평적 공평성과 관련된다.

② 정의의 제2원칙－차등의 원칙으로서, 사회적·경제적 불평등은 다음의 두 조건을 충족하도록 조정되어야 한다는 것이다. 첫째 불평등은 최소수혜자에게 최대이익이 보장되도록 하고, 둘째 불평등의 근원이 되는 직위와 직책은 모든 사람에게 균등하게 개방되어야 한다는 것이다. 이 원칙은 수직적 공평성과 관련된다.

3) 정책대안의 평가기준으로서의 공평성 (수직적 공평성의 경우)

공평성을 기준으로 최선의 대안을 찾을 때는 정책효과와 정책비용의 배분이 배분적 정의에 합치되는 정책대안이 가장 공평한 정책대안이 될 것이다. 공평성은 비록 그 개념이 명확하지는 않지만 정책대안의 비교·평가기준으로서 지니는 역할은 매우 중요하다. 공평성은 절대적인 평등성을 의미하는 것은 아니고, 지역·집단 또는 개인들이 어떤 기준에 따라 비례적으로 어떤 가치를 배정받는 것을 의미한다. 또한 공평성은 가치의 배정에 있어서 지역·집단 또는 개인들이 그들의 필요와 자원에 따라 받아야 할 편익의 최소한의 수준 또는 부담해야 할 비용의 최대한의 제약을 의미하기도 한다.

일반적으로 효과성이나 능률성 기준은 정책효과나 정책비용이 사회 전체적으로 보아 어느 정도인가를 측정하는 총량적(aggregate) 기준인 반면에 공평성 기준은 정책효과나 정책비용이 구체적으로 누구(개인·집단·지역 등)에게 돌아가느냐 하는 개개인을 고려한 기준이라고 할 수 있다. 따라서 효과성이나 능률성은 보다 객관적이고 경제적으로 중요한 가치인 반면에 공평성은 보다 주관적이고 정치적으로 중요한 가치라고 할 수 있다.

4) 평 가

공평성 기준은 경제적 측면보다는 정치적 측면에서 매우 중요한 가치를 지닐 뿐만 아니라 그로 인하여 여러 가지 정치적으로 바람직한 효과를 가진다. 정책효과가 가난하고 약한 자에게 보다 많이 향유되고, 정책비용이 능력 있는 사람에게 보다 많이 부담되어 공평성이 향상되면 소득계층간의 화합과 국민통합에 기여하게 되며, 정치적 안정과 체제의 정치적 능력을 향상시키는 등 여러 가지 바람직한 효과를 가진다.

그러나 어떤 기준에 의하여 가치를 분배할 것이냐 하는 분배기준의 선택은 정책결정자 또는 정책결정집단에 의하여 결정된다는 점에서 가치의 배분과 관련된 개념인 공평성은 주관성을 배제하기 어렵다는 한계가 있다.

(4) 경제적 합리성과 정치적 합리성

1) 경제적 합리성

정책효과나 정책비용에서 능률성 등 경제적 가치를 중시하는 개념으로 정치적 합리성과 대비된다.

2) 정치적 합리성

인권문제, 민주성, 공평성 등 정치적으로 바람직한 가치를 중시하는 개념으로서, A. Wildavsky는 정치적 효과가 정치적 비용보다 큰 경우에는 정치적으로 합리적이라고 한다.

정치적으로 바람직스러움을 의미하는 정치적 합리성은 현존하는 정치적 역학관계를 반영하는 정치적 실현가능성과는 구별된다. 이와 관련하여 생각해 볼 문제는 타협에 의한 결정이 언제나 정치적으로 합리적인가 하는 것이다. 만약 타협의 쌍방이 서로 상대를 존중할 수 있는 정치적 제도나 환경이 마련되어 있다면 타협에 의한 결정은 정치적으로 바람직한 결과를 가져올 수 있다고 말할 수 있을 것이다. 그러나 현존하는 정치적 역학관계가 바람직스럽지 못한 경우에는 타협에 의한 결정이 정치적 합리성을 충족시킨다고 할 수 없을 것이다. 왜냐하면 이 경우에는 정치적 강자에 의해 정치적 약자가 희생될 수 있기 때문이다.

(5) 소망성 평가기준 간의 상충관계와 조화방안

능률성과 같은 경제적 합리성의 기준과 공평성과 같은 정치적 합리성의 기준은 때로는 상호 보완적인 관계에 있는 경우도 있지만, 일반적으로는 상충관계(trade-off)에 있는 경우가 많은 것이 현실이다. 사회 전체적으로는 능률적이거나 효과적이나, 집단간·지역간의 정책효과 또는 정책비용의 배분이 공평하지 못한 대안인 경우 어떤 평가기준을 적용해야 할지가 문제이다. 이는 가치판단의 문제로서 누구의 가치 또는 선호를 우선할 것인가의 문제와 직결된다.

이 경우 양자를 조화시킬 수 있는 방안으로서 모든 개인이나 집단·지역에 대하여 최소한의 필요수준을 충족(공평성)시켜 주면서, 사회적 편익에서 사회적 비용을 뺀 차이가 가장 큰 정책대안을 선택(능률성)하는 경우를 생각해 볼 수 있다. 그러나 이 기준도 현실에 구체적으로 적용하는 데는 많은 어려움이 따른다.

(6) 우리나라에서 소망성 기준

우리나라에서는 1960, 1970년대 정부주도의 경제성장을 추진하면서 목표
달성도를 의미하는 효과성을 가장 중요한 정책기준으로 중시하였고, 이 과
정에서 정책추진에 투입되는 정책비용이나 정책효과의 공평성은 고려하지
않았다.

1980년대 초에는 목표달성도 뿐만 아니라 정책담당자가 부담하는 직접비
용까지도 고려하는, 즉 좁은 의미의 능률성을 추구하였으나, 여전히 민간부
문이 부담해야 하는 비용 및 사회적 희생과 공평성은 무시되었다.

그러다가 1980년대 중반 이후 사회의 민주화·다원화와 함께 정부에서도
사회적 능률성(넓은 의미의 능률성) 뿐만 아니라 배분적 정의와 관련되는
공평성(사회적 형평성)도 정책기준으로 중시하게 되었다.

3. 실현가능성 기준

(1) 의 의

정책대안의 실현가능성(feasibility)은 정책대안이 ① 정책으로 '채택'될
가능성과 ② 그 내용이 정책으로서 충실히 '집행'될 가능성을 의미한다. 정
책대안이 정책으로 채택될 가능성은 특히 현존하는 정치세력에 의한 정치
적 실현가능성과 관련되며, 정책이 집행될 가능성은 정책의 제약조건
(constraints)으로서 행정적·재정적·기술적 실현가능성과 관련된다.

(2) 실현가능성의 종류

정책 또는 정책대안의 실현가능성은 흔히 다음과 같은 여섯 가지로 나눌
수 있다.

1) 정치적 실현가능성

정치체제에 의하여 정책대안이 채택되고 집행될 가능성, 즉 정책대안의 채택과 집행에서 정치적 지원을 받을 가능성을 의미한다. 이것은 정책결정과정에서나 집행과정에서 강력한 정치세력의 지지에 따라 달라지기 때문에, 정치적 실현가능성은 재정적·행정적·기술적 실현가능성까지 좌우하기도 한다.

한편 정치적 합리성과 정치적 실현가능성은 구별되는 개념이라고 하였다. 전자는 정치적으로 바람직스러운 것으로서 정치적 가치의 획득을 통해 달성되는 것이며, 후자는 현존하는 정치세력의 지지정도를 의미한다. 따라서 현존하는 정치체제가 바람직스럽게 분포되어 있지 않다면 정치적 실현가능성이 큰 대안이 바람직한 대안이 아닌 경우가 많다. 이런 경우에는 정치적 강자에 의해 정치적 약자가 희생되는 경우가 흔히 발생하며, 정치적 실현가능성은 비도덕적이고 비합리적인 성격을 띠게 된다. 결국 민주정치제도의 이상이란 정치권력의 민주적 분포와 정치제도의 민주적 운영을 통해서 정치적 실현가능성을 정치적 합리성이나 기타 소망성과 일치시키는 것이라고 말할 수 있을 것이다.

2) 기술적 실현가능성

정책이나 정책대안(정책수단)이 현재 이용 가능한 기술로서 그 실현이 가능한 정도를 의미하는데, 이것은 정책과 관련된 분야의 과학기술의 발전 수준이나 전문 인력의 확보 여부와 밀접히 관련되어 있다.

3) 재정적(경제적) 실현가능성

이용 가능한 재원으로 정책 또는 정책대안이 실현가능한지의 여부를 의미하는데, 특히 문제가 되는 것은 예산상의 제약 때문에 정책대안이 실현 불가능한 경우이다. 이러한 재정적 제약을 좀 더 넓게 보면 사회 전체적으로 이용가능한 자원의 제약까지도 포함된다.

4) 행정적 실현가능성

정책집행을 위해서 필요한 집행조직, 집행요원 및 전문인력 등의 이용가능성을 의미하는데, 이것은 정치적 지지의 정도에 따라 크게 달라진다.

5) 법적 실현가능성

정책대안이나 정책의 내용이 타 법률의 내용과 모순되지 않을 가능성을 의미하는데, 이것은 정책대안의 실현과정(집행과정)에서 법적 제약을 받지 않을 가능성을 말한다.

6) 윤리적 실현가능성

정책의 실현이 도덕적·윤리적으로 제약을 받지 않을 가능성을 의미한다.

(3) 정책분석상의 유의점

정책분석가는 정책대안의 예비분석에서 실현가능성이 없다고 하여 미리 그 대안을 포기하는 것은 바람직하지 않다. 먼저 소망성 기준에 비추어 대안을 평가하고, 바람직한 대안이 채택될 수 있도록 실현가능성을 저해하는 요인들을 극복하려는 자세가 필요하다. 특히 정치적 실현가능성과 관련하여 사회적으로 강력한 집단의 반대를 무릅쓰고 바람직한 정책이 추진될 수 있도록 노력함으로써 정책대안의 정치적 합리성을 제고하여야 할 것이다.

Ⅶ. 최선의 정책대안의 선택

최선의 정책대안선택은 정책대안의 실현가능성을 검토한 후 이들 중에서 가장 소망스러운 대안을 선택하는 것이다. 다만 소망성의 평가기준으로서 효과성, 능률성, 공평성 등 중에서 어느 것을 적용하느냐는 가치판단의 문제로서 이 경우 누구의 가치를 우선할 것인가가 문제된다.

■ 델파이(Delphi) 기법 ■

1. 의 의

델파이 기법은 원래 1948년 Rand연구소에서 개발되어 전문가들의 주관적 판단에 의한 미래예측을 위해서 주로 사용되어 오다가, 오늘날에는 조직의 목표설정 및 정책결정에 이르기까지 그 적용영역이 점차 확대되고 있다. 델파이는 전문가들의 의견을 종합하여 보다 합리적인 아이디어를 도출하려는 방법이다.

2. 델파이 기법의 등장배경 및 기본원칙

델파이 기법은 원래 위원회, 전문가토론, 기타 집단토의 등 회의방식의 약점들을 제거하기 위해 고안된 방법이다. 먼저 델파이 기법의 등장배경인 회의방식의 약점을 살펴보고, 델파이 기법의 기본원칙 또는 특징에 대하여 살펴보기로 한다.

(1) 회의방식의 약점

① 외향적이고 공격적인 성격을 지닌 몇몇 사람들이 발언을 독점하거나 회의의 분위기를 좌우한다.

② 공개적으로 다른 사람의 의견에 반대하기가 어렵고, 권위 있는 지위에 있는 사람이나 동료집단의 견해에 따라야 하는 경우가 많다.

③ 한번 공개적으로 제시한 자신의 의견은 끝까지 고집하려는 경향이 있다.

(2) 델파이 기법의 기본원칙

이러한 회의방식의 단점을 극복하기 위해 고안된 델파이 기법은 각 전문가들에게 개별적으로 설문서와 그 종합된 결과를 전달·해소하는 과정을 거듭함으로써 독립적이고 동등한 입장에서 의견을 접근해 나갈 수 있도록 하려는 방법이다. 델파이 기법의 기본원칙은 다음과 같다.

1) 익명성 : 모든 전문가들은 익명이 엄격히 보장된 실제로 분리된 개개인으로서 답변하도록 한다. 그래서 의견의 제시는 대면적인 토의방식이 아니라 서면으로 제시된다.

2) 반복과 환류 : 제시된 의견들은 통계처리의 과정을 거쳐 다른 모든 사람들에게 제공된다. 다른 사람들의 의견을 검토하고 각자는 다시 자신의 의견을 제시한다. 의견들을 회람시키는 것을 몇 차례(rounds) 되풀이 한다.

3) 합 의 : 몇 차례의 회람 후에 결국은 전문가들이 합의하는 아이디어를 만들어 내도록 유도한다.

3. 델파이 기법의 종류

(1) 용도에 따른 분류

  1) 예측델파이 : 이것은 미래예측을 위해 사용되는 델파이를 말하는데, 통계적·계량적인 예측이 불가능한 문제에 대하여 전문가들의 판단을 종합함으로써 미래에 닥쳐 올 사태와 그 발생시기를 비계량적으로 추정하려는 것이다.

  2) 정책델파이 : 이것은 정책대안의 탐색 및 결과예측 등 정책분석에 적용될 수 있도록 고안된 것이다. 원래 델파이는 미래예측을 위해 창안되었으나, 근래에는 정책결정이나 목표설정에도 많이 활용되고 있다.

(2) 조사방법에 따른 분류

  1) 전통적 델파이 : 이것은 일반적으로 널리 쓰이는 초보적인 델파이를 말하는데, 설문서를 이용하여 응답을 수집하는 방식이다.

  2) 실시간(real-time) 델파이 : 이것은 컴퓨터를 이용한 정보교류를 통해 응답과 처리·환류를 신속히 함으로써 극히 짧은 시간 내에 의견을 종합할 수 있는 방식으로 델파이회의라고도 한다.

4. 델파이 기법의 운영절차

  델파이 기법을 적용하기 위해서는 먼저 응답자들을 선정한 후, 검토할 이슈를 구체화할 수 있는 설문서를 개발하여야 한다. 델파이 기법의 일반적인 실시절차는 다음과 같다.

  1) 제1단계(1round) : 최초의 설문서를 선정된 응답자 집단에게 보내는 단계이다. 설문서는 흔히 개방형으로 작성되며 여러 개의 항목들로 구성된다. 미래예측의 경우는 예상되는 주요사태의 발생확률 등을 열거하도록 하고, 목표 및 정책수립의 경우는 가능한 대안들을 탐색하도록 한다.

2) 제2단계(2round) : 첫 번째 설문의 결과를 회수·분석하여 다수
   가 지적한 항목들을 종합한 제2차 설문서를 다시 응답자 집단에
   게 보낸다.
3) 제3단계(3round) : 세 번째 설문서를 보내어 지난번 응답을 재
   검토하도록 요청하는 한편 극단적인 응답을 고수하고자 하는 경
   우 그 정당성을 설명해 주도록 요청한다.
4) 제4단계(4round) : 이와 같은 과정을 몇 차례 반복(3-5회)하여
   그들의 의견이 접근될 때까지 계속한다. 이러한 설문과 환류가
   계속되면 전문가들의 의견차이가 점차 좁혀져 의견의 접근경향
   이 나타난다.

5. 평 가

전문가들의 의견을 종합하여 보다 합리적인 아이디어를 도출하려는
방법인 델파이 기법의 장·단점을 평가하면 다음과 같다.

(1) 장 점

① 통제된 환류과정을 반복하기 때문에 주제에 대한 계속적인 관심
   과 사고를 촉진할 수 있다.
② 설문서의 응답자는 철저하게 익명성이 보장되므로 외부의 영향
   력으로부터 결론이 왜곡되거나 표현이 제한되는 경우를 막을 수
   있다.
③ 응답자의 응답결과가 통계적으로 정확하게 처리됨으로써 전문가
   들의 주관적인 판단을 종합하여 비교적 객관적인 확률분포로 전
   환시킬 수 있다.
④ 응답집단을 보다 크게 하고 단계를 많이 반복하면 비교적 정확

하고 신뢰할 만한 정보를 얻을 수 있다.
⑤ 델파이 기법은 단계를 거듭함에 따라 전문가들의 의견이 접근하
는 속도가 예상외로 빠르고 의견의 현저한 전환이 발생하는 것
으로 평가되고 있다.

(2) 단 점

① 델파이 과정에서 응답자가 불성실한 응답을 하거나 조작될 가능
성이 있다.
② 응답집단인 전문가들의 자질과 역량이 부족할 경우 문제가 된다.
③ 모니터링 능력의 문제로서 설문의 정확성과 신뢰성은 연구결과
에 중대한 영향을 미친다.

제 3 장   분석적 결정의 한계와 정책결정의 실제

I. 합리적 · 분석적 결정의 제약요인

현실에서의 정책결정은 합리적 · 분석적 결정방법이나 논리를 그대로 따르지는 않는다. 합리적 · 분석적 결정의 제약요인은 크게 ① 분석적 결정논리 자체의 약점, ② 정책결정자의 능력, 시간, 비용 상의 한계, ③ 조직구조상의 제약, ④ 정치적 반대 등으로 나누어서 고찰해 볼 수 있다.

1. 분석논리상의 요인

(1) 분석논리 · 기법상의 약점

1) 계량화의 문제점

각 정책대안의 비용과 효과의 양적 측정이 곤란한 경우가 많고, 비록 양적 측정이 가능하다고 하더라도 동일한 사회후생척도로 측정하기가 어렵다.

2) 분석기술상의 한계

분석적 결정의 분석기술상의 한계를 정책분석의 논리적 절차에 따라 살펴보면 다음과 같다.

① 복잡한 정책문제의 구조를 정확히 파악하여 정의하는 것이 어렵고, 수많은 문제의 당사자간의 합의가 곤란하여 정책목표가 애매모호하

게 결정되는 경우가 많기 때문에 대안의 개발·선택에서 혼란이 생
긴다.
② 훌륭한 정책대안을 개발할 수 있는 분석적 기법이 없고, 정보·자료
수집의 한계와 미래상황의 불확실성으로 인해 정책대안의 결과나 영
향을 정확히 예측할 수 없다.
③ 정책대안의 소망성 평가기준간의 모순이 있을 때 객관적인 해결책이
없고, 정책대안의 평가는 가치판단의 문제이므로 누구의 가치판단에
따라야 하는지가 곤란하다.

(2) 분석적 결정에의 과대한 비용투입

① 분석적 방법이 바람직스러운 것은 분석적 결정의 효과가 분석적 결정
에 투입되는 비용보다 큰 경우이다. 따라서 분석적 결정의 비용이 분
석적 결정의 효과보다 큰 경우에는 분석적 방법에는 한계가 있다.
② 분석적 결정의 효과란 분석적 결정으로 정책의 질적 수준이 향상되는
것을 의미하는데, 문제나 정책이 극히 중대할 경우나 문제상황이 아
주 복잡하고 동태적인 경우에는 분석적 결정의 효과가 크다.
③ 분석적 결정의 비용이란 분석적 결정에 드는 정보비용, 전문능력의
소모, 정책결정자의 능력이나 시간의 소모 등을 의미하는데, 정보비용
이 과다하게 드는 경우나 문제상황이 급박하여 신속한 결정이 필요
한 경우에는 분석적 결정에 한계가 있다.

2. 인간적 요인

① 합리적·분석적 결정은 정책결정자의 고도의 분석능력과 많은 시간을
요구하나, 현실적으로 정책결정자의 전문기술적인 지식과 시간의 부족,

인지능력의 한계와 전문적 기법과 논리에 대한 이해의 부족, 정보처리
능력의 부족 등으로 인하여 합리적·분석적 결정에는 한계가 있다.
② 또한 정책결정은 정책결정자가 가지고 있는 가치관, 성향, 동기에 의
해서도 영향을 받는다.

3. 조직구조적 요인

정책결정은 본질적으로 집단적 현상이다. 그러므로 정책결정과정에 참여
하는 수많은 관련자들의 영향은 불가피하며, 이러한 다수의 관련자들은 여
러 가지 측면에서 합리적·분석적 결정을 제약한다.

(1) 의 회

의회와 같이 구성원들 간의 응집성이 극히 약한 집단에서는 개개인들의
시간·능력 등의 제약이 있고, 특히 서로 다른 이해관계와 선호를 지닌 개
인들이 자신들이나 특정집단 또는 선거구민의 이익을 옹호하려고 협상과
타협을 통한 정치적 결정을 하기 때문에 분석적 결정이 곤란해진다.

(2) 행정조직

행정부의 관료조직과 같이 계층적 구조를 지니고 응집성이 어느 정도 강
한 조직의 결정이 비합리적·비분석적으로 되는 이유는 다음과 같다.

1) SOP와 행정선례의 중시
H. Simon, J.G. March, R.M. Cyert 등 조직론자들의 주장에 의할 경우
조직 내의 의사결정은 확립된 SOP(표준운영절차)와 대안목록(program

repertory)과 같은 선례에 따라 이루어지는데, 이러한 의사결정은 상례화된(routinized) 결정이므로 본질적으로 관습적 결정에 속하고, 합리적·분석적 결정은 아니다.

2) 관료조직의 구조적 특성
① 조직의 분업구조는 부처할거주의를 생성시키고, 이것이 합리적·분석적 결정을 크게 제약한다. 조직구성원들이 자신들이 소속한 조직의 이익에 불리한 정책대안은 고려하지 않고 유리한 대안의 효과만을 과대평가하려고 하거나, 부처간 정보교류 및 조정이 잘되지 않는 경우 정부차원에서의 합리적인 정책결정이 어렵게 된다.
② 관료조직의 계층제(hierarchy)적 구조도 조직의 합리적·분석적 결정을 어렵게 만드는 여러 가지 요소들을 지니고 있다. 즉 하급자가 상급자에게 대안이나 정보를 보고하는 과정에서 자신에게 유리하도록 내용을 왜곡하고, 상급자도 자신이 원하는 것만 믿으려 하기 때문에 왜곡은 더욱 심화된다. 또한 정책결정권이 과도하게 집권화 되어 있는 경우 정책대안의 작성·평가과정에 참여기회가 제한되고, 대안의 충분한 검토가 어려워지므로 정책이 비현실성을 띠기 쉽고 질이 떨어지게 된다.

4. 환경적 요인

(1) 사회문화적 요인

정책결정자는 사회의 일원으로서 사회적 규범이나 관습 등의 사회문화적 요인에 의해 크게 영향을 받기 때문에 사회관습에 배치되는 결정을 취한다는 것은 실질적으로 불가능하다.

(2) 정치적 요인

정책결정자는 독단적으로 모든 정책을 결정하는 것이 아니고, 국회·정당·이익집단·여론 등 외부집단과의 끊임없는 상호작용을 통하여 정책을 결정하게 된다. 이 과정에서 여러 이해관계자들과 흥정과 타협을 하게 되며, 따라서 최선의 합리적인 결정이 이루어질 가능성은 그만큼 줄어든다.

또한 아무리 바람직스러운 정책대안이라고 할지라도 현존하는 강력한 이익집단이나 정치세력의 반대가 있게 되면 정치적 실현가능성이 제약을 받게 되어 정책으로 채택될 수가 없게 된다.

II. 분석적 결정의 개선방안

분석적 결정이 한계를 지니고 있다고 해서 분석적 결정의 유용성을 부인할 수는 없다. 오히려 이러한 한계점을 올바로 인식하고 정책분석 능력의 향상을 통해 분석적 결정을 효과적으로 수행할 수 있도록 노력해야 한다.

1. 정책담당자의 역할 인식

① 정책분석가는 합리적인 정책결정을 위하여 객관적인 정책분석을 하여야 하며, 강력한 집단의 반대를 극복하고 바람직한 대안이 채택될 수 있도록 창도자적인 역할을 하여야 한다. 다만 정책분석가는 정책분석의 역할이 결코 정치적 판단을 대치하는 것이 아니라 그에 종속하는 것이며, 민주주의가 추구하는 토론을 통한 합의라는 이상을 위해 토론의 질을 높임으로써 바람직한 타협안이 도출되도록 돕는 데에 있다

는 것을 인식할 필요가 있다.

② 정책결정자는 정책분석능력을 올바로 활용하기 위해서 정책분석을 정책결정과정의 확립된 일부분으로 포함시켜야 하며, 정책분석능력의 제한된 분야도 있음을 올바로 인식할 필요가 있다.

③ 이와 같이 정책분석가와 정책결정자간의 상호 유기적인 연계 속에서 정책분석과 결정이 이루어질 때 분석적 결정의 효용은 그만큼 커질 수 있는 것이다.

2. 정책결정체제의 개선

① 정책문제와 관련된 이해관계자들과 관련부서의 정책담당자들이 문제의 해결방안에 관한 의견을 충분히 개진할 수 있는 분위기가 조성되어야 한다.

② 정책결정자의 능력부족을 보완할 수 있는 전문적인 정책참모기능을 확충하고, 정책분석능력의 향상을 위해 관리정보체제(MIS)나 의사결정지원체제(DSS: Decision Support System)의 확립 등이 필요하다.

③ 부처할거주의를 극복하고, 조직전체 수준에서의 합리적인 결정이 이루어질 수 있도록 정책의 조정기능이 강화되어야 한다.

④ 관·학 연계적이고 학제적인 공동연구를 활성화하여 개방적인 정책공동체를 형성하고, 정책공동체의 활동을 통하여 보다 바람직하고 적실성 있는 정책대안이 제공될 수 있도록 하여야 한다.

⑤ 정책평가 결과를 통하여 얻어진 새로운 정보를 정책결정과정에 환류시켜 분석적 결정의 한계를 보완하여야 한다.

Ⅲ. 정책결정의 실제

1. 의 의

현실의 정책결정은 수많은 참여자들 간의 이질적인 이해관계의 대립을 조정하고 타협(정치적 성격)시켜 나가면서, 정부가 당면한 공공의 문제를 합리적으로 해결(분석적 성격)하려는 일련의 노력으로 이루어진다. 따라서 실제의 정책결정은 항상 정치와 분석의 활동이 복합적으로 작용하면서 이루어진다고 말할 수 있다. 여기서 '정치'는 협상과 타협 그리고 권력적 작용을 의미하며, '분석'은 이성과 논거를 통한 계산을 의미한다.

2. 분석적 결정과 정치적 결정

(1) 합리적·분석적 결정

문제해결 또는 목표달성을 위한 최선의 대안선택을 지향하면서 정책분석의 논리에 따라 결정이 이루어지는 경우이다. 이것은 정책결정이 합리적으로 되기 위해 거쳐야 할 단계들을 빠짐없이 거쳐 정책결정을 하는 방법인데, ① 정책문제의 파악·정의, ② 정책목표의 설정, ③ 정책대안의 탐색·개발, ④ 정책대안의 결과예측, ⑤ 대안결과의 비교·평가, ⑥ 최선의 대안선택이라는 일련의 과정들을 분석적으로 행하는 것을 말한다.

(2) 정치적·타협적 결정

현실의 정책결정과정에는 수많은 정치적 행위자들이 공식적·비공식적인 지위를 가지고 참여를 하면서 정책결정과정에 영향력을 행사하려고 한다. 정치적 결정이란 이러한 참여자들 간의 복잡한 일련의 상호작용을 거치면서 정치적 게임에 따라 대안이 선택되는 것을 말하는데, 여기서는 개인이나 집단들 간에 존재하는 대립·충돌되는 이해관계의 조정을 중요시한다.

정책결정과정에서 흔히 사용되는 정치적 결정의 방법으로는 협상, 설득 그리고 강제 등이 있다.

1) 협 상 (bargaining)

이것은 정책결정과정에 참여하는 복수의 행위자들이 서로 일치하지 않는 그들의 목표를 상호 조정하고 타협함으로써, 비록 각자에게 최선의 대안은 아니지만 함께 수용할 수 있는 행동경로(정책내용)를 도출하여 가는 과정이다.

2) 설 득 (persuasion)

이것은 정책결정과정에 참여하는 한 행위자가 다른 행위자에게 자기주장의 타당성과 우수성을 확인시킴으로써, 상대방으로 하여금 자기의 주장을 받아들이도록 만들어 가는 과정이다. 그러므로 설득에서는 '합리적인 논거(good reasons)'의 제시가 무엇보다도 중요하다. 그리고 합리적인 논거는 논리내용의 우수성과 논리구조의 합리성에 의하여 결정되기 때문에 설득은 정치과정에서 활용되는 일종의 분석적 방법이라고 할 수 있다.

3) 강 제 (command)

이것은 정책결정과정에서 권력적으로 우월한 한 참여자가 열등한 다른 참여자에게 자기의 주장을 받아들이도록 강요하는 과정이다. 강제는 참여자들 간의 관계가 계층적 관계에 있을 때 적용되며, 강제의 가장 기본적인 방법은 권력적 작용이다.

3. 실제의 비분석적 · 정치적 결정

현실에서 분석적 활동과 비분석적 · 정치적 활동들이 복합적으로 작용하면서 정책결정이 이루어지는 양상을 구체적으로 살펴보면 다음과 같다.

(1) 문제의 파악 · 정의

이해관계가 대립되는 정치세력들의 활동이 커다란 장애요소로 등장하면서 객관적 · 전체적 입장에서 해결되어야 할 문제가 정책문제로 채택되지 못한 경우가 많고, 문제의 정의에 있어서도 관련 정치세력들의 영향을 받게 된다.

(2) 정책목표의 설정

실제의 정책결정에서는 상반된 선호를 지닌 집단이나 참여자들의 지지를 얻기 위해서 정책목표를 협상에 의하여 결정하는 경우가 많다. 정책지지를 위한 연합형성(coalition building)의 필요 때문에 애매모호하고 추상적인 목표, 상호 모순 · 충돌되는 목표들이 우선순위 없이 결정된다.

(3) 대안의 탐색 · 비교평가

정책관련자나 집단들은 자신들에게 유리한 정책대안을 준비하여 이를 정책으로 채택시키고자 노력하는 경우가 많다.

(4) 대안의 선택

정책결정의 참여자들이 모두 다른 선호를 가지고 있기 때문에 하나의 공통기준에 합의하기가 힘들고, 현실적으로 정치적 역학관계에 따라 대안이 선택된다.

4. 정책유형과 결정양태

정책의 유형에 따라 정책결정의 양태가 달라지는 것을 T.J. Lowi의 견해에 따라 살펴보기로 한다.

(1) 배분정책

정부가 특정한 국민에게 서비스나 재화, 권리 등을 제공하는 내용을 지닌 배분정책의 정책결정과정상의 특징은 다음과 같다.

① 정책결정과정에서 이익집단, 의회의 위원회, 관료집단의 3두마차(troika)가 결정적인 역할을 한다.

② 의원들은 출신지역구를 위해서 그리고 특정집단은 더 많은 혜택을 받기 위해서 갈라먹기식 다툼(pork-barrel)을 하거나, 상부상조(log-roll)를 한다.

③ 수혜집단과 비용부담집단간의 정면대결의 필요가 없다. 왜냐하면 모든 국민의 세금에 의해 정책비용이 지불되고 정책의 혜택이 배분되기 때문에 경쟁의 대상이 존재하지 않기 때문이다.

④ 주된 정치단위는 기업·개인이며, 정치단위간의 안정성이 높다.

(2) 규제정책

개인이나 일부집단의 권리행사 또는 행동의 자유를 규제하여 반사적으로 일반국민을 보호하려는 규제정책의 정책결정과정상의 특징은 다음과 같다.

① 정책결정시에 정책으로부터 혜택을 보는 집단과 피해를 보는 집단(피규제집단)을 선택하게 된다.

② 규제대상집단의 재산권 행사나 행동의 자유를 구속·제약하기 때문에 피규제집단(비용부담집단)의 정치적 반발이 심하다.

③ 수혜집단과 비용부담집단 간, 정부와 대상집단 간에 대립과 충돌이 야기되며, 서로가 지지세력의 확대를 위해 정치적 연합을 한다. 한편 양대 세력이 직접적인 흥정과 타협을 통해 정책을 결정하는 경우도 있다.

④ 이슈에 따라 이합집산을 계속하면서 정치적 연합의 구성원이 달라지기 때문에 Lowi는 규제정책의 경우에는 다원론자들의 주장이 옳다고 한다.

⑤ 주된 정치단위는 이익집단이며, 정치단위간의 관계는 이합집산을 거듭하면서 안정성(지속성)이 매우 낮다.

(3) 재분배정책

고소득층으로부터 저소득층으로의 소득의 이전을 목적으로 하는 재분배정책의 정책결정과정상의 특징은 다음과 같다.

① 이른바 '가진 자'와 '못가진 자' 간의 계층간 부의 배분이 시장원리가 아닌 정부정책에 의해서 조정·통제되기 때문에 정책결정 과정에서 수혜집단과 비용부담집단간의 강력한 이해대립과 이념논쟁이 야기(특히 미국의 경우)된다.

② 대통령의 주도하에 정상연합회(노조·기업대표)에서 정책내용이 실질적으로 결정되며, 이 과정에서 의회지도자의 조정역할을 하기 때문에 Lowi는 재분배정책의 경우에는 엘리트론자들의 주장이 타당하다고 한다.

③ 주된 정치단위는 연합회이며, 정치단위간의 관계는 계층분화에 따라 안정성(지속성)이 높다.

■ 사회적 위기시의 정책적 대응 ■

1. 문제의 제기

1990년대 이후 한국사회에서는 과거에 경험해 보지 못했던 대형 사건들(예컨대 낙동강페놀오염사건, 성수대교붕괴사고, 대구지하가스폭발사고, 삼풍백화점붕괴사고, KAL기 추락사고 등)이 빈발하고 있다. 이러한 사건들은 피해지역 또는 집단에 생명과 재산의 손실이라는 직접적인 피해를 입힐 뿐만 아니라 사회전체에 충격을 주기 때문에 사회구성원 모두는 사건의 원인과 파급효과, 정부의 대응방법 등에 비상한 관심을 가지게 된다. 사건발생으로 인하여 사회적 위기가 조성되면 그것은 정책과정에 있어서 평상시와는 다른 여러 가지 특징들을 보이게 되는데, 아래에서는 우리나라에서 사회적 위기가 발생했을 때의 정책과정의 특징을 실증적 사례를 통해 살펴보고, 효과적인 위기관리정책에 대하여 고찰하기로 한다.

2. 사회적 위기의 의의

(1) 개 념

위기는 크게 자연재해, 기술적인 재해, 사회적 갈등 및 국제적인 대립 등으로 인해 야기되는데, 여기서는 기술적 재해(예컨대 대형교통사고, 교량붕괴, 수질 또는 대기오염사건 등)로 인해 발생하는 위기에 국한하여 사회적 위기로 보기로 한다.

따라서 여기서 말하는 사회적 위기(social crisis)란 '기술의 부적절한 관리로 인하여 인명과 재산에 엄청난 피해를 가져오는 돌발사건이 발생하고, 이것이 사회구성원 전체에게 큰 충격을 줌으로써 정부는 이에 대응하기 위한 신속한 조치를 취하지 않을 수 없는 상황'이라고 할 수 있다.

(2) 위기의 성격

위기상황은 ① 돌발적이고 갑작스럽게 발생하며, ② 피해지역 또는 집단에 엄청난 생명과 재산상의 피해와 사회구성원 전체에게 충격을 주며, ③ 따라서 아주 긴급한 대응이 요구되며, ④ 고도의 불확실한 상황 속에서 사건이 전개된다는 등의 성격을 띤다.

(3) 위기적 의사결정의 특성

① 위기 시에 행하여지는 의사결정의 상황은 고도의 불확실한 상황 하에서 운명결정적 선택을 해야 하는 의사결정상황과 일맥상통하며, 의사결정자로 하여금 깊은 정책적 사고와 압축된 정책분석 위에서 빠른 시간 내에 의사결정을 내려야만 하게끔 강제한다.

② 의사결정권이 상층부에 집중되며, 공식적인 규칙이나 절차는 비공식적인 과정과 신속한 결정으로 대치되고 관료적 정치가 성행한다.

③ 의사소통에 있어서 상향적·하향적 커뮤니케이션의 양이 증가하고 그 속도가 빨라지며, 의사결정자는 정보의 내용보다 정보의 소스에 더 높은 우선순위를 둔다.

④ 의사결정자는 상황을 재정의 하는데 극심한 어려움을 겪게 되며, 유입되는 정보와 요구되는 정보의 과잉·과소문제에 직면하면서 정보흐름을 적절히 통제해야 할 필요성을 인식한다.

3. 우리나라에서 사회적 위기에 대한 정책대응의 특징

우리나라에서 낙동강페놀오염사건 등 사회적 위기가 발생한 후 이를 해결하기 위해 정부가 제시한 위기대응정책의 결정 및 집행과정을 실증적으로 분석한 연구결과에 따르면 다음과 같다.

(1) 위기의 확산 : 신속한 정책의제화

돌발적인 사건으로 위기상황이 발생하면 직접적인 피해집단이 나타나게 되고, 언론의 보도가 증가하면서 대통령, 의회, 관료집단 등 정치체제 내부의 구성원뿐만 아니라 일반시민, 이해관계자, 전문가 등 외부집단들도 그 사건에 대해 깊은 관심을 갖게 된다. 따라서 돌발사건으로 인한 사회적 위기는 당해 문제를 신속하게 정책의제화 하며, 다른 문제에 우선해서 해결하도록 하는 분위기를 조성한다.

(2) 정책결정과정상의 특징

1) 정책내용의 변화

위기상황이 발생하면 이를 해결하기 위한 새로운 정책들이 급히 마련되거나 기존 정책내용을 수정하는 조치들이 잇따르며, 그 내용도 상당히 파격적이고 강력한 내용을 담고 있는 경우가 많다. 그 이유는 ① 위기대응정책의 결정이 대통령과 국회 등 고위정책결정자의 지대한 관심 속에서 진행되며, ② 위기관련 주무부처가 위기상황을 이용하여 스스로의 영향력을 확대하기 위해 노력하며, ③ 위기대응정책이 관련 부처장관회의라는 임시적인 기구에서 결정되는 경우가 많기 때문이다.

2) 새로운 결정기구의 등장 - 관계장관대책회의

관계장관회의라는 대책회의가 구성되어 여기에서 위기대응정책이 결정되는 것이 한 특징이다. 따라서 ① 방대하고 종합적이며 강력한 내용의 정책결정을 하나, ② 졸속적이고 실현가능성이 낮은 정책이 나열되는 경우가 많다.

3) 정책담당자의 변경

최고 정책결정권자는 위기상황의 수습을 위해 국무총리, 관계 장·차관 등 정책담당자들을 교체하여 고위집행책임자들의 관리상의 책임을 묻거나, 최고정책결정권자 자신의 문제해결의지를 국민들에게 과시하고자 한다.

4) 관련 정책에의 영향

위기상황의 발생은 위기를 유발한 당해문제의 해결을 위한 대응조치들을 마련하도록 하는데 영향을 미칠 뿐만 아니라 그 위기상황과 관련된 다른 분야의 정책의 내용에도 영향을 미친다. 위기상황 이전에는 정부와 관련 집단의 무관심, 반대집단의 반대활동 등으로 정책의제화 되지 못했던 것들이 위기상황을 계기로 의제화 되고, 강력한 정책수단들이 마련되는 경우가 많다.

(3) 정책집행과정상의 특징

사회적 위기가 발생하면 그것을 유발한 요인을 제거하기 위해 자원(예산)을 신속히 지원하거나, 새로운 조직을 신설하거나 또는 기존조직을 변경·강화하는 결과를 가져온다. 그러나 일시적인 예산증가에도 불구하고 위기요인을 제거하는데 필요한 충분한 예산이 지속적으로 배정되지 못함으로써 위기관리정책의 집행이 계획대로 이뤄지지 못하거나, 새로운 기구나 조직의 신설 또는 확대도 관련 부처의 비협조로 계획대로 시행되지 못하는 경우가 많다.

그 이유는 ① 위기사건 발생당시에는 관련시민단체, 언론 등이 위기의 재발을 방지할 수 있는 철저한 보안조치를 수립 시행해 줄 것을 강력히 요청하는 등 적극적인 활동을 전개하지만 일정한 시간이 소요된 집행과정의 자원확보 단계에서는 활동에 한계가 있고, ② 여론의 경우도 위기 발생 초기에는 열광적인 관심을 보이지만 시간이 지나면서 언론매체의 보도도 급속히 감소하고, ③ 정치체제 내부에서의 대통령의 관심도 새롭게 등장한 다른 문제에 기울고, 관련부처들 간의 관계도 위기 시에 조성되었던 협조적인 분위기에서 위기이전의 갈등상황으로 되돌아가게 되기 때문이다.

4. 효과적인 위기관리정책의 방향

위기를 효율적으로 관리할 수 있기 위해서는 위기가 발생한 이후 이에 신속히 대응하는 응급대응과 복구와 같은 사후적인 처리활동들뿐만 아니라 완화 및 준비와 같은 사전적인 예방활동들도 위기관리정책에 포함되어야 한다.

(1) 완 화(mitigation)

완화활동은 위기요소들이 인간의 생명과 재산에 영향을 미치는 장기적인 위험을 제거하거나 감소시키는 활동을 말한다. 이 단계에서 취해지는 위기관리전략에는 ① 위기자체를 제거하거나 발생빈도, 강도를 낮추는 방법(예컨대 뚝이나 방조제의 건조), ② 위기발생가능성이 있는 요인의 사전제한으로 사람과 재산을 보호하는 방법(각종 건축규제), ③ 위기발생지역의 이용제한 방법(토지이용규제 등) 등이 있다.

(2) 준 비(preparedness)

이 단계는 위기의 발생시 이를 피하거나 그 피해를 감소시키기 위한 대응능력을 유지시키는 단계로서, 구체적으로 다음과 같은 4가지 활동이 필요하다.

1) 위험분석 : 발생 가능한 위기의 종류와 이 위기요소가 피해를 입힐 가능성이 있는 지역을 파악한다.
2) 위기대응능력의 평가 : 예상되는 위기상황이 실제로 발생하였을 때 이에 대응하기 위해서 동원 가능한 자원을 파악한다.
3) 위기계획의 수립 : 위기상황의 발생시 무엇이 언제 누구에 의해서 어떻게 수행될 것인지를 예상 가능한 상황별로 수립한다.
4) 유지활동 : 시간이 흐름에 따라 대응능력이 점차 감소하는 것을 막기 위해 위기대응능력을 일정한 수준으로 유지하여야 한다. 이 단계에서는 요원들의 훈련, 계획의 수정, 장비의 유지보수, 대응 절차의 개선 등이 필요하다. 또한 위기에 대한 효과적인 대응을 위해서는 관련기관들 뿐만 아니라 일반시민들을 대상으로 위기시의 행동요령 등을 주지시키는 공공교육프로그램을 시행하고, 주기적으로 모의실험적인 훈련을 실시할 필요가 있다.

(3) 대 응(response)

위기발생 직후에 취해지는 활동으로서, 인간의 생명을 구하고 재산상의 피해를 최소화시키거나 복구를 용이하게 하는 일련의 활동을 말한다. 구체적으로 인명수색과 구조, 비상의료지원, 긴급피난지 운영, 일시적인 격리수용 등이 있다. 위기 발생시에는 신속히 자원이 현장에 투입되어야 하며, 중앙정부의 조직과 지방정부의 조직간, 횡적으로 관련조직 간에 적절한 업무배분이 필요하다. 위기대응능력을 향상시키기 위해서는 위기대응결과 또는 경험이 위기관리계획에 환류 되어 기존 계획을 수정하거나 보완하는 조치가 취해져야만 한다.

(4) 복 구(recovery)

복구(수습)단계는 위기가 일단 진정된 후 사회를 위기발생 이전의 정상상태로 회복하고, 앞으로 동일한 위기상황이 반복되지 않도록 하는데 필요한 활동을 말한다. 이 단계에서는 새로운 정책수단을 고안하거나 현재의 정책수단들을 수정할 필요가 있는데, 이를 위해서는 위기발생의 원인과 전개과정에 대한 보다 철저한 분석이 요구되며, 이를 예방단계나 준비단계와 연계시키는 조치들이 필요하다. 즉 위기상황을 사회적 학습(social learning)의 기회와 정책개선의 기회로 선용해야만 위기발생가능성을 최소화할 수 있는 것이다.

제 4 장 정책분석

I. 의 의

1. 정책분석의 개념

정책분석(policy analysis)이란 '정책대안의 체계적인 탐색·평가와 분석' 또는 '정책결정에 필요한 지식과 정보를 창출·제공하는 합리적·체계적 방법과 기술'이라고 정의할 수 있다. 즉 정책분석은 주어진 최종의 목표를 달성하기 위한 수단적인 합리성(instrumental rationality)을 연구대상으로 하여 최선의 대안을 설계하고 선택하는데 도움을 주는 접근방법이다. 정책분석은 합리성에 입각한 분석뿐만 아니라 정치적인 변수도 고려하고 행정학, 경영학, 정치학, 경제학, 사회학 등의 다양한 원리도 수용하고 있다.

정책분석을 넓게 보면 정책결정·집행·평가 등 정책과정 전반에 관한 연구를 의미하기도 하나, 그 주된 관심은 정책의 사전적 분석에 있기 때문에 정책의 사후적 평가인 정책평가와 구별된다.

2. 정책분석의 목적

정책분석은 동태적이고 급변하는 복잡한 사회문제를 파악하여 정책결정을 개선하려는 정책과학(policy science)의 주요 처방으로서 정책결정자의 판단의 질을 높여 정책결정의 합리성을 제고하려는 것이다. 따라서 정책분석의 기본목적은 정책문제를 인지하고 목표를 명확히 한 다음, 목표를 달성할 수 있는 대안을 탐색하고 보다 나은 정책대안의 선택을 위한 자기발견적 방법(heuristic method)을 제공하는데 있다고 할 수 있다.

Ⅱ. 정책분석의 특징(요건)

1. 정책분석과 체제분석

체제분석(systems analysis)이란 관리과학의 핵심적인 기법으로서 ① 문제를 체제적 관점에서 파악하고, ② 대안들을 광범위하게 탐색·개발하여, ③ B/C 분석으로 대안을 비교·평가한 후, ④ 최적대안을 선택하는 과학적·체계적인 접근방법을 말한다.

정책분석(policy analysis)이란 이러한 체제분석의 기본논리를 받아들이면서 체제분석의 한계를 보완하려는 특징을 갖고 있다.

따라서 정책분석과 체제분석은 ① 대안들을 과학적·체계적으로 분석하여 ② 부수의 대안 중에서 가장 낫거나 보다 나은 대안을 선택한다는 점에서 양자의 공통점이 있다.

2. 정책분석의 특징(요건)

정책분석은 체제분석이 지니는 특징(요건)을 모두 갖추고 그 미비점을 보완하려고 하는데, 체제분석과 차이가 나는 정책분석의 특징(요건)을 살펴보면 아래와 같다.

(1) 정책의 기본가치 중시

체제분석은 가치선택의 문제는 고려하지 않으나, 정책분석은 정책이 함축하는 기본가치·목적가치를 중요시한다. 정책이 지향하는 기본가치란 현실의 사회문제를 해결하며 보다 바람직한 사회상태를 실현하고자 하는 것이기 때문에 정책분석은 광범위하고 동태적인 복잡한 사회문제들을 다루기 위해 사회현상과 사회변화에 대한 보다 많은 통찰력을 요구한다.

(2) 자원의 사회적 배분 중시

체제분석은 자원배분의 경제적 효율성을 중요시하고 부문의 최적화를 강조하지만, 정책분석은 주어진 자원과 비용의 사회적 배분을 고려하여 거시적 통합을 강조한다.

(3) 정치적 요인의 고려

체제분석은 대안의 비교·평가의 기준을 경제적 합리성에 두나, 정책분석은 이외에도 정치적인 요인까지도 고려하여 대안평가의 기준으로 정치적 합리성, 정치적 실현가능성, 공평성, 공익성 등을 중요시한다.

(4) 정책의 선호화 지향

체제분석은 대안의 객관적 최적화(optimization)를 추구하나, 정책분석은 정책의 선호화(preferization)를 추구한다. 즉 최적화의 기준은 충족시키지 못하나 알고 있는 기존의 다른 대안들보다 나은 대안을 찾아내고자 하며, 정책대안의 쇄신을 강조한다.

(5) 질적 분석의 충실

체제분석에서 사용되는 B/C분석, 선형계획(LP), 의사결정분석, PERT, CPM 등의 계량적 기법들은 정책분석에서도 그대로 사용되나, 정책분석에서는 이 외에도 이념, 대중심리, 윤리적 딜레머 등 비합리적인 요소도 고려하며 인간의 인지, 직관, 통찰력 등을 경험적 지식과 거시적으로 통합하여 추가적 지식의 원천으로 삼는다.

(6) 정책과정 전반에 대한 관심

정책분석은 체제분석에 비하여 정책결정 이후의 집행이나 관리의 측면에도 많은 관심을 가진다.

Ⅲ. 정책분석의 기법

정책분석기법은 정책분석가의 생각을 체계적으로 정리하고 문제에 대한 이해와 예측을 도와주는 분석적인 틀을 의미하는데, 이러한 기법들은 그 자체가 중요한 것이 아니라 정책분석의 전체적인 구조 속에서 각 부문을 결정하는 수단들로 이해되고 활용되어야 한다. 정책분석의 주요한 기법들은 다음과 같다.

1. 체제분석

체제분석은 정책분석의 주요한 수단으로서 정책결정자가 문제해결을 위한 대안을 선택하는데 도움을 주기 위한 체계적·과학적 접근방법을 의미한다. 즉 체제분석은 체제전체적인 관점에서 정책결정자가 당면하고 있는 문제를 파악하며, 문제해결을 위한 여러 대안을 탐색하고, 대안의 결과를 비교하여 정책결정자의 전문적 판단과 직관을 도와주는 방법이다. 체제분석에서는 가능한 한 계량적·미시적 분석방법들이 활용되며, OR, PERT, simulation, game theory 등의 기법들이 이용된다.

2. 운영연구

운영연구(OR : operations research)란 조직전체와 관련해서 문제해결의 최선방법을 규명하려는 기술을 말하며, 의사결정의 택일적인 방법을 추구함에 있어서 기초과학적 지식뿐만 아니라 계량적 또는 수리적 모형을 사용한다.

3. 비용편익분석

비용편익분석(cost-benefit analysis)은 경제학자들에 의해 개발된 기법의 하나로 사경제(私經濟)와 상호작용하여 정부가 산출한 자원의 능률적인 배분을 확보하는 데 그 목적이 있다. 비용편익분석은 정책대안들의 편익과 비용을 비교하여 최선의 대안을 선택하는 데 초점을 두고 있으며, 일반적으로 화폐단위로 공공투자사업의 비용과 편익을 측정하려고 한다. 여기서 편익이 비금전적 가치로 표현될 때는 '비용효과분석'이라고 한다.

4. 선형계획

선형계획(LP : linear programming)은 한정된 자원을 여러 가지 활동이나 목적에 최적으로 배분하는데 도움을 주는 기법의 하나이다. 여기서 '선형'이란 말은 이 모형에 사용되는 모든 수리적 함수가 일차함수(linear function)임을 의미하며, '계획'이란 기획(planning)과 같은 뜻을 내포한다. 따라서 선형계획이란 가능한 모든 일차함수의 대안들 가운데서 최적의 결과를 얻기 위한 활동계획이라고 말할 수 있다.

5. 의사결정분석

의사결정분석(decision analysis)은 정책대안의 탐색에서부터 대안들이 가져올 결과에 이르기까지의 일련의 분석과정을 의사결정나무(decision tree)를 통해 일목요연하게 정리하고 분석하는 기법을 말한다. 이 모형은 대안들의 기대치를 계산하여 이것이 가장 높은 대안을 선택하며, 결과예측을 확률적 분포와 명백히 관련시키는 확률적 모형에 해당된다.

6. 게임이론

게임이란 둘 이상의 경합자(기업간·국가간 등)들 사이에 벌어지는 경쟁적 혹은 상충적 상황을 말하는데, 이러한 경쟁적 상황에서 경쟁당사자가 상대방에 대해서 어떻게 행동할 것인가를 논하는 것을 게임이론(game theory)이라 한다. 즉 게임이론은 각 경쟁자들이 선택할 수 있는 전략들과 그 결과는 알고 있으나, 상대방이 어떠한 전략을 사용할지를 모르는 상황에서 바람직한 행동대안의 선택지침을 제공하는 기법이다.

7. 시뮬레이션

시뮬레이션(simulation)은 복잡한 사회문제를 풀기 위해서 그 사회현상과 유사한 모형을 만들고 그 모형을 조작함으로써 적절한 해답을 얻고자 하는 방법으로서 '모의실험'이라고도 한다.

8. 대기행렬이론

대기행렬이론(queuing theory)은 고객이 도래하는 수가 시간마다 일정하지 않을 때 가장 적절한 서비스시설을 결정하기 위해 대기행렬을 관리하고자 하는 이론을 말한다.

Ⅳ. 정책분석의 절차(구조)

정책분석의 일반적인 절차 또는 논리적 구조는 합리적 분석모형을 따르는 체제분석의 절차와도 유사하지만, 정책분석 과정에서는 경제적 합리성 이외에도 정치적 합리성, 공익, 초합리성(직관·창의성) 등이 고려되어야 한다. 정책분석의 기본적인 절차(구조)를 따를 경우 정책수립 과정에서 불필요한 노력의 낭비나 혼선을 막을 수 있고, 체계적이고 알기 쉽게 타인을 설득할 수 있다는 장점이 있다.

1. 정책문제의 파악과 정책목표의 설정

정책분석은 다루어야 할 문제는 무엇이며, 이러한 문제점을 해결하기 위해 추구해야 할 목표나 가치는 무엇인지를 파악한다.

2. 정책대안의 탐색 · 개발

정책분석은 목표달성과 관련 있는 중요한 대안이나 방법 등을 탐색 · 개발하고, 문제의 해결을 위하여 보다 많은 정보를 입수할 가능성은 없는지를 모색한다.

3. 정책대안의 결과예측

정책분석은 정책대안을 추진하였을 경우에 나타날 각 대안들의 결과(정책효과와 정책비용)를 미리 예측한다.

4. 정책대안의 비교 · 평가

정책분석은 여러 가지 대안의 상대적 가치를 비교 · 평가한다. 각 대안의 우선순위를 비교 · 평가하기 위해서는 일정한 기준이 있어야 하는데, 대안의 평가기준으로는 일반적으로 소망성(desirability) 기준과 실현가능성(feasibility) 기준이 있다. 소망성 기준에는 효과성, 능률성, 공평성 등이 있고, 실현가능성 기준에는 기술적 · 재정적 · 행정적 · 법적 · 윤리적 · 정치적 실행가능성 등이 있다.

5. 최선의 대안선택과 건의

정책분석가는 각 대안을 종합적으로 비교하여 설정된 목표달성에 가장 잘 부합되면서도 합리적인 대안을 선택하여 정책결결정자에게 건의한다.

V. 정책분석윤리 (정책결정윤리)

1. 의 의

정책분석은 정책이 추구하여야 할 가치나 목적과 이를 실현할 효율적인 방법을 규명함으로써 정책결정자의 대안 선택에 도움을 주는 데에 있다. 그러나 정책분석은 그 과정에서 집단간의 역학관계, 정치적 이해대립, 자원의 제약 등 여러 요인에 의해 영향을 받음으로써 진실을 추구한다는 본래의 목적에서 벗어나 왜곡될 가능성이 항상 잠재되어 있다. 여기에서 정책분석가의 윤리문제가 제기된다.

정책분석은 정책문제의 파악과 목표설정, 대안의 탐색·개발, 대안의 결과예측, 대안의 비교·평가, 최적대안의 선택이라는 일련의 절차를 통하여 사회나 개인들에게 큰 영향을 미치기 때문에 의사, 변호사들에게 직업윤리가 요구되듯이 정책분석가들에게도 직업윤리가 필요한 것이다.

정책분석의 윤리는 '정책분석 또는 정책결정을 수행함에 있어서 요구되는 가치기준 또는 행동규범'이라 할 수 있으며, 이것은 정책분석가들이 정책분석의 각 단계에서 역할을 수행하는 과정에서 당면하는 갈등들을 해결하는 규범적 기준이 된다.

2. 정책분석윤리의 중요성

정책분석윤리가 중요한 이유들을 몇 가지 들어보면 다음과 같다.

① 정책분석윤리가 중요한 이유는 정책이 사회에 미치는 영향의 근본성, 광범성, 장기성에서 찾을 수 있다. 여기서 정책영향의 '근본성'이란 정책이 정치·경제·사회의 가장 근본적인 가치, 규범, 행태 등에 영향

을 미친다는 것을 의미하며, 정책영향의 '광범성'이란 하나의 정책이
사회의 여러 부문에 걸쳐 광범위하게 영향을 미친다는 것을 의미하며,
정책영향의 '장기성'이란 정책의 영향이 개인의 가치관, 행태에 영향을
미쳐 장기간 지속된다는 것을 말한다.
② 정책은 보다 바람직한 미래의 사회상태를 실현하려고 하는 것에 최우
선이 주어져 있기 때문에 정책분석가의 보다 적극적이고 미래지향적
인 사고를 필요로 한다.
③ 정책은 정책분석가 또는 정책결정자가 의도하는 부도덕한 방향으로
미래에 영향을 미칠 수도 있고, 그들이 의도하지 못한 나쁜 사회적
영향을 초래할 수도 있기 때문에 정책분석과정에서 정책윤리에 바탕
을 둔 숙고가 필수적으로 요구된다.
④ 매우 불확실한 상황 하에서 이루어지는 정책결정은 고도의 위험성이
내포되어 있고, 그 이해득실 또한 엄청나게 크기 때문에 정책분석가
의 강한 윤리적 책무가 요구된다.

3. 정책분석윤리의 본질

정책분석가가 정책분석과정에서 윤리적 딜레마에 직면했을 때 따라야 할
행동규범에는 직업윤리로서의 성실성, 법적 책임, 정부에 대한 충성심뿐만
아니라 참여, 정보공개 등과 같은 절차적 민주성의 확보, 공익과 사회적 책
임 등이 있다. 이 중에서도 정책분석윤리로서 따라야 할 가장 기본적인 행
동규범은 공익과 사회적 책임이라고 할 수 있을 것이다.

(1) 공 익(public interest)

민주사회에서 정책이 추구해야 할 가장 중요한 정책목표는 공익이다. 정

책분석이란 이러한 공익을 실현하기 위한 가장 효율적인 방안이 무엇인가에 대해 분석하는 활동이며, 정책결정은 그러한 분석을 기초로 행동을 결정하는 과정이기 때문에 정책분석 및 정책결정 과정에서의 행동지침은 바로 공익이 될 것이다.

(2) 사회적 책임 (social responsibility)

정책분석가는 그가 분석한 결과를 토대로 선택된 대안에 의하여 수혜집단과 피해집단(비용부담집단)이 결정되며, 사회전반에 대하여 긍정적 편익뿐만 아니라 부정적 손실을 입힐 수 있다는 막중한 사회적 책임감을 느껴야 한다.

4. 정책분석윤리의 구체적 내용

① 정책분석가는 정책결정자가 아니기 때문에 스스로 가치판단을 해서는 안 된다. 그러나 정책목적 및 정책수단에 내포된 가치들을 객관적이고 공정하게 분석하여 정책결정자와 관련 집단에게 제시해야 한다. 그래야만 정책결정자가 정책결정을 할 때 올바른 가치판단을 할 수 있으며, 시간과 전문지식이 부족한 일반국민에게 불리한 정책이 결정되지 못하도록 도와 줄 수 있는 것이다.

② 정책결정자가 시간이 없거나 가치문제를 판단할 필요를 느끼지 않아서 정책분석가에게 가치판단과 이에 따른 정책대안의 우선순위의 판단을 일임하는 경우가 간혹 있는데, 이러한 경우에 정책분석가는 국민 전체의 입장이나 사회정의에 합당한 가치판단을 해야 한다.

③ 정책분석가에게 주어진 연구과제가 분석자로서의 객관성과 중립성을 보장하지 않으면 연구작업을 회피하는 것이 바람직하다. 예컨대 바람

직하지 못하다고 판단되는 정책목표를 위해서 수단만을 탐색하는 것
이라든가, 특정집단을 위해서 반국민적·반대중적인 정책대안을 염두
에 두고 정책분석을 의뢰한 경우라든가, 또 내부적으로 이미 정해진
정책대안을 합리화시키기 위한 분석이라든가, 연구결과를 제대로 발
표하지 못하게 하고 자신들에게 유리한 내용만을 발췌·발표케 하는
경우 등이 이에 해당된다고 할 것이다.

④ 일반 조사연구에서와 마찬가지의 연구자의 행동규범이 요구되기도 한
다. 예를 들면 자료를 제공한 자를 보호하는 것 등이다.

⑤ 정책분석과정에서 특히 사람을 대상으로 하는 정책실험이 수반되는
경우에 분석가의 윤리가 특히 중요시한다. 예컨대 위험이 수반되는
실험의 경우에는 실험대상자에게 충분한 조치와 예고를 해야 하며,
반대로 편익이 따르는 실험의 경우에는 특정한 대상자들에게만 자원
배정을 해야 하는 기준을 명시해야 한다.

5. 정책분석윤리의 확보방안

(1) 윤리문제 대두의 근원

　정책분석의 규범적 기준으로서 공익과 사회적 책임이 정책분석 과정에서
준수되지 못하는 근본적인 이유는 정책분석가를 포함한 모든 인간의 행동
과 그들이 제안한 정책들이 도덕적으로 애매모호할 수 있다고 하는 '도덕
적 모호성' 때문이라고 할 수 있다. 정책분석가나 정책결정자가 이러한 도
덕적 모호성(양면성)을 갖고 있기 때문에 정책분석 결과가 왜곡될 수 있는
것이다.

(2) 정책분석윤리의 확보방안

정책분석윤리의 확보방안을 모색하는 것은 정책분석가와 모든 정책들이 도덕적인 모호성을 가질 수 있다는 인식에서 출발하여야 한다.

 1) 공개성

 도덕적 모호성이 지배하는 상황에서 각 정책분석 단계별로 직면하는 윤리적 딜레마를 해결할 수 있는 핵심적인 요소는 공개성이라고 할 수 있다. 즉 정책분석가가 정책의 목표, 대안평가기준, 정책분석에 사용한 방법 등을 분명히 공개하여 관련 집단 및 전문가들의 비판과 의견수렴의 과정을 거침으로써 목표의 왜곡 및 정책오류를 사전에 예방할 수 있게 된다.

 2) 정책윤리교육

 정책결정자나 정책분석가를 위한 정책학교육, 특히 정책분석에 대한 교육은 공공정책의 윤리적 측면을 강조하고, 단순한 사실의 전달에서 분석적 능력을 함양시킬 수 있는 방향으로 전환되어야 한다. 정책분석가가 도덕적으로 건전한 양식을 가지고 있고, 방법론적으로 세련되면 그만큼 정책분석의 질을 높여 정책분석의 오류를 극소화시킬 수 있는 것이다.

Ⅵ. 정책분석의 오류

1. 의 의

 정책분석의 목적은 정책분석결과로 창출된 지식과 정보를 정책결정과정에 활용함으로써 정책결정자의 판단의 질을 높여 정책결정의 합리성을 제고시키는데 있다. 그런데 만일 정책분석으로 창출된 지식과 정보에 오류가 내포되어 있다면, 이에 기초하여 내려진 정책결정에도 오류가 포함될 가능성이 매우 높다. 이런 점에서 정책분석의 오류의 발생원인과 그 극복방안에 대하여 체계적으로 검토할 필요가 있는 것이다.

'정책이 원래 의도했던 정책효과가 나타나지 않거나 또는 기대했던 것과는 다른 변화가 나타나게 되는 것'을 정책의 오류라고 하는데, 정책오류에는 정책결정의 오류, 정책집행의 오류, 정책평가의 오류를 통칭한다. 여기서 정책분석의 오류(error)란 '정책결정자에게 제안된 정책문제의 해결방안에 대한 잘못된 지식과 정보의 산출'을 말한다.

2. 정책분석 오류의 유형

정책문제의 해결방안에 대한 잘못된 지식과 정보의 산출은 ① 정책문제의 정의가 잘못되었거나, ② 정책문제의 정의는 올바로 되었으나 문제해결(목표달성)을 위한 행동대안이 잘못 선택된 경우에 기인한다. 이것은 마치 환자에 대한 의사의 처방이 잘못되는 것은 ① 환자의 병에 대한 진단(정책문제의 정의)이 잘못되어 처방이 잘못된 경우나, ② 진단은 정확하였으나 효과적인 치료방법(대안)을 잘못 선택하여 처방이 잘못된 경우와 같다.

따라서 정책분석의 오류는 성격상 정책문제의 정의와 관련된 제3종 오류와 정책대안의 식별과 관련된 제1종 오류 및 제2종 오류로 구분된다.

(1) 제3종 오류

정책문제의 정의나 목표설정을 잘못하여 대안(수단)을 잘못 선택하는 오류를 말하며, 메타오류 또는 근본적인 오류라고도 한다.

(2) 제1종 오류 및 제2종 오류

정책문제의 정의는 제대로 하였으나 효율적인 행동대안을 식별하는데 실패함으로써 정책문제의 해결방안에 잘못된 정보를 산출하는 경우이다.

1) 제1종 오류 : 정책대안이 실제로 효과가 없는데, 있다고 잘못 평가하여 잘못된 대안을 채택하는 오류를 말한다.

2) 제2종 오류 : 정책대안이 실제로 효과가 있는데, 없다고 잘못 평가하여 올바른 대안을 기각하는 오류를 말한다.

3. 정책분석 오류의 발생원인

(1) 제3종 오류의 발생원인

정책문제를 잘못 정의함으로써 나타나는 제3종 오류는 ① 특히 정책문제의 정의가 주관성과 인위성을 띠기 때문에 정책분석가가 잘못 선택한 이념 및 세계관, 편견 등에 의해 발생할 수 있으며, ② 문제와 관련된 자료가 왜곡되어 있거나, ③ 정책분석가가 정책문제와 관련된 분야에 대하여 전문지식이 결여되어 있는 경우에도 발생한다.

(2) 제1종 및 제2종 오류의 발생원인

정책문제 해결을 위한 대안식별을 잘못함으로써 나타나는 제1종 및 제2종 오류의 주요한 발생원인으로는 ① 체계적으로 정리되지 못한 자료, ② 적절치 못한 분석모형의 선택, ③ 광범위한 대안탐색의 한계, ④ 적절치 못한 대안 평가기준의 선택 등을 들 수 있다.

4. 정책분석 오류의 극복방안

정책분석 오류의 발생원인은 정책분석 오류의 유형에 따라 다르기 때문에 이들 오류의 극복을 위한 전략 또한 오류의 유형에 따라 각기 달라진다.

(1) 제3종 오류의 극복방안

제3종 오류를 극소화시키기 위해서는 다음과 같은 정책결정체제가 갖추어져 있어야만 한다. 즉 ① 정책문제와 관련된 이해관계자들과 관련부서의 정책담당자들이 문제의 해결방안에 관한 의견을 충분히 개진할 수 있는 분위기가 조성되어야 하고, ② 정책분석가가 정책관련자들의 다양한 세계관들을 재구성할 수 있는 통합능력을 가지고 있어야 하며, ③ 체계적이고 종합적인 자료시스템을 구축하고, ④ 유능한 정책분석가를 확보하여야 한다.

그러나 과거 우리의 경우와 같이 정책결정과정이 철저히 비밀지향적·폐쇄적 성격을 띠고 정책결정이 이해관계인의 참여가 배제된 상태에서 관료와 특정 이익집단에 의해 독점되어 이루어지는 경우 제3종 오류를 범할 가능성이 매우 높다고 할 것이다.

(2) 제1종 및 제2종 오류의 극복방안

정책분석의 제1종 및 제2종 오류를 극소화시키기 위한 방안으로는 ① 장기적인 안목에서 체계적으로 분류된 자료시스템의 구축, ② 낮은 비용으로도 적시에 활용가능한 모형의 개발과 보급, ③ 집단토의(brainstorming)와 같은 창의적인 대안탐색 방법을 성공적으로 추진할 수 있는 자유로운 행정조직 풍토의 조성, ④ 유능한 정책분석가의 확보 등을 들 수 있다.

Ⅶ. 정책분석의 한계와 개선방향

1. 정책분석의 제약요인

정책분석의 제약요인은 크게 ① 정책분석논리 자체의 약점, ② 정책분석가의 능력, 시간, 비용 등의 한계, ③ 조직구조상의 제약, ④ 정치적 반대 등으로 나누어서 고찰해 볼 수 있다.

(1) 분석논리상의 요인

1) 분석논리·기법상의 약점
① 각 정책대안의 비용과 효과의 양적 측정이 곤란한 경우가 많고, 비록 양적 측정이 가능하다고 하더라도 동일한 사회후생척도로 측정하기가 어렵다.
② 분석기술상의 한계를 정책분석의 논리적 절차에 따라 살펴보면 다음과 같다.
　ⅰ) 복잡하고 동태적인 정책문제의 구조를 정확히 파악하여 정의하는 것이 매우 어렵고, 문제와 관련된 당사자간의 합의가 곤란하여 정책목표가 애매모호하게 결정되는 경우가 많기 때문에 대안의 개발·선택에서 혼란이 생긴다.
　ⅱ) 훌륭한 정책대안을 개발할 수 있는 분석적 기법이 없고, 정보·자료 수집의 한계와 미래상황의 불확실성으로 인해 정책대안의 결과나 영향을 정확히 예측할 수 없다.
　ⅲ) 정책대안의 소망성 평가기준간의 모순이 있을 때 객관적인 해결책이 없고, 정책대안의 평가는 가치판단의 문제이므로 누구의 가치판단에 따라야 하는지가 곤란하다.

2) 정책분석에의 과대한 비용투입

① 정책분석이 바람직스러운 것은 정책분석의 효과가 투입되는 비용보다 큰 경우이다. 따라서 정책분석의 비용이 정책분석의 효과보다 큰 경우에는 정책분석에는 한계가 있다.

② 정책분석의 효과란 정책분석으로 정책결정의 질적 수준이 향상되는 것으로서, 문제나 정책이 극히 중대할 경우나 문제상황이 아주 복잡하고 동태적인 경우에는 정책분석의 효과가 크다고 할 수 있다.

③ 정책분석의 비용이란 정책분석에 드는 정보비용, 정책분석가의 전문능력이나 시간의 소모 등을 의미하는데, 정보비용이 과다하게 드는 경우나, 문제상황이 급박하여 신속한 결정이 필요한 경우에는 정책분석에 한계가 있다.

(2) 인간적 요인

① 정책분석은 정책분석가의 고도의 분석능력과 많은 시간을 요구하나, 현실적으로 정책분석가의 전문기술적인 지식과 시간의 부족, 인지능력의 한계와 전문적 기법과 논리에 대한 이해의 부족, 정보처리능력의 부족 등으로 인해 객관적인 분석에 한계가 있다.

② 또한 정책분석은 정책분석가가 가지고 있는 가치관·성향·동기에 의해서도 영향을 받는다.

(3) 조직구조적 요인

정책결정은 본질적으로 집단적 현상이다. 그러므로 정책결정과정에 참여하는 수많은 관련자들의 영향이 불가피하며, 이러한 다수의 관련자들은 여러 가지 측면에서 객관적인 정책분석을 어렵게 만든다.

1) 의 회

의회와 같이 구성원들 간의 응집성이 극히 약한 집단에서는 개개인들의 시간·능력 등의 제약이 있고, 특히 서로 다른 이해관계와 선호를 지닌 개인들이 자신들이나 특정집단 또는 선거구민의 이익을 옹호하려고 협상과 타협을 통해 정치적 결정을 하기 때문에 정책분석에 의한 합리적인 결정이 곤란해진다.

2) 행정조직

행정부의 관료조직과 같이 계층적 구조를 지니고 응집성이 어느 정도 강한 조직의 결정이 비합리적·비분석적으로 되는 이유는 다음과 같다.

(가) SOP와 행정선례의 중시

H. Simon, J.G. March, R.M. Cyert 등 조직론자들의 주장에 의할 경우 조직 내의 의사결정은 확립된 SOP(표준운영절차)와 대안목록(program repertory)과 같은 행정선례에 따라 이루어지는데, 이러한 의사결정은 상례화된 결정이므로 본질적으로 습관적 결정에 속하고, 분석적 결정은 아니다.

(나) 관료조직의 구조적 특성

① 조직의 분업구조는 부처할거주의를 생성시키고, 이것이 객관적인 정책분석에 의한 결정을 크게 제약한다. 조직구성원들이 자신들이 소속한 조직의 이익에 불리한 정책대안은 고려하지 않고 유리한 대안의 효과만을 과대평가하려고 하거나, 부처간 정보교류 및 조정이 잘되지 않는 경우 정부차원에서의 합리적인 정책결정이 어렵게 된다.

② 관료조직의 계층제(hierarchy)적 구조도 조직의 합리적인 정책분석을 어렵게 만드는 여러 가지 요소들을 지니고 있다. 즉 하급자가 상급자에게 대안이나 정보를 보고하는 과정에서 자신에게 유리하도록 내용을 왜곡하고, 상급자도 자신이 원하는 것만 믿으려 하기 때문에 왜곡은 더욱 심화된다. 또한 정책결정권이 과도하게 집권화되어 있는 경우 정책

대안의 작성·평가과정에 참여기회가 제한되고, 대안의 충분한 검토가
어려워지므로 정책이 비현실성을 띠기 쉽고 질이 떨어지게 된다.

(4) 환경적 요인

1) 사회문화적 요인

정책분석가나 정책결정자는 사회의 일원으로서 사회적 규범이나 관습 등
의 사회문화적 요인에 의해 크게 영향을 받기 때문에 사회관습에 배치되는
대안의 탐색·평가·선택을 한다는 것은 실질적으로 불가능하다.

2) 정치적 요인

정책결정자는 분석적으로 모든 정책을 결정하는 것이 아니고 국회·정
당·이익집단·여론 등 외부집단과의 끊임없는 상호작용을 통하여 정책을
결정하게 된다. 이 과정에서 여러 이해관계자들과 흥정과 타협을 하게 되
기 때문에 객관적인 정책분석의 결과를 활용할 수 있는 여지는 그만큼 줄
어드는 것이다.

또한 아무리 바람직스러운 정책대안이라고 할지라도 현존하는 강력한 이
익집단이나 정치세력의 반대가 있게 되면 정치적 실현가능성의 제약을 받
게 되어 정책으로 채택될 수가 없게 된다.

2. 정책분석의 개선방안

정책분석이 한계를 지니고 있다고 해서 정책분석을 통한 결정의 유용성
을 부인할 수는 없는 것이다. 오히려 이러한 한계점을 올바로 인식하고 정
책분석능력의 향상을 통해 정책분석을 효과적으로 수행할 수 있도록 노력

해야 하는 것이다.

(1) 정책담당자의 역할 인식

① 정책분석가는 합리적인 정책결정을 위하여 객관적인 정책분석을 하여야 하며, 강력한 집단의 반대를 극복하고 바람직한 대안이 채택될 수 있도록 창도자적인 역할을 하여야 한다. 다만 정책분석가는 정책분석의 역할이 결코 정치적 판단을 대치하는 것이 아니라 그에 종속하는 것이며, 민주주의가 추구하는 토론을 통한 합의라는 이상을 위해 토론의 질을 높임으로써 바람직한 타협안이 도출되도록 돕는 데에 있다는 것을 인식할 필요가 있다.

② 정책결정자는 정책분석능력을 올바로 활용하기 위해서 정책분석을 정책결정과정의 확립된 일부분으로 포함시켜야 하며, 위에서 본 정책분석능력의 제한된 분야도 있음을 올바로 인식할 필요가 있다.

③ 이와 같이 정책분석가와 정책결정자간의 상호 유기적인 연계 속에서 정책분석과 결정이 이루어질 때 정책분석이 제대로 활용될 수 있는 것이다.

(2) 정책결정체제의 개선

① 정책문제와 관련된 이해관계자들과 관련부서의 정책담당자들이 문제의 해결방안에 관한 의견을 충분히 개진할 수 있는 분위기가 조성되어야 한다.

② 정책분석능력의 향상을 위해 관리정보체제(MIS)나 의사결정지원체제(DSS : Decision Support System)를 확립하고, 정책결정자의 능력부족을 보완할 수 있는 전문적인 정책참모기능의 확충 등이 필요하다.

③ 부처할거주의를 극복하고, 조직전체 수준에서의 합리적인 결정이 이

루어질 수 있도록 정책의 조정기능이 강화되어야 한다.
④ 관·학 연계적이고 학제적인 공동연구를 활성화하여 개방적인 정책공동체를 형성하고, 정책공동체의 활동을 통하여 보다 바람직하고 적실성 있는 정책대안이 제공될 수 있도록 하여야 한다.
⑤ 정책평가의 결과를 통하여 얻어진 새로운 정보를 정책분석과정에 환류 시켜 정책분석의 한계를 보완하여야 한다.

■ 비용 - 편익분석 ■

1. 의 의

오늘날 정부가 수행하고 있는 투자사업의 규모는 점차 확대되어 가고 있고, 국민들의 공공서비스에 대한 수요도 급증하고 있으며, 정책결정환경의 복잡성 또한 증가되고 있다. 한정된 정부예산으로 사회문제를 해결하고 행정수요에 대응하기 위해서는 공공투자사업의 우선순위를 부여하여야 하는데, 그러기 위해서는 각종 사업대안들을 비교·평가할 수 있는 논리와 기준이 필요하게 된다.

비용-편익분석(cost-benefit analysis)은 체제분석 또는 정책분석의 고유한 기법으로서 한정된 정부예산으로 가능한 한 사회전체에 가장 많은 혜택을 가져다 줄 사업을 선택·시행하고자 할 때 사용된다. 즉 B/C분석은 공공투자사업에 대한 정책결정에 있어서 투자사업의 효과(편익)가 비용보다 많은지의 여부를 체계적으로 분석하여 공공사업의 경제적 타당성을 검토하는 핵심적인 역할을 한다. B/C분석은 정책분석 뿐만 아니라 정책평가의 일환으로서도 이용되며, 과거에는 주로 수자원개발의 분석에 쓰여 졌으나 오늘날에는 정부규제, 인력개발, 교통, 도시개발 등 다양한 정책 및 사업 분야에서 활용되고 있다.

2. 비용편익분석의 절차 및 내용

비용편익분석의 절차에 대해서는 학자에 따라 약간씩 다르나 일반적으로 다음과 같이 분류해 볼 수 있다.

(1) 정책대안의 식별과 분류

공공사업평가의 첫 번째 단계로서 설정된 목표를 달성하기 위해 이용가능한 모든 대안들을 식별하고 분류하여야 한다.

(2) 각 대안들의 편익과 비용의 현재가 추정

비용편익분석의 가장 핵심적인 과정으로서 각 대안들과 관련된 편익과 비용을 가능한 금전적 가치로 계량화하는 것이 바람직하다. 여기서 '편익'이란 정부투자의 적극적인 효과로 일반공중에게 나타나는 바람직한 결과를 의미하며, '비용'이란 바람직하지 못한 결과를 말한다. 현실적으로 편익과 비용을 측정하는 것은 대단히 어려운 작업이나, 이것이 얼마나 타당성 있고 신뢰성 있는 방법에 의하여 이루어졌느냐에 따라 비용편익분석의 질이 달라진다.

일반적으로 공공사업에 투입되는 비용과 그 사업으로부터 나오게 되는 편익은 장기간에 걸쳐 발생하기 때문에 그 사업의 비용과 편익을 비교하기 위해서는 각기 다른 시점에서의 비용과 편익을 현재가치로 환산하여 그 합계를 계산하여야 한다.

- 비용현재가 $= Co + \dfrac{C_1}{1+r} + \dfrac{C_2}{(1+r)^2} + \cdots + \dfrac{Cn}{(1+r)^n}$

- 편익현재가 $= Bo + \dfrac{B_1}{1+r} + \dfrac{B_2}{(1+r)^2} + \cdots + \dfrac{Bn}{(1+r)^n}$

* Co : 현재년도의 비용, Cn : n년도의 비용, r : 할인율, Bo : 현재년도의 편익, Bn : n년도의 편익

(3) 사용될 할인율의 결정

할인율이란 미래가치에 대한 현재가치의 교환비율을 의미한다. 비록 편익과 비용의 추정이 정확하게 이루어졌다고 하더라도 공공사업을 평가하는 데에 있어서는 어떤 할인율을 적용하느냐에 따라 사업의 효과가 크게 달라지므로 적정할인율의 결정은 매우 중요한 과제이다. 왜냐하면 대부분의 공공사업은 사업초기에 자본(비용)이 집중 투자되고, 편익은 장기간에 걸쳐 발생하는 경향이 있으므로 ① 할인율을 너무 높이 잡으면 편익의 순현재가치가 적게 평가되어 사회적으로 필요한 공공사업이 채택되지 않을 수 있고, ② 할인율을 너무 낮게 잡으면 불필요한 사업이 타당성 있는 사업으로 평가되어 채택될 수 있기 때문이다. 공공투자사업에 적용되는 할인율을 사회적 할인율(social rate of discount)이라고 하는데, 사회적 할인율을 도출하는 방법으로는 ① 민간부문의 투자수익율, 소비자이자율과 같이 민간부문에 준하여 사회적 할인율을 도출하는 접근방법과, ② 공공사업은 사회적 관점에서 평가되어야 한다는 점을 중시하여 민간부문과는 다른 별개의 논리에 의해서 '사회적인' 할인율을 도출하는 접근방법이 있다. 후자의 견해에서는 공공사업이란 미래세대의 복지에 기여하고, 외부효과를 발생하기 때문에 민간부문에 적용되는 할인율보다 낮게 적용해야 한다고 주장하는 사람들이 많다.

(4) 비교기준에 의한 대안의 비교·평가

편익과 비용이 추정되고 할인율이 결정된 다음에는 각 대안들을 비교·평가하여야 하는데, 비교평가의 기준으로는 비용-편익 비(B/C ratio), 순현재가치(NPV), 내부수익율(IRR) 등이 있다.

1) 비용-편익 비

비용-편익 비율(B/C ratio)은 편익의 현재가치를 비용의 현재가치로 나눈 것으로서, 경제적 능률성 척도로 가장 널리 이용되고 있다. 따라서 어떤 대안의 B/C ratio가 1 보다 크면 그 사업은 추진할만한 가치가 있고, 사업대안이 복수일 경우에는 그 값이 가장 큰 대안이 가장 타당성이 있는 대안이라고 할 수 있다.

2) 순현재가치

순현재가치(NPV : net present value)는 편익의 순현재가치에서 비용의 순현재가치를 뺀 것을 말한다. 따라서 어떤 대안의 NPV가 0보다 크면 그 사업은 추진할만한 가치가 있고, 사업대안이 복수일 경우에는 그 값이 가장 큰 대안이 가장 바람직한 대안이라고 할 수 있다.

3) 내부수익율

내부수익율(IRR : internal rate of return)은 NPV를 0으로 만드는 할인율을 말하는데, 이는 대안평가에 적용할 적정한 할인율을 모르는 경우에 유용하게 이용된다. IRR의 값은 편익이 클수록 커지기 때문에 IRR의 값이 클수록 훌륭한 대안이라고 할 수 있다.

[대안비교의 평가기준]

평 가 기 준	계 산 방 법
1. 비용-편익 비	$\dfrac{\text{편익의 현재가치}}{\text{비용의 현재가치}}$
2. 순현재가치	편익의 현재가치 − 비용의 현재가치
3. 내부수익율	NPV = 0 이 되도록 하는 할인율

* 여기서 편익의 현재가치는 편익의 현재가치의 총합계를 의미하고, 비용의 현재가치는 비용의 현재가치의 총합계를 의미한다.

(5) 최적대안의 선택

주어진 기준을 적용하여 각 대안들을 비교·평가했을 때 그 값이 가장 큰 대안을 선택한다.

3. 비용-편익분석의 한계

① 공공사업은 비시장가격성·비이윤성을 갖는 경우가 많기 때문에 편익의 계량화가 곤란한 경우가 많고, 비공통성 사업의 경우에는 사업 간의 편익 비교가 곤란하다.

② 미래의 상황은 불확실하고, 미래가치를 현재가치로 환산할 수 있는 적정한 사회적 할인율을 도출하기가 어렵기 때문에 미래의 비용·편익을 현재가로 환산하는 데는 한계가 있다.

③ 비용편익분석으로 능률성·경제성 분석은 가능하나, 화폐가치로 환산할 수 없는 공평성의 기준에 적용하는 데는 한계가 있다. 그러나 근래에 와서는 소득계층별로 편익이나 비용에 서로 다른

분배가중치를 부여하여 사회복지사업의 대안평가에서 분배적 효과를 감안한 평가를 하려는 경향이 높아지고 있다.

4. 비용-효과분석

비용-편익분석은 ① 공공사업의 비용과 편익이 모두 화폐가치로 측정되고, ② 양자의 크기를 NPV나 B/C ratio 등의 동일한 기준으로 비교할 수 있다는 것을 전제로 하고 있으나 현실적으로 이는 쉽지 않다. 비용-효과분석(cost-effectiveness analysis)은 비용-편익분석과 기본논리는 동일하나 ① 효과의 화폐가치 계산이 힘들거나 ② 비용과 효과의 측정단위가 달라 동일한 기준으로 양자를 비교하기가 힘들 때에 이용되는 분석기법이다. 즉 ① 각 대안들의 비용이 동일하여 효과만 비교하면 되는 경우나 ② 효과가 동일하여 비용만 비교하면 되는 경우에 적절히 이용될 수 있다. 비용효과분석은 국방, 경찰행정, 보건 등의 목표달성정도를 화폐가치로 표현할 수 없는 영역에서 사용되고 있다.

제 5 장 정책결정모형

I. 서 론

1. 의 의

정책결정이란 설정된 목표를 달성하기 위하여 복잡하고 동태적인 과정을 거쳐 바람직한 정부의 미래대안을 작성·선택하는 과정이다. 다만 실제의 정책결정상황은 수많은 의사결정의 집합체이므로 이에 관한 이론모형 또한 매우 다양하게 존재하며 그 특성도 다르다. 이렇게 볼 때 정책결정과정에 일률적으로 어떤 접근방법이 중요하다고는 말할 수는 없고, 단지 각 접근방법이 가지고 있는 장단점을 파악하여 상황에 맞게 적절히 활용하는 것이 바람직하다고 할 것이다.

2. 연구경향

정책결정모형 또는 의사결정모형의 발전과정을 살펴보면, 인간의 합리적 능력을 믿는 합리모형에서 이를 비판하는 점증모형과 극단적으로 합리성을 부정하는 쓰레기통모형에 이르기까지 다양하게 소개되고 있고 관심의 초점이 개인적 차원에서 점차 집단적 차원의 분석으로 변화되고 있다.

(1) 이상적·규범적 접근방법과 현실적·실증적 접근방법

　인간행동의 합리성을 전제로 규범적 당위성(sollen)을 강조하는 이상적·규
범적 접근방법인 합리모형에서 근래에는 그 비판으로 현실에서 이루어지고
있는 의사결정을 기술(describe)하고 설명(explain)하고자 하는 현실적·실증
적 접근방법으로 만족모형, 점증모형, 혼합탐사모형 등이 제시되고 있다.

(2) 개인적 접근방법과 집단적 접근방법

　합리모형, 만족모형, 점증모형, 혼합탐사모형, 최적모형 등과 같은 개인차
원의 모형에서 오늘날에는 회사모형, 쓰레기통모형, 공공선택모형 등 집단
차원에 중점을 두는 모형들이 다양하게 제시되고 있다.

Ⅱ. 합리모형(Rational Model)

1. 의　의

　합리모형은 정책결정자가 고도의 이성과 합리성에 근거하여 결정하고 행
동한다고 보며, 목표달성을 위해 합리적 대안을 탐색·선택한다고 보는 이상
적·규범적 접근방법이다. 이 모형은 인간을 합리적 사고방식을 따르는 '경
제인'으로 전제하면서 정책결정자는 전지전능한 존재라는 가정(assumption
of omniscience)하에 목표달성의 극대화를 위한 합리적 대안을 탐색·추구
하는 이론이다. 합리모형은 정책결정이론 중 여타 접근방법의 출발점이 되
어 비판과 수정을 거쳐 새로운 접근방법을 생성시키기도 한다.

2. 기본전제

이 이론은 ① 목표·가치와 수단·사실이 엄격히 구분되며, 대안선택의 기준이 정해져 있고, ② 정책결정이 합리적으로 이루어지는 결정체제가 존재하며, 인적·물적 자원이 충분하며, ③ 의사결정자가 대안결과를 정확히 알 수 있는 예측능력과 비용편익을 계산할 수 있는 능력을 가지고 최선의 대안을 선택한다고 전제한다.

3. 내 용

의사결정자는 ① 문제를 분명히 인식하고, ② 명확한 목표를 세워, ③ 문제해결을 위한 모든 대안들을 체계적·포괄적으로 탐색하고, ④ 각 대안들의 결과를 가능한 모든 정보를 동원하여 분석·예측한 후, ⑤ 각 대안들의 결과를 B/C 분석 등에 의해 체계적으로 비교·평가하여, ⑥ 그중에서 최적의 대안을 선택한다는 것이다.

4. 평 가

(1) 공 헌

① 합리모형은 보다 나은 정책결정에 기여하며, 합리성에 대한 저해요인을 밝혀줌으로써 정책분석에 매우 유용하다.
② 경제적 합리성뿐만 아니라 초합리성을 강조하는 최적모형은 기본적으로 합리모형에 가깝고, 공공선택모형과 Allison모형의 Model I도 합리모형이 근간이 되고 있다.

(2) 비 판

합리적 접근방법은 그 전제와 내용이 지나치게 이상적이고 규범적이기 때문에 현실의 정책결정상황을 설명하는 데는 비현실적이라는 비판을 받고 있다.

① 인간능력의 전제 : 합리모형은 인간의 전지전능성을 전제하고 있으나, 현실의 의사결정자는 인지능력·미래예측능력·문제해결능력 등에 한계가 있다.

② 합리성의 의미 : 합리모형에서 이론적으로 추구하는 합리성은 실제로는 기술적 혹은 경제적 합리성에 국한되며, 공평성 등 다른 기준과 갈등이 유발될 경우 갈등을 완화할 수 있는 뚜렷한 방법을 제시하지 못한다.

③ 목표의 성격 : 합리모형은 해결할 문제나 달성할 목표가 미리 주어진 것으로 전제하나, 문제의 가변성과 복잡성으로 인하여 정책목표가 명확히 주어진 경우는 그리 흔치 않으며, 목표 간에도 서로 갈등이 있을 수 있다.

④ 정보의 성격 : 합리모형은 완전한 정보를 가정하나, 현실에서 이용가능한 정보는 불완전할 때가 많다.

⑤ 분석과정에서 비용의 문제 : 합리모형은 완전성, 종합성을 강조하기 때문에 분석과정에서 비용이 많이 든다. 그런데 현실에는 인적·물적 자원이나 시간적 제약이 뒤따른다.

⑥ 대안의 비교평가 기준의 문제 : 합리모형은 최선의 대안선택을 강조하나 최선이 무엇인지의 평가기준이 애매하고, 비교기준의 설정에서도 분석가의 주관이 개입할 가능성이 많다.

(3) 최근 합리모형의 경향

최근 합리모형을 지지하는 학자들은 전통적인 합리모형의 한계를 보완하기 위하여 OR, B/C분석, Queuing theory, PERT, CPM 등 각종 기술의 개발에 주력하고 있으며, 포괄적 합리성의 전제를 완화하여 현실의 인간능력, 정보, 비용 등을 고려한 불완전 분석방법으로 전통적인 합리모형의 약점을 보완하려는 경향이 있다.

현실의 제약요건들을 고려하여 이 접근방법을 더욱 발전시키면 정책결정의 과학화와 합리화에 기여할 것으로 평가된다.

Ⅲ. 만족모형(Satisficing Model)

1. 의 의

H. Simon과 J.G. March에 의하여 사회심리적으로 접근된 이론으로서, 실제 의사결정과정을 보면 인간의 인지능력, 시간, 비용, 정보의 부족 등으로 합리모형이 가정하는 포괄적 합리성이 제약을 받는 이른바 '제한된 합리성'(bounded rationality)을 확보할 수밖에 없다는 것이다. 즉 '포괄성'을 확보하기 어려워 최선(optimum)의 대안보다는 현실적으로 만족(satisficing)할 만한 대안을 선택하게 된다는 이론이다. 이 이론은 개인의 심리적 제약요인을 고려하고 있다는 점에서 개인적 · 행태론적 의사결정모형 또는 인지모형이며 현실적 · 실증적 모형이라고 할 수 있다.

2. 내 용

Simon은 합리모형이 가정하고 있는 의사결정자를 경제인(economic man)이라고 부르고, 자신이 제시하는 합리성의 제약을 받는 의사결정자를 행정인(administrative man)이라 부르면서 다음과 같은 주장을 하고 있다.

(1) 경제인

① 목표달성의 극대화를 위하여 모든 대안을 포괄적으로 탐색하며, ② 복잡한 상황을 모두 고려하여 결과예측을 시도하고, ③ 모든 가능한 대안 중에서 최선의 대안을 선택한다.

(2) 행정인

① 몇 개의 대안만을 무작위적(random)이고 순차적(sequential)으로 탐색하고, ② 복잡한 상황을 단순화시켜 대안의 중요한 결과만을 예측하며, ③ 몇 개의 대안 중에서 만족할 만한 대안을 선택한다.

[합리모형과 만족모형의 비교]

	합 리 모 형	만 족 모 형
1. 목 표 설 정	극 대 화	만 족 수 준
2. 대 안 탐 색	모 든 대 안	몇 개 의 대 안
3. 결 과 예 측	복 잡 한 상 황 고 려	상 황 의 단 순 화
4. 대 안 선 택	최 적 대 안	만 족 할 만 한 대 안

3. 평 가

(1) 공 헌

① 인지모형으로서 실제 의사결정에 대한 비교적 정확한 설명을 하고 있다.
② 의사결정에 있어서 '비용'의 중요성을 지적하고 있다.

(2) 비 판

① 만족할만한 수준에서 대안탐색을 중단하기 때문에 중요한 대안이 무시될 수 있다.

② 개인에 따라 만족수준이 다르기 때문에 만족화의 객관적인 기준이 존재하지 않고, 의사결정의 일관성이 결여되기 쉽다.

③ 일상적이고 가벼운 의사결정은 만족수준에서 이루어질 가능성이 높으나 중대한 의사결정에서는 분석적 결정이 이루어질 가능성이 높다.

④ 만족수준에서 대안을 선택하기 때문에 현상유지적·보수적이며, 쇄신적·창조적인 대안이나 최선의 대안발굴을 포기해 버리기 쉽다.

Ⅳ. 점증주의모형(Incrementalism Model)

1. 의 의

C. Lindblom, A. Wildavsky 등에 의해 제시된 이론으로서, 합리모형의 비현실성을 비판하면서 "실제의 정책결정과정은 점증적(현실적·실증적모형)일 뿐만 아니라 점증적이어야 바람직하다(처방적·규범적모형)"는 것이다.

이 이론은 이상적·경제적 합리성보다는 다원주의적 사회를 배경으로 하여 시민과 정치인의 현실적 지지를 얻을 수 있는 정치적·사회적 합리성을 중요시 한다.

만족모형이 결정자의 인지능력상의 한계를 고려한 개인적 의사결정모형이라면, 점증주의모형은 결정자의 인지능력상의 한계뿐만 아니라 정책결정의 상황까지 고려한 정책결정모형이라고 할 수 있다.

2. 점증주의의 현실적 타당성

(1) 제한된 합리성(bounded rationality)

정책결정자가 새로운 정책을 만들어 내기에는 정책결정자의 인지능력, 지식, 정보, 시간, 비용 및 사회 환경적 요인 때문에 한계가 있고, 제한된 정책목표와 대안, 한정된 범위 내에서만 정책문제를 살필 수밖에 없다.

(2) 매몰비용(sunk cost)

기존의 정책은 이미 상당한 정도의 인적·물적 자원이 투자되어 있기 때문에 정책결정자는 과거의 정책을 계속 유지하거나 약간 수정하는 정도에 만족하는 경향이 많다.

(3) 정치적 실현가능성(political feasibility)

기존의 정책이란 다양한 정치세력들 간의 타협의 소산물이기 때문에 정책결정자는 과거의 타협을 근본적으로 부정한다는 의미가 있는 새로운 정책을 만들기보다는 가능한 한 과거의 정책과 거의 유사한 정책을 제시하여 계속적으로 사회적 지지를 확보하려고 한다.

3. 내 용

점증주의적 접근방법은 기존의 정책이나 결정을 일단 인정하고 그보다 약간 향상된 대안에 대해서만 부분적이며 순차적으로 채택하여야 한다는 것이다. 즉 기존정책을 첫 대안으로 하여 정치적 합리성을 추구하고 현실적인 한계점을 감안하여 제한된 합리성을 전제로 실현가능한 범위 내에서 최적대안을 탐색하자는 이론이다.

(1) 현존정책에서 약간의 수정·보완

정책문제를 해결하기 위하여 모든 대안을 탐색·평가·분석하기보다는 현존정책에서 약간의 변화만을 가감한 정책대안을 고려한다. 따라서 창조적이고 미래지향적인 정책목표를 추구하기보다는 현재 사회가 안고 있는 구체적인 결함을 경감시키는데 우선을 둔다.

(2) 대안에 대한 제한적 분석·비교

모든 대안을 모두 분석·평가할 수 없으므로 제한된 대안만을 비교·분석(limited comparison)한다.

(3) 계속적 정책결정

정보·시간·능력의 부족을 극복하기 위해 정책을 조금씩 서서히 보완하는 방법으로 계속적·순차적으로 결정(successive comparison)하기 때문에 이론에 크게 의존할 필요가 없다.

(4) 부분적·분산적 의사결정

정책결정이나 정책대안의 분석·평가가 사회의 곳곳에서 상호조정이나 통합이 없이 부분적·분산적(piecemeal-disjointed)으로 이루어진다. 이 과정에서 한 기관에서 정책결정을 할 때 무시되었던 중요한 가치나 정책결과가 다른 기관에서 취급될 가능성이 커지기 때문에 사회 전체적으로 볼 땐 중요한 모든 대안이 고려될 수 있다는 것이다.

(5) 목표와 수단의 상호의존성

목표를 선택하는 것과 수단(정책대안)을 선택하는 것은 서로 밀접하게 얽혀 있다. 왜냐하면 문제의 상황이 변하면 정책목표와 수단이 항시 상호 조정되어야 하며, 정책목표에 대한 합의가 곤란하고, 정책목표가 정책수단에 의해 수정될 수 있기 때문이다. 점증주의에서는 다양한 정책관련자들 간의 타협과 동의에 의해 정책이 결정되는 것이 바람직하다고 보는데 여기에는 가치의 상대주의와 민주주의의 이념이 배후에 깔려 있다.

[합리모형과 점증모형의 비교]

	합 리 모 형	점 증 모 형
좋은 정책의 기준	목표달성의 극대화	행위자들 간의 합의
목 표 수 단 분 석	목표-수단의 계층성	목표-수단의 상호의존성
분 석 의 범 위	포 괄 적 분 석	제 한 적 분 석
의사결정의 특징	총 체 적 결 정	부분적·분산적·계속적 결정
이론에의 의존성	이론의 의존성이 큼	이론의 의존성이 작음

4. 평 가

(1) 경험적·실증적 모형으로서 평가

1) 공 헌

합리모형의 비현실성을 비판하고, 현실의 정책결정과정을 정확히 기술하고 있다.

2) 비 판
① 얼마만큼의 변화를 소폭의 변화로 볼 것인가 하는 점증적 변화정도의
   기준이 모호하다.
② 실제의 정책이 점증적으로 결정되지 않는 경우도 많다. 예컨대 점증
   주의자들이 강조한 예산부문에서도 비점증적인 결정이 이루어지는 경
   우도 많고, 비록 안정된 사회라고 할지라도 정책이 반드시 점증적으
   로만 결정되는 것은 아니다.
③ 점증주의 접근방법은 다원적이고 안정적인 사회에 적용가능성이 높
   고, 급격한 변동을 경험하고 있는 불안정한 사회에 적용하는 데는 한
   계가 있다.

(2) 처방적·규범적 모형으로서 평가

1) 공 헌
① 계속적·순차적 결정을 하는 과정에서 새로운 정보를 제공함으로써
   커다란 정책결정 오류를 방지할 수 있고 불확실성을 극복할 수 있다.
② 현존정책에서 약간의 수정만을 가하기 때문에 정책결정이 용이하다.
③ 사회 곳곳에서 분산적으로 정책이 결정되고 정책의 소폭적 변화만이
   있기 때문에 정치적 실현가능성과 정책의 안정성을 도모할 수 있다.
④ 기존의 정책을 존중하고 근본적인 변혁을 시도하지 않기 때문에 정치
   적 갈등이 감소된다.

2) 비 판
① 기존정책이 잘못된 경우 잘못된 정책결정이 반복될 가능성이 있고,
   시행착오를 거치면서 더 큰 오류에 빠질 위험성이 있다.

② 정책이 사회 곳곳에서 분산적으로 결정되기 때문에 정책들 간의 상호 모순·충돌이 발생할 수 있으며, 정책의 일관성이 상실된다.

③ 안정된 상황이나 단기적 정책에 적절하고, 위기상황이나 장기적 정책에 있어서는 적절한 결정방법이 아니다.

④ 이외에도 점증주의는 반혁신적 보수주의를 옹호하는 경향이 있다는 치명적인 비판을 받고 있다. 왜냐하면 다원적인 사회가 아닌 경우 기존정책이 정치적 강자에 의한 사회적 약자를 억압하는 이념적 무기로 악용될 수도 있기 때문이다.

5. 점증주의의 반론과 수정

① 점증주의가 '보수적'이라는 비판에 대하여 Lindblom과 점증주의를 신봉하는 학자들은 이를 반박한다. 점증주의란 원래 최소의 비용·인적투입 및 가능한 정보를 바탕으로 최선의 정책목표와 대안을 선택하겠다는 의도로 출발한 접근방법으로서 점진적인 정책의 개선도 장기적으로 볼 때는 큰 폭의 정책변화를 가져올 수 있기 때문에 점증주의가 보수적이라고 보는 것도 하나의 잘못된 편견이라는 것이다.

② 한편 Lindblom은 과거 자신의 주장에 전략적 분석이라는 새로운 개념을 추가하였는데, 이는 복잡한 문제를 단순화시키기 위해 신중히 선택된 대안만을 분석한다는 것이다. 이것은 결국 과거 자신이 주장한 점증주의보다는 합리모형 쪽으로 크게 이동한 것이며, 이론 및 쇄신적 정책분석을 수용할 수 있는 근거를 마련한 것이라고 평가되고 있다.

V. 혼합탐사모형(Mixed Scanning Model)

1. 의 의

A. Etzioni가 주장한 이론으로서 합리모형과 점증모형에 대한 비판과 변증법적 통합을 통하여 고안해 낸 이론이다. 이 때문에 혼합탐사적 접근방법을 이중적 접근방법(two-fold approach)이라고도 한다. 즉 합리모형의 비현실성과 점증모형의 보수성을 탈피하여 양자의 장점으로 합치자는 이론이다.

Etzioni는 합리모형은 전체주의 사회체제(totalitarian societal system)에, 점증모형은 민주주의 사회체제(democratic societal system)에 적합한 모형이라고 보고, 자신이 주장한 혼합모형은 능동적 사회(active society)에 적용되어야 할 전략이라고 주장한다.

2. 내 용

혼합탐사모형에 있어서 정책결정은 기본적 결정과 세부적 결정의 지속적인 교호작용에 의해서 이루어진다.

(1) 기본적 결정

기본적 결정(fundamental decision)에 있어서 정책결정자는 목표달성을 위한 대안을 거시적·포괄적으로 탐색(합리모형)하나, 대안결과는 중요한 것만 개괄적으로 예측(합리모형의 완화)한다. 기본적 결정은 ① 환경의 급격한 변화가 있거나 ② 전체적인 문제상황이 변화한 경우와 ③ 정기적으로 행하여져야 한다.

(2) 세부적 결정

세부적 결정(bit decision)은 기본적 결정의 범위 안에서 점증적으로 결정하는데 기본적 결정의 구체화 내지 집행이라고 할 수 있다. 대안탐색은 기본적 결정의 내용에 약간의 변화만 있는 대안만 탐색(점증주의)하나, 대안분석은 세밀하게 검토(합리모형)한다. 세부적 결정은 안정된 상황에서 단기적인 변화에 대처할 수 있다.

3. 평 가

(1) 공 헌

① 합리모형과 점증모형의 장점을 결합하여 정책가치나 정책목표달성을 위한 합리적이고 현실적인 대안적 접근방법을 제시하고 있다.
② 기본적 결정과 세부적 결정을 차별화하여 상황에 따라 융통성 있는 결정을 할 수 있다. 또한 단기적인 변화에 대처하면서 동시에 장기적인 안목을 가질 수 있다.

(2) 비 판

① 합리모형과 점증모형 두 모형을 절충한 것에 불과하며 특별히 새로운 것이 없다.
② 기본적 결정과 세부적 결정의 기준을 명확히 제시하지 못하고 있다.
③ 현실의 정책결정은 혼합모형의 내용에 따라 순차적으로 이루어지지 않는 경우가 많다.

Ⅵ. 최적모형(Optimal Model)

1. 의 의

Y. Dror는 보다 나은 정책결정을 위한 전략과 정책결정체제의 개선이 중요하다는 문제의식에 입각하여, 합리모형의 비현실성과 점증모형의 보수성에 비판을 가하고 이 양자를 통합하여 이상주의(합리모형)와 현실주의(점증모형)를 결합시키는 최적모형을 제시하고 있다.

이 모형은 경제적 합리성과 직관, 통찰, 판단력, 창의력과 같은 요인을 중심으로 한 초합리성을 고려한 규범적·처방적 정책결정모형이라고 할 수 있다.

2. 내 용

(1) 합리성의 제고

1) 경제적 합리성 (양적 모형)
합리적 결정의 효과가 비용보다 클 경우에는 합리모형을 적용하여야 하며, 정책결정에 투입될 자원·시간·노력 등을 정책결정의 각 단계에 가장 효율적으로 배분하여야 한다.

2) 초합리성의 강조 (질적 모형)
자원·시간·노력이 부족하고 상황이 불확실한 경우, 특히 선례가 없거나 매우 중요한 비정형적 결정에 있어서는 직관·창의·판단과 같은 초합리적 요소가 정책결정과정에 개입하여야 한다.

(2) 정책과정의 환류성

Dror는 최적모형의 정책결정단계를 상위정책결정단계, 정책결정단계, 후 정책결정단계로 나누고 각각을 세분하여 일관된 정책결정단계로 아래와 같 이 제시하고 있다.

1) 상위정책결정단계(meta-policymaking stage)

정책결정 이전에 전반적인 정책결정의 구상에 관해 결정하는 단계로서 ① 정책문제 및 관련된 가치의 확인, ② 이용가능한 자원의 확보, ③ 정책 결정체제의 분석, ④ 정책결정전략의 수립 등을 주요내용으로 한다.

2) 정책결정단계(policymaking stage)

합리적·분석적 정책결정의 단계와 본질적으로 차이가 없고, 이 측면은 합리모형을 기본으로 하고 있다. 따라서 이 단계에서는 ① 목표의 명확화 와 우선순위의 결정, ② 정책대안의 탐색·개발, ③ 정책대안의 결과예측, ④ 정책대안의 비교·평가, ⑤ 최선의 대안선택 등을 주요내용으로 한다.

3) 후정책결정단계(post-policymaking stage)와 환류

이 단계는 앞의 두 단계에서 작성된 정책을 가시화시키는 단계로서 ① 집행을 위한 동기부여, ② 정책의 집행, ③ 정책평가, ④ 의사전달과 환류 의 과정으로 이루어진다. 특히 의사전달과 환류를 통하여 새로운 정보가 모든 국면으로 상호 연결되기 때문에 의사전달 및 환류의 망이나 기제 (mechanism)가 중요해진다.

3. 평 가

(1) 공 헌

① 정책결정의 거시적 모형으로서 정책결정과정을 포괄적으로 체계화하고 정책학 패러다임을 형성하는데 기여하였다.
② 경제적 합리성 외에 최고결정자에게서 흔히 볼 수 있는 초합리성을 강조하여 합리모형을 더욱 체계화·발전시키고, 인간의 노력에 의해 정책결정의 질을 높일 수 있다는 가능성을 제시하고 있다.
③ 사회적 변동 상황에서 상위정책을 강조함으로써 혁신적 정책결정을 거시적으로 정당화시킬 수 있는 이론적 근거를 제시한다.

(2) 비 판

① 초합리성의 구체적 성격이 명확하지 않고, 기본적으로 합리모형에 가깝기 때문에 지나치게 이상주의적인 모형이다.
② 직관, 영감, 통찰력 등의 초합리성이 지나치게 강조될 경우 신비주의에 빠질 가능성이 높고, 비합리적인 권위주의적 결정을 미화시킬 위험성이 내포되어 있다.
③ 정책결정에 있어서 사회적 과정에 대한 고찰이 불충분하다.

Ⅶ. 회사모형(Firm Model)

1. 의 의

회사모형(연합모형)은 조직모형에서 발전된 이론으로서 R.M. Cyert와

J.G. March가 개인적 차원의 만족모형을 더욱 발전시켜 조직(기업체)의 의사결정에 적용시킨 집단적 의사결정모형으로 실증적 모형이라고 할 수 있다.

그들은 기업이 합리모형에 따라 의사결정을 한다는 고전파 경제학의 전제를 비판하면서 ① 회사는 이윤만이 아니라 다양한 목표를 가지고 있으며, ② 제약된 합리성 때문에 인간은 최선의 대안을 선택할 수 없다고 본다.

조직이란 상이한 목표를 가진 하위조직들 간의 연합체(coalition)이기 때문에 하위조직들의 국지적 합리성(local rationality)을 도모함으로써 조직전체의 합리성을 확보하려고 하나, 단위조직체간의 서로 다른 목표추구로 인하여 갈등이 유발된다. 따라서 조직 내에서의 의사결정이란 이와 같은 갈등을 준(準)해결(quasi-resolution)하는 것이라고 본다.

2. 내 용

(1) 갈등의 준해결

조직은 서로 다른 목표를 가진 하위단위들 간의 연합체이므로 하위단위들 간의 목표달성을 위한 갈등이 일어날 수밖에 없고, 이러한 갈등을 해결할 수 있는 방법이나 통합적인 기준이 없기 때문에 갈등의 완전한 해결은 불가능하고 언제나 준해결 상태에 머물게 된다.

(2) 문제중심의 탐색(problemistic search)

조직은 적극적으로 문제를 발견하고 목표를 설정하는 것이 아니고, 문제가 발생한 후에 그 문제를 해결하기 위한 대안을 탐색하게 된다.

(3) 불확실성의 회피

조직은 문제상황의 복잡성과 동태성 때문에 직면하게 되는 불확실성을 미리 예측하고 적극적으로 대응하기보다는 그러한 불확실성을 회피하려고 한다. 예컨대 ① 장기전략을 개발하기보다는 단기적인 환류를 이용한 단기적 대응책을 강구하여 현실문제의 해결에 급급하고, ② 환경과 타협하여 환경의 불확실성을 통제할 수 있는 방법을 강구한다.

(4) 조직의 학습

인간이 경험을 통하여 학습하는 것과 같이 조직도 그 구성원들의 학습을 통하여 전체로서 학습을 하게 된다. 즉 조직은 과거의 경험에 의하여 목표를 설정하고, 문제해결의 방법을 찾는다.

(5) 표준운영절차(SOP)

SOP는 조직이 장기적인 적응과정에서 경험적으로 터득하게 된 '학습된 행동규칙'으로서 조직업무 수행의 기준이 되는 표준적인 규칙 또는 절차를 말한다. 이는 조직구성원의 통제수단이 되어 단기적인 의사결정을 완전히 좌우하고, 조직의 장기적인 합리성을 도모케 한다.

3. 평 가

(1) 공 헌

① 조직에서의 의사결정상황에 대한 서술이 비교적 잘 기술되어 있다.

② 조직 내 하위조직(sub-units) 사이의 상이한 목표로 인해 발생하는 갈등이 협상을 통해 해결될 수 있다는 가능성을 제시하고 있다.

③ 하위조직들 간의 갈등의 해결이 완전히 되지 않고 준해결 상태로 남는다는 점을 알려 주고 있다.

④ 조직을 통제·운영하는 수단으로 표준운영절차(SOP)를 제시하여 의사결정에서 이의 중요성을 강조한 점은 높이 평가될 수 있다.

(2) 비 판

① 회사조직이라는 민간조직을 대상으로 하고 있으며, 권력적 측면을 무시하고 있기 때문에 공공부문에 적용하는 데는 한계가 있다.

② SOP에 입각한 결정방식은 안정된 상황을 전제로 하고 있기 때문에 현상유지적이고 보수적인 성격을 띠며, 급격한 사회변동을 겪고 있는 발전도상국의 조직에 적용하는 데는 한계가 있다.

③ 권한과 책임이 하위조직에 배분되어 있는 민주적·분권적 조직관에 입각하고 있기 때문에 모든 결정권이 최고정책결정권자에게 집중되어 있는 권위주의적 조직에 적용하는 데는 무리가 있다.

Ⅷ. 쓰레기통모형(Garbage Can Model)

1. 의 의

M. Cohen, J.G. March, J. Olson 등이 주장한 이론으로 조직이나 집단의 구성단위나 구성원 사이에 응집성이 아주 약한 복잡하고 혼란된 상태 즉 '조직화된 무정부상태(organized anarchies)'에서 이루어지는 의사결정의 특

징적 측면을 강조하는 집단적 의사결정모형이다. 이러한 혼란상태에서는 정책결정이 합리모형에서처럼 체계적으로 이루어지는 것이 아니라, 쓰레기통 속의 쓰레기처럼 뒤죽박죽되다가 우연히 결정된다는 극도로 불합리한 집단적 의사결정상황을 설명하고 있다. 즉 이 모형에서는 합리성을 극도로 제약하는 세 가지 전제조건하에서 의사결정의 네 가지 요소가 '우연히' 결합되어서 의사결정이 이루어지는 경우가 많다는 것이다.

이 모형은 ① 대학조직에서의 의사결정, ② 다당제하의 의회에서의 결정, ③ 행정부 내의 여러 부처가 관련되는 결정 등에 적용할 수 있다.

2. 내 용

(1) 세 가지 전제조건

1) 불확실한 선호(problematic preferences)
① 의사결정의 참여자 개개인들이 자신의 선호가 무엇인지 모르고, ② 참여자들 간에 무엇이 바람직한 선택인지에 대한 합의가 없는 상태에서 의사결정에 참여한다.

2) 불명확한 기술(unclear technology)
조직목표를 달성하기 위해 어떤 수단을 선택해야 할지를 모른다.

3) 수시적 참여자(part－time participants)
① 문제에 따라 참여자가 다르고, ② 참여도 간헐적이고 일회적이다.

(2) 의사결정의 네 가지 요소

의사결정이 이루어지려면 네 가지의 요소, 즉 ① 결정해야 할 문제, ② 문제의 해결책, ③ 참여자, ④ 의사결정의 기회가 구비되어야 하는데 이 네 가지 요소들이 아무 관계없이 독자적으로 움직인다.

(3) 의사결정의 계기와 방식

1) 의사결정의 계기

조직화된 혼란상태에서는 쓰레기통 안에 갖가지 쓰레기들이 다른 시각에 여러 과정을 거쳐 우연히 한 곳에 모여지듯이 위의 네 가지 요소들이 어떤 극적인 점화계기(극적 사건, 정치적 사건 등)에 의해 우연히 합쳐져 의사결정이 이루어진다.

2) 의사결정의 방식

조직화된 혼란상태에서는 다음과 같은 두 가지의 의사결정방식이 대표적으로 나타난다고 한다.

① 진빼기 결정(choice by flight) : 해결해야 할 주된 문제에 다른 문제가 관련되어 있어 결정이 이루어지지 않을 때, 관련문제들이 스스로 다른 의사결정의 기회를 찾아 떠날 때(flight)까지 기다린 후 의사결정을 하는 경우이다. 즉 관련된 문제의 주장자들이 자신의 주장을 되풀이 하다가 힘이 빠져 다른 기회를 찾을 때에 의사결정을 한다는 것이다.

② 날치기 통과(choice by oversight) : 관련된 다른 문제들이 제기되기 전에 재빨리 의사결정을 하는 경우이다.

3. 평 가

(1) 공 헌

① 조직화된 혼란상태(organized anarchies)의 결정상황에 대한 체계적
분석을 시도하는 이론적 토대를 제공하고 있다.
② 특히 사회내의 신념·가치체계 및 정치체계가 바뀌는 과도기적 상황
속에서 나타나는 혼란상태 또는 변동상태에서의 의사결정을 이론적으
로 설명하는데 유용하다.

(2) 비 판

① 대부분의 조직은 쓰레기통모형이 가정하고 있는 '조직화된 혼란상태'
보다는 훨씬 안정적이고 체계적인 상태를 유지하는 경우가 대부분이
며, 의사결정 또한 보다 합리적이며 체계적으로 이루어지는 경우가
대부분이다.
② 조직화된 혼란상태는 모든 조직에서 발견할 수 있는 일반적이고 보편
적인 현상이 아니고, 일부조직이나 조직 내에서 일시적으로 나타나는
특수한 경우라고 할 수 있다.

IX. Allison 모형

1. 의 의

집단적 의사결정을 성질별로 분류하여 국가적 정책결정에 적용한 대표적
인 이론이 G.T. Allison의 세 가지 모형이다. 그는 쿠바 미사일사건(Cuba
Missile Crisis)과 관련된 외교정책과정의 분석을 통하여 미국이 왜 '해상봉

쇄'라는 대안을 채택했는지를 설명하면서 현실의 정책결정과정을 설명하기 위해서는 의사결정론의 합리모형 혹은 집단적 의사결정모형에서 한걸음 더 나아간 종합적인 시각이 필요하다는 인식아래 세 가지 분석모형을 제시하였다.

　Allison은 집단의 특성(응집성등)에 대한 가정에 따라 ① Model I (합리모형)에서는 정부를 잘 조정된 유기체로 보고, ② Model II (조직모형)에서는 정부를 반독립적인 하위조직들이 느슨하게 연결되어 있는 집합체로 간주하며, ③ 그가 새로 추가한 Model III (관료정치모형)에서는 정부를 서로 독립적인 정치적 참여자들의 집합체로 취급한다.

2. 내 용

(1) Model I (합리모형)

　의사결정론의 「합리모형」의 논리를 국가정책, 정부정책의 결정과정에 유추한 것으로서, 정책결정의 주체인 국가 혹은 정부는 합리적이고 단일의 결정자로서 국익(national interest)을 극대화시키는 최선의 대안을 선택하는 합리적 결정을 한다고 본다. 따라서 정책결정과정의 참여자들이 국익을 위한 조직전체의 목표를 공유함으로써 개인적인 이해관계와 충돌되는 경우가 없고, 합리적으로 정책이 결정되기 때문에 정책의 일관성이 유지될 수 있다. 현실적으로 이 모형을 집단적 의사결정에 일반적으로 적용하는 데는 제약이 있으나 국가의 존립과 관련된 외교·국방정책의 결정과정을 설명하는 데는 설득력이 있을 것이다.

(2) Model II (조직모형)

　의사결정론의 「조직모형」과 「회사모형」의 논리를 이용하여 재구성한 것으로써 정책결정의 주체로서의 국가 혹은 정부는 느슨하게 연결된 반독립적인 하위조직들의 집합체이며, 실질적으로 이들 하부조직들의 내부절차(SOP 또는 프로그램목록)에 의해서 국가정책이 결정된다고 본다. 정책결정의 참여자들은 국가적 목표(전체조직의 목표)보다는 자신이 소속해 있는 하위조직의 목표를 우선시하며, 서로 다른 목표를 가진 하위조직들이 문제해결을 둘러싸고 발생하는 갈등을 협상과 타협을 통해 준(準)해결(quasi-resolution) 한다.

(3) Model Ⅲ (관료정치모형)

이 모형에서는 국가정책을 결정하는 주체는 극도로 다원화된 참여자 개개인이라고 본다. 정부의 정책이란 조직전체가 부딪친 문제의 해결책이라기보다는 참여자들 간의 갈등과 타협·흥정에 의하여 정치적으로 결정되는 것으로 본다. 따라서 정책이란 결국 이들 참여자들 간의 정치적 게임의 규칙에 따른 타협·협상의 산물이며, 참여자들은 자신의 목표를 우선적으로 추구하면서 동시에 전체조직의 목표와 하위조직의 목표가 혼재하기 때문에 목표의 공유도 및 정책결정의 일관성이 매우 약하다.

3. 평 가

(1) 공 헌

① 현실의 정책결정과정을 설명하기 위해서는 종합적인 시각이 필요하다는 인식을 제공하고 있다.
② 이 모형은 원래 국제정치적·위기대응적 정책을 분석하기 위해 개발되었으나, 일반정책에도 적용가능하다.
③ 실제의 정책결정에서는 Allison모형의 어느 한 가지가 아닌 세 가지

　　모형 모두에 의해서 그 과정이 설명될 수 있다.
④ 조직계층상 적용가능성을 살펴보면, Model Ⅰ은 조직의 전계층, Model
　　Ⅱ는 하위계층, ModeⅢ는 상위계층의 정책결정과정에 대한 설명에
　　유용하다.

(2) 비 판

① Allison모형은 정책유형(배분정책·규제정책·재분배정책)의 속성에
　　따라 각 모형의 적용가능성이 어떻게 달라지는지에 대해서는 체계적
　　으로 보여주지 못한다.
② 우리나라와 같이 정책결정권이 대통령이나 최고관리층에게 집중되어
　　있는 조직의 경우에는 이 모형을 적용하는 데는 한계가 있다.

(3) 우리나라에서의 적용가능성

　　우리나라의 정책결정은 1980년대 중반까지 대통령의 영향력이 지나치게
압도적이어서 미국에서는 쉽게 적용되는 Allison모형의 설명력이 상당히 약
했으나, 1980년대 중반 이후부터 진행된 민주화·분권화의 결과 그 적용가
능성이 점차 높아지고 있다고 할 수 있다.

[세 모형의 비교]

	합리모형(Ⅰ)	조직모형(Ⅱ)	정치모형(Ⅲ)
조 직 관	·조정과 통제가 잘된 유기체 ·응집성이 강함	·느슨하게 연결된 반독립적인 하위조직들의 연합체 ·응집성이 약함	·독립적 행위자들의 집합체 ·응집성이 매우 약함
행위자의 목표	조직전체 목표	조직전체·하위조직 목표	조직전체·하위조직·개인 목표
목표의 공유도	매우 강함	약 함	매우 약함
정책결정의 양태	합리적 결정	SOP에 의한 관습적 결정	정치적 결정
정책결정의 일관성	강 함	약 함	매우 약함

Ⅹ. 공공선택모형(Public Choice Model)

1. 의　의

복잡·다양한 공공문제를 해결하는 데는 최선의 방법은 있을 수 없고, 다양한 접근방법이 요구된다. 공공선택이론은 1960년대 J. Buchanan과 G. Tullock이 집단적·정치적 정책결정방식에 경제학적 이론을 적용시켜 공공문제를 해결하려는 시도에서 등장한 이론이다. 이후 이들 이론은 V. Ostrom과 E. Ostrom 등에 의해 체계화되고, 많은 학자들에 의해 공공재(public goods and services)의 적정공급을 위한 정책결정방식과 조직배열을 중심으로 연구되고 있다.

　공공선택론에서는 정부를 공공재의 생산자로, 시민들을 공공재의 소비자로 규정하면서 시민의 편익을 극대화할 수 있는 공공재의 공급과 생산은 공공부문의 시장경제화를 통해서 가능하다는 것이다.
　이 이론에서는 규범적·실증적·집단적 의사결정모형을 이용하여 정부재 정부문의 정책결정에 있어서 합리적 인간을 전제로 한 민주적 정책결정이 이루어지는 과정을 설명한다.

2. 특 징

(1) 방법론적 개인주의(methodological individualism)

　분석의 기본단위로서 정책결정자로서의 개인을 가정하며, 이러한 개인은 경제적·합리적 존재로서 이기적(self−interested)이라고 본다. 개인들은 공공재를 최소의 비용으로 향유하려고 하기 때문에 공공재의 공급과 개선에 자발적으로 선호를 나타내려 하지 않는다.

(2) 정치·경제학적 접근방법

　정부의 정책결정에 경제학적 이론을 도입함과 동시에 국민의 대표적 참여와 민주적·분권적 구조를 강조함으로써 정책의 정치적 실현가능성을 중시한다.

(3) 신제도론적 접근방법

　공공재의 효율적인 공급과 생산을 위해서는 공공재의 생산과 소비에 참여하는 사람들의 의사결정에 영향을 미치는 제도적 장치의 마련을 통해서 가능하다고 가정한다. 즉 정부의 각 수준에 맞는 분권적이고 다양한 규모의 제도적 장치가 마련되어야 한다고 본다.

(4) 정책의 파급효과 중시

하나의 정책이 산출되면 그것은 사회의 전분야에 직접·간접으로 영향을 미친다. 정책의 파급효과(spill-over effect)에는 정책담당자가 원래 의도한 긍정적 효과뿐만 아니라 의도하지 못한 부정적 효과가 있다.

3. 내 용

(1) 민주적 행정관(분권적 조직)

공공선택이론은 집권적·계층제적 구조를 강조하는 전통적인 정부관료제가 시민의 요구에 민감하게 반응하지 못하며, 오히려 시민의 선택을 억압하는 제도적 장치로서 소위 '정부실패'(government failure)의 원인이 되고 있다고 비판한다.

공공서비스를 제공할 때 시민 개개인의 선호와 선택을 존중하고, 경쟁을 통하여 서비스를 생산하고 공급하게 함으로써 행정의 대응성을 높이기 위해서는 다조직적 관리방식을 강조하는 분권적 조직형태로 변모하여야 한다는 것이다. 즉 ① 모든 공공결정은 다수의 정책결정집단에 의해 이루어져야 하며, ② 이러한 결정들은 정치의 場 속에 존재하는 다양한 연합적 조직에 바람직하고, ③ 상호 모순되는 조직의 이익은 다조직적 관리방식을 통해 조정되며, ④ 급변하는 상황 속에서 정치적 안정을 유지하기 위해서는 분권적·중첩적 조직구조를 형성하여야 한다는 것이다. 이러한 새로운 행정관에 입각하여 가장 바람직하고 합리적인 공공정책은 파레토 최적점

(point of pareto optimality)에서 결정된다고 본다.

(2) 집합적 정책결정방식

① 이기적인 개인은 민간부문에서 뿐만 아니라 공공부문에서도 자기의 이익을 극대화시키려고 하는데 이러한 이기적인 개개인들이 공동으로 참여하여 정책을 결정하는 것이 정치과정이다.

② 가장 바람직한 집합적 정책결정이란 정보제공, 설득과 합의, 정치적 타협 등을 위한 정치적 비용은 극소화시키고, 시민들의 참여를 통해서 이루어져야 한다고 본다.

■ 집합적 정책결정에서 적정한 참여자의 수 ■

1. 문제의 제기

어떠한 규칙에 의해 사회적 결정을 하면 좋은가? 다수결, 만장일치, 1/3 규칙, 1/5 규칙 등등 어떤 규칙을 따라야 하는가? 이러한 문제에 대하여 J. Buchanan과 G. Tullock이 제시한 최적과반수 모형을 살펴보기로 한다.

2. Buchanan－Tullock 모형

Buchanan과 Tullock은 사회적 선택에 관한 정책결정비용과 외부비용(자신의 의견과 맞지 않은 사회적 결정에 따르지 않으면 안 되는 것으로부터 초래되는 비용)을 고려하여 최적의 정책결정이 이루어질 수 있는 참여자 수를 제시하고 있다. 그림에서 보는 바와 같이 사회적 결정에 필요한 인원수가 증가하면 정책결정비용은 증가하는 한편, 외부비용은 감소한다. 즉, 정책결정과정에서 참여자 수가 많을수록 상호간 협상의 관계수가 증대하기 때문에 정책결정비용(협상비용)은 증대하는 반면에, 정책결정체제의 외부에 있는 정책관련자들을 설득해야 하는 외부비용은 그만큼 감소하게 된다.

예를 들면, 한 사람만의 찬성으로도 사회적 결정이 되는 규칙이라면 정책결정비용은 제로가 되게 된다. 반면에 나머지의 사람은 자신의 의견과는 다른 결정에 구속되기 때문에 외부비용은 높아지게 된다. 이것과는 반대로 만장일치가 아니면 사회적 결정이 이루어지지 않는다고 해 보자. 이 경우에는 만장일치로 인해 외부비용은 제로이다. 그러나 모든 사람의 찬성을 얻지 않으면 안 되기 때문에 모두의 찬성을 얻기 위해 필요로 하는 설득이나 보상 등의 정책결정비용은 대단히 높아지게 된다.

그런데 위의 두 비용을 합한 총비용이 최소가 되는 수준(K)에서 적정한 참여자 수가 결정되면 이 점(파레토 최적점)에서 가장 효율적이고 민주적인 집합적 정책결정이 이루어질 수 있게 된다. 이처럼 정책결정비용과 외부비용을 합한 총비용을 고려하면 만장일치 외에도 합리적인 공공선택이 이루어질 여지가 있다는 것을 시사한다.

[사회적 결정에 따른 비용]

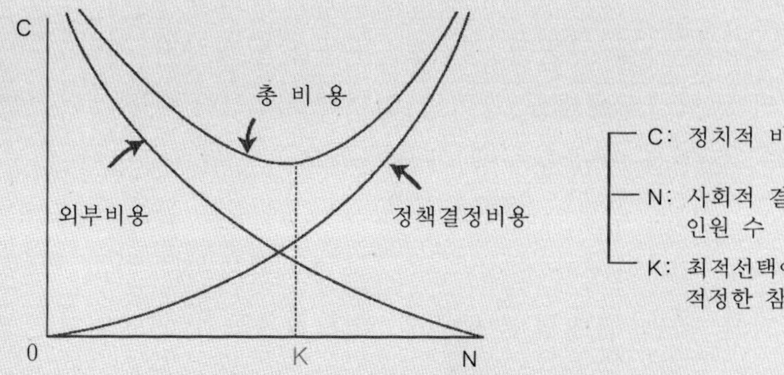

4. 평 가

(1) 공 헌

① 전통적인 개인적 의사결정론자들이 기술적 합리성을 강조한 반면에, 공공선택론자들은 집단적·정치적 결정행위에 경제학적 논리를 적용하여 경제적 합리성뿐만 아니라 정치적 합리성, 정치적 실현가능성 등을 도모하고자 한다.

② 개인적인 선호를 결합하여 집단적 선택으로 전환시킴으로써 사회전체의 편익, 즉 공익이라는 집단적 목표에 기여하도록 대중과 집단을 동원하는 문제를 분명히 하였다.

③ 기존의 정부관료제의 문제점을 극복하고 시민들의 다양한 요구와 선호에 민감하게 부응할 수 있는 제도적 장치의 마련에 관심을 가지고 있어 민주행정의 구현이라는 관점에서 높이 평가된다.

④ 국민의 대표적 참여와 분권적·상황적응적 행정구조를 강조함으로써 합리모형이 갖는 정책의 경직성과 비인간화의 난점을 극복하고 정치적 실현가능성을 높일 수 있는 가능성을 제시하고 있다.

(2) 비 판

① 공공선택모형은 아직 규범적 성격을 완전히 탈피하지 못하고 있으며, 현실에서의 정책결정행태를 완벽히 설명할 수 없다는 한계가 있다.

② 자유시장의 논리를 공공부문에 도입하려는 이 접근방법에는 ‘시장실패’(market failure)라는 그 나름의 고유한 한계를 안고 있으며, 경쟁시장의 논리는 그 자체가 현상유지와 균형이론에 집착하고 있다.

③ 효용극대화를 위한 경제적 선택만을 중시함으로써 인간의 다양한 가치나 자유를 고려하고 있지 않고, 공공선택론자들이 제시하는 처방책

도 현실적합성이 낮다.

④ 이 모형은 정치체제가 분권화되고, 정치·행정문화가 민주적이며, 제도적인 행정통제가 정상화되어 있는 체제에 적용가능성이 높으나, 권위적·집권적·폐쇄적인 정치체제에 적용하는 데는 한계가 있다.

제 6 편 정책집행론

제 1 장   정책집행의 기초이론

Ⅰ. 정책집행의 의의

1. 문제의 제기

정책과정에서 볼 때 정책집행은 정책의제설정, 정책결정(정책형성)에 이은 세 번째 단계로서 정책의도를 실현하는 과정이다. 종래에는 정책을 결정하고 나면 바로 정책의 효과가 나오는 것으로 가정하였으나, 정책이 어떻게 집행되느냐에 따라 정책의 효과가 달라지는 것이다. 정책결정이 잘되었다고 해서 정책이 저절로 집행되는 것은 아니고, 결정된 정책내용이 전혀 집행되지 않는 경우가 있으며, 경우에 따라서는 집행과정에서 정책의 내용이나 방법 등이 수정·변경되는 경우도 허다하다.

이와 같이 정책이란 정책집행과정을 거쳐야 비로소 정책목표를 달성할 수 있는 것이기 때문에 정책집행에 대한 지식을 습득하고, 이를 실제의 집행과정에 응용했을 때 정책의 성공을 기대할 수 있는 것이다.

2. 정책집행의 개념

1970년대 초 J. Pressman과 A. Wildavsky를 비롯한 정책학자들이 정책집행의 중요성을 제기한 이후 정책집행에 대한 다양한 정의들이 제시되고 있으나, 여기서는 정책집행이란 '정책의 내용(수단)을 실현하는 과정(process)' 또는 '정부가 결정한 정책내용 및 정부사업계획을 실천해가는 활동'이라고 정의하기로 한다. 이러한 정책집행을 통하여 정책의도를 실현하고, 정책내용을 실제의 사회에 적용·실행해감으로써 정책이 구현하고자 하는 사회를 만들어 나갈 수 있는 것이다.

3. 정책결정과 정책집행의 관련성

오늘날 정치·행정일원론에 따라 행정부에서 정책집행 뿐만 아니라 정책결정까지 담당하게 되어 정책결정과 집행의 구분이 모호해지고 있으나, 양자의 관련성은 다음과 같은 몇 가지 차원에서 구분해 볼 수 있다.

(1) 업무성격

1) 공통점
① 정책내용이 애매모호하고 불합리하게 결정된 경우 정책집행단계에서 실질적으로 정책내용이 확정되기 때문에 두 기능 모두 본질적으로 의사결정이라는 성격을 지니고 있으며, ② 정책결정단계에서 뿐만 아니라 집행단계에서도 이해당사자들이 참여하여 타협·흥정이 이루어지는 정치적 성격을 띠고 있다는 점에서 공통점이 있다.

2) 차이점
① 정책결정단계에서는 정책내용이 보다 기본적이고 광범위한 결정이 이루어지는 반면에, 집행단계에서는 그 내용이 세부적이고 지엽적인 결정이 이루어지며, ② 정책결정이 정책집행보다 정치적인 성격이 강하며, 정책집행은 전자에 비해 기술적(technical)·기계적(mechanical)·전문적(professional)

인 성격을 띤다.

(2) 담당주체

1) 공통점
오늘날 행정부가 정책집행 뿐만 아니라 정책결정을 실질적으로 주도하면서 정책집행자가 정책결정자의 역할을 한다는 점에서 정책결정과 정책집행은 큰 차이가 없게 된다.

2) 차이점
행정부처 내부에서 장·차관·국장 등 상위계층에서 정책결정의 핵심적인 역할을 담당하는 반면에 정책집행은 하위계층 특히 일선관료(street-level bureaucrats)들이 핵심적인 역할을 한다.

Ⅱ. 정책집행의 성격

정책집행은 ① 정치적 성격, ② 매개적 기능, ③ 정책결정과의 상호연관성을 띠고 있다.

1. 정치적 성격

정책집행은 다양한 행위자들이 관여하며, 상호복잡하게 얽힌 행위들의 상호작용 속에서 이루어짐으로써 애초의 정책의도와 다른 결과를 초래할 수도 있다.

2. 매개적 기능

정책집행과정은 정책과 정책결과(policy outcome) 내지 정책영향(policy impact)을 이어주는 매개변수의 기능을 한다.

3. 정책결정과의 상호연관성

정책결정과의 관계에서 정책집행은 명확히 구분되지 않고, 정책집행과정에서도 계속적인 결정이 이루어진다.

Ⅲ. 성공적인 정책집행의 중요성

정책과정 속에서 정책집행이 차지하는 비중이 점차 증대되어 가고 있는 이유는 실제로 정책목표의 달성 또는 정책의도의 구현이 정책집행의 성공 여부에 달려 있기 때문이다.

1. 정책의도의 실현

일반적으로 정책에는 정책목표가 있기 마련이며, 이 정책목표에는 그 정책이 실현하고자 하는 정책의도가 담겨져 있다. 정책의도는 정책결정을 담당한 정책결정자들의 의도를 의미하는데, 이것은 정책집행이 성공적으로 이루어져야만 실현되는 것이다.

2. 정책내용의 구체화

정책집행의 전단계인 정책결정과정의 정치적 성격으로 인하여 정책내용이 일반적이고 추상적이며 애매모호할 뿐만 아니라 상호 모순된 내용을 담고 있는 정책이 산출되는 경우가 많다. 이러한 경향은 특히 ① 불확실한 미래상황하에 집행될 정책, ② 이해 당사자들의 첨예한 대립으로 인한 타협의 산물로서 생겨난 정책, ③ 고려해야 할 정책목표가 여러 개인 정책 등에서 흔히 나타난다. 이와 같이 추상적이고 애매모호하게 결정된 정책이 실제로 효과를 거두기 위해서는 집행단계에서 그 내용이 구체화되어야 한다.

집행과정에서 정책내용의 구체화를 위해서는 집행자는 여러 정책목표들 간의 우선순위의 고려, 정책내용의 실행가능성의 검토, 다각적인 정보 수집을 통한 불확실성의 축소, 정책대상집단 및 관련당사자의 선호·이해관계의 조정 등의 작업을 선행하여야만 한다.

3. 국민생활과 직결되는 정부활동

정책과정의 여러 단계 중에서 정책집행단계야말로 국민 또는 정책대상집단과 가장 직접적으로 접촉하고 영향을 미치는 '민과 관의 상호 접촉영역'이라고 할 수 있다. 이 단계는 정부가 국민 또는 정책대상집단들에게 재화나 서비스를 제공하고 규제활동을 통해 실질적인 영향력을 행사함으로써 국민의 요구와 기대에 실질적으로 대응하는 단계이며, 국민생활에 긍정적 또는 부정적인 대(對)정부관을 심어주는 직접적인 계기가 된다. 또한 이 과정에서 정책내용은 정책집행의 방법과 집행자의 행동이나 태도에 의해서도 크게 영향을 받기 때문에 정책집행은 매우 중요한 것이다.

Ⅳ. 정책집행의 유형

정책집행의 유형은 여러 가지로 분류해 볼 수 있는데, M. McLaughlin은 정책결정자와 집행자간의 상호작용에 착안하여 ① 상호적응, ② 코옵테이션(co-optation), ③ 부집행(nonimplementation)의 세 가지 유형으로 분류하고 있으며, R.T. Nakamura와 F. Smallwood는 정책결정자와 정책집행자의 관계라는 관점에서 ① 고전적 기술관료형, ② 지시적 위임자형, ③ 협상자형, ④ 재량적 실험가형, ⑤ 관료적 기업가형으로 나누고 있으며, Berman은 ① 정형적 집행과 ② 적응적 집행으로 분류하고 있다. 아래에서는 R.T. Nakamura와 F. Smallwood의 유형과 P. Berman의 유형을 중심으로 고찰하기로 한다.

1. 정책결정자와 정책집행자의 관계에 따른 분류

Nakamura와 Smallwood은 정책결정자와 정책집행자와의 관계에서 어느 쪽이 더 많은 권한을 가지고 있느냐에 따라 다음과 같은 다섯 가지의 유형으로 분류하고 있는데, ①에서 ⑤로 갈수록 정책집행자의 재량권이 확대됨을 의미한다.

(1) 고전적 기술관료형 (Classical Technocrats)

정책결정자가 결정한 정책내용을 정책집행자가 충실히 집행하는 유형으로서 ① 정책결정자가 명확한 정책목표를 제시하고, ② 엄격한 통제 하에 정책집행자에게 구체적인 정책수단 선택을 위한 기술적 권한(technical authority)만을 위임한 경우이다.

(2) 지시적 위임자형 (Instructed Delegates)

이 유형은 ① 정책결정자가 명확한 정책목표를 제시하고, ② 정책결정자가 정책집행자에게 기술적 권한뿐만 아니라 정책수단 선택을 위한 재량적 행정권한(discretionary administrative authority)까지도 위임한 경우이다.

(3) 협상자형 (Bargainers)

정책결정자와 정책집행자가 정책목표와 정책수단의 선택에 대하여 협상·흥정을 함으로써 상호적응(mutual adaptation)을 하는 경우이다.

(4) 재량적 실험가형 (Discretionary Experimenters)

이 유형은 ① 정책결정자가 추상적인 정책목표를 결정하고, ② 정책집행자에게 구체적인 정책목표와 정책수단 결정에 필요한 광범위한 재량권을 위임한 경우이다.

(5) 관료적 기업가형 (Bureaucratic Entrepreneurs)

정책집행자가 정책결정자의 결정권을 장악하고, 정책과정 전반을 완전히 통제하는 유형으로서 ① 정책집행자가 정책목표를 결정하여 정책결정자에게 받아들이도록 설득·강제하고, ② 정책집행자가 집행수단을 확보하기 위해 정책결정자와 협상하는 경우이다.

2. 집행전략에 따른 분류

Berman은 정책집행을 정책집행에 관한 관점 또는 상황의 차이에 입각한 집행전략에 의거하여 다음과 같이 ① 정형적 집행과 ② 적응적 집행으로 분류하고 있다.

(1) 정형적 집행 (Programmed Implementation)

정형적 집행이란 비교적 명확한 정책목표에 의거하여 사전에 수립된 집행계획에 따라 일사불란하게 이루어지는 집행을 말하는데, 이를 좀더 구체적으로 살펴보면 다음과 같다.

1) 안정된 정책상황 : 정형적 집행은 ① 환경의 안정성이 높고, ② 정책목표나 수단을 둘러싼 갈등이 낮고, ③ 구체적인 수단선택을 위한 기존의 이론과 기술이 확실하고, ④ 정책이 요구하는 변화의 범위가 작을 뿐만 아니라 ⑤ 집행기관의 구조가 비교적 계층적인 구조화된 상황에서 요청되는 집행방법이다.

2) 명확한 정책목표 : 정형적 집행이 요청되는 구조화된 상황에서는 정책목표를 둘러싼 갈등이 낮고, 수립된 정책목표가 본질적으로 정당한 것이라고 보는 까닭에 정책목표 수정의 필요성을 별로 인정하지 않는다.

3) 관련자의 참여 제한 : 정형적 집행에서는 성공적인 집행이란 집행자들이 설정된 목표를 충실하게 구현하는 것이라고 보기 때문에 집행관련자의 참여의 필요성을 별로 인정하지 않는다.

4) 집행자의 재량 통제 : 정형적 집행에서는 집행자의 넓은 재량은 목표달성에 차질을 가져올 수 있다고 보기 때문에 집행자의 재량은 가능한 통제되어야 한다고 본다.

5) 집행의 충실도 평가 : 정형적 집행에 있어서는 평가의 목적은 집행의 충실도(fidelity)를 측정하는 데 있다. 즉 수립된 정책목표를 얼마나 충실하게 달성했는가를 점검하는 것이 평가의 주요한 기능이라고 본다.

(2) 적응적 집행 (Adaptive Implementation)

적응적 집행이란 비교적 불명확한 정책목표에 의거하여 다수의 참여자들이 협상과 타협을 통하여 정책을 수정하고 구체화하면서 집행해가는 것을 말하는데, 이를 좀더 구체적으로 살펴보면 다음과 같다.

1) 불안정한 정책상황 : 적응적 집행은 ① 환경의 안정성이 낮고, ② 정책목표와 수단을 둘러싼 갈등이 심하고, ③ 구체적인 수단선택을 위한 기존의 이론과 기술이 불확실하고, ④ 정책이 요구하는 변화의 범위가 광범위할 뿐만 아니라 ⑤ 집행기관의 구조가 비교적 느슨한 동태적인 상황에서 요청되는 집행방법이다.

2) 정책목표 수정의 필요성 : 적응적 집행이 요청되는 동태적인 상황에서는 정책목표를 둘러싼 갈등이 심하고, 당사자간의 협상과 타협에 의해 정책이 수정될 수 있기 때문에 정책목표 수정의 필요성이 높다.

3) 관련자의 참여 중시 : 적응적 집행에서는 ① 집행과정에서의 문제해결을 제고하고, ② 집행 관련자들의 동기를 부여하여 능률적인 집행을 가져올 수 있도록 하기 위해서는 집행 관련자들의 적극적인 참여가 필요하다고 본다.

4) 집행자의 재량 중시 : 적응적 집행에서는 집행자들이 현지실정에 알맞는 집행을 할 수 있도록 하기 위해서 그들에게 보다 광범위한 재량권을 부여하여야 한다고 본다.

5) 집행의 적응성 평가 : 적응적 집행에서는 평가는 1차적으로 적응이 적절하게 이루어지고 있는가를 점검하는 데 목적이 있으며, 성과의 측정은 2차적이라고 본다. 다시 말해서 적응적 집행에서는 정책이란 처음부터 구체적으로 결정되는 것이 아니며, 집행과정에서 구체화된다고 보기 때문에 평가를 통하여 얻은 정보는 정책의 구체화에 이바지하게 된다는 것이다.

V. 정책의 유형과 집행

1. 정책유형에 따른 정책과정의 특성 연구

정책유형에 따라 정책과정의 특성을 살펴보려는 연구는 T.J. Lowi에 의해서 시작되어 R.H. Salisbury, J.E. Anderson 등에 의해 활성화되고, R. Ripley와 G. Franklin은 정책집행과정에까지 그 논의를 확대시키고 있다.

Ripley와 Franklin은 정책결정과정 뿐만 아니라 정책집행과정도 수많은 정부기관과 이해관계집단이 참여하여 상호 타협·흥정하는 정치적 과정이라고 보고, 정책의 유형에 따라 정책집행을 둘러싼 집단들(의회, 민간부문의 이익집단이나 시민집단, 행정부)간의 정치적 과정이 달라진다고 본다. 이들은 정책의 유형을 ① 배분정책, ② 경쟁적 규제정책, ③ 보호적 규제정책, ④ 재분배정책으로 분류하고, 이러한 정책의 유형에 따라 정책집행의 특징(특히 SOP에 의한 원만한 집행의 정도)이 달라진다는 것을 미국의 정책들을 대상으로 하여 체계적으로 연구하였다. 규제정책 중에서 경쟁적 규제정책은 배분정책과 보호적 규제정책의 혼합적 성격을 가지고 있기 때문에 집행과정상의 특성도 이 두 정책의 중간형태를 띠게 되며, 여기서는 배분정책, 보호적 규제정책, 재분배정책을 중심으로 살펴보기로 한다.

2. 정책유형별 집행과정의 차이

(1) 배분정책

국민에게 재화나 서비스를 배분하는 내용을 지닌 배분정책의 집행과정상의 특징은 다음과 같다.

① 정책집행과정에서 의회, 행정부의 일선집행기관, 수혜집단이 적극적으로 개입한다.

② 수혜집단이 정책의 주요한 대상집단이기 때문에 집행을 둘러싼 이데올로기적인 논쟁이나 작은 정부에 대한 요구가 거의 없다.

③ 참여자(집행관련 집단)간의 관계가 안정적이며, 집행에 대한 반대나 갈등이 거의 없다.

④ 따라서 집행을 둘러싼 집단들 간의 집행에 대한 상대적 영향력의 합의라고 할 수 있는 SOP 또는 상례적 절차(routine)의 확립이 용이하며, 원만한(smooth) 집행의 가능성이 높다.

(2) 보호적 규제정책

공익이나 일반대중을 보호하기 위하여 특정한 개인이나 집단의 재산권 행사나 행동의 자유를 구속하는 것을 내용으로 하는 보호적 규제정책의 집행과정상의 특징은 다음과 같다.

① 정책집행과정에서 행정부의 중앙부처, 비용부담자(피규제자)가 적극적으로 개입한다.

② 정책결정과정에서 뿐만 아니라 집행과정에서도 공익에 기초한 정부의 강한 규제냐 또는 기업활동을 위한 정부개입의 최소화냐를 중심으로 한 이데올로기적 논쟁이 지속되며, 작은 정부 또는 규제완화에 대한 요구가 강하다.

③ 집행과정상의 참여자들 간의 관계가 불안정하고 가변적이며, 피규제자들이 집행에 저항하고 집행추진조직과 갈등상황이 지속된다.

④ 따라서 규제정책의 경우에는 SOP 또는 상례적 절차의 확립이 곤란하며, 원만한 집행이 어렵다.

(3) 재분배정책

　고소득층으로부터 저소득층으로의 소득이전을 목적으로 하는 재분배정책의 집행과정상의 특징을 미국의 경우를 중심으로 살펴보면 다음과 같다. 다만 이러한 논의를 유럽 등 사회보장제도가 발달한 국가나 후진국에까지 일반적으로 적용하기에는 한계가 있다.

①　집행과정에 행정부의 일선집행기관, 수혜집단과 비용부담집단이 적극적으로 개입한다.

②　사회계급, 복지혜택, 평등, 정의, 국가의 역할 등에 관한 이데올로기적 논쟁이 정책결정과정에서 뿐만 아니라 집행과정에서도 첨예하게 지속되며, 비용부담집단들에 의한 작은 정부 또는 복지정책의 철폐에 대한 압력이 매우 높다.

③　참여자들 간의 관계는 안정적(지속적)이며, 재분배정책을 반대하는 세력의 정치적 반대와 조직적인 저항이 심하다.

④　따라서 SOP 또는 상례적 절차의 확립이 곤란하며, 원만한 집행 또한 어렵다.

[정책유형에 따른 집행과정상의 특징]

	이데올로기적 논　쟁	참여자간의 관　계	집행상의 갈등과 반대	원만한 집행과 루틴화
배분정책	약　함	안 정 적	약　함	높　음
경 쟁 적 규제정책	대체로 강함	불안정적	중　간	중　간
보 호 적 규제정책	강　함	불안정적	강　함	낮　음
재 분 배 정　　책	매우 강함	안 정 적	매우 강함	낮　음

제 2 장 정책집행론의 전개

Ⅰ. 고전적 정책집행론

1. 의 의

행정이란 바로 정책집행이라는 관점에서 본다면, 정책집행에 대한 고전적 연구는 「행정학」의 영역에서 이루어진 것들을 들 수 있다. 그러나 종래 행정학에서의 정책집행의 연구에는 ① 연구대상이 정책집행의 특정한 측면(행정조직 내부의 운영)만이 강조되고, ② 정책집행을 극히 단순하고 기계적인 것으로 암암리에 가정함으로써, 정책집행이 조직 외부의 관련 집단과의 관계 속에서 정책이 구체적으로 실현되는 과정(process)이라는 측면을 간과하고 있다.

2. 내 용

고전적 행정학을 정책집행과 관련시켜 보면 크게 세 가지의 특징을 갖는다. 즉 ① 정치에 의하여 결정된 정책의 내용을 행정은 충실히 사무처리 하듯이 집행하되(정치·행정 이원론), ② 행정조직의 상층부에서 의사결정을 하고 조직 하층부의 전문가가 이를 집행하며(Weber의 관료제), ③ 기계적·자동적으로 충실히 집행하면 능률성이 보장된다는 것이다(Taylor의 과학적 관리론).

(1) 정치·행정 이원론

Wilson의 주장처럼 정치는 정책결정을, 행정은 정책집행을 담당하기 때문에 양자는 상호 개입해서는 안 되며, 행정은 사무적인 것이기 때문에 객관적인 합리성을 기초로 추진될 수 있다고 보았다.

(2) Taylor의 과학적 관리론

과학적 관리론에서 보듯이 조직의 상층부에서 중요한 결정을 내리고, 하층부에서는 이를 기계적으로 집행하는 것이 행정이념으로서의 능률성을 향상시킬 수 있을 것이라고 보았다.

(3) Weber의 관료제

M. Weber의 합리적 관료제는 피라밋형의 계층제에서 ① 분업에 의한 전문화(specialization), ② 분업화된 하위조직들의 조정을 위한 상위층으로의 집권화(centralization), ③ 조직운영에서 개인의 자의성을 배제하기 위한 공식화(formalization)된 규칙에 의한 지배 등을 특징으로 한다. 이것을 정책집행과 관련하여 볼 때 정책의 주요내용은 조직의 상층부에서 결정(②와 관련)하고, 조직의 하층부에서 전문관료들이 결정된 정책의 내용을 충실히 집행(①과 관련)하면 조직전체가 합리적으로 운영된다는 것이다.

3. 고전적 집행관

① 정책결정과 정책집행은 상호 구분되며, 정책결정은 정치적 성격을 띠는 반면에 정책집행은 비정치적·기술적·전문적 성격을 띤다고 본다.

② 정책결정이 먼저 이루어지고 다음에 이것이 집행된다는 식의 정책결정과 집행과정을 단일 방향적(unidirectional)으로 본다.

③ 정책결정자와 정책집행자는 엄격히 분리되며, 정책결정자가 결정하고 지시한 내용에 따라 정책집행자는 전문적 기술을 가지고 이것을 충실히 집행한다고 본다(Nakamura와 Smallwood의 고전적 기술관료형).

Ⅱ. 현대적 정책집행론

1. 현대적 정책집행론의 등장

(1) Pressman과 Wildavsky의 연구

1970년대에 와서 현대적 정책집행론이 본격적으로 연구되기 시작한 것은 J. Pressman과 A. Wildavsky의 「집행론(Implementation.1973)」이 출간되면서부터이다. 이들은 위대한 사회(great society) 건설을 위한 미연방정부의 사회복지사업들이 충격적으로 실패하게 된 이유를 Oakland사업의 집행과정 분석을 통해 자세히 밝혔다.

이들이 지적한 중요한 정책집행의 실패요인들을 들면 다음과 같다.

① 집행과정에서 참여기관 및 참여자 수가 너무 많았기 때문에 이들이 많은 의사결정점(decision points)에서 거부점(veto points) 역할을 하였다.

② 중요한 지위에 있는 자들의 빈번한 교체로 인하여 집행에 대한 기존의 지지와 협조를 허물어뜨렸다.

③ 정책내용의 결정시 집행수단의 선택에 대한 고려가 없었다.

④ 경기회복을 담당하는 기관(EDA)이 사회복지사업을 추진함으로써 정
책집행을 담당하는 기관이 적절치 않았다.

(2) 현대적 집행론의 등장배경

위에서 본 바와 같이 1960년대 중반부터 Johnson행정부가 의욕적으로 추
진하였던 실험적인 사회정책적 사업들이 여러 가지 요인들로 인하여 그 집
행이 실패하였는데, 이러한 정책실패가 1960년대 말에 이르러 미국에서 광
범위한 문제가 되었고 이것이 정책집행에 대한 연구를 폭발적으로 증가시
킨 배경이 되었다.

미국에서 정책집행의 실패가 이렇게 광범위하게 나타나게 된 원인은 크
게 두 가지로 나누어 볼 수 있다.

1) 정책내용의 논리적 실패

사회정책적 사업들에 대한 지나친 의욕이 앞서 졸속으로 정책내용을 결
정함으로써 실현가능성이 없거나 정책목표를 달성하기 어려운 정책수단을
선택(논리적 실패)하는 경우가 많아 이로 인하여 성공적인 집행이 어려워
졌던 것이다.

2) 다원론적 정치체제

민간부문의 자율성, 연방체제, 엄격한 삼권분립 등을 특징으로 하는 미국
의 다원적인 정치체제하에서는 모든 의사결정점들이 거부점으로 작용할 가
능성이 커서 새로운 사회정책적 사업들의 집행을 어렵게 만들었다.

2. 현대적 집행관

현대적 집행론은 고전적 집행론과는 다른 다음과 같은 특징(정치·행정 일원론)을 가지고 있다.

① 정책집행은 정책의 내용을 구체화시키는 의사결정과정으로서 정치적 성격을 띠고 있다는 점에서 정책결정과 정책집행은 그 성질 면에서 본질적으로 차이가 없다.

② 정책결정단계에서 이루어진 정책의 내용은 실제로는 정책집행단계에서 그 내용이 수정·보완·확정되는 경우가 많아 정책결정과 정책집행은 상호 영향을 주고받는 순환적 성격(circularity)을 띠고 있다.

③ 정책결정자와 집행자의 관계에서 볼 때 정책집행자는 정책결정자의 지시와 명령에 따라 자동적·기계적으로 정책을 집행하는 것이 아니다. 정책결정자는 정책내용을 결정시에 집행자의 능력과 태도를 고려하고, 정책집행자도 집행과정에서 정책내용을 구체화한다는 점에서 정책결정자와 집행자는 주어진 상황 하에 상호 적응적이라고 할 수 있다.

3. 연구경향

(1) 정책집행론의 연구목적

정책집행론의 연구목적은 크게 두 가지로 나누어 볼 수 있다.

1) 성공적인 집행전략의 탐구(규범적·처방적 연구)
정책집행연구를 통하여 정책집행이 실패를 되풀이하지 않고 성공적으로 정책집행을 하기 위한 조건이나 전략을 알아냄으로써 성공적 정책집행을 위한 처방적 지식을 제공하는 것이다.

2) 실제 집행과정의 연구(경험적·실증적 연구)

정책집행이 실제로 어떤 과정을 거쳐 어떤 요인에 의해 실패하게 되었는지를 알아보려는 것이다. 그런데 이러한 경험적·실증적 목적은 규범적·처방적 목적을 위한 기초지식을 제공한다.

(2) 정책집행론의 접근방법

1970년대 정책집행에 관한 연구가 활성화되면서 정책집행론의 연구경향은 먼저 성공적 정책집행을 연구목적으로 하는 집행론이 주류를 이루어 오다가 1970년대 말부터 1980년대 초에 이르러서는 집행현장에서 실제 일어나고 있는 상태를 기술·설명하는데 1차적인 목적을 두는 집행론이 등장하기 시작하였다. 전자를 하향적 접근방법(top-down approach) 또는 전방향적 접근(forward mapping)이라고 부르고, 후자를 상향적 접근방법(buttom-up) 또는 후방향적 접근(backward mapping)이라고 부른다.

1) 하향적·전방향적 접근방법

이것은 주로 정책결정자의 집행과정에 대한 영향력을 다루는 집행전략으로서, 대표적 학자는 D.S. Van Meter와 C.E. Van Horn, P.P. Sabatier와 D. Mazmanian 등을 들 수 있다. 구체적으로 살펴보면 먼저 정책결정자의 의도나 정책내용을 명확히 서술하고, 이어서 목표달성을 위한 집행자들의 행위를 각 단계별로 구체화한 다음, 마지막으로 집행현장으로 연구와 관찰의 대상을 이동시키면서 연구를 진행하는 방법이다.

여기서는 특히 성공적인 정책집행의 요건을 탐구하고, 이 조건이 충족되지 못한 이유를 밝혀내려고 하며, 다분히 중앙통제적인 정형적 집행전략에 근거하여 정책의 명확성, 집행요원 및 정책대상집단의 정책에 대한 순응을 강조한다.

(가) 공　헌

① 성공적인 집행을 위해서는 무엇보다도 정책내용이 집행가능성을 고려

하여 결정되어야 함을 밝히고 있다.

② 성공적인 집행을 위해서 알아야 할 중요한 요인들을 체제적으로 밝히고 있다.

(나) 비 판

① 정책결정자나 집행책임자의 입장에서 정책집행을 연구하기 때문에 집행현장의 중요성을 과소평가하기 쉽고, 일선관료·지방의 집행담당자·민간부문의 역할을 소홀히 하게 된다.

② 성공적인 집행을 좌우하는 요인들로서 실증적 연구에서 그 중요성이 확인되지 못한 것들이 많다.

③ 하나의 정책에 초점을 맞추어 그것이 집행되는 과정을 연구하나, 현실적으로 집행현장에서 여러 정책이 동시에 집행되므로 어느 하나만이 특별히 중요한 것이 아닌 경우가 많다.

2) 상향적·후방향적 접근방법

이것은 정책결정자의 집행과정에 대한 지배적인 영향력 행사에 대해 당위적·실제적 측면에서 의문을 제기하면서, 집행현장에서 일하고 있는 일선집행요원들에서부터 출발하여 이들과 직접 접촉하고 있는 정책대상집단, 관련 이익집단, 지방정부기관을 파악하고, 나아가 상부집행조직, 정책의 내용 등을 연구하는 접근방법이다. 대표적인 학자들로는 R. Elmore, M. Lipsky, P. Berman 등을 들 수 있다.

여기서는 집행의 성공과 실패는 정책결정자의 의도에 대한 순응여부보다는 각 집행자가 주어진 여건 하에서 자신의 역할을 충실히 수행했느냐 하는 상황적 기준을 중요시하며, 일선집행요원의 재량(discretion)과 집행관련 집단의 참여 등에 연구의 초점을 둔다. 다분히 현지적응적 집행전략에 근거하여 지나치게 세밀한 집행지침이나 과도한 중앙통제는 집행의 신축성을 저해하여 정책을 실패하게 할 가능성이 많다고 본다. 따라서 일선집행요원의 재량이 성공적인 집행을 위해 매우 중요하다고 본다.

(가) 공 헌

① 집행현장에서 일선집행요원이나 정책대상집단들이 감지하고 있는 문제의 성격과 문제해결을 위한 전략을 파악할 수 있고, 정책반대세력의 움직임이나 전략도 장기적으로 파악·연구할 수 있다.

② 추진되고 있는 여러 정책들 중에서 어느 것이 더욱 효과적인지를 파악할 수 있고, 집행현장에서 추진되고 있는 여러 정책들이 경쟁관계에 있는 것을 감안하여 바람직한 집행전략을 수립할 수 있다.

③ 집행현장에서 발생하는 의도하지 않았던 부수효과나 부작용을 쉽게 파악할 수 있다.

(나) 비 판

① 하향적 접근방법에서 중요시하는 집행의 성공을 좌우하는 정책내용과 관련된 요인들을 경시한다.

② 일선집행요원들과 정책대상집단들에게 간접적으로 영향을 미치는 사회적·경제적·법적 요인들의 연구가 무시되기 쉽다.

③ 조직 상층부에서 조직전체 또는 국가전체의 입장에서 고려해야 할 문제들을 고려하지 못하거나 간과할 수 있다.

3) 하향적 접근방법과 상향적 접근방법의 비교

하향적 접근방법과 상향적 접근방법을 몇 가지 기준으로 비교해 보면 다음과 같다.

① 연구목적 : 전자는 성공적 정책집행을 좌우하는 요인을 탐구하는 것을 연구목적으로 하나, 후자는 집행현장에서 실제 일어나고 있는 상태를 기술·설명하는데 일차적인 목적을 둔다.

② 연구중점 : 전자는 정책결정자가 의도한 정책성과를 달성하기 위하여 집행체제를 어떻게 운영하고 있느냐에 초점을 두는 반면에, 후자는 집행현장에 참여하는 다수의 행위자들의 전략적인 상호작용에 그 초점을 둔다.

③ 연구방향 : 전자는 정부의 정책결정에서부터 연구를 시작하는 반면

에, 후자는 일선집행현장에서 활동하고 있는 집행요원들로부터 연구를 시작한다.

④ 집행전략 : 전자는 집행과정에서 정책결정자의 의도를 구현하기 위한 중앙통제적인 정형적 집행전략을 강조하며 집행관련 집단의 참여를 소극적으로 보는 반면에, 후자는 주어진 집행현장의 여건 하에서 각 집행자가 자신의 역할을 충실히 수행하는 현지적응적 집행전략을 강조하며 일선관료의 광범위한 재량과 집행관련 집단의 참여를 적극적으로 인정한다.

⑤ 평가기준 : 전자는 공식적인 목표의 달성도 즉 효과성이 주된 평가기준이 되나, 후자는 집행과정에서의 적응성을 강조하기 때문에 정부의 공식적인 결정은 평가기준으로서 중요성을 잃게 된다.

⑥ 적용상황 : 전자는 핵심적인 정책이 있고 비교적 구조화된 상황에 적합한 접근방법인데 비하여, 후자는 핵심적인 정책이 없고 비교적 독립적인 다수의 행위자가 개입하는 동태적인 상황에 적합한 접근방법이라고 할 수 있다.

4) 통 합 (상황론적 접근)

이상에서 본 바와 같이 하향적 접근방법과 상향적 접근방법은 서로 다른 장단점을 지니고 있기 때문에 성공적 정책집행을 위해서는 위의 두 방법을 보완적으로 적용해야 할 것이다.

① 하향적 접근방법의 적용 : ⅰ) 하나의 정책이 지배적으로 집행현장을 좌우하는 경우, ⅱ) 정책집행의 일반적인 과정을 고찰하려는 경우, ⅲ) 정책결정, 정책내용, 집행조직의 특성 등이 정책집행에 미치는 영향을 파악하려는 경우에는 하향적 접근방법을 이용하는 것이 유리하다.

② 상향적 접근방법의 적용 : ⅰ) 중요성이 비슷한 여러 개의 정책들이 경쟁적으로 집행되고 있는 경우, ⅱ) 여러 지역간의 집행상의 차이를 파악하려는 경우, ⅲ) 집행현장에서 나타나는 문제와 현상들을 파악하려는 경우에는 상향적 접근방법을 이용하는 것이 유리하다.

제 3 장 정책집행의 절차

I. 의 의

　정책집행이 다시 몇 가지 하위단계로 구성되는가에 관해서는 많은 연구성과가 축적되어 있지 않으나 M. Rein, R. Ripley와 G. Franklin 등의 연구를 기초로 하여 정책집행단계를 분류해 보면 ① 정책지침개발단계, ② 자원획득·배분단계, ③ 실현활동단계, ④ 감시·환류단계 등으로 구분할 수 있다.

　정책집행의 단계에 대한 연구는 성공적인 정책집행전략을 탐색하는 규범적 연구나 실제 집행과정을 기술코자 하는 실증적 연구 모두에게 필요한 작업이다.

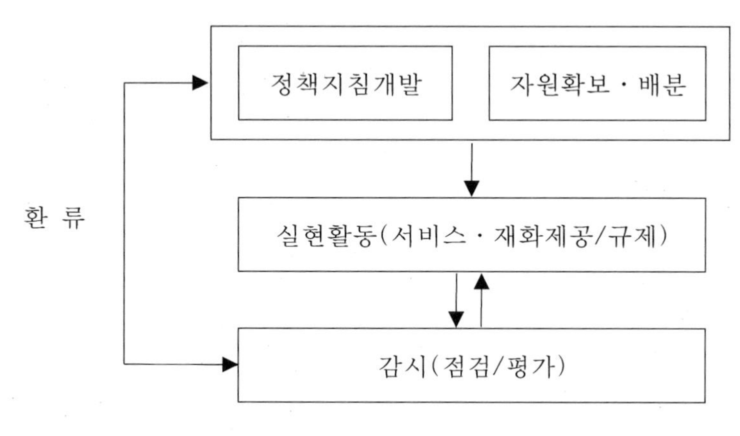

Ⅱ. 정책지침의 개발

1. 의 의

(1) 개 념

정책지침(policy guidelines)이란 '정책의 내용을 실현가능한 내용으로 구체화시켜 집행에 필요한 사항 등을 규정한 집행자의 행동지침'을 의미한다.

이러한 정책지침은 정책의 내용을 구체화시켜서 집행자가 무엇을, 어떻게 해야 하는지를 알려주는 기능을 한다.

(2) 정책결정과 정책지침개발의 비교

1) 공통점

정책결정과 정책지침개발은 본질적으로 의사결정이라는 점과 정치적 성격을 띠고 있다는 점에서 동일하다. 특히 정책결정 과정에서와 마찬가지로 정책지침작성 과정에서도 이해관계인들과 대립·갈등이 발생하며 이들과 타협·협상으로 구체적인 정책내용이 결정된다는 점이다.

2) 차이점

정책결정과 정책지침작성은 결정주체와 방식 면에서 차이가 있다. ① 주체 면에서 볼 때 정책결정자는 국회·행정부의 고위지도자들인데, 정책지침작성자는 행정부 내부의 국단위 정도에서의 실무자들이며, ② 방식 면에서 볼 때 정책결정 과정은 보다 개방적·공식적·제도적인 반면에, 정책지침작성 과정은 보다 폐쇄적·비공식적·비제도적인 특징을 갖는다.

2. 표준운영절차의 개발

(1) 의 의

정책지침으로서 표준운영절차(SOP)란 '정책집행자의 표준적인 업무수행 절차'를 의미한다. SOP는 업무내용 뿐만 아니라 업무수행절차까지도 포함하고 있어 집행활동의 준거가 된다. SOP에 따라 정책집행을 할 경우의 장단점은 다음과 같다.

(2) 장 점

SOP에 따라 집행을 할 경우 ① 하위집행자의 시간을 절약케 해주며, ② 복잡한 상황을 단순화시킴으로써 집행의 능률성을 제고할 수 있고, ③ 전국적으로 동일한 기준을 적용함으로써 집행의 공정성을 확보할 수 있다는 등의 장점이 있다.

(3) 단 점

SOP를 지나치게 경직적으로 적용했을 경우 ① 생략 가능한 불필요한 절차까지 수행함으로써 시간적 지체와 형식주의(red tape)를 야기 시키고, ② 집행현장에서의 적응적(adaptive) 집행을 곤란케 하며, ③ 새로운 상황에서도 과거의 SOP를 그대로 적용하려고 하는 타성에 빠지게 할 우려가 있고, ④ 전국적으로 동일한 기준을 획일적으로 적용했을 경우 지역적 특수성이 무시될 수 있다는 등의 단점이 있다.

Ⅲ. 자원의 확보와 배분

정책을 실현하기 위해서는 정책집행에 필요한 인적 자원(전문집행요원), 물적 자원 및 집행기구나 조직의 확보가 필요하다. 이러한 자원들이 확보되지 않았을 경우에는 정책의 실행가능성이 제약을 받게 된다.

정책집행을 위한 자원 중에서는 특히 물적자원으로서 예산의 뒷받침이 중요하며, 예산의 확보는 절대액수 뿐만 아니라 그 확보시기(timing)가 중요하다.

Ⅳ. 실현활동

실현활동이란 정책의 내용(정책수단)을 실천에 옮기는 구체적인 활동을 의미하는데, 확보된 자원을 이용하여 정책지침에 구체화된 내용을 SOP에 따라서 집행요원(일선집행관료)이 행하는 활동이다. 이것은 정책내용을 현장에 적용하는 단계이며, 정책대상집단에게 서비스나 재화를 직접 제공하거나 대상집단의 행동을 규제하는 활동이다. 이 단계가 성공적으로 이루어져야만 성공적인 정책집행이 이루어졌다고 말할 수 있다.

Ⅴ. 감시 및 환류

1. 의 의

정책집행 도중이나 활동이 끝난 후에 원래의 정책지침에 따라 집행활동들이 충실하게 수행되었는지를 점검(monitoring)·평가(evaluation)하고, 잘못이 있으면 이를 시정하는 단계이다. 이 단계에서는 크게 집행점검과 집행과정평가의 두 가지가 포함된다.

2. 감시·환류의 내용

(1) 집행점검 (monitoring)

1) 의 의
집행점검(monitoring)이란 '하나의 사업(프로그램)을 집행하는 과정에서 발생하는 사건들에 대한 구체적인 정보를 수집하고 관리에 활용하는 것'이라고 정의되는데, 집행활동들이 정책지침에 따라 제대로 집행되고 있는가를 확인하는 것을 의미한다.

2) 점검의 기능
집행과정평가에 있어서 점검은 다음과 같은 네 가지 기능을 한다.
① 순 응(compliance) : 점검은 집행 관련자들이 관련 법률이나 규정에서 제시된 기준 또는 절차에 일치 또는 순응하고 있는가를 파악할 수 있게 해준다.
② 감 사(auditing) : 점검은 정책이 의도한 특정의 정책대상집단에게 계획된 자원과 서비스를 실제로 그들에게 배분하였는지를 알 수 있게 해준다.
③ 회 계(accounting) : 점검은 장기정책 또는 사업의 집행에 의해 나타나는 사회·경제적 변화를 설명해 주는 정보를 생산하는데 도움을 준다.

④ 설   명(explaining) : 점검은 정책과 사업이 어떻게 운용되고, 원래 계획과 그 결과가 왜 달라지는지를 설명할 수 있도록 해준다.

3) 점검의 종류

점검은 그것이 어디에 중점을 두느냐에 따라 다음과 같이 분류된다.

① 프로그램점검(program monitoring) : 집행과정상에서 이루어지는 활동들(activities)이 집행계획(프로그램)에 따라 행하여지고 있는지를 점검하는 것으로서, 집행점검 또는 행정점검이라고도 부른다. 따라서 프로그램점검에서는 ⅰ) 원래 집행계획에서의 의도한 활동(activity)들이 이루어졌는가, ⅱ) 계획된 인적·물적 자원이 계획된 시간에 투입(input)되었는가, ⅲ) 원래 의도한 정책대상집단(coverage)에 실시되었는가, ⅳ) 집행 관련자들이 관련 법률이나 규정에 따라 순응(compliance)하고 있는가를 점검하게 된다.

② 성과점검(performance monitoring) : 집행활동의 결과인 산출(output) 또는 성과(performance)를 주기적으로 점검(진도점검)하는 것으로서, 그것이 원래 기대했던 성과와 비교하여 상이한 경우 그 원인을 찾아내어 시정하기 위한 점검이다. 현재 우리나라의 심사평가제도가 이에 해당된다.

③ 균형성 분석 : 동일한 사업 내에서 여러 단위사업들이 동시에 추진되고 있을 때 단위사업들 간의 균형적인 추진여부, 적시의 추진여부, 그 내용의 적합성 여부 등을 점검하는 것이다. 이러한 균형성 분석을 통하여 문제점이 발견되면 이것을 조기에 조정하자는 데에 그 목적이 있다.

(2) 집행과정평가

1) 의 의

집행과정평가는 '집행활동들이 원래의 정책지침에 따라 이루어졌는지를 확인·점검하고 그 결과를 평가하는 집행분석'을 의미하는데, 형성평가(formative evaluation)라고도 한다. 이것은 정책의 집행도중에 계속적인 점검(monitoring)의 방법을 통하여 이루어진다.

2) 기능 또는 목적

집행과정평가는 ① 보다 효율적인 집행전략을 수립하거나, ② 정책내용의 수정·변경에 필요한 정보를 제공하며, ③ 집행요원의 책임성 확보에도 기여한다.

■ 표준운영절차 (SOP) ■

1. 서 론

(1) 의 의

조직 내의 복잡한 일상적인 업무를 신뢰성 있게 수행하자면 조직 내의 많은 관련 활동들이 조정 또는 통제되어야 한다. 이러한 조정·통제를 위한 수단이 바로 SOP이다. 표준운영절차(SOP : Standard Operating Procedure)란 '조직이 과거 적응과정에서의 경험에 기초하여 유형화한 업무추진의 절차' 또는 '업무수행의 기준이 되는 표준적인 규칙 또는 절차'를 말한다. SOP는 조직의 단기적인 의사결정을 지배할 뿐만 아니라 성공적 정책집행에 영향을 미치는 중요한 요인 중의 하나이다.

(2) 중요성

① 의사결정의 국면 : SOP는 조직구성원 통제의 수단일 뿐만 아니라 단기적인 의사결정을 완전히 좌우한다.
② 정책집행의 국면 : 불확실성을 통제하고, 반복적인 업무추진에 있어서 성공적인 정책집행을 가능케 한다.

2. SOP의 유형

(1) 일반적 SOP

1) 의 의
장기적인 행동규칙으로서, 장기적인 환류에 따라 서서히 변하게 하여 장기적 합리성(long-run rationality)을 도모하는 SOP이다.

2) 기 능
① 불확실성의 회피 : 조직은 의사결정과 정책집행에 있어서 미래 상황에 대한 불확실성을 극소화하려는 까닭에 표준화된 규칙을 받아들이게 된다.
② 장기적 합리성의 도모 : 계속적인 조직의 재설계보다는 일단 적절한 절차로 알려진 규칙을 유지하는 것이 조직의 장기적인 합리성을 도모하는 측면에서 유리하다.
③ 단순·반복적인 업무 추진의 용이 : 의사결정 및 집행절차에 관한 규칙은 기본적으로 단순한 절차를 내용으로 하기 때문에 단순하고 반복적인 업무추진이 용이하다.

(2) 구체적 SOP

1) 의 의

　　단기적인 행동규칙으로서, 일반적 SOP를 집행하기 위하여 보다 구체화시킨 SOP이며 단기적인 환류에 의해 변하게 된다.

　2) 종 류

① 업무수행규칙(Task Performance Rules) : 이것은 조직 내의 하위조직이나 개인에게 부과된 업무를 수행하는 방법을 세밀하게 밝혀둔 것이다.

② 기록과 보고(Records and Reports) : 여기에는 업무수행결과로서의 성과에 관한 기록이나 예산서 모두가 포함되는데, R.M. Cyert와 J.G. March에 의하면 기록이나 보고는 통제와 예측기능을 수행한다고 한다.

③ 정보처리규칙(Information－Handling Rules) : 여기에는 정보의 내용, 흐름을 규정한 것들이 포함되는데, 정보처리규칙은 필요한 정보가 필요한 장소에서 적절한 시기에 유용될 수 있도록 해주는 기능을 한다.

④ 계획과 기획에 관한 규칙(Plans and Planning Rules) : 조직은 장기계획을 회피하는 경향이 있으나, 조직활동 속에는 장기계획에 관한 활동이 존재하는 것이 현실이다. 그러한 활동에 관한 세밀한 규칙이 계획과 기획에 관한 규칙에 포함된다.

3. SOP의 장단점

　　SOP에 따라 의사결정 또는 정책집행을 할 경우에는 아래와 같은 장단점이 나타난다.

(1) 장 점

① 조직의 안정성 유지와 불확실성의 극복 : 계속 변화하는 조직 외부의 상황에 대처하는 방식을 사전에 확보해둠으로써 조직의 안정성을 확보할 수 있고, 불확실성하에서의 의사결정 및 집행의 위험을 제거할 수 있다.

② 시간과 노력의 절약 : 조직업무의 대부분은 반복적·일상적 성질의 것들이기 때문에 이들 업무에 SOP를 적용함으로써 의사결정 및 집행과정에 소요되는 시간과 노력이 절약되고 조직의 능률성을 제고할 수 있다.

③ 조직운영의 합리화 : 체계적인 업무추진과 통제를 가능케 하여 조직의 효율성을 도모할 수 있다.

④ 공정성의 확보 : SOP는 정책결정자의 재량을 축소시키고, 정책집행과정에서 정책대상집단에 대하여 전국적으로 동일한 기준을 적용케 하여 집행상의 공정성을 확보할 수 있다.

(2) 단 점

① 동일시의 위험과 조직의 타성(inertia) 조장 : 정책담당자가 환경(문제)의 변화에 대한 충분한 고려 없이 새로운 상황에 대해서도 기존의 SOP를 그대로 적용할 경우 집행이 실패할 가능성이 높고, 보수화와 타성의 조장에 따른 조직의 침체를 가져올 수 있다.

② 시간적 지연(red tape) : 지나친 규정화는 과도한 문서처리(red tape)를 수반케 하여 형식주의를 야기하고, 특수한 경우나 일부 절차를 생략하여도 좋은 경우에 엄격히 SOP를 적용할 경우 시간적 지체를 가져온다.

③ 상황적응성의 결여 : 환경의 급속한 변화와 불확실성 속에서 SOP를 엄격히 적용하려 할 경우 자칫 조직의 경직화를 가져올 수 있다.

④ 개별적 특수성의 무시 : 정책집행에 있어 전국적으로 동일한 기준을 적용할 경우, 집행현장의 특수한 사정에 적응하기 곤란하다.

4. 결 론

SOP는 정책결정과 정책집행의 각 과정에서 준거적 기능을 함으로써 조직의 유지와 문제의 해결에 큰 도움을 줄 수 있다. 그러나 ① 문제의 성격이나 상황이 변한 경우나, ② 지역적 특수성이 고려되어야 할 경우 기존 SOP의 엄격한 적용은 정책집행의 실패를 가져올 수 있기 때문에 이 경우에는 새로운 SOP의 개발이 필요하게 된다. 우리의 경우 과거 권위주의체제하에서 중앙통제적인 획일적 집행이 이루어져 왔으나, 최근 정치·행정체제의 민주화·지방화의 진전에 따라 일선집행요원들이 집행현장에서 발생하는 문제에 신축적으로 대응하고, 집행과정에 지역주민의 의사를 반영할 수 있도록 새로운 SOP의 개발과 적용이 요구된다고 할 것이다.

■ 정책평가의 종류 ■

1. 총괄평가

(1) 의 의

총괄평가는 '정책이 집행된 후에 정책결과(정책영향)를 대상으로 하여 정책이 효과가 있었는지를 판단하는 활동'을 말한다.

(2) 목 적

정책결정에 필요한 정보를 제공하여 정책내용의 수정, 정책의 추진 여부 등을 결정하는데 도움을 준다.

(3) 종 류

1) 효과성평가 : 정책목표의 달성정도를 의미하는 정책의 효과성을 판단하는 것으로서, 총괄평가의 가장 핵심적인 작업이다.

2) 능률성평가 : 투입(비용)과 산출(효과)의 비율로 표현되는 정책의 능률성을 판단하는 것으로서, 정책효과 뿐만 아니라 정책비용까지도 고려한다.

3) 공평성평가 : 정책효과와 비용의 사회집단간·지역간 배분 등이 공정한지의 여부를 평가하는 것이다.

2. 과정평가

(1) 의 의

과정평가란 '정책집행과정을 대상으로 하여 분석하는 활동'을 말한다.

(2) 목 적

① 보다 효율적인 집행전략을 수립하거나, ② 정책내용을 수정·변

경하며, ③ 정책의 추진여부의 결정에 필요한 정보를 제공한다. 또한 ④ 정책효과의 발생경로를 밝혀 총괄평가를 보조하는 기능을 수행한다.

(3) 종 류

1) 집행과정평가 : 집행 도중에 정책이 의도했던 대로 집행이 되었는지를 확인·점검하는 것으로서, 이것은 효율적인 집행전략 수립에 필요한 정보뿐만 아니라 차후의 정책결정과정에 필요한 정보를 제공하여 정책내용의 수정, 정책의 추진여부의 결정에 도움을 준다.

2) 좁은 의미의 과정평가 : 집행 후에 집행과정을 대상으로 평가하며, 정책(수단)이 어떤 경로를 거쳐 정책효과를 발생하였는지를 판단한다. 이것은 총괄평가(특히 효과성평가)를 보완하고, 정책결정에 필요한 정보를 제공하여 정책내용의 수정, 정책의 추진여부를 결정하는데 도움을 준다.

제 4 장 성공적 정책집행의 판단기준

Ⅰ. 의 의

정책집행연구의 제1차적인 목적은 성공적인 정책집행을 위한 최선의 전략수립에 필요한 지식과 논리를 제공하는데 있기 때문에 이를 위해서는 먼저 성공적인 정책집행이 무엇을 의미하는지부터 알아야 한다.

그러나 '성공적'이라는 용어 자체가 가치 판단적 요소를 내포하고 있기 때문에 무엇을 성공적인 정책집행으로 볼 것인가에 대해서는 합치된 의견이 없다. 보는 시각에 따라서는 정책목표를 달성한 경우, 원만하게 집행이 이루어진 경우, 집행관련 집단들의 요구를 충족시킨 경우 등을 성공적인 정책집행이라고 보기도 한다.

이와 같이 판단자의 이해관계 또는 가치관에 따라서 성공적인 정책집행을 보는 시각이 다르기 때문에 동일한 집행결과에 대해서도 성공 또는 실패로 판단할 수 있게 된다.

Ⅱ. 성공적 정책집행의 판단기준

1. 의 의

정책집행의 성공여부는 여러 가지 기준(criteria)에 의해서 판단해 볼 수 있으나, 일반적으로는 크게 ① 실질적·내용적 기준과 ② 주체적·절차적 기준으로 나눌 수 있다.

집행의 성공여부를 ① 전자는 정책집행의 내용자체를 국가·사회전체의 입장에서 객관적으로 판단하는 것이고, ② 후자는 특정한 집행절차와 관련해서 정책관련자들의 주체적 입장에서 주관적으로 판단하는 것이다. 이러한 두 가지 기준은 정책집행의 성공여부를 서로 다른 차원에서 판단하고 있기 때문에 현실적으로 정책주체와 정책집행절차에 따라서 강조되는 기준들이 실질적인 내용의 측면에서 볼 때는 서로 다른 경우가 많게 된다.

2. 실질적 · 내용적 기준

(1) 효과성

1) 의 의

효과성(effectiveness)은 정책목표의 달성정도를 의미하는데, 정책집행에 의하여 정책목표가 잘 달성된 경우를 성공적 정책집행으로 보는 것이다. 정책과정에 투입된 모든 노력이 결국은 정책목표를 달성하기 위한 것이기 때문에 효과성은 정책집행의 성공여부를 판단하는 일차적인 기준이 될 수 있다.

2) 한 계

효과성을 성공적 집행의 기준으로 삼는 데는 다음과 같은 문제가 있다.
① 아무리 효과적인 집행이라도 지나치게 많은 비용이나 희생이 소모되면 성공적인 집행으로 보기가 어렵다.
② 정책목표를 달성하기 위한 정책수단이 잘못 선택(논리적 실패)되면, 정책수단이 충실히 수행되어도 정책목표는 달성되지 않는다.

③ 정책목표가 애매모호하거나 상호 모순·대립관계에 있는 목표들이 우
  선순위 없이 나열되어 있을 때, 즉 정책목표가 불분명한 경우에는 효
  과성을 성공적 집행의 판단기준으로 삼기 어렵다.

(2) 능률성

1) 의 의

능률성(efficiency)은 효과와 비용의 비율을 의미하는데, 정책집행에 의하
여 정책의 효과를 극대화하고, 비용을 극소화한 경우를 성공적인 집행으로
보는 것이다. 그러므로 동일한 비용으로 최대한 효과를 내든지, 아니면 동
일한 효과를 위하여 최소의 비용이 투입되었을 경우에 능률적인 정책집행
이 되는 것이다. 능률성은 정책비용을 감안하고 있기 때문에 효과성보다는
넓은 의미의 기준이라고 할 수 있다.

2) 한 계

능률성은 효과성에 비해 정책비용을 감안한다는 장점이 있으나, 이 기준
역시 정책목표를 전제로 하고 있기 때문에 효과성 기준과 마찬가지로 다음
과 같은 단점이 있다.
  ① 정책목표와 수단 간의 인과관계가 없거나 애매모호한 경우(논리적 실
    패)에는 정책목표가 달성되지 않기 때문에 비용이 적게 들었다고 하
    여 성공적인 집행이라고 볼 수는 없는 것이다.
  ② 정책목표가 불분명하거나 목표 간의 모순·갈등관계에 있는 경우에는
    어떤 목표에 기준을 두고 능률성을 판단해야 할지가 곤란하다.

(3) 공평성

공평성(equity)이란 동일한 경우는 동일하게 취급하고 서로 다른 경우는

서로 다르게 취급하는 것을 의미하는데, 정책의 효과나 비용의 배분이 배분적 정의(正義)에 합치되도록 집행한 경우에 성공적 집행으로 보는 경우이다. 이 기준은 계층간의 격차를 줄여 사회통합에 기여할 수 있는 정치적으로 매우 중요한 가치이나, 다분히 평가자의 주관이나 가치판단이 개입하여 객관적인 평가가 곤란하다는 한계가 있다.

(4) 정책내용이 불분명할 때의 기준

① 정책내용 특히 정책목표가 불분명할 경우는 효과성이나 능률성을 성공적 집행의 판단기준으로 적용하기가 곤란하다.
② 이런 경우에는 먼저 정책집행자가 집행과정에서 정책목표를 구체화하고 상호 모순·대립되는 목표들 간의 우선순위를 결정한 후에 결정된 내용에 따라 집행을 하여야 한다. 성공적인 집행을 위해서는 이와 같이 집행과정에서 이루어지는 실질적인 결정이 바람직하여야 하며, 그 결정내용에 따른 집행 역시 바람직스러워야 한다. 결정내용이 바람직하기 위해서는 ⅰ) 정책목표의 설정이 적합(appropriateness)하고 적절(adequacy)해야 하며, ⅱ) 정책수단의 선택이 효과성, 능률성, 공평성 등의 소망성과 실현가능성 기준에 합치되어야 하고, 집행과정이 바람직하기 위해서는 성공적 집행의 판단기준인 효과성, 능률성, 공평성에 합치되어야 한다.

3. 주체적 · 절차적 기준

(1) 정책의도의 실현

1) 의 의

정책결정 당시의 정책결정자들의 의도(legal intention) 즉 정책내용이 충실히 수행된 경우를 성공적 집행으로 보는 경우로서, 이는 대의민주주의 하에서 정당성을 갖는다.

2) 한　계
① 정책결정자의 전문지식과 시간 부족 등으로 정책내용을 잘못 결정하거나,
② 정책결정과정에서 국민들의 다양한 이해관계가 충분히 반영되지 못하여 정책내용에 대하여 정치적 논의와 반대가 심한 경우,
③ 애매모호하고 추상적이거나 상호 모순·대립되는 정책내용들이 결정된 경우에는 정책의도가 바람직한 기준이 되지 못한다.

(2) 관료적 합리성

1) 의　의
집행관료들의 입장에서 볼 때 정책집행이 지적으로 합리적이고 도덕적으로 정당하며, 행정적으로 실현가능성이 있는 경우이다.

2) 한　계
관료적 합리성이 특히 행정적 실현가능성과 관련하여 바람직스럽지 못한 경우는 다음과 같다.
① 집행관료들이 체제유지(system maintenance)를 지나치게 강조할 경우, 국가나 정부의 전체적인 목적에 관계없이 자기가 소속한 조직의 발전이라는 좁은 이해관계에 얽매이기 쉽고,
② 집행의 원만성(smoothness)을 성공적 집행이라고 강조할 경우, ⅰ) 본질적으로 말썽이 많고 시끄럽게 집행이 되는 규제정책이나 혁신정책의 경우나, ⅱ) 강력하고 말썽 많은 정책대상집단의 요구에 지나

치게 양보하여 무마시킨 경우에는 이 기준을 적용하는 데는 한계가
있다.

(3) 정책관련집단의 요구충족 (대응성)

1) 의 의
정책대상집단이나 정책관련집단들이 집행과정에서 요구하는 바를 반영한
경우를 성공적 집행으로 보는 경우로서, 이는 참여민주주의의 원리에 비추
어 볼 때 정당성을 갖는다고 할 수 있다.

2) 한 계
① 강력한 이익집단의 특수이익이 옹호됨으로써 공익이 희생될 가능성이
　　있다.
② 지나친 참여가 집행과정에서 많은 거부점(veto points)으로 작용할 경
　　우 집행과정이 지연·방해되거나, 정책내용이 왜곡될 가능성이 있다.

Ⅲ. 성공적 집행의 판단기준 간의 모순·대립

1. 실질적·내용적 기준 간의 모순·대립

예컨대 효과성과 능률성이 충돌하거나, 능률성과 공평성이 충돌하는 경
우이다.

2. 주체적·절차적 기준 간의 모순·대립

예컨대 정책의도를 살리려 할 때 관료적 합리성이 저해되거나, 집행관련 집단의 요구에 대응하지 못하는 경우이다.

3. 내용적·절차적 기준 간의 모순·대립

예컨대 효과성을 추구하면서 집행관련 집단의 요구에 대응하지 못하는 경우이다.

이와 같이 판단기준간의 모순·대립이 발생하는 경우에 어떤 기준을 적용해야 할지가 곤란하게 된다. 이러한 경우에 하향적 집행론자들은 정책의도의 실현을 강조하고, 상향적 집행론자들은 관련 집단의 요구충족을 중요시하나, 어느 견해가 옳은지는 상황에 따라 다를 것이다.

Ⅳ. 우리나라에서의 집행기준

1. 현황 및 문제점

1) 효과성

60년대~70년대 말까지 정부주도의 급속한 경제성장을 추진하면서 목표달성을 강조하는 효과성을 성공적 집행의 주요한 판단기준으로 보았기 때문에 집행과정에 투입되는 비용이나 관련 집단의 요구 등이 무시되는 경향이 있었다.

2) 능률성

80년대 초 이후 효과성 기준의 한계를 인식하고 능률성을 강조하였으나, 집행과정에 투입되는 직접비용만이 중시(좁은 의미의 능률성)되었을 뿐 간접비용이나 사회적 희생을 포함한 사회적 능률성(넓은 의미의 능률성)은 고려되지 않았다.

2. 방 향

1) 민주성

80년대 중반 이후 사회가 다원화되고, 민주화되면서 정책과정에서도 이해관계 있는 관련 집단의 참여가 확대되고 있다. 이에 따라 집행과정에서도 효과성·능률성과 같은 실질적·내용적 기준보다는 관련 집단의 요구충족(대응성)과 같은 절차적·주체적 기준이 더욱 중요한 의미를 갖게 된다.

2) 공평성

급속한 경제성장을 추진하면서 나타난 계층간·집단간·지역간의 격차를 완화시키기 위해서는 정책목표의 달성이나 투입비용을 중시하는 효과성·능률성 기준보다는 정책효과나 비용배분의 공정성을 의미하는 공평성 기준이 성공적 집행의 판단기준으로 강조되어야 한다.

제 5 장 성공적 정책집행을 좌우하는 요인

Ⅰ. 성공적 정책집행의 의의

1. 성공적 정책집행의 중요성

어떤 문제의 해결이나 정책목표의 달성은 정책이 결정되었다고 하여 바로 이루어지는 것은 아니며, 정책집행과정을 거쳐야만 한다. 정책집행은 ① 정책의도를 구현하고, ② 실질적으로 정책내용을 구체적으로 결정하며, ③ 국민생활과 직결되는 정부활동이라는 점에서 정책집행의 성공여부는 정책과정의 핵심이라고 할 수 있다.

2. 성공적 정책집행의 판단기준

'성공적'이라는 용어 자체가 가치 판단적 요소를 내포하고 있기 때문에 무엇을 성공적인 정책집행으로 볼 것인가에 대해 학자들 간의 견해차이가 있으나, 일반적으로 ① 실질적·내용적 기준으로서 효과성, 능률성, 공평성과 ② 주체적·절차적 기준으로서 정책의도의 실현, 관료적 합리성, 정책대상집단의 요구충족 등을 들고 있다.

Ⅱ. 성공적 정책집행을 좌우하는 요인

1. 의　의

정책집행은 복잡한 사회상황 속에서 이루어지는 정치적·행정적 과정이기 때문에 정책집행활동에는 수많은 요인들이 작용하게 된다. 정책집행이 성공적이기 위해서는 몇 가지 필수적인 요인(factors)이 모두 확보되지 않으면 안 되는데, 이러한 요인들은 거꾸로 '정책집행의 실패를 좌우하는 요인'이 되기도 한다. 정책집행의 성공이나 실패를 좌우하는 요인들은 결국 정책집행에 영향을 미치는 요인들이기 때문에 흔히 '정책집행을 좌우하는 요인'이라고 부른다.

2. 하향적 집행론과 상향적 집행론의 견해 차이

성공적 집행을 좌우하는 요인의 탐색에는 하향적 집행론을 중심으로 많은 연구가 이루어져 왔는데, 상향적 집행론에서는 이에 대한 비판을 제기하고 있다.

(1) 하향적 집행론

하향적 집행론에서는 다분히 중앙통제적인 정형적 집행전략에 근거하여 ① 명확한 정책내용, ② 집행요원의 순응과 최소한의 재량권, ③ 최소한의 참여 등을 성공적 집행의 주요 요인으로 본다.

(2) 상향적 집행론

상향적 집행론에서는 집행현장을 중시하는 현지적응적 집행전략에 근거하여 ① 일반적이고 추상적인 정책내용, ② 집행요원의 광범위한 재량권, ③ 참여의 확대 등을 성공적 집행의 주요 요인으로 본다.

3. 성공적인 정책집행의 요인

정책집행에 영향을 미치는 요인으로는 크게 ① 정책변수, ② 집행체제변수, ③ 환경변수로 나누어 볼 수 있는데, 여기서는 성공적 집행을 좌우하는 요인을 체계적으로 연구한 하향적 집행론자인 P.P. Sabatier와 D. Mazmanian의 견해를 중심으로 논의하되, 상향적 집행론자들의 견해도 함께 언급하기로 한다.

(1) 정책변수

정책집행은 정책내용을 실현하는 활동이기 때문에 정책내용의 성질에 따라서 정책집행의 성공여부도 크게 달라진다.

1) 정책내용
(가) 소망성과 실현가능성
정책집행자, 정책대상집단 등 정책집행과 관련된 사람들에게 정책이 바람직스럽고 실현가능하다고 인식되면 정책집행의 성공가능성은 커진다. ① 정책내용이 바람직하다는 것은 실질적·내용적 측면에서 볼 때 적합하고 적절한 정책목표와 효과적이고 능률적이며 공평한 정책수단이 선택되며, 절차적 측면에서 볼 때 정책결정과정에 모든 이해관계자들이 참여하여 그들의 이해관계를 정책에 반영하는 즉 민주적인 과정을 거쳐 정책결정이 이루어지는 것을 의미한다. ② 정책내용이 실현가능하다는 것은 정책내용이 기술적·재정적·윤리적·정치적 측면 등에서 실현가능하다는 것을 의미한다.

(나) 명확성과 일관성

① 정책내용의 명확성(clarity)이란 정책목표와 정책수단이 구체적이며, 상호 모순되거나 대립되지 않고 명확해야 한다는 것을 의미한다. 정책집행자나 정책대상집단이 정책의 내용을 분명히 알고 있어야만 정책내용에 순응을 하게 되기 때문에 정책내용이 정책관련 집단에게 정확히 전달(communication)되어야 한다. 이와 같이 하향적 집행론자들은 정책집행자들에게 정책집행의 기준을 제시하고 집행자들의 재량권 남용으로 인한 정책내용의 변질과 반(反)대중적인 집행을 방지하기 위해서는 정책내용이 명확한 것이 바람직하다고 보나, 상향적 집행론자들은 지나치게 명확하고 구체적인 정책내용은 집행상의 신축성과 집행현장에서의 적응적 집행을 저해한다고 비판한다. 그러나 실제로는 정책내용이 추상적이고 애매모호한 경우가 많은데, 그 이유는 정책결정자들의 전문지식과 시간의 부족, 문제상황의 복잡성과 동태성, 정책결정자들 간의 선호차이 등으로 인하여 정책결정시에 정책내용을 구체화시키지 못하기 때문이다.

② 정책의 일관성(consistency)이란 정책목표와 수단 간의 우선순위가 분명하고, 이러한 우선순위가 공간적 차이나 시간의 경과에도 불구하고 크게 변함이 없음을 의미한다. 정책의 일관성이 없으면 집행 관련자들에게 정확한 정책내용을 전달하기가 어렵고 혼란이 발생하며, 정책의 집행이 지연되거나 집행성과를 반감시킨다. 정책의 일관성이 결여되는 경우로는 동일한 정책 속에 포함된 정책목표와 수단들이 상호모순·대립되거나, 정책들 간에 정책내용이 상호모순·대립되는 경우 및 지나치게 잦은 정책의 변경 등을 들 수 있다.

(다) 중요성과 행태변화의 정도

정책이 중요하다는 것은 정책의 영향이 매우 광범위하고 강력하다는 것을 의미하는데, 이것은 ① 정책목표를 통하여 이룩하고자 하는 사회변화의 정도가 매우 크고, ② 정책이 영향을 미치는 정책대상집단의 규모와 사회부문이 매우 광범위하며, ③ 정책이 정책대상집단에게 제공하는 혜택과 요구하는 비용 및 행태변화의 정도가 매우 크다는 것을 의미한다. 정책이 중요할수록 정책결정자의 관심과 강력한 지지를 얻을 수 있기 때문에 정책의 성공적인 집행의 가능성은 크다고 할 수 있으나, 다른 한편으로는 규제정책의 경우와 같이 정책대상집단의 반발과 불응으로 인하여 정책이 실패할 가능성도 그만큼 크다고 할 수 있다.

2) 정책집행수단

정책이 결정될 때 그 정책내용에 집행을 위하여 필요한 수단이나 자원의 확보를 명확히 규정하고 있는 경우에는 집행의 성공가능성이 훨씬 커진다.

(가) 자원의 확보

정책집행체제가 집행에 필요한 인적 자원(전문적인 기술을 갖춘 사람)과 물적 자원(특히 예산지원)을 확보한 경우 집행의 성공가능성은 커진다.

(나) 순응확보수단

정책집행자와 정책대상집단이 정책내용에 따라 순응을 하여야만 성공적인 정책집행이 이루어졌다고 말할 수 있는데, 특히 정책대상집단의 순응을 확보하기 위해서는 정책집행자에게 설득, 유인과 특히 강압의 방법을 행사할 수 있는 권한이 부여되어 있어야 한다.

3) 정책유형

정책결정과정 뿐만 아니라 정책집행과정도 수많은 정부기관과 이해관계집단이 참여하여 상호 타협·흥정하는 정치적 과정이기 때문에 정책의 유형에 따라 성공적 집행의 가능성이 달라진다. R. Ripley와 G. Flanklin의 논의를 중심으로 살펴보면 다음과 같다.

(가) 배분정책

배분정책의 주된 정책대상집단은 수혜집단이기 때문에 이들의 정책집행에 대한 반대는 거의 없고, 집행이 원만(smooth)하게 이루어진다.

(나) 규제정책

규제정책의 주된 정책대상집단은 비용부담집단(피규제집단)이기 때문에 이들이 정책집행에 계속 저항하고, 따라서 원만한 집행이 어렵다.

(다) 재분배정책

재분배정책의 주된 정책대상집단은 수혜집단과 비용부담집단이며, 미국의 경우에는 집행과정에서도 이념적 논쟁이 계속 제기되고 비용부담집단들이 집행에 반대하기 때문에 원만한 집행이 어렵다. 그러나 유럽 등 사회보장제도가 발달한 국가의 경우에는 상황은 다르다고 할 것이다.

4) 정책문제의 상황

정책을 통하여 해결해야 할 정책문제를 둘러싼 문제상황은 정책의 집행활동을 크게 좌우한다. 문제상황이 복잡(complexity)하고 동태(dynamics)적이며 불확실(uncertainty)한 경우에는 수많은 복잡한 요인들이 개입하여 정책내용이 불명확하게 되고 정책에 대한 논란이 끊이지 않게 되며, 정책집행자의 지적능력으로 해결할 수 없는 상태가 나타나게 되어 집행의 성공을 어렵게 만든다.

(2) 집행체제변수

정책은 집행을 담당하는 집행체제의 활동을 통하여 구체적으로 실현되는데, 집행체제는 집행활동을 주관하는 집행담당자와 담당조직 및 절차를 중심으로 활동을 하게 된다.

1) 정책집행자의 능력·태도 및 재량

성공적인 집행을 위해서는 정책집행을 담당하는 집행자의 능력과 태도가 매우 중요하다.

(가) 정책집행자의 능력

집행담당자가 문제해결을 위한 능력을 가지고 있는 경우 정책이 성공적으로 집행될 가능성이 높은데, 집행자의 지위 및 역할에 따라서 전문적·관리적·정치적 능력 등이 요구된다. ① 복잡한 문제를 이해하고 처리할 수 있는 '전문적 능력'은 모든 집행자에게 요구되며, ② 정책을 효율적으로 추진할 수 있는 방법을 고안하고 일선집행관료들에게 동기를 부여할 수 있는 '관리적 능력'은 집행조직의 중간관리층에게 요구되며, ③ 정책내용을 구체화하고 필요한 자원을 확보하며, 상급기관 및 관련단체의 지지와 협조를 구하고 정책관련 집단들과의 협상과 조정을 수행할 수 있는 '정치적 능력'은 상급관리층 특히 집행책임자에게 요구되는 능력이다.

(나) 정책집행자의 태도

정책이 성공적으로 집행되기 위해서는 정책집행자가 정책집행을 위한 강한 의욕과 적극적인 태도를 가지고 정책에 순응을 하여야 한다. 정책집행자의 의욕 또는 순응에 영향을 미치는 요인으로는 ① 집행자에게 동기를 부여할 수 있는 유인(incentive)의 존재여부, ② 집행자들의 신념, ③ 집행책임자의 리더쉽, ④ 정책결정과정에서의 참여여부, ⑤ 순응확보수단의 부여여부, ⑥ 집행조직의 특성 등을 들 수 있다.

(다) 정책집행자의 재량문제

일반적으로 집행자는 정책을 집행하면서 상당한 범위에 걸쳐 재량권을 행사하게 되는데, 집행현장에서 정책대상집단에게 직접 재화나 서비스를 제공하거나 규제활동을 수행하고 있는 일선집행관료들에게 어느 정도의 재량권을 인정해 주어야 할 것인지에 대해서는 견해가 나뉜다. 하향적 집행론자들은 일선관료들에게 광범위한 재량권을 인정할 경우 ① 이들이 사회적 약자에게 횡포를 부릴 가능성이 있고, ② 행정편의적으로 정책을 집행함으로써 수단과 목표의 대치현상 및 정책내용의 변질을 야기할 수 있기 때문에 일선관료의 재량권은 통제되어야 한다고 본다. 반면에 상향적 집행론자들은 ① 집행현장의 특수성에 적응하고, ② 정책내용이 애매모호하고 추상적인 경우 실질적인 정책결정을 하며, ③ 집행과정상에서 관련 집단과 협상·타협을 할 수 있도록 일선관료들에게 재량권을 널리 인정해 주어야 한다고 주장한다.

2) 집행조직의 분위기와 관료규범

집행이 성공하기 위해서는 집행자 개개인뿐만 아니라 집행조직 전체가 집행에 대한 의욕과 능력이 있어야 하는데, 이것은 조직의 분위기와 관료규범 등에 의해 크게 영향을 받는다. '특정 정책'에 대한 조직구성원들의 태도를 나타내는 조직분위기나 모든 조직에 공통적으로 존재하는 구성원 전체의 지배적인 태도를 나타내는 관료규범(bureaucratic norms)으로서 관료적 합리성(bureaucratic rationality)에 부합하는 경우 정책은 성공적으로 집행될 가능성이 높다. 그러나 관료적 합리성을 지나치게 강조할 경우에는 행정적 실현가능성과 관련하여 ① 전체조직보다는 소속조직 자체의 이익을 우선시하게 되고, ② 혁신적인 정책을 배제하거나, 강력한 정책대상집단에게 지나친 양보를 함으로써 정책의 실패를 가져올 수도 있다.

3) 집행조직의 구조
(가) 정책집행조직의 특성
조직구조의 수직적·수평적 특징은 정책집행에 영향을 미친다.
① 엄격한 계층조직 하에서는 집행조직들(중앙·지방·일선집행요원)간의 명령체제가 견고하기 때문에 집행이 일사불란하게 이루어지며, 집행과정에서 정책내용이 변질되지 않는다는 장점이 있으나, 집행과정에서 관련 집단의 요구가 배제된다는 단점이 있다. 수평적인 관계에 있는 여러 조직들이 하나의 정책을 공동으로 추진할 때는 부처할거주의로 인해 조정과 협조를 어렵게 만든다.

② 느슨한 계층조직 하에서는 집행조직들(중앙·지방·일선집행요원)간의 명령체제가 약하고 느슨하게 연계되어 있기 때문에 집행과정에서 다양한 중간매개집단들이 거부점(veto points)으로 작용하여 집행이 지연되고, 정책내용이 변질될 가능성이 크다는 단점이 있으나, 집행과정에서 관련 집단의 다양한 이해관계가 반영될 수 있다는 장점이 있다. 여기서도 역시 수평적 관계에서는 부처할거주의로 인한 갈등문제가 제기된다.

(나) 집행절차와 참여

① SOP : 대부분의 조직은 집행상 필요한 표준화된 절차(SOP)를 마련하여 운영하는데, 정책집행과정에서 일상적이고 반복적인 활동에 SOP를 잘 활용하면 복잡한 상황에서 시간과 노력을 절약하고, 정책대상집단에 대한 공정한 집행을 확보할 수 있는 장점이 있으나, SOP에 지나치게 집착할 경우 조직이 타성에 젖게 되고, 지역적 특수성을 고려한 신축적 집행을 저해함으로써 오히려 집행의 성공을 제약하는 단점이 나타나기도 한다.

② 집행 관련집단의 참여 : 집행과정에서 관련 집단(중간매개집단, 이해관계자 등)의 참여가 정책집행에 어떤 영향을 미치는가에 대해서도 견해가 나뉘어 지는데, 하향적 집행론자들은 지나치게 많은 사람들의 참여는 집행과정상의 거부점(veto points)의 확대로 작용하여 집행의 실패를 가져올 수 있다고 보는 반면 상향적 집행론자들은 참여가 많을수록 정책관련 집단의 협조가 많아져서 집행의 성공가능성이 크다고 본다.

(3) 환경변수

집행체제 외부의 사회경제적·정치적 상황, 대중의 지지나 여론의 반응, 정책결정자의 지지, 정책대상집단의 순응 등은 정책의 집행과정에 커다란 영향을 미친다.

1) 사회경제적·정치적 상황

사회경제적·정치적 여건이 정책집행에 영향을 미치는 경우는 다음의 몇 가지로 나누어 볼 수 있다.

① 사회경제적 상황의 변화는 정책의 우선순위를 바꾸어 기존 정책의 집행을 어렵게 만들 수 있다.

② 지역 간의 사회경제적 여건의 차이가 심한 상황에서 정책을 획일적으로 집행할 경우 지역 간 격차를 더욱 심화시키는 결과를 초래하고, 지역주민들의 저항 때문에 정책이 소기의 목표를 달성할 수 없게 된다.

③ 환경보전이나 소비자보호와 같은 규제정책은 정책대상집단의 경제적 능력과 그들이 국민경제에서 차지하는 비중에 따라서 집행의 효율성이 달라진다. 즉 한 나라의 국민경제가 고도화되고 정책대상집단의 경제적 능력이 높아질수록 규제정책과 같이 비생산적인 비용이 수반되는 정책의 집행이 용이해질 수 있다는 것이다.

④ 공해방지정책이나 우주개발정책과 같이 고도의 기술이 요구되는 정책의 경우에는 그러한 기술의 동원가능성이 정책집행의 성패에 많은 영향을 미친다.

⑤ 정치적 상황의 변화는 정책집행전략의 변화를 요구한다. 즉 권위적·집권적 정치체제하에서는 중앙통제적 집행전략이 지배적이나, 민주적·분권적 정치체제하에서는 집행과정에서 관련 집단의 요구를 충족시키고 지역적 특수성에 부합할 수 있는 현지적응적 집행전략으로 방향을 수정하여야 한다.

2) 대중 및 매스컴의 반응

성공적인 집행을 위해서는 지속적인 대중의 지지나 여론의 반응이 중요하다. 특히 여론을 일으키는 매스컴은 정책의 목표나 그 중요성을 부각시킴으로써 일반대중의 지지를 얻어 내는 반면에, 집행과정상의 문제점을 지적함으로써 대중들의 비판적인 여론을 조성하고 집행담당자로 하여금 집행과정상의 장애를 조기에 극복하도록 노력하게 한다.

3) 정책결정자의 지지 및 태도

대통령, 장·차관, 국회의원 등 정책결정자는 집행에 필요한 각종의 자원(인력, 예산, 권한 등)을 지원해 줄 수 있으며, 집행담당자들을 감독·통제할 수 있기 때문에 집행에 강력한 영향력을 행사한다. 특히 우리의 경우 대통령의 관심과 지지는 정책집행의 성공에 결정적인 영향을 미친다고 할 수 있다.

4) 정책대상집단의 태도

정책의 영향을 받는 정책대상집단은 정책의 혜택을 보는 수혜집단과 희생을 감수해야 하는 비용부담집단으로 나누어지는데, 성공적인 정책집행을 위해서는 수혜집단의 강력한 지지가 있어야 하고 희생집단의 저항이 약해야 한다. 정책에 대한 정책대상집단의 순응여부는 성공적 정책집행에 결정적인 영향을 미친다.

[정책집행을 좌우하는 요인]

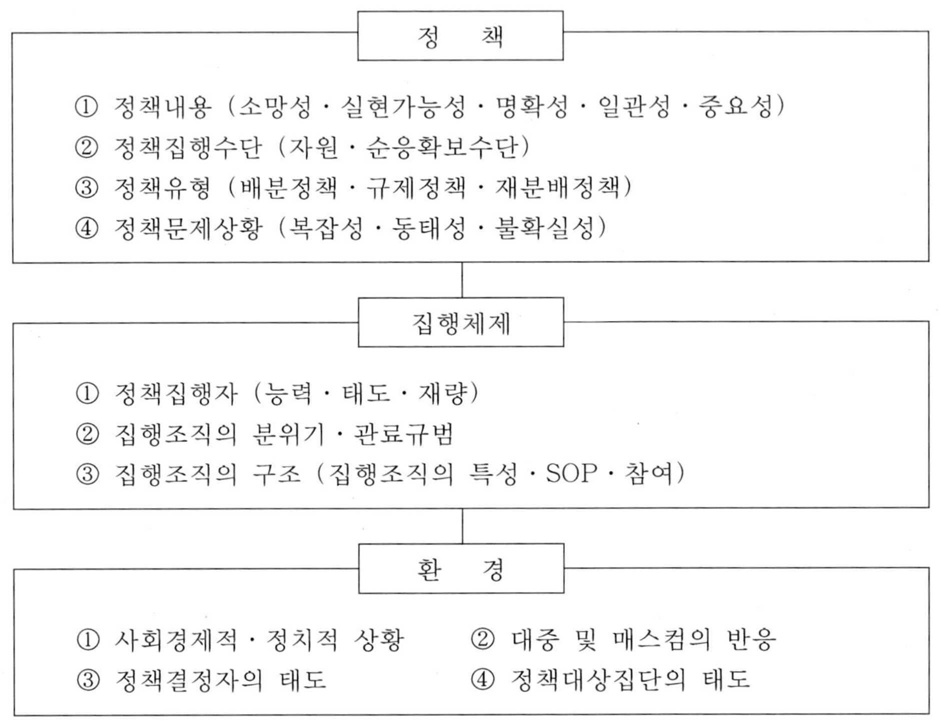

Ⅲ. 결론－상황론적 접근의 필요

앞에서 본 바와 같이 성공적인 집행을 위한 전략에 대해서 하향적 집행론자들과 상향적 집행론자들의 견해가 상반되고 있는데, 어느 견해가 보다 타당한지는 상황에 따라 다르다고 할 것이다.

1. 현지적응적 집행전략이 필요한 경우

상향적 집행론자들이 주장하는 바와 같이 현지적응적 집행전략이 적합한 상황으로는 ① 정책관련자들 사이에 정책내용에 대한 의견의 대립·갈등이 많은 경우, ② 상황이 복잡하고 동태적이며, 집행현장의 특수성이 강한 경우, ③ 기존의 이론이나 기술로서는 구체적인 집행수단을 밝힐 수 없는 경우, ④ 중간매개집단의 참여가 많아 이들의 협조가 필요한 경우 등을 들 수 있다.

2. 중앙통제적 집행전략이 필요한 경우

하향적 집행론자들이 주장하는 바와 같이 중앙통제적인 정형적 집행전략이 적합한 상황으로는 위의 상황과는 반대되는 상황으로서 ① 정책관련자들 사이에 정책내용에 대한 의견의 합의가 있는 경우, ② 상황이 단순하고, 집행현장의 성격이 전국적으로 보편적인 경우, ③ 기존의 이론이나 기술로서 구체적인 집행수단을 밝힐 수 있는 경우, ④ 중간매개집단 및 집행관련 집단의 참여가 적은 경우 등을 들 수 있다.

■ 비계층제적-느슨한 연계 구조에서의 정책집행 ■

1. 문제의 제기

정책과정을 통해 결정된 정책은 성공적으로 집행되어야만 그 효과가 나타난다. 그런데 성공적 집행은 집행의 구조가 여하한가에 따라 크게 영향을 받는다. 우리나라의 정책집행의 구조는 지금까지는 종래의 집행관에서 상정한 대로 주로 계층제적(hierarchical) 조직체계와 각 부서간의 기능적 조합도 엄밀하게 짜여진(tightly coupled) 구조를 전제로 하고 있었다.

그러나 최근에는 지방자치제의 실시, 중간매개집단의 강화, 이익집단의 비중증대 등으로 인해 이러한 상황이 크게 변화하고 있다. 정책집행구조 중에도 비계층적-느슨한 연계로 이루어진 구조가 많이 나타나고 있다. 이러한 구조 하에서 종전과 같은 계층적-엄격한 연계로 이루어진 구조를 전제로 한 정형적 집행전략들을 그대로 적용한 정책들은 실패할 가능성이 매우 높으며, 실제로 실패한 경우도 많이 나타나고 있다.

2. 정책집행 구조의 유형

정책집행구조는 여러 가지로 구분될 수 있으나 L. Carlsson은 조직구조가 계층제-비계층제인가, 집행을 담당하는 부서간의 기능적 연계가 엄격한가-느슨한가 하는 두 가지 차원을 조합하여 집행구조의 유형을 네 가지로 세분하고 있다.

(1) 계층제-엄격한 연계

정부를 공식적인 의사결정 부서들로 구조화되어 있다고 보고, 이 부서들은 엄밀하게 짜여져 있다고 본다. 전통적인 정책결정-집행의 시각에서 본 집행구조이다.

(2) 계층제-느슨한 연계

공식적인 계층제적 구조 하에서 공식적 다수의 결정 주체가 개입되어 있는 경우(예: 학교조직)이다.

(3) 비계층제-엄격한 연계

비계층제적 구조를 띠면서도 부서들 간의 엄밀한 연계를 가진 행정구조(예: 준정부조직)이다.

(4) 비계층제-느슨한 연계

1) 의 의

다수의 사람들이 공식적인 정부조직의 도움 없이도 공통의 문제를 해결하기 위해 활동할 때 나타난다. 이 유형의 구조에 속하는 주체들은 필요한 자원을 얻기 위해 혹은 그들의 행동을 정당화하기 위해 정부의 결정이나 정부의 프로그램을 이용하는 경우도 많다. 이 유형의 특징은 어느 정도 재량을 가진 당사자들이 자원배분을 둘러싸고 활발한 게임을 벌인다는 점이다. 따라서 정책집행은 반드시 정책결정의 하위단계인 것이 아니고 또 다른 경쟁의 장(場)일 뿐이다.

2) 특 징

① 집행조직은 개인 및 하위 부서간의 갈등의 장이다. 여기에서 권력과 자원을 얻기 위해 경쟁을 벌인다.
② 집행조직 내의 권력분포는 유동적이다. 계층제상의 공식적인 상하관계는 결정적인 요인이 아니며 공식적인 계층과 집행조직 내의 권력의 행사 간에는 무관하다.
③ 집행조직 내의 의사결정은 당사자간의 협상에 의해 이루어진다. 정책의 목표 또한 이 협상에 의해 좌우될 수 있다.
④ 정책의 성공과 실패는 상대적 개념에 불과하다.

3. 정책집행 전략의 유형

(1) 정형적 집행전략

하향적 집행론에서 강조되며, 비교적 명확한 정책목표에 의거하여 사전에 수립된 집행계획에 따라 이루어지는 집행전략을 말한다. 구체적으로 ① 환경의 안정성이 높고, ② 정책목표나 수단을 둘러싼 갈등이 낮고, ③ 구체적인 수단선택을 위한 기존의 이론과 기술이 확실하고, ④ 정책이 요구하는 변화의 범위가 작을 뿐만 아니라 ⑤ 집행기관의 구조가 비교적 계층적인 구조화된 상황에서 요청되는 집행방법이다.

따라서 이 이론은 계층제적-엄격한 연계구조하에서 적합하나, 비계층제적-느슨한 연계구조하에는 부적합한 집행전략이라고 평가할 수 있다.

(2) 적응적 집행전략

상향적 집행론에서 강조되며, 비교적 불명확한 정책목표에 의거하여 다수의 참여자들이 협상과 타협을 통하여 정책을 수정하고 구체화하면서 이루어지는 집행전략을 말한다. 구체적으로 ① 환경의 안정성이 낮고, ② 정책목표와 수단을 둘러싼 갈등이 심하고, ③ 구체적인 수단선택을 위한 기존의 이론과 기술이 불확실하고, ④ 정책이 요구하는 변화의 범위가 광범위할 뿐만 아니라 ⑤ 집행기관의 구조가 비교적 느슨한 동태적인 상황에서 요청되는 집행방법이다.

따라서 이 이론은 비계층제적-느슨한 연계구조하에서 적합하나, 계층제적-엄격한 연계구조하에는 부적합한 집행전략이라고 평가할 수 있다.

(3) 통합적 집행전략

구조적 상황하의 정형적 집행을 강조하되, 비구조적 상황에 대비하여 적응적 집행을 통합하려는 집행전략이다. 여기서는 성공적 집행을 좌우하는 요인으로 ① 명료하고 일관된 목표, ② 충분한 인과이론, ③ 집행관료와 대상집단의 순응확보를 위한 잘 구조화된 집행과정, ④ 헌신적이고 능력 있는 집행관료, ⑤ 이익집단과 일반국민들의 지지, ⑥ 사회경제적 여건의 변화가 안정적일 것 등을 들고 있다.

이 이론은 기본적으로 계층제적 구조 하에서 성공적 집행전략을 중점적으로 고찰하고 있기 때문에 비계층제적-느슨한 연계구조하의 효과적인 집행전략으로 삼기에는 불충분하다.

(4) 상황적 집행전략

보편적 집행전략을 부인하고, 상황에 따라 집행전략이 달라져야 한다고 보는 집행전략이다. 즉 ① 정치적·경제적인 집행환경의 안정성, ② 집행을 둘러싼 상황의 복잡성, ③ 목표와 수단선택에 대한 갈등의 정도, ④ 정책대안을 구체화할 수 있는 기술적 여건의 구비, ⑤ 관련 조직들 간의 협조, ⑥ 대상집단의 압력 및 저항, ⑦ 개별적 사례의 특수성 여부 등 구체적인 상황에 따라 정형적이냐 또는 적응적이냐 하는 집행전략이 달라져야 한다는 것이다.

이 이론은 집행조직구조와 집행전략이 부합하는 것이 바람직하다고 보고 있으나, ① 상황의 성격을 명확히 규정하기 어렵고, ② 집행상황이 계층적·비계층적 구조를 동시에 내포하고 있을 때에는 어떤 전략을 선택해야할 지가 불분명하다는 한계가 있다.

4. 우리나라에서 정책집행

(1) 지배적인 집행구조 및 전략

종래 우리나라의 계층제-엄격한 연계 구조 하에서의 지배적인 접행전략은 정형적 또는 중앙통제적 집행이라고 할 수 있다. 따라서 정책집행이 정치적 과정으로서의 성격보다는 사전에 구체적으로 합의된 사업목표를 실현하는 기술적 과정으로서의 성격이 강하였다.

1) 특 징
① 상급집행기관에서 정책집행의 목표량 및 비교적 명확한 사업지침을 설정하여 하부기관 및 일선기관에게 부여한 후 이를 지속적으로 감독하는 것이 보통이다.
② 중앙정부에 의한 자원지원(예산·인력·기술)이 집행단계에서 매우 중요한 요소이다.
③ 중앙집행기관-일선집행기관간의 계층관계가 뚜렷한 경우가 대부분이므로 집행의 성과에 대해 정책결정기관 및 고위집행기관의 역할이 중요할 수밖에 없다.
④ 일선집행기관에 대한 권한위임의 수준이 낮으며, 일선기관이 재량권을 충분히 행사하는 경우는 많지 않다.

2) 성공적 집행을 좌우하는 주요 요인
① 대통령, 예산부처의 지지, 매스컴 및 여론, 사회경제적·정치적 환경 등 환경요인, ② 집행조직, 집행관료의 능력과 의욕, 집행기관 내부 및 타 기관과의 유기적인 관계 등 집행체제요인, ③ 정책의 유형 등 정책요인과 같이 정형적 집행전략이론에서 강조되는 요인들이 더 중요한 역할을 하는 것으로 지적되고 있다.

(2) 비계층제적-느슨한 연계구조하의 집행의 확대

1) 확대요인

지금까지 우리나라의 집행은 계층제적 구조가 일반적이었으나 최근 비계층제적 집행구조 하에서의 집행의 중요성이 매우 커지고 있는데, 그 이유로는 ① 지방자치제의 실시로 중앙집행부처로부터 지방자치단체로의 권한위임이 확대되고 있고, ② 정치적 민주화의 진전에 따라 정책의 결정·집행에 이익집단의 역할이 증대되고 있으며, ③ 전문적인 서비스를 정부가 직접 생산·공급하기 보다는 제3섹터, 민간기구 등과 같은 중간매개집단에 의존하는 경우가 증대되고 있다는 점 등을 들 수 있다.

2) 적응적 집행전략의 중요성

이러한 비계층제적-느슨한 연계 구조 하에서는 종래의 하향적 전략은 실패(예 : 의약분업, 폐기물처리장 설치, 낙동강 상수원보존정책 등)하고, 적응적 집행전략이 더 적절하다고 할 수 있다. 왜냐하면 그러한 경우는 집행과정이 집단간의 극명한 이익갈등이 나타나는 일종의 정치과정의 성격을 띠며, 중앙정부가 이들을 통제하기 곤란하여 집행의 성패는 이들 집단간의 협상 여하에 좌우되기 때문이다.

그러나 적응적 집행이 실패할 수도 있는데, 중간매개집단이 ① 자원을 전용하거나, ② 목표를 왜곡하거나, ③ 형식적으로 순응 또는 불응하거나, ④ 책임회피 등을 할 때는 정책은 비효율적으로 집행된다. 따라서 성공적이 정책집행을 위해서는 갈등의 적절한 조정·타협 메카니즘의 확립, 불확실성에 대한 적응, 적절한 재량의 부여, 집행 주체간의 바람직한 networking의 확립 등이 필요하다.

5. 결 론

위에서 본 바와 같이 우리나라에서도 지방자치제의 확립, 이익집단의 역할 강화, 중간매개집단의 비중 증대로 인해 비계층제적-느슨한 연계구조 하에서의 정책집행이 확산되고 있으며, 이에 대한 새로운 바람직한 집행전략의 모색은 중요한 과제 중의 하나로 대두되고 있다.

이러한 구조 하에서 적응적 정책집행이 바람직한 결과를 가져오기 위해서는 집행게임의 규칙이 확립되어야 하며, 집행 당사자간에 협상방식의 학습이 있어야 할 것이다. 집행기관 내부적으로는 집행기관과 대상주민과의 커뮤니케이션의 제도화, 집행기관간의 갈등조정제도의 확립, 관련 이익집단간 혹은 이익집단과 집행기관간의 네트워크 확립, 일선집행기관에 대한 적절한 재량의 부여가 필수적이다. 다만 이러한 구조 하에서의 정책집행은 당초의 정책목표 자체를 수정할 수도 있기 때문에 집행게임의 결과가 당초의 정책목표와 일치할 수 있도록 유도하는 기제도 함께 모색하여야 할 것이다.

제 6 장 정책집행상의 순응과 불응

I. 의 의

1. 개 념

일반적으로 정책집행에 있어서 순응(compliance)이란 '정책결정자의 의도나 정책내용에 포함된 행동규정에 따라 정책집행자나 정책대상집단이 일치된 행동을 하는 것'을 의미하며, 불응(non-compliance)이란 '정책의도나 규정과 일치하지 않는 행동을 하는 것'을 의미한다. 다만 현실적으로 순응과 불응의 문제는 양자택일의 문제가 아니라 상대적인 정도의 차이로 나타난다.

순응은 외면적인 행동의 변화만을 수반하나, 수용(acceptance)은 외면적인 행동의 변화뿐만 아니라 내면적인 가치관의 변화까지 포함하는 개념이라는 점에서 양자는 구별된다.

2. 중요성

① 정책집행자가 정책내용대로 정책을 집행하지 않거나, 정책대상집단이 정책내용이 요구하는 행태변화를 수반하지 않으면 정책은 실패로 돌아가게 된다. 따라서 정책집행자나 정책대상집단의 정책내용에 대한

순응은 성공적 정책집행의 중요한 한 요소라고 할 수 있다.

② 다만 지나친 통제에 따른 집행담당자의 순응은 상황의 변화에 따른 적응적 집행을 저해할 수 있기 때문에 집행담당자의 재량(discretion) 문제와 조화가 요구된다.

3. 순응주체

정책내용에 대한 순응과 불응의 문제는 정책대상집단뿐만 아니라 정책집행자들에게서도 나타나는 현상이며, 이들 두 집단의 순응이 없으면 정책집행은 실패하게 되는 것이다.

(1) 정책대상집단

정책의 적용을 받는 정책대상집단의 순응은 성공적 집행을 위해서 무엇보다 중요하다. 특히 공익보호를 위하여 특정한 개인이나 집단의 행위를 제약하는 규제정책의 경우에 비용부담집단의 순응이 중요하며, 재화나 서비스의 제공을 그 내용으로 하는 배분정책의 경우에도 수혜집단의 행태변화가 목표달성을 위해서 필수적이다. 정책대상집단의 불응은 ① 형식적인 순응, ② 위장·허위에 의한 순응, ③ 선택적인 일부순응, ④ 정책지시의 지연반응, ⑤ 정책지시의 전면거부 및 취소·철회의 요구 등의 형태로 나타난다.

(2) 정책집행자

정책집행을 직접 담당하는 일선집행관료나 중간매개집단의 순응여부도 정책의 성공에 결정적인 영향을 미치게 된다. 집행담당자들의 불응은 ① 정책의 형식적인 집행, ② 정책의 왜곡집행, ③ 정책의 부집행, ④ 정책집행의 지연, ⑤ 정책자체의 취소·변경의 시도 등의 형태로 나타난다.

1) 일선집행관료 : 집행조직 말단에서 서비스나 재화를 직접 제공하거나, 정책대상집단을 규제하는 일선관료(street-level bureaucrat)들이 서비스나 재화의 제공이나 규제를 왜곡하여 집행하는 경우 정책은 실패하게 된다.
2) 중간매개집단 : 공식적인 집행책임자로부터 집행권한을 위임받아 정책집행을 돕는 지방정부나 민간부문(third sector)을 중간매개집단이라고 하는데, 이들이 위임받은 정책을 집행하지 않거나 자신들의 이익을 위하여 왜곡하여 집행하는 경우 정책목표는 달성되지 않게 된다.

Ⅱ. 순응(불응)을 좌우하는 요인

정책대상집단이나 집행담당자가 정책에 대하여 순응 또는 불응을 하게 되는 원인은 여러 가지가 있으나, 여기서는 크게 ① 정책내용과 관련된 요인, ② 정책체제와 관련된 요인, ③ 순응주체와 관련된 요인 등 세 가지로 나누어 살펴보기로 한다. 이들 요인들은 대부분 성공적 정책집행을 좌우하는 요인들과 중복된다.

1. 정책변수

(1) 정책내용의 소망성과 실현가능성

정책의 실질적인 내용이 바람직스럽고, 실행가능 해야 순응주체가 쉽게 따른다.

1) 정책내용의 소망성

정책내용이 ① 절차적 측면에서 민주적이어야 하고, ② 실질적·내용적 측면에서 정책목표가 적합하고 적절하며, 정책수단이 효과적·능률적이고 공평해야 한다.

2) 정책내용의 실현가능성

정책내용이 기술적·재정적·윤리적·정치적 측면 등에서 실현가능해야 한다.

(2) 정책내용의 명확성과 일관성

정책내용이 ① 명확하고, ② 정책관련 집단에게 정확히 전달되어야 하며, ③ 일관성(목표·수단 간의 일관성, 시간적·공간적 일관성)이 있어야 순응이 쉽다.

2. 정책체제변수

(1) 정책담당기관의 정통성(legitimacy)

정통성이 취약한 정책담당기관이 결정·집행한 정책에 대해서는 정책목표의 순수성에 대한 의심 때문에 정책대상집단이 순응을 하지 않는 것(특히 규제정책의 경우)은 후진국에서 흔히 볼 수 있는 현상인데, 정책담당기관(중앙정부나 상위책임자)의 정통성과 신뢰성은 정책집행자(중간매개집단 및 집행관료)의 순응에도 영향을 미친다.

(2) 집행담당자의 신뢰성(reliability)

정책담당자의 성실·공정한 태도나 일관성 있는 집행여부는 정책대상집단의 집행담당자에 대한 믿음에 영향을 미쳐 정책대상집단의 순응여부에 영향을 준다.

3. 순응주체변수

(1) 집행담당자의 능력·태도

① 집행담당자의 지적 능력이 부족하여 정책의 내용을 정확히 모르거나, ② 자원의 뒷받침이 제대로 되지 않는 경우, ③ 순응의욕이 없는 경우에는 집행담당자가 불응을 하게 된다.

(2) 정책대상집단의 능력·태도

① 정책대상집단이 지적 능력이 부족하거나 정보를 획득하지 못하여 정책내용을 모르거나, ② 경제적·심리적 부담 때문에 순응의욕이 없는 경우에는 정책대상집단이 불응을 하게 된다. 다만 순응주체의 지적·경제적 능력부족의 문제가 여러 정책대상집단에게 광범위하게 나타나게 된다면 이것은 순응·불응의 문제가 아니라, 실현가능성이 없는 잘못된 정책을 설정한 경우의 문제이다.

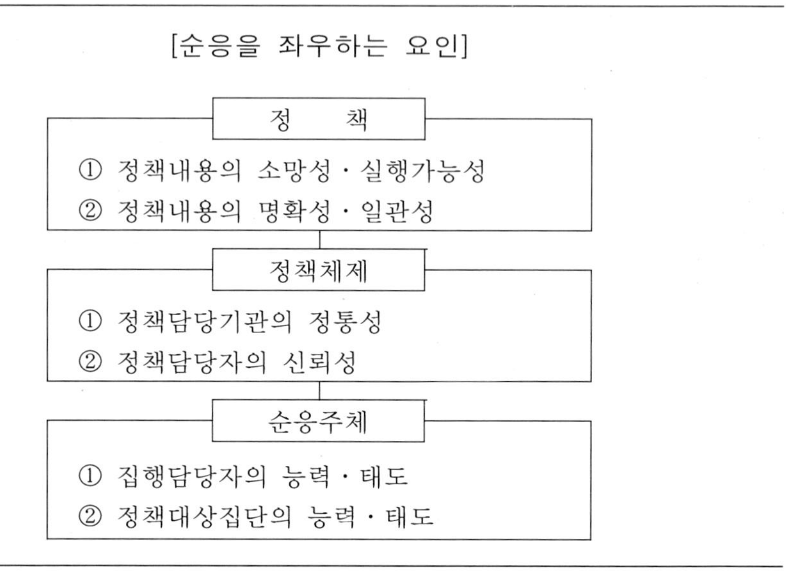

Ⅲ. 순응확보방안

1. 불응원인별 순응확보방안

순응을 확보하려면 불응의 원인에 따라 대책을 강구하여야 한다.

(1) 정책내용의 수정·보완

정책내용이 바람직스럽지 못하고 실행가능성이 낮은 경우에는 바람직하고 실행가능성이 있는 정책목표와 수단을 선택하여야 한다. 정책내용이 애매모호하거나 추상적인 경우와 정책내용들 간의 모순·충돌이 있는 경우에는 정책내용을 구체화시켜 명확히 하고, 정책목표와 수단 간의 우선순위를 분명히 하여야 할 것이다. 또한 정책내용이 지나치게 자주 변경되어 집행상에서의 일관성을 잃는 경우는 피해야 할 것이다.

(2) 의사전달의 활성화

불응이 정책대상집단의 이해부족과 정보의 부족으로 인한 경우에는 정부에서는 적극적인 PR활동을 통하여 정보를 제공하고, 정책대상집단이 정책내용을 쉽게 이해할 수 있도록 효과적인 전달수단을 개발하여야 한다.

(3) 정책담당기관의 정통성과 신뢰성 확보

정책결정 및 집행기관의 정통성이 약하거나 국민의 정책에 대한 신뢰가 떨어진 경우에는 장기적으로 정부의 권위를 높일 수 있는 전략을 모색하여야 하며, 정책집행이 일관성 있고 공정하게 이루어질 수 있도록 하여야 한다.

(4) 정책부담의 완화

정책집행자나 정책대상집단의 경제적 비용부담으로 인하여 불응이 발생하는 경우에는 적절한 예산의 지원과 순응의 편익이 비용보다 더 클 수 있도록 정책내용에 반영하여야 한다.

2. 순응확보전략

위에서 본 바와 같이 불응의 원인에 따라 순응확보방안을 강구하여야 하나, 특히 순응주체의 의욕부족으로 인한 불응을 극복하려는 전략이 중요하다.

(1) 교육과 설득

정책집행은 처벌과 같은 제재수단을 사용하는 경우보다는 정책대상집단에게 정책을 이해시키고 동의를 구함으로써 자발적인 순응을 확보할 경우 집행효과를 더욱 높일 수 있다. 이를 위해서는 정책담당자들은 특정한 정책을 집행함에 있어서 정책대상집단이나 일반대중들에게 그 정책의 존재와 내용을 알려주는 것 외에도 그 정책이 합리적이고 꼭 필요하며, 사회적으로 유익하고, 또한 합법적이라는 것을 인식시켜야 하며, 이를 위해서는 광범위한 교육과 설득활동을 전개하여야 한다.

다만 정책대상집단들, 특히 피규제자에게 정책내용에 따르는 것이 도덕적으로 좋다는 설득을 하려면 ① 정책내용이 바람직하고 명확하고 일관성이 있어야 하며, ② 정책담당기관이 정통성과 신뢰성을 가져야 한다는 전제조건이 충족되어야 한다.

(2) 유인 또는 보상

정책담당자는 정책에 순응하는 사람들에게 경제적인 이익과 같은 긍정적인 편익(positive benefits)을 제공함으로써 정책대상집단의 자발적인 순응을 유도할 수 있는데, 이와 같은 방법을 '동의의 매입'(purchase of consent)이라고도 부른다.

유인이나 보상이 지닌 최대의 장점은 순응에 대한 보상이나 혜택을 제공하고 순응여부는 순응주체의 자발적인 선택에 맡긴다는 점이다. 반면에 이 방법의 단점은 ① 비용이 많이 들기 때문에 정부의 재정능력이 빈약한 후진국에서는 이것을 사용하는 것이 곤란하며, ② 유인·보상을 통하여 정책에 순응했는지의 여부를 확인·점검하는 것이 극히 어려운 경우가 많고, ③ 경제적인 유인을 통해 동의를 매입한다는 점에서 순응주체의 이기적인 도덕적 타락을 부추길 수 있다는 점이다.

(3) 처벌 또는 강압

이것은 불응행위에 대해 형벌이나 벌금을 부과하거나, 이미 누리고 있는 혜택을 박탈함으로써 불응의 비용(cost)을 높여 순응을 확보하는 방법이다.

처벌의 방법은 개인의 인권이나 재산권을 침해하는 행위이기 때문에 ① 정책내용이 바람직스럽고, ② 정책기관이 정당성이 있어야 하며, ③ 불응행위의 처벌에 대해 사회적 합의가 있어야 하며, ④ 이것이 법률에 의해 제도적으로 보장되어야 하고, ⑤ 불응행위의 정확한 파악을 위해 점검과 확인이 지속되어야 한다는 제약조건이 뒤따른다.

처벌을 통한 순응확보방법은 정책담당자의 비용이 들지 않는다는 장점이 있기 때문에 후진국에서 많이 사용된다. 그러나 이 방법은 ① 개인의 인권·재산권을 침해하며, ② 감정적 적대심을 자극시켜 오히려 저항과 도피 등의 불응을 유도할 수 있으며, ③ 불응형태에 대한 정확한 점검과 파악이 어려운 경우가 많다는 단점이 있다. 따라서 처벌의 방법은 여타의 동원할 수 있는 수단들을 모두 동원했음에도 불구하고 순응이 확보되지 않는 경우 마지막 수단으로 사용하여야 한다.

3. 순응확보전략에 대한 순응주체의 대응

정책담당기관이 정책대상집단의 순응확보를 위해서 제재와 유인책을 쓸 경우에 순응주체는 B/C 분석을 통해 순응여부를 결정하는 경우가 많다. 즉 순응할 때 얻을 수 있는 편익(benefit)과 지불해야 하는 비용(cost)을 비교하여 편익이 비용보다 클 경우에는 순응을 하고, 비용이 편익보다 클 경우에는 불응을 하게 되는 것이다.

4. 시사점

위에서 본 바와 같이 순응을 확보하려면 순응으로부터 얻게 되는 유인과 불응에 따르는 처벌을 크게 해야 한다. 그러나 유인과 처벌의 방법은 여러 가지 제약이 있기 때문에 순응을 확보하는 데는 정책의 정당성 확보와 도덕적 설득이 가장 바람직하다고 할 것이다. 순응주체의 양심에 호소하는 도덕적 설득은 비용이 적게 들 뿐만 아니라 순응주체의 B/C 계산을 극복할 수 있는 유일한 방법이다. 도덕적 설득을 위해서는 먼저 정책내용이 정당해야 하고, 불응의 제재수단에 대한 사회적 합의가 있어야 한다. 이러한 도덕적·윤리적 정당성을 바탕으로 한 설득과 PR만이 정책에 대한 광범위한 사회적 지지를 얻을 수 있고, 그만큼 순응확보도 쉬워지는 것이다.

Ⅳ. 우리나라에서의 순응확보전략

① 우리의 경우 과거 권위주의 시대에서는 주로 처벌·강압과 같은 물리적인 공권력에 의존하여 정책의 집행력을 확보하였으나, 1980년대 이후 사회가 다원화·민주화 되면서 강제력에 의한 방법은 한계에 직면하게 되었다.

② 근래에는 유인·보상의 방법들을 점차 확대해 가는 경향이 있으나, 정부의 재정능력이 풍족하지 못한 상태에서 유인·보상의 방법에도 제약이 따를 수밖에 없다.

③ 따라서 도덕적 설득이 가장 바람직하다고 할 것이나, 아직까지 정부나 정책에 대한 국민들의 불신이 깊고, 사회전체가 급변하는 상황에서 국민들의 합의형성이 곤란하기 때문에 도덕적 설득 역시 한계가

있다. 또한 최근 지방자치제가 본격적으로 실시됨에 따라 점차 확산되고 있는 지역이기주의(NIMBY) 현상도 정책결정 및 집행과정에 많은 제약요인으로 작용하고 있다.

④ 이러한 점들을 고려하여 볼 때 앞으로 정책상황의 변화에 얼마나 적응적으로 대응하면서 정책집행의 실효성을 확보할 수 있느냐 하는 것이 우리의 정책적 과제라고 할 것이다.

■ 지역이기주의 ■

1. 서 론

(1) 배 경

최근 환경문제에 대한 국민들의 관심과 인식이 높아지고, 지방자치제가 본격적으로 실시됨에 따라 지역이기주의 현상이 우리사회에 점차 확산되어 가고 있다. 이에 따라 국가적으로나 지역적으로 필수불가결한 공공시설물의 건설에 막대한 지장이 초래되고 있으며, 이들 공공시설의 설치를 둘러싸고 정부와 주민 간, 중앙정부와 지방정부 간, 지방정부들 간의 갈등과 분규가 분출되고 있다. 따라서 지역이기주의는 현재 우리사회가 처해 있는 심각한 문제 중의 하나이며, 이에 대한 효과적인 극복방안이 요구된다.

(2) 의 의

지역이기주의란 '국가전체 또는 공동이익보다는 자기지역의 이익을 우선시하는 성향'으로서, 넓은 의미로는 지역주민 또는 지방자치단체가 자기이익이 되는 조치 혹은 시설의 그 지역 내 설치를 요구하는 핌휘(PIMFY : Please In My Front Yard)적 성향도 포함하나, 일반적으로는 혐오시설의 자기 지역 내 설치를 무조건적으로 반대하는 님비(NIMBY : Not In My Back Yard)적 사고와 행태를 의미한다. 혐오시설이란 국가적·지역적으로 긴요하고 누구나 그 필요성을 인정하지만, 그것의 입지지역에 대해 부정적인 외부효과(external effect)를 유발하는 공공시설로서 핵폐기물처리장, 핵발전소, 분뇨처리장, 쓰레기매립장, 공해배출공장, 화장장, 공항, 교도소 등과 같은 위험·혐오시설 외에도 근래에는 고아원, 양로원, 장애자회관 등과 같은 사회복지시설까지도 지역이기주의의 대상이 되고 있다.

2. 지역이기주의를 보는 시각

지역이기주의에 대하여는 부정론과 긍정론의 두 가지 평가가 대립되고 있는데, 지역이기주의의 원인을 바르게 진단하고 건전한 극복방안을 찾기 위해서는 이들에 대한 정확한 이해가 필요하다.

1) 부정론 : 최대다수의 최대행복이라는 철학적 윤리관에 기초를 두고, 공공시설의 입지확보곤란, 갈등심화, 물리적 집단행동의 만연 등 주로 지역이기주의의 역기능적인 결과로 인해 공익이 침해된다는 점을 중시하는 견해이다.
2) 긍정론 : 소수의 정당한 권리는 다수의 이익과 상반되더라도 보호되어야 한다는 정의론적(正義論的) 입장에서, 잘못된 입지선정방법, 보상미흡, 정부에 대한 불신, 주민의견수렴 미약 등 지역이기주의의 발생원인을 중시하는 견해이다.
3) 평 가 : 부정론은 지역이기주의로 인한 폐단 및 극복필요성을

제기하고, 긍정론은 지역이기주의의 발생원인을 정확히 이해할 수 있는 시각을 제시하고 있기 때문에 두 견해의 종합적 시각에서 지역이기주의의 적절한 대처방안이 도출될 수 있을 것이다.

3. 지역이기주의의 발생원인

지역이기주의는 복잡하고 난해한 사회문제이기 때문에 지역이기주의의 발생원인 또한 매우 다양하고 이질적일 뿐만 아니라 서로 복잡하게 얽혀 있다.

1) 비용과 편익의 불공평성과 피해보상의 미흡 : 혐오시설은 그 입지지역에 대해 집중적으로 부정적인 외부효과를 유발하나 편익은 그다지 크지 않기 때문에 당해 지역주민들의 입장에서 보면 대단히 불공평하며, 타 지역에 대한 상대적 박탈감까지 유발하나 이러한 비용과 편익의 불공평성을 시정할 수 있는 보상책이 미흡하기 때문에 지역이기주의를 발생케 하는 근본적인 원인이 된다.

2) 주민참여 및 정보공개의 미흡 : 정부나 공공기관 등 사업시행자들이 주민들의 반발을 의식하여 사전에 주민들의 의견수렴과정 없이 비밀리에 정책을 결정하고, 그 다음에 언론 또는 소문을 통하여 지역주민들에게 알리는 폐쇄적인 정책결정과정에 대한 반발로서 지역이기주의가 발생한다.

3) 민주화의 과도기와 지방자치제의 실시 : 권위주의 정치체제에서 민주화·자율화의 진행속도가 급진전하고, 지방자치제가 본격적으로 실시됨에 따라 지역적·집단적 이익이 적극적으로 표출되고 있다.

4) 환경문제 및 경제적 이해관계에 대한 관심의 증대 : 환경문제에 대한 국민들의 인식과 관심이 점차 높아지고, 혐오시설의 설치로 인한 자기 지역의 부동산가격의 하락에 대한 불안심리 때문에 주민들로 하여금 혐오시설의 설치를 반대하는 집단적 이해관계

를 일치시키는 계기로 작용한다.

5) 기　타 : 이외에도 ① 공동체의식의 약화, ② 정부에 대한 불신, ③ 불균형적인 지역개발, ④ 홍보활동의 미흡 등이 지역이기주의의 발생원인이 되고 있다.

4. 지역이기주의의 극복방안

지역이기주의의 극복방안은 그 발생원인으로부터 도출할 수 있는데, 이러한 극복방안들은 상호 유기적으로 활용되어야 한다.

1) 보상체계의 정비와 다양한 인센티브제도의 도입 : 지역주민들이 수용할 수 있도록 혐오시설의 입지에 따른 물질적 손실뿐만 아니라 비물질적인 손실까지 포함한 합리적이고 포괄적인 보상체계를 마련하여야 한다. 또한 혐오·기피시설을 설치할 경우 '수익자부담의 원칙'을 합리적으로 적용하고, 당해지역에 대해서는 주민숙원사업을 병행추진하거나 지역개발 차원에서의 지원과 같은 다양한 인센티브제도를 도입하여야 한다.

2) 홍보 및 공청활동의 강화와 주민참여의 제도화 : 지역주민의 의견을 정책과정에 반영하고, 사업에 대한 주민이해를 증진시키며, 지역주민들의 자발적인 협조를 유도하기 위해서는 청문회, 공청회, 설문조사 등을 통한 공청활동의 강화와 주민참여의 제도화, 관련정보의 공개 및 적극적인 홍보활동이 필요하다.

3) 협상을 통한 문제해결 및 법적 강제력의 뒷받침 : 민주화의 상황 속에서 과거와 같이 물리적인 공권력에 의존하는 데는 한계가 있기 때문에 담당공무원, 지역주민 등 이해당사자들이 공청회, 간담회, 설명회 등을 통해 자주 대화하고 협상을 통해 문제를 해결하려는 자세가 요구된다. 다만 지역이기주의를 전략적으

로 악용하면서 공공시설의 입지를 무조건적으로 반대하는 개인이나 집단들에 대해서는 최후의 방법으로 정부의 법적 강제력이 동원되어야 할 것이다.

4) 협의기구의 설치·운영 : 계획수립단계에서부터 주민들의 의견을 수렴하고, 정책결정과정의 절차적 민주성을 확보할 수 있는 제도적 장치로서 정책담당자, 지방의회의원, 주민대표, 전문가 등으로 구성된 심의회를 구성하여 활용하는 것도 하나의 방법이 될 수 있다. 또한 혐오시설의 입지와 관련하여 발생하고 있는 정부간의 분규와 마찰을 예방·해소하기 위해 행정협의회 및 지방자치단체조합 등 기존의 광역행정관리제도를 새로운 차원에서 대폭 개편하여 활성화하거나, 새로운 광역행정관리제도를 도입하는 방안도 고려될 수 있을 것이다.

5) 혐오시설의 철저한 사후관리 : 일단 혐오시설이 설치된 경우 주민감시제의 운영과 함께 철저한 사후관리가 이루어져야 하며, 이러한 선례들은 이후의 혐오·기피시설의 설치에도 큰 영향을 미칠 수 있다.

5. 결 론

위에서 본 지역이기주의의 극복방안들이 상호 유기적이고 복합적으로 운영되었을 때 공익과 사익이 충돌되지 않고 상호조화가 가능한 것이다. 특히 정책담당자는 지역이기주의에 대한 부정적 시각을 극복하고, 대립되는 이해관계의 상충을 조정할 수 있는 정치적 능력과 혐오시설의 설치관리에 필요한 전문적인 능력이 요구된다. 또한 지역주민들의 의견을 수렴하고 대화를 통한 문제해결을 위해서는 행정조직의 개방적인 분위기로의 전환이 필요하다고 할 것이다.

제 7 장 일선집행관료의 재량

Ⅰ. 의 의

일선집행관료(street-level bureaucrat)란 '집행현장에서 서비스나 재화를 직접 제공하거나, 정책대상집단을 직접 규제하는 집행조직 말단의 관료'를 말하는데, M. Lipsky에 의하면 '업무수행과정에 있어서 시민들과 직접적으로 접촉하면서 업무 수행상 상당한 재량권을 행사하는 공무원'을 일선관료라고 부른다.

종래 정책집행에 관한 연구는 성공적 정책집행을 위한 정책의 명확성, 중앙정부의 강력한 통제(control) 등에 중점을 둔 하향적 집행론이 주류를 이루어 왔으나, 최근에 주장되고 있는 일선집행관료의 재량(discretion)에 관한 연구는 상향적 집행론의 주된 연구주제가 되고 있다.

Ⅱ. 일선집행관료의 재량이 중요시되는 이유

성공적 집행을 위하여 중앙의 통제 대신 일선집행관료들에게 광범위한 재량권을 인정해야 하는 이유는 다음과 같다.

1. 집행현장에의 적응

정책집행현장은 ① 다양한 개인과 집단이 참여하는 정치과정이며, ② 정책문제가 발생하고 변화해 가는 현장이기 때문에 집행현장의 불확실하고, 예외적인 상황에 일선관료가 적응하면서 집행을 할 수 있도록 일선관료들에게 재량을 널리 인정하여야 한다.

2. 정책내용의 구체화

① 정책결정자들 간의 정책내용에 대한 합의가 이루어지지 않거나, ② 정책목표와 정책수단을 연결하는 이론이나 기술이 불확실하거나, ③ 집행상황이 복잡하고 불확실하여 정책지침을 미리 명확하게 작성하기가 어려운 경우에는 정책내용이 추상적이고 불명확하게 결정된다. 이러한 경우에는 일선관료가 집행을 하는 과정에서 정책내용을 구체화(실질적인 정책결정)하여야 하는데, 이를 위해서는 일선관료들에게 광범위한 재량권이 인정되어야 한다.

3. 집행관련자들의 협조 확보

정책대상집단, 이해집단, 타 집행기관 등 다수의 정책관련자들이 집행과정에 參與한 경우에 이들과 협상과 타협을 통하여 집행을 하고, 상호 대립되는 이해를 조정할 수 있도록 일선집행요원들에게 재량을 부여하여야 할 필요가 있다.

Ⅲ. 정책집행에 있어서 재량에 대한 관점

1. 긍정적 관점

성공적 정책집행을 위해서는 현지적응적 집행(adaptive implementation)이 바람직하다고 보는 상향적 집행론자들은 ① 집행현장에의 적응, ② 정책내용의 구체화, ③ 집행관련자들의 협조 확보 등의 필요성 때문에 일선집행관료들에게 널리 재량권을 부여하여야 한다고 본다.

2. 부정적 관점

성공적 집행을 위해서는 중앙통제적 또는 정형적 집행(programmed implementation)이 바람직하다고 보는 하향적 집행론자들은 일선집행담당자들의 재량은 가능한 통제되어야 한다고 본다. 왜냐하면 일선관료에게 지나치게 많은 재량권을 인정할 경우 ① 사회적 약자를 대상으로 하는 재분배정책 등에서 일선관료의 횡포 가능성이 있고, ② 행정편의적으로 집행을 함으로써 재분배정책이 배분정책으로 변질되는 경우도 있으며, ③ 규제정책의 경우 집행관료가 강한 이익집단에 포획되어 정책내용이 변질되거나 목표와 수단의 대치현상이 발생할 수 있다고 보기 때문이다.

Ⅳ. 결론－상황론적 접근의 필요

위에서 본 바와 같이 지나친 통제와 엄격한 순응은 복잡한 집행현장에서의 적응적 집행을 저해하기 때문에 일선집행관료에게 재량을 인정할 필요가 있다. 그러나 재량을 지나치게 인정할 경우에는 집행관료의 횡포와 정책의 변질을 초래할 가능성이 있기 때문에 상황에 따라 양 견해를 조화 있게 전략화 할 필요가 있는 것이다(P. Berman).

제 7 편　정책평가론

제 1 장 정책평가의 기초이론

Ⅰ. 정책평가의 의의

1. 정책평가의 개념

(1) 개 념

정책평가(policy evaluation)란 '정책이 좋은지 나쁜지를 비판적으로 검토하는 활동' 또는 '정책수단과 정책목표 사이의 인과관계에 대한 아직 검증되지 않는 가설을 검증하려는 활동' 또는 '정책의 내용이나 집행 및 그 영향을 정책목표와 관련해서 객관적이고 체계적으로 재검토하는 과정'을 의미한다.

정책평가에는 ① 정책이 제대로 집행되었는지를 평가하는 과정평가와 ② 정책결과(정책영향)가 바람직(효과성, 능률성, 공평성)한지를 평가하는 총괄평가가 있는데, 정책평가론의 핵심은 총괄평가, 특히 그 평가방법에 있다.

(2) 유사개념

1) 정책평가와 사업평가의 혼용

사업이란 구체화된 정책수단을 의미하기 때문에 ① 정책평가의 대상은 정책 또는 사업이라고 할 수 있고, ② 정책평가의 방법 또한 사업평가(program evaluation)의 방법을 기초로 하고 있다. 이러한 이유 때문에 정책평가와 사업평가는 혼용하여 사용되고 있다.

  2) 정책분석과 정책평가

  정책분석(policy analysis)을 넓은 의미로 사용할 때는 정책평가를 포함하
며 정책평가도 넓은 의미로 사용할 때는 정책분석을 포함하나, 일반적으로
좁은 의미의 정책분석은 사전적 분석활동이고, 좁은 의미의 정책평가는 사
후적 분석활동이라는 점에서 차이가 있다. 즉 ① 정책분석이란 합리적인
정책결정을 위해 사전적으로 정책대안의 결과를 예측하고 이에 근거하여
정책대안을 비교·평가하는 것을 의미하며, ② 정책평가란 정책이 결정된
후에 집행과정이나 집행결과를 사후적으로 검토하는 것을 의미한다.

2. 정책평가의 중요성(필요성)

  정책과정은 정책을 결정하고 집행하는 것만으로 종결되지 아니하며, 그
내용과 결과를 재검토함으로써 보다 완벽한 정책효과를 기대할 수 있다.
오늘날 정책결정자들이 자신의 정책이 평가되는 것을 기피하려는 현상이
현존하고 있음에도 불구하고 정책평가의 중요성과 필요성이 날로 증대되고
있는 이유는 다음과 같다.

(1) 정책의 정당성 확인

  정책이란 '바람직한 사회상태를 이룩하려는 정책목표와 이를 달성하기
위하여 필요한 정책수단에 대하여 권위 있는 정부기관이 공식적으로 결정
한 기본방침'이라고 하였는데, 과연 이러한 정책목표와 정책수단 간의 인과
관계가 있었는 지와 정책을 통하여 이룩하고자 하는 사회상태를 실현하였
는지의 여부 등을 정책평가를 통하여 확인할 필요가 있다.

(2) 정책개선에 필요한 정보의 제공

사회가 복잡·다양화되어 가고 있는 상황에서 공공정책의 정확한 효과를 평가하고, 그 평가결과를 환류 하여 정책을 개선하기 위해서는 체계적이고 과학적인 평가가 이루어져야 한다.

(3) 정책과정 참여자의 지지 확보

오늘날과 같이 정책과정 전반에서 수많은 이해관계인들이 참여하고 정책과정의 양상이 복잡한 상황에서 참여자들을 설득하고, 그들의 지지를 확보하기 위해서는 설득력 있는 정책평가 결과가 요구된다.

(4) 정부재정부문의 팽창

지난 30여 년 동안 공공부문의 양적 성장과 복잡성의 증대로 공공정책의 효과에 대한 평가가 정책담당자 뿐만 아니라 일반국민들의 중요한 관심사로 등장하게 되었다. 정부활동의 원천은 결국 국민의 세금이므로 이러한 재원을 경제성과 효율성에 입각하여 사용했는지의 여부를 평가할 필요가 있는 것이다.

(5) 정책담당자의 책임성 확보

오늘날 정책이나 사업을 결정하고 집행하는 담당자의 책임이 단순한 회계책임을 넘어 관리책임까지 요구되고 있기 때문에 이를 위해서는 정책이나 사업에 대한 실증적인 검토가 이루어져야 한다.

(6) 사회과학 지식의 활용

사회과학적 지식을 정부의 업무수행 능력을 향상시키는데 도움이 되도록 활용하기 위해서는 정책평가에도 사회과학의 방법과 원리를 응용할 필요가 있다.

Ⅱ. 정책평가의 목적

정책평가의 목적은 앞에서 본 정책평가의 중요성에 부응하기 위한 것이나, 크게 다음의 세 가지로 나누어 볼 수 있다.

1. 정책결정과 집행에 필요한 정보 제공(관리적 측면)

정책평가의 가장 중요한 목적으로서, 정책담당자에게 정책결정이나 집행과정에 필요한 정보를 제공하여 이들 과정을 바람직스럽게 추진하도록 하는 정책과정상의 환류기능이다. 즉 정책평가는 정책의 집행과정이나 집행 후에 나타난 정책결과에 의해서 획득한 정보를 환류 시켜 정책결정자에게 ① 정책의 계속 추진여부(중단, 축소, 유지, 확대 등) 및 ② 정책의 내용수정(보다 바람직한 정책수단의 선택과 정책목표의 수정)에 필요한 정보를 제공하고, ③ 집행책임자에게 효과적인 정책집행전략의 수립에 도움을 준다. ①, ②는 모든 정책평가(총괄·과정평가, 평가종합)의 목적이 되며, ③은 특히 집행과정평가의 목적이 된다.

2. 정책담당자의 책임성 확보(책임성 측면)

정책평가의 두 번째 목적은 국민에게 정책과정상의 책임성을 확보하는 것이다. 즉 정책평가를 통하여 ① 집행요원들이 집행활동에 있어서 법규나 회계규칙 등에 합치하게끔 강제하는 법적·회계적 책임성과 ② 집행관리자(책임자)에게 보다 효과적이고 능률적인 관리를 하게끔 강제하는 관리적 책임성 및 ③ 정책결정자가 일반국민에게 효과적이고 능률적인 정책추진을 하게끔 하는 정치적 책임성을 확보하기 위한 것이다.

3. 이론발전에 의한 학문적 기여(지식적 측면)

정책평가는 학자들에게 정책목표와 수단 간의 인과경로에 대한 검토·확인·검증을 통해 기존이론의 수정·보완 및 새로운 이론형성에 도움을 준다.

Ⅲ. 정책평가론의 전개

1. 정책평가론의 등장

정책평가의 역사를 논의할 때는 체계적이고 과학적 방법에 의한 정책평가와 이에 대한 연구만을 논의하게 되는데, 체계적이고 과학적 방법에 의한 정책평가는 1960년대 후반 이후에 등장하였다.

2. 등장배경

1960년대 후반에 접어들어 정책평가 활동이 급속도로 활발하게 된 이유는 ① 미연방정부가 '위대한 사회(The Great Society)' 건설을 위해 대대적으로 추진한 사회정책적 사업들이 실패했다는 지적들이 빈번했다는 점이다. 특히 국립무료유아원사업(Head Start Program)에 대한 평가보고서가 발표된 이후 보수주의자들의 비판과 이들의 사회정책적 사업 전반에 대한 평가 요구가 점증하면서 정부사업 전반에 대한 평가가 시작되었다. ② 또한 계획예산제도(PPBS)의 도입실패의 경험에 따라 기존 정책의 집행과 효과에 대한 경험적인 정보기초의 필요성을 절감하면서 여러 가지 평가방법들이 개발되기 시작하였다.

■ 미국예산제도의 변천 ■

(1) 품목별 예산 (LIBS : 통제지향) → (2) 성과주의예산 (PBS : 관리지향 → (3) 계획예산 (PPBS : 계획지향) → (4) 영기준예산 (ZBB : 감축지향)

■ 계획예산제도(PPBS) ■

PPBS(Planning-Programming-Budgeting System)는 장기적인 계획수립과 단기적인 예산편성을 중기적인 프로그램(사업실시계획) 작성을 통하여 결합시킴으로써 자원배분의 합리화를 도모하려는 예산제도로서, 계획과 예산의 유기적인 결합을 도모한다. 그러나 PPBS는 ① 정부의 사업성과는 계량화가 곤란한 것이 많고, ② 간접비의 배분 문제와 ③ 환산작업의 곤란 등으로 인하여 도입에 실패하였다고 지적되고 있다.

Ⅳ. 정책평가의 유형

　정책평가는 그 분류기준에 따라 여러 가지 종류로 구분되는데, ① 평가주체를 기준으로 한 내부평가와 외부평가, ② 평가방법을 기준으로 한 비과학적·주관적 평가와 과학적·체계적 평가, ③ 평가대상(또는 평가시기)을 기준으로 한 총괄평가와 과정평가(또는 형성평가) 등으로 나눌 수 있다.

1. 평가주체 기준

(1) 내부 평가

　이것은 조직내부의 정책담당자(자체평가의 경우)나 조직 내의 다른 구성원이 행하는 평가를 말하는데, ① 평가에 전문성과 경험을 활용할 수 있고, 평가결과 활용이 비교적 용이하다는 장점이 있는 반면에, ② 평가의 공정성 유지가 곤란하다는 단점이 있다.

(2) 외부 평가

　이것은 조직외부의 제3자가 행하는 평가를 말하는데 ① 평가의 공정성을 유지할 수 있다는 장점이 있는 반면에, ② 평가결과의 이용이 잘 되지 않는다는 단점이 있다.

2. 평가방법 기준

(1) 비과학적·주관적 평가

일반대중이나 정책관계자들의 상식적, 주먹구구식, 개인적 경험이나 느낌에 의한 정책평가를 말한다. 주관적 평가는 ① 정책대상자의 만족도를 평가하거나, ② 객관적 평가를 보완하기 위하여 전문가의 판단을 이용할 때 그 장점이 있으나, ① 평가자의 개인적 이해관계에 따라 사실과 다른 평가결과가 나올 수 있고, ② 평가자의 선입견, 신념 또는 막연한 느낌이나 불충분한 자료 때문에 엉뚱한 결론을 내릴 수 있다는 단점이 크다.

(2) 과학적·객관적 평가

과학적 방법이나 논리를 적용하여 수행하는 정책평가로서, 과학적 조사방법을 동원하여 사실에 부합한 평가를 하려는 것을 의미한다. 객관적 정책평가의 방법에는 실험적 방법(진실험·준실험)과 비실험적 방법이 있는데, 양자는 모두 통계적 처리에 의해 보완된다. 특히 비실험적 방법은 고도의 통계처리기법으로 보완되어야만 겨우 만족할 만한 결과를 얻을 수 있는데 이것 또한 불충분하기 때문에 과학적 평가를 위해서는 실험적 방법이 많이 이용된다.

3. 평가대상 기준

(1) 총괄평가(summative evaluation)

이것은 정책이 집행되고 난 뒤 정책이 사회에 미친 영향(impact) 또는 정책결과 중에서 순수한 정책효과를 추정하는 판단활동으로서, 이를 근거로 하여 현재 평가되고 있는 ① 정책의 추진여부, ② 정책내용의 수정에 필요한 정보를 제공하는 기능을 한다.

총괄평가는 그 평가대상과 목적에 따라 ① 효과성평가, ② 능률성평가, ③ 공평성평가로 나눌 수 있는데, 구체적인 내용은 후술하기로 한다.

(2) 과정평가(process evaluation)

이것은 정책집행과정과 활동을 분석하는 판단활동으로서, 이를 근거로 ① 효율적 집행을 수립하고, ② 정책내용의 수정·변경 및 정책의 추진여부에 필요한 정보를 제공하며, ③ 정책효과의 발생경로를 밝혀 총괄평가를 보조하는 기능을 한다.

과정평가도 평가의 내용·목적·시기를 기준으로 하여 ① 집행과정평가(집행분석 또는 형성평가), ② 협의의 과정평가(사후적 과정평가)로 구분할 수 있는데, 구체적인 내용은 후술하기로 한다.

[정책평가의 개관]

1. WHY
(평가의의)
1) 정책평가의 개념
2) 정책평가의 목적
① 정책결정과 집행에 필요한 정보 제공
② 책임성 확보
③ 학문적 기여
3) 정책평가의 타당성
① 내적 타당성
② 외적 타당성
③ 구성의 타당성
④ 결론의 타당성
2. WHAT
(평가대상)
1) 총괄평가 : 정책결과의 평가
① 효과성평가
㉠ 정책수단-효과의 인과성
㉡ 효과의 목표달성정도
② 능률성평가 (정책영향평가)
㉠ 비용과 효과
㉡ 효과의 사회적 영향
③ 공평성평가
효과와 비용 배분의 공정성
2) 과정평가 : 집행과정의 평가
① 집행과정평가 (집행분석·형성적 평가)
집행과정의 점검(monitoring)
② 협의의 과정평가 (사후적 과정평가)
정책수단-효과의 인과관계경로 분석
3) 평가종합 : 1차적 평가결과의 종합적 평가
① 회고적 평가종합
기존 정책평가에 대한 검토
② 조망적 평가종합
새로운 정책안의 예비검토
3. HOW
(평가방법)
1) 비과학적·주관적 평가
2) 과학적·객관적 평가 : 과학적 조사방법에 의한 평가
① 비실험적 방법
㉠ 사후적 비교집단 구성
㉡ 정책실시전후비교설계
② 실험적 방법
㉠ 진실험
㉡ 준실험

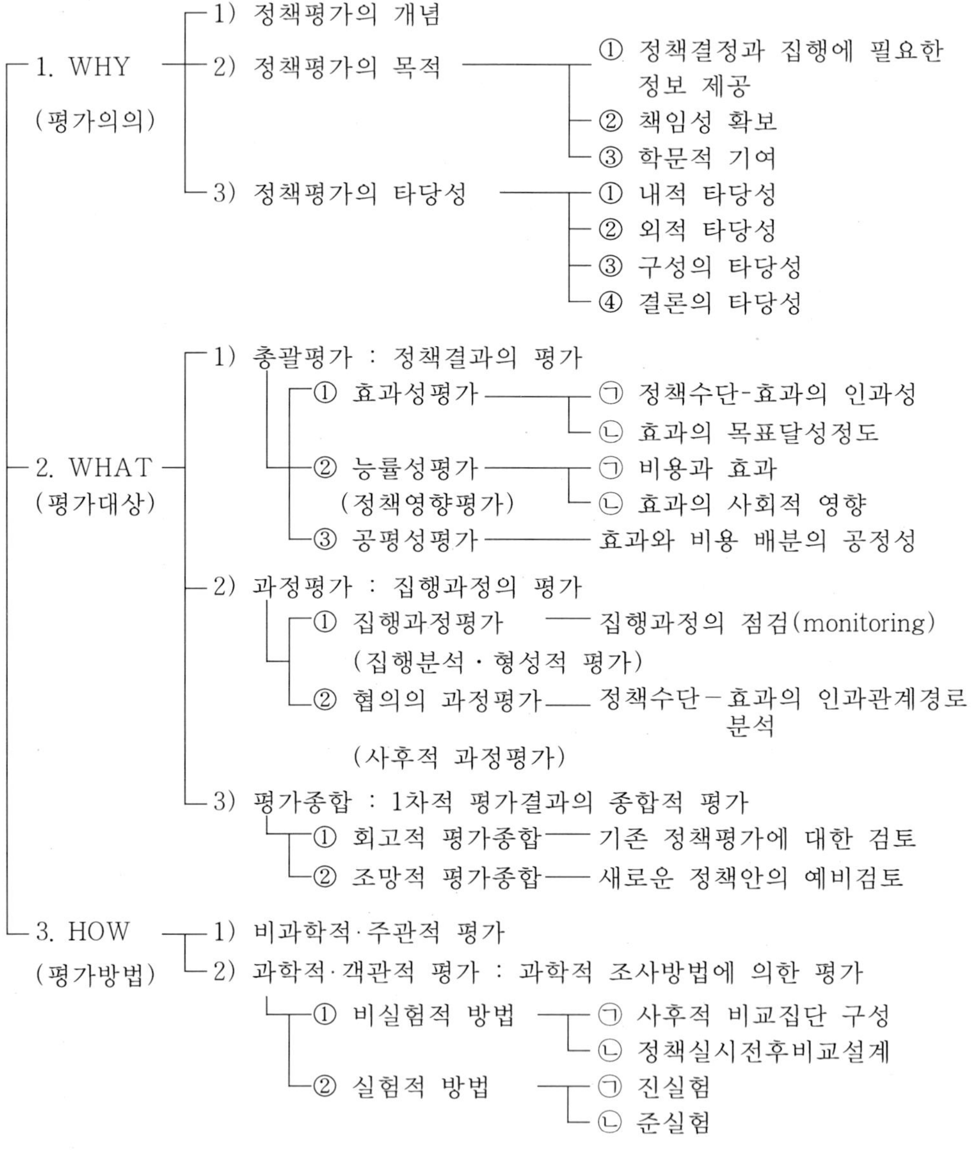

제 2 장 총괄평가와 과정평가

Ⅰ. 의 의

정책평가란 '정책이 좋은지 나쁜지를 비판적으로 검토하는 활동' 또는 '정책의 내용이나 집행 및 그 영향을 정책목표와 관련해서 객관적이고 체계적으로 재검토하는 과정'을 의미한다. 이러한 정책평가는 정책결정과 집행에 필요한 정보를 제공하고, 정책과정상의 책임성을 확보하기 위해서 필요하다.

정책평가의 유형은 여러 가지 기준에 따라 분류할 수 있는데, 총괄평가와 과정평가(또는 형성평가)는 평가대상에 따른 분류로서 정책평가에서 가장 중요한 분류유형이다.

Ⅱ. 총괄평가

1. 의 의

총괄평가(summative evaluation)는 '정책이 집행되고 난 후에 정책이 사회에 미친 영향(정책영향) 또는 정책결과 중에서 의도한 정책효과가 정책으로 인해 발생했는지를 판단하는 활동'으로서, 정책평가의 핵심이다. 정책영향(policy impact) 또는 정책결과(policy outcome)란 정책효과(policy effect)와 정책비용(policy cost)을 포함한 개념이기 때문에 정책영향(정책결과)에는 정책효과 뿐만 아니라 부작용 등의 희생도 있을 수 있고, 정책효과 중에서도 정책이 아닌 다른 요인 때문에 일어난 변화를 정책효과로 잘못 판단할 수도 있다. 따라서 총괄평가에서는 정책효과가 정책으로 인해 발생했는지 아니면 다른 요인 때문에 발생했는지를 알아내어 순수한 정책효과를 분리하는 방법이 가장 중요하다.

총괄평가는 그 평가결과에서 산출된 정보를 정책결정과정에 환류 하여 현재 평가의 대상이 되고 있는 ① 정책의 계속적인 추진여부를 결정하고, ② 정책내용의 수정에 필요한 정보를 제공하는데 그 목적이 있다.

2. 내 용

총괄평가는 그 평가대상이나 목적에 따라 ① 효과성평가, ② 능률성평가, ③ 공평성평가로 나눌 수 있는데, 그 구체적인 내용은 다음과 같다.

(1) 효과성평가

1) 의 의
효과성평가는 정책목표의 달성정도를 의미하는 정책의 효과성(effectiveness)을 판단하는 것으로서, 총괄평가의 가장 핵심적인 작업이다.

2) 내 용
효과성평가는 ① 의도한 정책효과가 그 정책 때문에 나왔는지의 여부, ② 발생한 정책효과의 크기는 정책목표와 대비하여 어느 정도인지(정책목표의 달성정도)의 여부, ③ 정책효과의 크기는 원하는 문제의 해결에 충분한 정도인지(효과의 적절성)의 여부를 판단하는 것인데, 이 중에서도 특히 ①이 효과성 판단의 핵심이 된다. 효과성평가를 통하여 의도했던 정책효과뿐만 아니라 부수효과(side-effect)에 대해서도 판단할 수 있다.

3) 목 적

효과성평가를 통하여 산출된 정보는 현재 평가되는 ① 정책의 추진여부 (중단·축소·현상유지·확대)의 결정과 ② 정책내용을 수정하는데 필요한 정보를 제공한다.

(2) 능률성평가 (정책영향평가)

1) 의 의

능률성평가는 투입(비용)과 산출(효과)의 비율로 표현되는 정책의 능률성(efficiency)을 판단하는 것인데, 정책효과 뿐만 아니라 정책비용까지도 고려하는 것을 의미한다. 정책비용에는 돈으로 직접 계산되는 사업비용뿐만 아니라 정책의 추진으로 인하여 발생되는 사회적 희생도 포함된다.

한편 정책비용과 정책효과를 합쳐서 정책영향(policy impact) 또는 정책충격이라고 부르는데, 정책영향평가란 이러한 정책영향의 추정을 효과성평가와 같은 논리로 진행하는 평가를 말한다.

2) 내 용

능률성평가는 효과성평가 내용 외에도 ① 정책의 직접적 비용은 얼마 만큼인지, ② 부작용이나 사회적 충격을 포함한 사회적 비용은 얼마 만큼인지, ③ 정책효과는 비용을 상쇄시킬 만큼 큰 것인지를 판단한다.

3) 목 적

능률성평가는 효과성평가와 마찬가지로 현재 평가되는 ① 정책의 추진여부만이 아니라 ② 정책내용의 수정에 필요한 정보를 제공한다.

(3) 공평성평가

공평성평가는 정책효과와 비용의 사회집단간·지역간 배분 등이 공정한 지의 여부를 평가하는 것을 말한다.

Ⅲ. 과정평가

1. 의 의

과정평가(process evaluation)란 '정책집행과정을 대상으로 하여 분석하는 활동'을 말하는데, 이를 근거로 하여 ① 보다 효율적인 집행전략을 수립하거나, ② 정책내용을 수정·변경하고, ③ 정책의 추진여부의 결정에 필요한 정보를 제공하며, ④ 정책효과의 발생경로를 밝혀 총괄평가를 보조하는 기능을 수행한다.

과정평가는 평가의 내용과 목적에 따라 ① 집행과정평가와 ② 좁은 의미의 과정평가로 대별되며, 시간적 기준에 따라 ① 형성평가와 ② 사후적인 과정평가로 나눌 수 있다.

2. 내 용

(1) 집행과정평가 (형성평가·집행분석)

1) 의 의

　집행과정평가는 '원래의 집행계획이나 집행설계에 따라 정책집행이 이루어
졌는지를 확인하고, 점검(monitoring)하는 집행분석(implementation analysis)'
을 의미하는데, 평가가 집행도중에 이루어지기 때문에 형성평가(formative
evaluation)라고도 한다.

　2) 내　용
（가）점검의 개념
　집행과정평가는 집행도중에 계속적인 점검(monitoring)의 방법을 통하여
이루어지는데, 점검이란 '하나의 사업(프로그램)을 집행하는 과정에서 발생
하는 사건들에 대한 구체적인 정보의 수집과 관리에의 활용'을 의미한다.
（나）점검의 기능
　집행과정평가에 있어서 점검은 다음과 같은 네 가지 기능을 한다.
　① 순　응(compliance) : 점검은 집행 관련자들이 관련 법률이나 규정에
　　　서 제시된 기준 또는 절차에 순응 또는 일치하고 있는가를 파악할 수
　　　있게 해준다.
　② 감　사(auditing) : 점검은 정책이 의도한 특정의 정책대상집단에게
　　　계획된 자원과 서비스를 실제로 배분하였는지를 알 수 있게 해준다.
　③ 회　계(accounting) : 점검은 장기정책 또는 사업의 집행에 의해 나
　　　타나는 사회·경제적 변화를 설명해 주는 정보를 생산하는데 도움을
　　　준다.
　④ 설　명(explaining) : 점검은 정책과 사업이 어떻게 운용되고, 원래
　　　계획과 그 결과가 왜 달라지는지를 설명할 수 있도록 해준다.
（다）점검의 종류
　① 프로그램점검(program or activities monitoring) : 집행과정상에서 이
　　　루어지는 활동들이 집행(프로그램)계획에 따라 행하여지고 있는지를
　　　점검하는 것으로서, 집행점검 또는 행정점검이라고도 부른다. 프로그
　　　램점검에서는 ㉠ 원래 집행계획에서의 활동(activity)들이 이루어졌는

가, ㉡ 계획된 인적·물적 자원이 계획된 시간에 투입(input)되었는가, ㉢ 원래 의도한 정책대상집단(coverage)에 실시되었는가, ㉣ 집행관련자들이 관련 법률이나 규정에 따라 순응 또는 일치(compliance)하고 있는가를 점검한다.

② 성과점검(performance monitoring) : 집행활동의 결과인 산출(output) 또는 성과(performance)를 주기적으로 점검(진도점검)하는 것으로서, 원래 기대했던 성과와 비교하여 상이한 경우 그 원인을 찾아내어 시정하기 위한 점검이다. 현재 우리나라의 심사평가제도가 이에 해당된다.

③ 균형성 분석 : 동일한 사업 내에서 여러 단위사업들이 동시에 추진되고 있을 때 단위사업들 간의 균형적인 추진여부, 적시의 추진여부, 그 내용의 적합성 여부 등을 점검하는 것이다. 이러한 균형성 평가를 통하여 문제점이 발견되면 이를 조기에 조정하자는 데에 그 목적이 있다.

3) 목 적

집행과정평가는 ① 보다 효율적인 집행전략을 수립하거나, ② 정책내용의 수정·변경에 필요한 정보를 제공하며, ③ 집행요원의 책임성 확보에 기여한다.

(2) 협의의 과정평가

1) 의 의

좁은 의미의 과정평가란 '정책수단과 정책효과간의 인과관계의 경로를 검증·확인하는 평가'를 의미한다. 이것은 정책수단에서 최종목표까지의 과정(process)을 인과관계의 측면에서 확인하려는 평가방법인데, 집행 후에 집행과정을 대상으로 하여 이루어지는 평가라는 점에서 사후적 과정평가라고도 한다. 따라서 좁은 의미의 과정평가는 정책활동(또는 수단)으로부터 정책목표에 이르는 도중의 중간목표(또는 하위목표)를 포함한 변수들 간의 인과관계의 경로를 밝혀 준다.

정책(사업)활동	→	정책수단	→	하위(중간)목표	→	정책(사업)목표

　총괄평가의 핵심이 되는 효과성평가가 정책수단과 정책효과간의 인과관계만을 검증하려고 하나, 좁은 의미의 과정평가는 정책수단(원인)이 구체적으로 어떤 경로(매개변수)를 거쳐 정책효과(결과)를 발생했는지를 파악함으로써 효과성평가를 보완해 준다.

　2) 내　용
　효과발생의 인과경로를 밝히는 좁은 의미의 과정평가는 ① 정책효과는 어떤 경로를 거쳐 발생하게 되었는지, ② 정책효과가 발생하지 않은 경우 어떤 경로에 잘못이 있었는지, ③ 보다 강한 영향을 미치는 경로는 없는지를 판단한다.

　3) 목　적
　좁은 의미의 과정평가는 위에서 본 바와 같이 효과발생의 경로를 밝혀 줌으로써 ① 총괄평가 중에서 특히 효과성평가를 보완해 주고, ② 특정한 상황에서 뿐만 아니라 다른 상황에서도 정책이 적용 가능한지의 여부를 밝혀 주며, ③ 인과경로의 어디에서 잘못이 있었는지를 밝혀서 정책실패의 원인을 파악할 수 있도록 해주며, ④ 이를 통해 정책내용의 수정·변경 및 정책의 추진여부에 필요한 정보를 제공해 주는데 도움을 준다.

[정책평가의 유형]

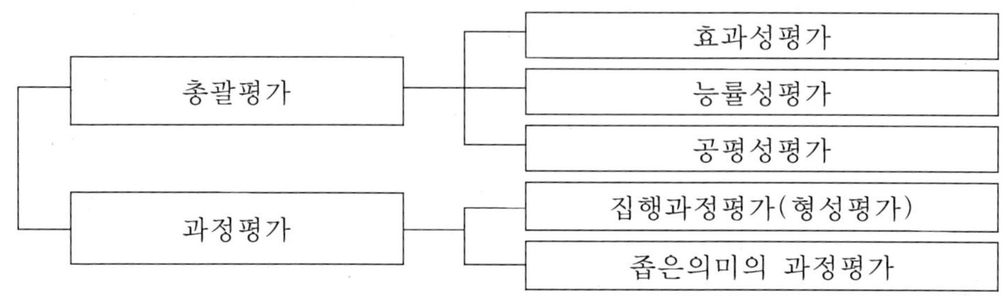

■ 평가종합 ■

1. 의　의

　정책평가의 주요 목적 중의 하나는 이미 집행되었거나 집행 중인 정책을 평가하여 얻은 정보를 새로운 정책을 설계하거나 현재 추진 중에 있는 정책을 수정·보완하기 위해 활용하는 것인데, 이러한 목적에 유용하게 활용될 수 있는 평가방법 중의 하나가 평가종합이다. 평가종합(evalvation systhesis)이란 '기존평가들의 방법, 절차, 결과 등이 제대로 되었는가를 종합적으로 평가하는 것'을 말하는데, 이미 수행된 평가결과들을 검토하고 종합한다는 점에서 상위평가(meta evaluation), 평가의 평가(evaluation of evaluation), 이차적 평가(secondary evaluation) 또는 평가결산(evaluation audit)이라고도 하며, 주로 총괄평가에 적용된다.

　동일한 정책이나 사업을 대상으로 한 평가가 여러 개인 또는 기관에 의하여 이루어진 경우에는 평가범위나 결과가 상충될 수 있으므로 유사한 것끼리 취합하거나 따로 분석하기 위해서는 일정한 논리와 기법이 필요하게 된다. 이 평가종합의 방법은 국회에서 기존정책이나 새로 제출된 정책을 심의할 때뿐만 아니라 어떤 한 부처의 최고정책결정자나 여러 관련 부처의 정책을 조정하는 위치에 있는 정책결정자에게 긴요하게 쓰일 수 있는 정책평가의 새로운 분야이다.

2. 목 적 (효 용)

평가종합의 방법은 여러 기관 및 전문가들에 의해 수행된 평가결과를 요약·종합하여 ① 정책효과에 대한 균형 잡힌 정보를 제공하고, ② 두개 이상의 정책효과를 비교할 수 있는 정보를 제공하며, ③ 적시에 필요한 정보를 산출하여 정책결정 및 정책집행에 필요한 정보를 제공할 수 있다는 이점이 있다.

3. 유 형

평가종합은 그 목적에 따라 ① 회고적 평가종합과 ② 조망적 평가종합으로 구분할 수 있다.

1) 회고적 평가종합 : 이것은 현재 추진 중인 정책의 수정·보완을 목적으로 기존의 정책평가 정보들을 종합적으로 검토하여 판단을 내리는 방법인데, 평가종합이라고 하면 흔히 회고적(retrospective) 또는 사후적 평가종합을 말한다.

2) 조망적 평가종합 : 정책평가를 넓은 의미로 볼 때는 사전적인 정책분석을 포함시킬 수 있듯이, 평가종합도 넓은 의미로 보면 조망적(prospective) 또는 사전적 평가종합을 포함시킬 수 있다. 이것은 새로운 정책안의 타당성이나 적실성 등을 검토하여 종합적인 판단을 내리는 방법인데, 정책분석과 마찬가지로 이 경우에도 문제의 정의와 목표설정, 대안의 목표달성에의 유효성 등

을 종합적으로 검토하여야 한다.

4. 평가종합의 절차

평가종합을 수행하는 절차는 일반적으로 다음과 같다.

1) 평가종합 연구의 목적 확인 및 연구주제의 선정 : 평가종합 연구로부터 산출되는 정보는 ① 국회에서의 정책심의, ② 부처내의 관련정책이나 사업의 종합평가, ③ 여러 관련 부처간의 정책조정, ④ 정책감사, ⑤ 예산편성 및 심의 등 여러 가지 목적에 활용될 수 있다. 따라서 평가종합 연구의 목적이 무엇인가를 먼저 확인하고 이에 적합한 연구주제를 선정하여야 한다.
2) 기존 평가자료의 수집 : 일단 연구주제가 선정되면 이미 수행된 기존 평가정보들을 수집해야 하는데, 평가가 수행된 행정기관, 연구소, 대학, 민간단체 등 다양한 경로를 통하여 평가결과를 수집하여야 한다.
3) 평가연구 유형의 결정 : 기존의 평가결과에 대한 자료가 수집되면, 이들 가운데서 어떤 평가유형들을 종합할 것인가를 결정하여야 한다. 평가종합을 하는 데는 가능한 한 다양한 연구설계를 이용하여 기존의 평가연구들 가운데서 중요한 유형의 평가연구들이 반영될 수 있도록 하여야 한다.
4) 기존 평가연구의 검토 : 평가종합 연구에 포함시켜야 할 평가연구의 유형이 결정되면, 기존 평가연구의 결과들을 대상으로 하여 각각의 연구목적, 연구설계, 포함된 변수, 자료수집 및 분석절차 등을 체계적으로 검토하여 관련정책 또는 사업에 대한 종합적인 평가를 하여야 한다.

5) 평가종합 결과의 재검토 : 일단 평가종합이 이루어지면 그것으로부터 산출된 정보가 과연 평가결과의 이용자들이 원하는 요구에 적합한 것인지를 다시 한번 검토하여야 한다.

5. 평가종합의 방법

평가종합의 방법은 계량적인 방법과 비계량적인 방법으로 대별된다.

1) 계량적인 방법 : 계량적인 방법으로는 ① 조합된 유의성검증법(combined significance test), ② 효과크기의 평균법, ③ 블로킹(blocking)기법, ④ 군집(cluster)기법 등이 있다.
2) 비계량적인 방법 : 비계량적인 방법으로는 ① 단일사례설계, ② 비계량적 종합연구, ③ 계량적 평가연구에 포함된 비계량적 정보의 종합, ④ 전문가들의 판단, ⑤ 수집된 평가연구에 대한 기술적 검토 등이 있다.
3) 계량적·비계량적 방법의 통합 : 바람직한 평가종합을 위해서는 계량적 방법과 비계량적 방법을 상호 보완적으로 활용하는 것이 필요하다.

6. 우리나라에서의 평가종합

미국에서는 정책평가연구에서 평가종합의 방법이 매우 활발하게 이용되고 있으나, 우리의 경우는 아직 1차적인 정책평가마저도 부진하기 때문에 평가종합에 대한 관심은 아직 미흡하다고 할 수 있다. 다만 현재 국무총리실에서 담당하고 있는 심사평가는 정부의 주요시책이나 사업에 대한 각 부처의 심사평가결과를 다시 종합적으로 검토·평가한다는 의미에서 이러한 평가종합의 기능을 수행하고 있다고 할 수 있을 것이다.

제 3 장 정책평가의 절차

I. 의 의

과학적·체계적 정책평가는 엄청난 시간과 노력이 필요하기 때문에 정책평가를 행하기 전에 충분한 준비와 계획이 있어야만 평가가 성과를 얻을 수 있다.

정책평가의 절차는 정책평가의 유형이나 결과의 활용목적, 평가방법 등에 따라 달라지는데, 일반적으로 ① 평가의 목적 확인, ② 평가성 검토, ③ 평가설계, ④ 자료의 수집·분석, ⑤ 의사교류 및 평가결과의 제시, ⑥ 평가결과의 활용 등의 순서로 이루어진다.

II. 정책평가의 일반적 절차

1. 평가의 목적 확인

정책평가의 목적은 ① 정책결정이나 집행과정에서 필요한 정보의 제공(정책담당자의 입장), ② 정책책임자의 책임확보(국민의 입장), ③ 학문적인 기여(학자의 입장)로 나눌 수 있다. 정책평가의 목적에 따라 평가대상이 달라지고, 이로 인해 평가유형이 달라지기 때문에 구체적인 평가목적을 확인하기 위해서는 정책관련자의 입장을 모두 확인할 필요가 있다.

2. 평가성 검토

(1) 의 의

평가성 검토(evaluability assessment)란 본격적인 평가에 앞서 이루어지는 일종의 예비평가(pre-evaluation)로서 평가의 유용성(소망성)과 실행가능성을 검토하는 것을 의미하며, '평가성 사정'이라고도 한다.

1) 평가의 유용성(소망성) 검토
평가의 1차적인 목적은 평가이용자에게 유용한 정보를 제공하는 것이기 때문에 ① 먼저 평가결과의 이용자가 누구인지를 확인하고, ② 이들이 평가에서 원하는 정보가 무엇인지를 확인하여야 한다.

2) 평가의 실행가능성 검토
어떤 사업 또는 사업의 어떤 부분이 평가가능한지를 검토하여 평가의 대상을 확정하여야 한다.

(2) 평가성 검토의 필요성(효용)

① 막대한 노력·비용과 시간이 소모되는 본격적인 평가 이전에 예비적인 평가를 함으로써 평가가 불가능한 사업의 부분들을 평가대상에서 제외하여 효율적인 평가를 하게 한다.
② 평가성 검토에서 밝혀진 내용이 앞으로 본격적인 평가의 지침 역할을 한다.
③ 정책관련자로 하여금 현재 추진하는 사업의 평가가능성을 향상시키기

위한 노력을 자극·유도하며, 현재 추진하는 사업의 목표·활동 등에 대한 수정·보완을 유도한다.

(3) 평가성 검토의 내용과 절차

평가성 검토의 절차는 일반적으로 ① 평가대상이 되는 사업의 범위를 확정하고 사업모형을 파악한 후, ② 평가 가능한 모형을 작성하여, ③ 평가성 검토 결과와 활용방안을 제시하는 단계로 이루어진다.

1) 사업의 정의와 사업모형의 파악

(가) 평가대상 사업의 정의

먼저 평가대상이 되는 사업을 정의하여야 하는데, 이것은 사업의 범위를 규정하는 것과 같다. 즉 목표－수단의 계층제 또는 사업구조의 어느 수준까지 평가의 대상으로 할 것인가를 규정하여야 한다.

(나) 사업모형의 파악

평가대상이 되는 사업의 범위가 결정되면 사업의 구체적인 내용을 정확히 파악해야 한다. 사업의 내용은 투입이나 활동에서부터 시작하여 많은 중간목표와 사업목표로 구성되는데, 사업모형은 이와 같이 투입에서부터 활동, 중간목표, 사업목표에 이르는 사업의 구성요소들과 이들 간의 인과관계를 묘사하는 것을 의미한다. 이 사업모형은 정책평가에서의 중요한 평가대상을 모두 포함하고 있기 때문에 결국 정책평가에 있어서의 사업모형의 확인은 평가대상을 구체적으로 확인하는 것과 같다.

사업모형에 대해서는 정책관련자들이 서로 다른 내용을 생각할 수 있는데, 이에 따라 다음과 같은 세 가지 유형의 사업모형으로 나누어 볼 수 있다.

① 문서상 모형(document model) : 공식적인 문서에 나타난 사업모형으로서, 이를 통해 정책결정자의 의도를 파악하여야 한다. 따라서 정책결정자의 의도를 파악하기 위해서는 문서검토와 필요한 경우에 면접이 있

어야 한다.

② 관리자 모형(manager's model) : 공식적인 사업모형에 따라 집행관리자가 추진하려는 사업의 요소와 인과관계를 파악하는 것이다. 관리자 모형은 집행관리자와 그 막료들과의 면접을 통해 파악·작성하여야 한다.

③ 집행현장 모형(field model) : 실제로 집행현장에서 일하는 집행담당자들이 추진하여 실행하고 있는 사업의 내용을 밝히는 사업모형이다. 이를 파악하려면 현장을 방문하여 투입이나 집행활동을 관찰하고 집행일선 담당자들과 면접을 해야 한다.

2) 평가 가능한 모형(evaluable model)의 작성

이상의 서로 다른 세 가지 모형을 종합하여 하나의 모형으로 만들어 평가대상이 될 수 있도록 하여야 한다. 평가대상이 될 수 있는 사업모형을 평가 가능한 모형이라고 부른다. 평가 가능한 모형이란 ① 실현가능한 모형의 작성과 ② 이 모형 속에 포함된 변수들이 측정가능하다는 것을 의미한다.

(가) 실현가능한 모형의 작성

① 사업모형에 나타난 활동들이 실현될 수 있고, ② 활동들과 중간목표 사이 또는 중간목표와 사업목표 사이에 인과관계가 존재하는 모형을 작성하여야 한다.

(나) 측정가능성 검토

사업모형 속에 포함된 변수(활동·중간목표·사업목표)들이 측정가능하려면 변수의 계량화가 필요하다.

변수들 중에서 활동의 계량적 측정은 문제가 되지 않으나, 중간목표나 사업목표가 측정가능하려면 목표의 조작적 정의가 필요하게 된다. 그러나 중요한 목표일수록 계량화가 어려우므로 이 경우에는 질적 방법을 최대한 동원해야 할 것이다.

3) 평가성 검토 결과와 활용방안 제시

평가 가능한 모형이 작성되면 이것은 본격적 평가의 기본대상이 되기 때문에 이것을 확정하기 전에 그 내용을 사업관련자에게 제시하고 이들의 의견을 받아들여 수정·보완해야 할 필요가 있다. 이는 이들이 필요로 하는 정보를 평가에서 산출해 내기 위한 것이다.

(4) 평가성 검토의 문제점

1) 모형의 신뢰성의 문제

정책담당자들이 자신들의 생각을 솔직히 밝혀야 모형작성이 가능하나, 권위주의적·폐쇄적 행정풍토에서 정책담당자들이 자신들의 생각을 평가자에게 솔직히 밝히지 않기 때문에 모형의 신뢰성에 문제가 있다.

2) 정책환경의 불완전성

정책담당자가 그 정책을 계속 추진하고 정책이 일관성이 있어야 하나, 현실적으로 ① 정책담당자의 수시적인 교체와 ② 정책의 비일관성으로 인해 모형작성에 제약이 있다.

3) 자료 및 정보 수집상의 문제

평가자가 충분한 시간을 가지고 정책담당자를 자주 방문하여 자료나 정보를 수집하여야 하나, 정책담당자의 바쁜 일정으로 인해 면접시간에 제약이 있고 평가자가 사업현장을 충분히 방문하지 않는다는 점이다.

4) 모형작성상의 문제

평가결과를 이용자가 이해하기 쉽게 모형을 작성하여야 하나, 평가자가 모형을 매우 복잡하고 기술적으로 작성하여 평가이용자(정책결정자와 관리자등)가 이해하기 곤란하게 하는 경향이 있다.

5) 적극적인 정책수행 의욕 결여

정책담당자가 정책(사업)을 적극적으로 수행하여야 하나, 무사안일주의(無事安逸主義)로 인해 정책(사업)의 개선 노력을 하지 않는다는 점이다.

3. 평가설계

(1) 의 의

평가설계는 정책평가의 초기과정에서 가장 중요한 활동의 하나로서, 평가설계가 잘못되면 그 이후에 이루어지는 평가활동도 비효율적으로 될 뿐만 아니라 평가결과의 타당성과 신뢰성이 떨어질 가능성도 매우 높다.

평가설계(evaluation design)란 '본격적인 평가활동을 효율적으로 수행하기 위한 체계적인 평가계획을 수립하는 활동'을 의미하는데, 구체적으로 평가방법과 자료수집계획 및 분석계획을 수립하는 활동을 말한다. 따라서 평가설계의 기본적인 요소들에는 ① 획득되어야 할 정보의 종류와 source, ② 표본추출방법, ③ 자료수집의 방법 및 시기와 횟수(자료수집계획), ④ 분석계획 등이 포함된다.

(2) 평가설계의 절차

평가설계는 ① 평가연구에서 다루어야 할 올바른 질문의 선택, ② 평가의 제약요인 고려, ③ 평가설계 안에 대한 검토 등의 절차에 따라 이루어진다.

1) 올바른 질문의 선택

유용한 평가를 위해서는 먼저 평가연구에 있어서 올바른 질문들이 선택되어야 하는데, 이러한 질문들은 ① 평가이슈를 명확히 하고, ② 답변 가능하여야 하며, ③ 평가에서 요구되는 정보를 포함하여야 한다.

2) 평가의 제약요인 고려

다음으로는 평가를 수행하는데 있어서의 ① 인적·물적 자원의 제약, ② 방법론적 제약, ③ 전문가의 평가능력 등 평가의 제약요인을 검토하여야 한다.

3) 평가설계안에 대한 검토

평가자는 일단 평가설계 안이 작성되면 이것을 실행에 옮기기 전에 평가설계 안에 대한 최종적인 검토를 하여야 한다. 여기서는 평가계획에서 제외된 중요한 요소는 없는지, 평가계획의 장점과 한계는 무엇인지, 평가이용자들의 요구에 적합한 연구인지의 여부 등에 대해 다시 한번 검토해 보고 미진하다고 판단되는 부분들은 수정·보완하여야 한다.

(3) 평가전략과 평가설계의 유형

평가의 전략과 평가유형은 여러 가지로 유형화해 볼 수 있는데, 여기서 평가전략이란 '평가를 위하여 제기된 질문들에 대한 대답을 찾는데 적용되는 일반적인 접근방법'을 지칭한다. 평가전략은 아래 표에서 보는 바와 같이 표본조사, 사례연구, 현장실험, 기존자료 조사 등으로 분류할 수 있고, 하나의 평가전략은 여러 가지 유형의 평가설계를 포함한다.

평가전략	평 가 설 계	자료수집과 분석방법
표본조사	○ 횡단면 연구 ○ 패널 연구 ○ 기준에 의한 연구	양 적 방 법
사례연구	○ 단일사례 연구 ○ 다종사례 연구 ○ 기준에 의한 사례연구	질적 〉양적 방법
현지실험	○ 진실험 ○ 준실험	양적 · 질적 방법
기존자료조사	○ 2차적 자료분석 ○ 평가종합	양적 〉질적 방법

1) 표본조사

이것은 모집단을 구성하는 단위들 가운데 실제로 조사대상으로 추출된 표본에 대하여 조사하는 방법인데, 평가에서 제기되는 질문이 주로 기술적 (記述的)이거나 규범적인 경우에 적용되는 연구방법이다. 표본조사방법에 는 ① 일정한 시점에서 여러 하위집단들(소득계층별·연령계층별·지식계 층별·지역별 등)을 동시에 조사하여 비교·연구하는 횡단면(cross- sectional) 연구와 ② 한번 추출된 표본집단을 여러 시점에서 반복적으로 조 사하여 어떤 성향의 변화를 파악하고자 하는 패널(pannel)연구, ③ 일정한 규범적인 기준을 가지고 표본조사와 평가를 시행하는 기준에 의한 연구 등 이 있다. 표본조사는 주로 계량적인 방법에 의하여 자료가 수집·분석된다.

2) 사례연구

어떤 현상이 매우 복잡하여 단순한 표본조사로는 그것을 파악하는 것이 어려운 경우에 적용되는 방법으로서, 어떤 사건의 전개과정·변화양태 등 을 깊이 이해하고 설명하고자 할 때 적용되는 연구방법이다. 사례연구에는

① 하나의 사례만을 가지고 변화를 연구하는 단일사례연구와 ② 몇가지의 사례를 가지고 변화를 연구하는 다종사례연구, 그리고 ③ 일정한 규범적 기준을 가지고 사례를 연구하는 기준에 의한 사례연구가 있다. 이와 같이 사례연구방법은 인과관계뿐만 아니라 규범적 연구에도 응용할 수 있으나, 그 사례에서 인과관계가 규명되었다고 하여 그 사실을 일반화하는 데는 많은 제약이 따르기 때문에 특히 주의를 요한다. 사례연구는 주로 계량적인 방법보다는 질적인 방법으로 자료가 수집·분석된다.

3) 현지실험

이것은 현실적인 사회상황 속에서 과학적인 실험조사설계의 원리를 도입하여 정책영향을 평가하기 위한 방법으로서, 정책수단과 정책효과간의 인과관계를 규명하고자 할 때 사용된다. 실험설계방법에는 ① 실험집단과 통제집단을 구성할 때 무작위 배정을 함으로써 두 집단간의 동질성을 확보한 상태에서 실험을 행하는 진실험설계와 ② 두 집단을 구성할 때 짝짓기 방법 등에 의하여 비동질적인 상태에서 실험을 행하는 준실험설계가 있는데, 양적·질적 方法으로 자료가 수집·분석된다.

4) 기존자료 조사

위에서 설명한 평가전략들은 새로운 자료를 수집하여 정책평가를 실시하는 방법들이지만, 시간·예산 등의 제약으로 인해 새로운 자료를 수집하는 것이 곤란할 때 이미 발표된 기존자료들을 수집하여 이들을 비교·분석하고 종합하여 평가하는 방법이 바로 기존자료의 조사에 의한 평가전략이다. 이와 같이 ① 신문·정부문서 등 기존자료들을 수집하여 분석하는 것을 2차적 자료분석이라고 하고, ② 기존 평가연구의 결과들을 수집·분석하여 대상사업에 대한 종합적이고 균형잡힌 판단에 도달하고자 실시하는 평가연구를 평가종합(2차적 평가·상위평가)이라고 한다. 기존자료의 조사에 의한 평가방법은 평가에서 제기되는 질문이 기술적이거나 규범적인 경우뿐만 아니라 인과관계를 규명하고자 할 때에도 적용되며, 질적인 방법보다는 계량적인 방법을 통하여 자료가 수집·분석되어진다.

4. 자료의 수집과 분석

평가설계에 따라 자료를 수집하고, 수집된 자료를 분석함으로써 본격적인 평가활동을 수행하는 단계이다. 이 단계에서는 각종의 통계적인 방법이나 모델링 방법 등을 이용하여 평가목적에 따른 정보를 산출하게 되며, 평가자의 창의적인 자료처리능력이 크게 요구된다.

자료의 수집·분석방법에는 양적 방법과 질적 방법이 있다. ① 양적 방법은 각종의 통계, 문서, 기록으로부터 자료를 수집하여 주로 통계적 방법으로 분석하는 것으로서 관심의 대상이 '얼마나 많이(how many)' 있는가에 있고, 실증적·계량적 방법을 이용하며 정책현상에 더욱 관심을 갖는다. 반면에 ② 질적 방법은 면접, 사례연구, 참여관찰, 투사법 등을 이용하여 자료를 수집·분석하는 것으로서 관심의 대상이 '어떤 것들이 존재(what things exist)' 하느냐에 있고, 현상학적 입장에서 이해하는 주관적·창의적·해석적 방법으로 틀에 얽매이지 않고, 정책의 본질에 더욱 관심을 갖는다.

평가의 유형에 따라 평가방법이 달라지는데 총괄평가는 주로 양적 방법을, 집행과정평가는 주로 질적 방법을, 협의의 과정평가는 양적·질적 방법을 사용한다. 그러나 종합적인 평가를 위해서는 양적·질적 방법을 적절히 혼합하여 사용하는 것이 바람직하다.

5. 의사교류 및 평가결과의 제시

평가활동이 이루어진 이후에는 평가자, 평가의뢰인 등 평가와 관련 있는 사람들 간의 원활한 의사소통(communication)이 필수적으로 요구된다. 특히 이러한 원활한 의사소통은 ① 평가와 관련된 당사자들의 협조를 확보하고, ② 평가결과의 활용도를 높이기 위해서 뿐만 아니라 ③ 평가자의 자의적인 해석이나 개인적 의견을 교정하여 객관적인 평가결과를 산출하기 위해서도 필요하다.

평가결과는 어떤 공식적인 보고서를 통하여 산출되게 되는데, 이 보고서에는 ① 평가를 통하여 발견된 사실들이 객관적이고 분명하게 그리고 우선순위에 따라 기술되어야 하며, ② 이해가 쉽도록 표현되어야 한다.

6. 평가결과의 활용

정책평가 연구를 수행하는 가장 중요한 이유는 평가결과가 환류되어 다음 정책결정 또는 집행을 할 때 유용한 정보를 제공하는 것이다. 따라서 정책평가 결과가 기존정책의 추진여부 및 정책내용의 수정·변경과 효율적인 집행전략 수립에 적극적으로 활용될 수 있도록 정책평가자가 창도자의 역할을 하여야 할 것이다.

제 4 장 정책평가의 타당성

I. 의 의

  정책이란 정책수단과 정책목표 간의 인과관계가 아직 증명되지 않은 가설적 성격을 띤다. 정책평가란 이러한 가설을 검증하려는 것이기 때문에 평가의 타당성이 전제되어야 한다. 만약 정책평가가 잘못되면 이에 근거한 정책결정과 집행전략의 수정 또한 큰 잘못을 범하게 된다. 따라서 타당성 있는 정책평가를 위해서는 과학적 방법에 의거한 정책평가가 이루어져야 하는 것이다.

  평가의 타당성(validity)이란 '정책의 효과를 얼마나 진실에 가깝게 추론해 내느냐 하는 정도'를 의미하는데, 정책효과를 올바르게 판단하면 정책평가는 타당성이 있게 된다. 정책평가의 타당성을 높이기 위해서는 평가연구설계(research design)가 중요하다.

II. 평가의 타당성의 종류

  정책평가에 있어서 타당성의 문제는 Cook과 Campbell의 분류에 따라 ① 내적 타당성, ② 외적 타당성, ③ 구성의 타당성, ④ 결론의 타당성 등으로 구분해 볼 수 있는데 특히 ①, ②가 중요하다.

1. 내적 타당성

내적 타당성(internal validity)이란 '원인변수(정책수단)와 결과변수(정책효과)간의 인과적 추론의 정확도'를 의미하는데, 어떤 특정한 상황에서 정책이 집행된 후에 결과변수상의 변화가 일어났을 때 이 변화가 정책 때문에 발생했는지 아니면 다른 경쟁적 요인에 의해서 발생하였는지를 명백히 하게 되면 정책평가는 내적 타당성이 있게 된다.

정책평가 특히 총괄평가의 초점은 정책이 집행된 후에 정책효과가 있었는지의 여부를 정확히 판단하는데 있으므로 내적 타당성은 정책평가가 갖추어야 할 제1의 생명이라고 할 수 있다.

(1) 인과적 추론의 조건

원인이 되는 현상 또는 사건과 결과 사이에 인과관계가 존재한다고 판단할 수 있는 인과적 추론의 조건은 J.S. Mill이 제시한 다음과 같은 세 가지의 원칙이다.

1) 시간적 선행성(temporal precedence) : 원인이 결과보다 시간적으로 앞서야 한다.
2) 상시연결성(constant conjunction) 또는 공변성 : 원인과 결과는 공동으로 변해야 한다.
3) 경쟁가설(rival hypothesis) 배제 또는 비허위적 관계(non‐spurious relation) : 결과는 원인에 의해서만 설명되어야 하며, 다른 변수(제3의 변수)에 의한 설명가능성은 배제되어야 한다. 인과적 추론을 어렵게 만드는 제3의 변수에는 허위변수와 혼란변수가 있다.
① 허위변수(spurious variable) : 원인변수와 결과변수 사이에 전혀 관계가 없는데도, 두 변수 모두에게 영향을 미쳐서 마치 이들 두 변수 사

이에 인과관계가 있는 것처럼 보이게 하는 숨어 있는 제3의 변수를 말한다. 허위변수가 존재하는 경우에는 원인변수가 결과변수에 실제로는 아무런 영향을 미치지 않았는데도 직접적인 영향을 미친 것으로 잘못 결론을 내릴 수 있다.

② 혼란변수(confounding variable) : 원인변수와 결과변수 간에 부분적으로 인과관계가 존재하는 상황에서, 두 변수 모두에게 부분적으로 영향을 미쳐 두 변수간의 인과관계의 관련성 정도를 파악하는데 혼란을 가져오게 하는 숨어 있는 제3의 변수를 말한다. 혼란변수가 존재하는 경우에는 원인변수의 결과변수에 대한 영향을 과대추정하거나 또는 과소 추정할 수 있다.

[허위변수와 혼란변수]

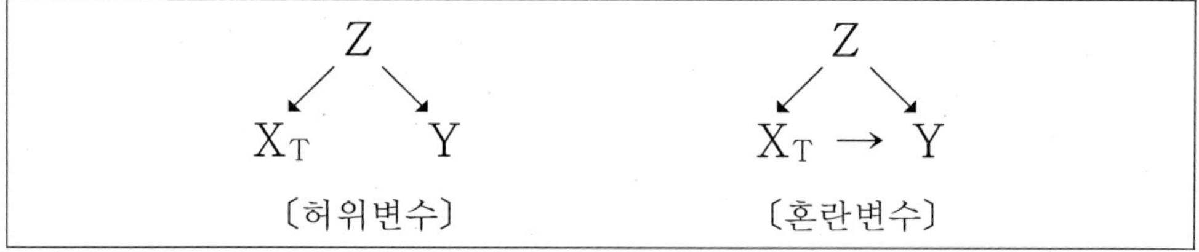

(2) 내적타당성의 저해요인

정책평가의 내적 타당성을 저해하는 요인(제3의 변수)으로는 다음과 같은 것들이 있는데 특히 선정요인, 성숙요인, 사건요인 등이 중요하다.

1) 단일 요인

① 선정(selection)요인 : 조사(정책)실시 전에 이미 차이가 있는 두 비교집단을 선정함으로써 조사(평가)결과의 타당성이 문제시되는 경우로서, 선정된 집단간의 차이가 결과변수에 영향을 미치는 경우를 말

한다.

② 성숙(maturation)요인 : 조사기간(정책실시기간) 동안의 시간의 경과로 인해 발생하는 대상집단의 자연적인 특성변화(생리적·심리적 변화등)가 결과변수에 영향을 미치는 경우이다.

③ 역사 또는 사건(history)요인 : 조사기간 동안에 조사대상이 되고 있는 개인이나 집단에 영향을 미칠 수 있는 외재적인 사건이 발생하는 경우를 말하는데, 사전(정책실시전)검사와 사후(정책실시후)검사간의 시간경과가 길면 길수록 이러한 역사적 사건이 개입할 확률이 높다.

④ 상실 또는 탈락(mortality)요인 : 조사기간 중에 두 대상집단의 구성원들이 불균등하게 빠져 나감으로써 두 집단간의 균형이 깨지는 경우를 말한다.

⑤ 회귀인공(regression artifact)요인 : 조사전의 단 1회의 측정에서 극단적인 점수를 얻는 것을 기초로 조사대상을 선발할 경우 다음의 측정에서는 그들의 평균점수가 덜 극단적인 방향으로 이동(회귀)하게 되는 경우를 말한다.

⑥ 시험 또는 검사(testing)요인 : 조사 전에 대상집단이 유사한 검사를 경험한 경우가 있을 때 사전검사(pre-test)가 조사대상에 영향을 미쳐 사후검사의 측정값에 영향을 미치는 경우를 말한다.

⑦ 측정수단(instrumentation)요인 : 조사전후의 측정기준이 달라지거나, 측정수단(measuring instrument)이 변화함에 따라 측정값이 왜곡되는 경우를 말한다.

2) 복합 요인

① 선정과 역사적 사건의 상호작용 : 선정된 두 대상집단이 비동질적인 경우에 어느 한 집단에서 특유의 사건이 발생함으로써 평가의 타당성이 떨어지는 경우이다.

② 선정과 성숙의 상호작용 : 두 집단구성원의 선정에 바이어스(bias)가

개입하고, 선정된 두 집단간의 특성차이로 인해 두 집단구성원간의 생리적·심리적 성숙의 정도가 달라지는 경우이다.

(3) 정책평가방법과 내적타당성

1) 제3의 변수의 통제방법

정책의 효과를 평가할 때 정책의 영향 이외에 정책대상집단에 작용하는 제3의 변수(허위변수·혼란변수)의 영향을 제거하는 것을 제3의 변수를 '통제'한다고 한다.

정책 이외의 다른 요소들의 영향을 통제함으로써 정책의 순효과를 추정하는 접근방법 가운데 대표적인 방법으로는 무작위 배정에 의한 통제(진실험설계), 축조(짝짓기)에 의한 통제(준실험설계), 재귀적 통제(비실험적 방법), 통계적 통제 등이 있다. 다만 이러한 방법들은 상호 배타적인 것은 아니므로 평가하고자 하는 정책상황에 따라 적절히 선택하여야 한다.

① 무작위 배정에 의한 통제(randomized control) : 이것은 실험집단과 통제집단을 동질적으로 구성하기 위하여 두 집단의 구성원들을 무작위로 배정함으로써 허위변수와 혼란변수의 영향을 완전히 제거하려는 방법이다.

② 축조에 의한 통제(constructed control) : 이것은 무작위 배정에 의하여 두 집단을 구성하기 어려운 경우에, 우선 연구대상들을 비슷한 대상끼리 짝을 짓고, 하나는 실험집단에 다른 하나는 통제집단에 배정하는 방법을 의미하는데, 짝짓기(matching)에 의한 배정방법이라고도 부른다.

③ 재귀적 통제(reflexive control) : 이것은 동일한 대상집단에 대하여 정책실시 전과 후의 변화를 비교함으로써 정책효과를 평가하려는 방법이다.

④ 통계적 통제(statistical control) : 이것은 정책대상집단과 다른 집단과

의 차이를 통계적 기법을 사용하여 정책효과를 추정해 내는 방법이다.

2) 실험적 방법
① 진실험설계 : 무작위 배정으로 두 집단을 구성함으로써 허위변수와 혼란변수의 영향을 통제하려는 방법인데, 두 집단간의 동질성을 확보한 상태에서 행하여지기 때문에 진실험에 의한 평가는 내적 타당성이 높다고 할 수 있다. 그러나 불균등한 상실효과와 오염효과(누출·모방)가 발생하면 내적 타당성이 약화된다.
② 준실험설계 : 짝짓기 방법에 의해 허위변수와 혼란변수를 통제(축조에 의한 통제)하려는 평가방법이나, 두 집단간의 구성이 비동질적인 상태에서 평가가 이루어지기 때문에 선정효과와 성숙효과가 발생하여 평가결과의 내적 타당성이 떨어진다.

3) 비실험적 방법
이 방법은 실험설계 없이 재귀적 통제에 의해 정책대상집단에 대하여 정책을 실시하기 전과 후의 상태를 통계적 분석을 통해 비교함으로써 허위변수와 혼란변수를 제거하려는 방법이나, 허위변수와 혼란변수를 모르는 경우나 정확히 측정할 수 없는 경우에는 통계적 분석에는 한계가 있다.

2. 외적 타당성

'어떤 특정한 상황에서 내적 타당성을 확보한 정책평가가 다른 상황에서도 적용될 가능성'을 정책평가의 외적 타당성(external validity) 또는 경험적 타당성이라고 한다. 즉 외적 타당성이란 특정상황 내에서 타당한 평가가 그 상황 외에서도 얼마만큼 타당한가 하는 평가의 타당성의 '일반화' 정도를 의미한다고 할 수 있다.

외적 타당성은 어떠한 평가방법을 쓰더라도 문제가 되지만 사회실험에서는 특별한 주의를 요한다. 특히 진실험설계와 같이 평가를 위해서 약간 인위적으로 조성한 상황 하에서 얻은 결론이 자연스러운 사회상태에서 정책을 집행할 때에도 타당할 것인지가 문제되는 경우가 많다. 이러한 정책평가의 외적 타당성과 그리고 실행가능성의 문제 때문에 현실적으로 진실험보다 준실험이 많이 활용되고 있다.

3. 구성의 타당성

구성의 타당성(construct validity)이란 '처리, 결과, 모집단 및 상황들에 대한 이론적 구성요소들이 성공적으로 조작화된 정도'를 의미한다.

4. 결론의 타당성

결론의 타당성(conclusion validity)이란 '정책결과가 존재하고 이것이 제대로 조작화 되었다고 할 때 정책효과를 찾아내기에 충분할 정도로 정밀하고 강력하게 연구설계가 이루어졌느냐의 정도'를 의미하는데, 통계적 결론의 타당성이라고도 부른다. 정책평가에 있어서 결론의 오류의 유형으로는 제1종 오류와 제2종 오류가 있는데, ① 제1종 오류란 실제로는 정책효과가 존재하지 않는데, 이것이 존재한다고 잘못 결론을 내리는 경우를 말하며, ② 제2종 오류란 실제로는 정책효과가 존재하는데, 이것이 존재하지 않는다고 잘못 결론을 내리는 경우를 말한다.

제 5 장 정책평가의 방법

I. 의 의

정책평가란 정책수단과 정책목표 간의 인과관계를 하나의 가설로서 설정하고 이것을 검증하려는 과학적 조사의 일부이며, 평가결과를 정책결정 및 집행과정에 환류 시켜 정책과정의 개선을 그 목적으로 하기 때문에 평가의 타당성이 전제되어야 한다. 따라서 타당성 있는 정책평가를 위해서는 과학적 방법에 의한 정책평가가 이루어져야 한다.

정책평가의 방법은 과학적 조사방법과 완전히 동일한데, 조사설계 (research design)에 의한 자료수집과 통계적 분석을 이용한다. 이때 통계적 분석은 조사설계의 종류에 관계없이 어떤 것이나 적용할 수 있기 때문에 정책평가의 방법은 조사설계의 종류에 따라 구분하는 것이 일반적이다. 정책평가의 방법은 크게 ① 전실험적·비실험적 조사설계를 이용하는 비실험적 방법과 ② 실험적 조사설계를 이용하는 실험적 방법으로 구분할 수 있다. 아래에서는 비실험적 평가방법에 대하여 간략히 살펴보고, 정책평가에서 가장 중요한 실험적 평가방법에 대하여 중점적으로 고찰하기로 한다.

II. 비실험적 방법

1. 의 의

비실험적 방법이란 비실험적·전실험적 설계(pre-experimental design)에 의해 자료를 수집하고, 이들을 다중회귀분석, 인과관계분석, 시계열분석 등의 통계적 방법으로 분석하는 방법을 말한다. 비실험적 방법은 전실험설계가 정밀할 경우 간단한 통계적 분석방법으로도 가능하나, 그 설계가 조잡할 경우에는 고도의 통계적 분석으로도 이 약점을 완전히 보완할 수 없다는 한계가 있다.

2. 비실험적 방법의 종류

실험적 방법은 사전에 실험집단과 비교집단(통제집단)을 구성한 상태에서 평가연구가 진행되나, 비실험적 방법은 실험적 방법(진실험·준실험)과는 달리 엄밀한 의미의 비교집단(통제집단)이 없다는데 그 특색이 있다. 전형적인 비실험적 방법에는 비교집단(통제집단)이 없으나, 편의상 일종의 비교집단을 사후적으로 설정하는 경우도 있는데 이러한 비교집단을 의사(擬似) 또는 가(假; pseudo)비교집단이라고 부른다.

대표적인 비실험적 방법으로 ① 정책실시전후비교방법과 ② 의사비교집단 설정에 의한 비교방법이 있는데, 이 두 가지 방법을 준실험설계에 포함시키는 견해도 많다. 다만 전형적인 실험적 설계란 '사전적'으로 '실험집단과 비교집단(통제집단)'을 구성한다는 점에서, 여기서는 이 두 가지 방법을 비실험적 방법으로 설명하기로 한다.

(1) 정책실시전후비교설계

이 방법은 '하나'의 정책대상집단에 대하여 정책을 실시하기 전과 후의 상태를 비교하여 정책효과를 판단하는 방법인데, 허위변수와 혼란변수의 재귀적 통제(reflexive control)에 의해 정책효과를 평가하는 방법이다. 이것은 진실험설계에서 비교집단(통제집단)이 없이 실험집단을 전후로 비교하는 방법과 그 논리는 같다.

(2) 의사비교집단 설정에 의한 비교방법

이 방법은 정책을 실시한 후에 정책대상집단의 정책효과를 판단하기 위해서 '사후적'으로 정책의 대상이 아닌 다른 집단을 선정하여 비교하는 경우에 이용되는 방법이다. 이 경우의 비교집단은 정책을 실시한 후에 정책대상집단과 비교하기 위해 사후적으로 선정된 집단이라는 점에서, 정책을 실시하기 전에 사전적으로 구성된 진실험이나 준실험의 비교집단과는 구별된다.

3. 비실험적 방법의 약점

(1) 정책실시전후비교설계의 약점

하나의 정책대상집단에 대하여 정책실시 전과 후를 비교하는 방법은 정책실시전후의 비교과정에서 성숙효과와 역사효과 등이 개입함으로써 정책효과와 경쟁관계를 형성할 수 있다는 점이다. 이 경우에는 정책결과가 과연 어떤 효과에 의해서 나왔는지를 명확히 판단할 수 없는 문제가 있다.

(2) 의사비교집단 설정에 의한 비교방법의 약점

정책을 실시한 후에 사후적으로 비교집단을 설정하여 정책대상집단과 비교하는 방법은 사후적으로 구성된 비교집단이 정책대상집단과 동질적이지 않기 때문에 비교집단의 선정과정에서 일종의 바이어스가 개입케 되고, 이러한 선정효과를 정책효과로 착각하기 쉽다는 점이다. 특히 자원봉사자와 같이 대상자가 정책대상집단에 자발적으로 참여한 경우를 자기선정(self-selection)이라고 부르는데, 이 경우에는 거의 언제나 선정효과가 나타나는 것으로 알려져 있다.

(3) 비실험적 통계분석상의 약점

실험설계 없이 통계적 분석에 의하여 허위변수와 혼란변수를 제거하려는 방법을 비실험적 통계적 방법이라고 하는데, 그러나 허위변수와 혼란변수를 모르거나 정확히 측정할 수 없는 경우가 대부분이기 때문에 이 방법으로는 정책효과를 정확히 측정할 수 없다는 한계가 있다. 이와 같은 이유 때문에 다음에서 보게 되는 사회실험설계의 방법으로 허위변수, 혼란변수의 영향인 선정효과와 성숙효과 등을 제거시키려고 노력하는 것이다.

Ⅲ. 실험적 방법

1. 사회실험의 의미

(1) 사회실험의 등장

정책평가를 위한 비실험적 방법의 한계 때문에 최근 Campbell 등에 의해 강력히 권장되고 있는 사회실험의 방법은 실험실이 아닌 사회라는 상황 속에서 행하여지는 실험이지만, 기본적인 개념이나 논리는 실험실에서의 실험과 동일하다. 이러한 사회실험은 총괄평가 뿐만 아니라 과정평가를 위해서도 이용되나, 여기서는 총괄평가를 위한 측면만을 보기로 한다.

(2) 실험의 기본논리

실험을 위해서 ① 실험대상을 두 집단, 즉 실험집단(experimental group)과 통제집단(control group) 또는 비교집단으로 나누어, ② 실험집단(정책대상집단)에게는 일정한 처리(정책집행)를 가하고, 통제집단에게는 처리를 가하지 않게 하여, ③ 일정한 시간이 지난 후에 양 집단에 나타나는 결과변수상의 차이를 처리의 효과(정책효과)로 판단하는 것이 실험의 기본 논리이다.

(3) 사회실험의 종류

실험대상을 실험집단과 통제집단으로 나눌 때, 두 집단을 동질적으로 하느냐 그렇지 않느냐에 따라 진실험과 준실험으로 구분한다.

1) 진실험 : 무작위(random) 배정에 의하여 실험집단과 통제집단의 동질성을 확보하고 행하는 실험을 말한다.
2) 준실험 : 짝짓기(matching) 등의 방법에 의해 두 집단의 동질성을 확보하지 않고 행하는 실험을 말한다.

2. 진실험 (True Experiment)

(1) 기본논리

1) 고전적 진실험설계
① 고전적(전형적)인 진실험설계는 무작위 배정에 의해 실험집단과 통제집단을 구성하고, 실험집단에게는 조작 또는 처리(treatment)를 가하고, 통제집단에게는 처리를 가하지 않게 하여, 일정한 시간이 지난 후

에 양 집단이 나타내는 결과변수(outcome variables)상의 차이를 처리의 효과(treatment effect)라고 추정하는 방법이다.

	실험전 측정	처 리	실험후 측정	결과변수상의 차이
실험집단(R)	O1	T	O2	O2-O1＝de
통제집단(R)	O3		O4	O4-O3＝dc

R ： random（무작위배정）　　　O ： outcome variables（결과변수）

T ： treatment（처리）　　　d ： difference（차이）

e ： experimental group（실험집단）　　　c ： control group（통제집단）

de－dc＝처리효과

② 진실험의 본질은 실험대상을 무작위로 두 집단간에 배정함으로써 실험집단과 통제집단의 동질성을 확보하는데 있는데, 여기서 두 집단이 '동질적'이라는 의미는 실험집단과 통제집단이 동일한 구성·경험·성향을 갖고 있으며, 두 집단전체의 구성원들이 평균적 의미에서 같다는 것을 말한다.

③ 따라서 두 집단간의 동질성을 확보하고서 행하는 고전적 진실험설계에서는 비동질적인 준실험설계에서 발생하는 선정과 성숙의 상호작용이나 집단특유의 사건(history) 등이 문제되지 않기 때문에 다른 유형의 평가방법보다도 내적 타당성이 높다. 그러나 고전적 진실험설계는 두 집단의 결과변수값의 차이를 알아보기 위해 사전·사후측정을 하기 때문에 사후측정값이 사전측정(pre－test)에 의해 영향을 받게 되는 시험 또는 검사(testing)효과를 제거할 수 없다는 한계가 있다.

2) Solomon의 4 집단설계

이 설계는 고전적 진실험설계에서 나타날 수 있는 사전측정(pre－test)에

의한 영향 즉 시험효과(testing effect)를 통제하기 위해 Solomon에 의해
제안된 가장 강력한 설계유형이다. 여기서는 두 개의 실험집단과 두 개의
통제집단으로 4개 집단을 구성한 후, 하나의 실험집단과 통제집단에 대해
서는 사전측정을 하고, 또 다른 실험집단과 통제집단에 대해서는 사전측정
을 하지 않은 채 실험을 하여 각 집단들 간의 결과변수값의 차이를 비교하
기 때문에 시험효과까지도 통제할 수 있다.

　따라서 이 설계는 고전적 진실험설계와 마찬가지로 선정·성숙·력사효
과 등을 통제할 수 있을 뿐만 아니라 고전적 진실험설계의 약점인 시험효
과까지 통제할 수 있어 사회과학의 가장 이상적인 설계유형으로서 각광을
받고 있다. 그러나 현실적으로 이 설계는 ① 두 가지의 다른 실험을 동시
적으로 수행해야 한다는 점과 ② 동일한 종류의 더 많은 연구대상들을 확
보해야 한다는 점 및 ③ 실험을 위한 비용문제가 적지 않다는 점 등의 단
점이 있다.

(2) 진실험의 타당성과 실행가능성의 문제

1) 내적 타당성의 문제
　(가) 약　점 : 무작위배정으로 두 집단간의 동질성을 확보함으로써 다른
유형의 평가방법보다 평가의 내적타당성이 높다. 그러나 다음과 같은 경우
에는 내적 타당성이 약해진다.
　① 불균등한 상실 : 두 집단이 실험의 전 기간동안에 동질적이어야 하는
　　데, 어떤 이유로 실험도중에 대상집단의 구성원 일부가 불균등하게 빠
　　져 나감으로써 두 집단간의 균형이 깨질 경우에는 동질성이 유지되지
　　못하게 된다. 예컨대, 실험집단에 유리한 처리(정책)를 시행하는 경우
　　이러한 혜택을 받지 못하는 통제집단 구성원들이 불만을 품고 통제집
　　단을 이탈하는 경우나, 반대로 실험집단에 불리한 처리를 시행하는 경
　　우 이에 불만을 품고 실험집단 구성원들이 이탈하는 경우이다.

② 오　염 : 오염현상(contamination) 또는 확산효과(diffusion effect)란
　　정책효과를 추론할 때 가정하는 순수한 상태와 다르거나 혹은 순수하
　　지 못한 상태를 말하는데, 오염현상이 발생하면 실험집단과 통제집단
　　의 차이는 정확한 정책효과를 나타내지 못하게 된다. 오염이 발생하
　　는 근본적인 원인은 대상집단들이 상호접촉하기 때문인데, 오염의 대
　　표적인 현상으로는 누출과 모방을 들 수 있다. 오염에 의한 타당성의
　　문제는 진실험 뿐만 아니라 준실험을 포함한 모든 실험적 연구에 해
　　당될 수 있다.
　　ⅰ) 누　출(leakage) : 정책수단의 내용이 잘못되어 통제집단에게도
　　　　누출되는 경우이다.
　　ⅱ) 모　방(imitation) : 정책효과로 실험집단의 구성원들의 행태변화
　　　　가 있을 때 통제집단의 구성원들이 이것을 모방하는 경우이다.
　(나) 보완책 : 위에서 본 오염현상은 근본적으로 두 집단 구성원들의 상
호접촉으로 인하여 발생하기 때문에 이 문제점들의 근본적인 해결방법은
두 대상집단들이 상호접촉을 못하도록 두 집단을 구성해야 하는데, 이를
위한 최선의 방법은 준실험을 이용하는 것이다. 그러나 준실험은 선정·성
숙·역사효과 등에 의해 내적 타당성이 진실험보다 떨어진다는 약점이 있
어 딜레머에 빠지게 된다.

2) 외적 타당성의 문제
　(가) 약　점 : 어떤 평가실험이 자연스러운 사회생활과정에서 시행되지 않
고 실험실과 같이 대상자들을 격리시켜 시행할 경우 실험대상자들은 이런 실
험적 상황에 민감하게 반응하여 자연스러운 사회생활과정에서 보일 수 있는
것과는 다른 행태를 나타낼 수도 있는데, 이러한 평가결과를 일상적인 상황에
도 일반화시키기는 곤란하다. Hawthorne효과가 그 좋은 예가 되는데, 이것은
실험대상자들이 실험의 대상으로서 그들이 관찰되고 있다는 사실을 알게 되어
평소와 다른 행동을 함으로써 발생하는 효과를 의미한다. 호손효과의 문제는

진실험 뿐만 아니라 모든 실험적 방법에 해당된다.

 (나) 보완책 : Hawthorne효과를 막기 위한 대책으로는 사회실험을 가능한 조용히 추진하여 실험대상자들이 실험이 진행되고 있다는 것과 자기들이 주목의 대상이 되고 있다는 것을 모르도록 하는 수밖에 없다.

 3) 실행가능성의 문제

 (가) 약 점 : 진실험이 지니는 최대의 약점은 실행가능성이 제약을 받는다는 점이다.

① 두 집단을 무작위로 나누어 하나의 집단에만 정책을 집행하는 것이 윤리적(예 : 암치료제의 효과실험)·정치적(예 : 배분정책의 경우에는 통제집단이 반발하고, 규제정책의 경우에는 실험집단이 반발)으로 실행하기가 어려운 경우가 많다.

② 또한 두 집단의 구성원들을 무작위로 구성하여 연구를 실시하는 진실험설계는 실험연구에 막대한 비용과 많은 시간이 소요되기 때문에 현실적으로 진실험설계에 의해서 연구를 수행하는 것이 곤란한 경우가 많다. 대부분의 정책이나 사업은 사회문제해결을 위하여 곧바로 입안·추진 및 수정·보완되어야 하는데, 평가결과가 장기간이 지난 후 제시된다면 이것은 정책의 수정·보완에 거의 도움을 주지 못하기 때문이다.

 (나) 보완책 : 이와 같은 진실험의 실행상의 어려움을 극복하는 방법으로는 두 가지를 들 수 있다.

① 심각한 도의적 문제를 일으키지 않는 경우에는 정치적 반대자들에게 호소하고 설득하여 실험의 중요함을 인식시켜서 이들의 협조를 얻는 방법이다.

② 실험대상자로 하여금 자기가 원하는 대로 실험집단이나 통제집단 중 어느 것이든지 자발적으로 선택하도록 하는 방법인데 이것은 결국 준실험이 되어 버린다. 준실험의 경우는 실험집단과 통제집단을 동질적

으로 구성할 필요가 없으므로 실행가능성은 크게 문제되지 않는다.

(3) 진실험의 주요쟁점 (유의사항)

1) 인과관계 추론의 가능성

진실험설계로 정책의 순효과를 추정할 수 있기 위해서는 인과관계의 추론을 가능케 하는 몇 가지 조건들을 충족시켜야 하는데, 이들 가운데 중요한 것으로 ① 시간의 순서를 설계하여야 하며, ② 정책효과가 나타날 수 있도록 처리(T)수준을 충분히 하여야 한다는 점이다.

2) 처리수준의 선택과 다요인 설계

① 처리수준의 선택 : 처리(T)의 적정수준을 알기 위해서는 처리수준을 다양하게 선택할 필요가 있다.

② 다요인 설계 : 둘 이상의 실험적 요인들의 조합들 중에서 '최적의 조합'을 찾아내고자 하는 경우에 이용되는 정책실험설계를 말한다. 예컨대, 부(負)의 소득세(negative-income tax)가 가난한 피고용자들의 근로의욕에 미치는 영향을 실험하는 경우, 이 문제의 핵심적 과제는 지급되는 보조금의 적정수준과 추가적 소득에 대한 보조금의 삭감율의 최적의 조합을 선택하는 것이다.

3) 관찰될 실험의 단위

관찰될 실험의 대상단위의 수준(개인적 수준 또는 집합적 수준)을 어느 정도로 하느냐는 평가연구의 목적에 따라 결정하여야 하며, 이러한 실험단위에 따라 측정단위, 해석단위 등이 가능한 한 일치되도록 하여야 한다.

3. 준실험(Quasi Experiment)

(1) 의 의

준실험설계에 의한 정책효과의 평가는 무작위 배정에 의해 실험집단과 통제집단을 구성하기가 실질적으로 어렵거나 불가능한 경우에, 짝짓기(matching)에 의한 방법으로 실험집단과 통제집단을 구성하여 정책효과를 평가하는 방법이다. 이와 같이 짝짓기에 의해 두 집단을 구성함으로써 허위변수와 혼란변수를 제거하려는 것을 축조된 통제라고 부른다.

따라서 준실험설계는 ① 비교집단이 실험집단과 '비동질적'이라는 점에서 진실험설계와 다르고, ② 비교집단을 '사전'에 확보하여 처리를 대상집단에게 실시한다는 점에서 사후에 비교할만한 비교집단을 찾아내는 전실험설계와 구별된다.

(2) 대표적 준실험설계의 논리

준실험 설계의 기본논리는 진실험설계와 같으나, 짝짓기의 방법에 의해 실험집단과 통제집단간의 동질성을 확보하지 않고 행하는 실험이라는 점에서 차이가 있다. 실험집단과 비교하기 위하여 추가된 비교집단(통제집단)은 실험집단과 동질적이지 않기 때문에 비동질적 통제집단(non-equivalent control group)이라고 부른다.

(3) 준실험의 약점과 보완책

1) 약 점

준실험설계는 진실험설계에 비해 외적 타당성과 실행가능성은 높지만, 내적 타당성에는 약점이 있다. 이것은 크게 선정과 성숙의 상호작용과 실험중에 일어나는 사건으로 나누어 살펴보기로 한다.

① 선정과 성숙의 상호작용(selection-maturation interaction) : 준실험

에서는 실험집단과 비교집단의 성숙효과가 동일하다는 것을 전제로 정책효과를 추정하나, 두 집단에 선정된 사람들의 최초의 특성이 다를 뿐만 아니라 그들 두 집단간의 성숙의 비율이 다를 경우에는 이것이 정책효과를 왜곡시키는 원인이 될 수 있다. 즉 준실험에서는 실험집단과 비교집단을 비동질적으로 선정(selection)하여 두 집단의 성숙효과가 다르게 나타나는 데도 불구하고, 이것을 같은 것으로 전제하고 정책효과를 추정하기 때문에 내적 타당성에서 큰 약점을 갖게 되는 것이다. 특히 이러한 선정과 성숙이 문제되는 것은 실험집단을 자원자(volunteer)들로서 구성하는 자기선정(self-selection)에 의한 배정을 하는 경우이다.

② 실험 중에 일어나는 사건(intra-session history) : 비동질적 통제집단을 이용하는 준실험이 지니는 두 번째 약점은 실험도중에 실험집단이나 비교집단 어느 한쪽에만 집단특유의 사건이 발생했을 때, 이를 해결할 방법이 없다는 점이다. 즉 실험도중에 두 집단 중 어느 한쪽만이 커다란 사건에 부딪쳐 결과변수에 영향을 미치면, 준실험설계로서는 이러한 영향을 파악하지 못하기 때문에 이 영향이 정책효과로 추정되어 준실험의 내적 타당성을 저하시키는 것이다.

2) 보완책

① 위에서 본 준실험의 약점은 기본적으로 실험집단과 비교집단이 비동질적이라는 점에서 나타나기 때문에 이러한 약점을 보완하기 위해서는 가급적 두 집단을 '동질적'으로 구성하여야 한다. 즉 진실험에 가깝게 하여야 한다는 것이다.

② 준실험의 약점을 보완하는 또 다른 방법으로는 두 집단을 구성할 때 어떤 '명백한 기준'을 이용하는 방법이 있는데, 대표적인 것으로는 회귀불연속설계와 단절적 시계열분석이 있다. 이 두 가지 방법은 학자

에 따라서는 준실험설계의 일종으로 포함시키기도 하나, 여기에서는 비동질적 통제집단설계의 약점을 극복하기 위해서 고안된 보완적 설계로 취급하기로 한다. 최근에는 이러한 준실험설계의 보완방법에 대하여 많은 관심이 모아지고 있다.

4. 진실험과 준실험의 종합적 비교

위에서 살펴 본 정책평가의 타당성과 실행가능성 측면에서 진실험과 준실험을 종합적으로 비교해 보면 다음과 같다.

1) 내적 타당성 : 진실험이 우수하다.
2) 외적 타당성 : 준실험이 약간 우수하다.
3) 실행가능성 : 준실험이 우수하다.

즉 진실험은 내적 타당성에서 우수하고, 준실험은 외적 타당성, 실행가능성에서 우수하다. 그런데 진실험은 내적 타당성에서 준실험보다 월등히 우수하기 때문에 외적 타당성과 실행가능성이 크게 문제가 되지 않는 경우에는 가능한 한 진실험으로 정책평가를 추진하는 것이 바람직하다. 그러나 외적 타당성과 실행가능성의 약점이 치명적인 경우에는 준실험의 방법으로 이 약점을 극복하여야 할 것이다.

■ 회귀불연속설계와 단절적 시계열분석 ■

1. 회귀불연속설계

(1) 의 의

회귀불연속설계(regression discontinuity design)란 정책효과의 평가를 위한 실험집단과 비교집단의 설정에 있어서 '명백한 기준'을 사용하는 방법이다. 이 설계는 실험집단과 비교집단간의 구분이 계량적·통계적 기준 뿐만 아니라 비계량적이더라도 확실한 기준에 의해 구별이 가능한 경우에 유용하게 사용할 수 있는 정책평가설계이다.

(2) 진실험설계와 준실험설계와의 구분

회귀불연속설계는 '명백한 기준'을 사용하여 실험집단과 비교집단을 설정한다는 점에서, ① 무작위 배정에 의해 동질적 집단을 실험집단과 비교집단으로 선정하는 진실험설계의 경우나, ② 개략적인 조건들이 비슷하다는 이유로 짝짓기 방법에 의하여 실험집단과 비교집단을 선정하는 준실험설계(비동질적 통제집단설계)와는 구별된다.

(3) 설명사례

예를 들어 성적이 우수한 학생에게 장학금을 지급하고, 이 장학금지급이 수혜학생들의 성적을 더욱 향상시켰는지를 알아보기 위한 실험설계를 한다고 해보자. 이 경우는 장학금지급 전의 성적이라는 명백한 기준에 의해 성적이 일정수준 이상인 학생에 대해서는 장학금을 받는 실험집단에 포함시키고, 그 이하이면 장학금을 받지 않는 비교집단에 속하게 한다. 이와 같이 실험집단과 비교집단의 배정기준이 되는 점수를 구분점(cutting point)이라고 부른다. 아래 그림에서 X축(사전치)에는 학생들의 장학금지급 전의 성적을 나타내고, Y축(사후치)에는 장학금지급 후의 성적을 나타낸다. 이때 X축의 성적 80점을 기준으로 장학금을 지급한다고 가정할 때 80점 이상을 받은 학생은 장학금을 받는 실험집단에 포함되고, 그 미만의 학생은 비교집단에 포함된다. 장학금 지급 전과 후의 평균성적을 산출하여 그러한 점들을 연결한 선이 회귀곡선(regression line)이다. 만약에 장학금지급이 없었다면 구분점 이상에서도 회귀선은 점선으로 나타났을 텐데 장학금지급 후에 실선으로 나타났다면, 이 실선과 점선과의 차이를 장학금지급의 효과라고 볼 수 있다. 장학금지급 대신에 이것이 정책이나 사업일 경우에는 그 차이가 정책 또는 사업의 효과가 된다.

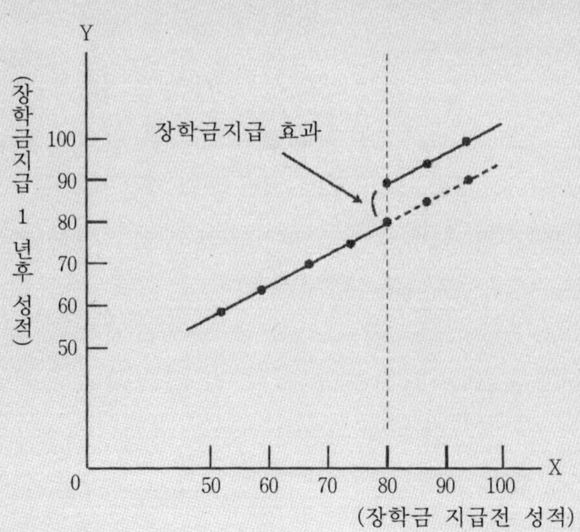

2. 단절적 시계열분석

(1) 의 의

단절적 시계열분석(interrupted time-series design)이란 여러 시점에서 관찰된 자료를 평가에 이용하는 방법(재귀적 통제에 의한 평가방법)으로서, 정책실시로 인해 야기된 정책결과변수의 시계열곡선상의 단절을 이용해 정책효과를 측정하는 설계이다. 즉 단절이 일어난 시점을 기준으로 그 전후의 시계열측정치들을 비교하여 그 차이를 정책효과로 판단하는 방법이다. 여기서 시계열자료에 의한 결과변수의 추세곡선이 정책실시 전후를 비교하여 볼 때 상당히 큰 폭으로 변화가 있을 때는 정책효과가 있는 것이 되며, 일반적인 추세로 지속되면 정책효과가 없는 것으로 판단된다.

(2) 유용성

단절적 시계열분석은 ① 정책을 전면적으로 실시하여 모든 대상집단이 실험집단이 되기 때문에 비교집단을 구성할 수 없을 때(예 : 우리나라 중소기업 전체를 대상으로 한 중소기업지원정책의 효과를 평가하려고 할 때), ② 정책실시 전후비교설계와 같이 단 1회의 측정에 의한 비교평가(이 경우에는 회귀인공이 작용할 가능성이 있음)로는 정책효과를 정확히 알 수 없는 경우에 유용하게 사용될 수 있다. 즉 단절적 시계열분석은 비교집단이 없는 경우의 정책효과평가에 있어서 정책실시 전후의 단 1회만의 측정으로 야기되는 문제점을 제거해 줄 수 있는 장점이 있다.

(3) 설명사례

  정부가 시행한 교통안전 캠페인이 자동차에 의한 사망자수에 미치는 영향에 대해 알고자 하는 경우를 생각해 보자. 인구 1만명당 자동차사고로 인한 사망자수에 대한 지난 20년간에 걸친 자료가 이용가능하고, 그 가운데 최소한 전기 10년간의 자료는 교통안전 캠페인이 시작되기 이전의 자료라고 가정한다. 아래 그림에서 볼 때 만약 교통안전 캠페인이 없었다면 추세선이 점선으로 나타났을 텐데 교통안전 캠페인을 실시한 이후에 실선으로 큰 변화가 있었다면 이러한 점선과 실선과의 차이를 교통안전 캠페인의 효과라고 판단할 수 있다. 이 경우 정책이 실시되기 시작한 시점에서 분명한 구분선이 존재하기 때문에 단절적 시계열이라고 부른다. 이러한 단절적 시계열에 의한 정책효과평가를 위한 설계는 고속도로에서의 자동차 속도규제의 효과평가와 폭력범들에 대한 중벌선고의 효과평가 등에 널리 활용된다.

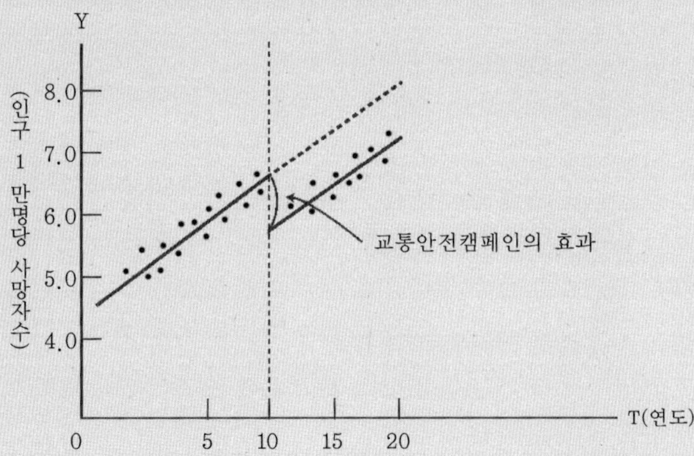

제 6 장   정책평가결과의 활용

Ⅰ. 정책평가의 활용실태와 유형

1. 활용실태

정책평가는 현재 진행되는 정책의 내용이나 집행전략을 수정·보완하거나, 정책의 종결 및 새로운 정책의 수립을 위해서도 이용된다. 그러나 종래 정책평가에 대한 노력은 어느 정도 있었으나, 그 결과의 활용이 극히 미진하였다고 할 수 있으므로 이에 대한 적극적인 활용방안이 강구되어야 할 필요가 있다.

2. 활용유형

(1) 도구적 활용(instrumental use)

정책평가의 결과가 구체적인 의사결정이나 문제해결에 직접적·단기적으로 활용되는 경우이다.

(2) 관념적 활용(conceptual use)

정책평가의 결과가 정책결정자의 사고방식이나 관념의 변화를 일으켜 간접적·장기적으로 정책에 활용되는 경우이다.

Ⅱ. 정책평가의 활용을 좌우하는 요인

정책평가결과의 활용을 좌우하는 요인으로는 ① 평가결과의 적실성과 신뢰성, ② 의사전달과 결과의 표현방식, ③ 이용자의 저항과 타성 등을 들 수 있다.

1. 적실성과 신뢰성

1) 적실성(relevance) : 평가결과가 이용자의 욕구(needs)를 충족시켜 주느냐의 정도와 적시(timeliness)에 제공되느냐에 따라 평가결과의 활용에 영향을 미친다.

2) 신뢰성(credibility) : 이용자가 평가결과를 신뢰할 수 있는가의 문제로서 이는 평가의 타당성(validity)과 이용자의 편견이나 타 정보에 의해 크게 좌우된다.

2. 의사전달과 결과의 표현방식

1) 의사전달의 왜곡 : 계층조직 내에서는 하의상달(下意上達)의 의사전달과정에서 정보의 왜곡(distortion)과 삭제(elimination)의 가능성이 높다.

2) 결과보고방식 : 평가자가 전문용어(jargon)나 복잡한 평가방법과 기

법을 사용한 경우에 이용자가 이를 이해하기가 곤란하다.

3. 이용자의 저항과 타성

정책평가는 현존정책의 잘잘못과 그 결과에 대한 책임을 묻기 때문에 평가결과가 이용자에게 위협이 될 경우 그 이용에 소극적이 된다.

4. 평가결과의 악용

이용자의 개인적 이익이나 정치적 목적에 평가결과를 이용할 경우 선전·홍보용으로 악용되기 쉽다.

Ⅲ. 최대의 평가결과 활용을 위한 전략

정책평가결과를 최대한 활용하기 위해서는 상술한 제약요인들을 최대한 완화하도록 해야 한다. 이를 위해서는 먼저 평가자의 노력이 필요하며, 다음으로 이용자의 저항을 극복하거나 의사전달상의 애로를 극복하기 위한 제도적 장치를 강구할 필요가 있다.

1. 평가자의 노력

(1) 평가의 적실성 제고

이용자의 욕구에 맞는 대상을 평가하여야 하며, 평가결과를 적시에 제공할 수 있어야 한다.

(2) 평가의 신뢰성 확보

올바른 평가방법과 정확한 자료로서 평가의 타당성을 제고하여야 한다.

(3) 평가결과 보고의 방법 개선

평가결과를 이용자가 쉽게 이해할 수 있는 방법을 사용하여 보고하여야 한다.

2. 제도적 장치의 강구

(1) 평가계획의 수립 시 고려사항

평가과정에 이용자를 참여시켜야 한다. 평가결과의 이용자가 평가의 준비단계부터 참여하게 되면 ① 이용자의 욕구를 쉽게 파악할 수 있고, ② 평가에 대한 이해를 높이며, ③ 원만한 의사전달을 도모하여 ④ 이용자의 저항도 크게 감소시킬 수 있다.

(2) 평가담당기관의 운영

이용자의 저항을 극복하고 의사전달상의 문제를 해결하기 위해서는 평가전담기관을 ① 전문지식과 능력을 갖춘 인사들로 구성하여야 하며, ② 이용자의 저항을 억누를 수 있도록 공식적 권한을 부여하고, ③ 독립적으로 운영하여야 한다.

제 7 장 우리나라의 정책평가체계와 심사평가제도

Ⅰ. 우리나라의 정책평가체계

1. 정책평가체계

우리나라의 정책평가체계는 ① 중앙정책평가기구, ② 각 부처내의 정책평가기구, ③ 지방정부(특별시, 광역시, 도)내의 정책평가기구 등으로 구성되어 있다. 현재 우리나라의 중앙정책평가기구로는 국무총리국무조정실과 감사원을 들 수 있고, 각 부처내의 정책평가기구로는 기획관리실을 들 수 있다.

2. 정책평가기능의 변천

우리나라 정부의 정책평가기능은 3단계를 거쳐 발전되어 왔다고 볼 수 있다.

① 먼저 제1단계(1961~1976)는 국무총리기획조정실에서 심사분석 위주로 정책평가를 수행한 정책평가기능의 태동기이며, ② 제2단계(1976~1994)에는 경제기획원의 심사분석위주의 평가와 국무총리행정조정실의 종합평가가 이원적으로 이루어진 정책평가기능의 정착기이며, ③ 제3단계(1994~현재)는 현재 국무총리국무조정실에서 통합적으로 정책평가기능(심사평가와 정책조정)을 수행하고 있는 정책평가기능의 활성화 진입기이다.

(1) 제1단계 : 정책평가기능의 태동기

이 시기는 국무총리 기획조정실에서 심사분석 위주로 정책평가가 수행되었던 시기이다. 이 단계에서는 정부추진사업의 진도분석을 중심으로 하는 과정평가에 치중하였고, 그것도 대부분 정부의 기본운영계획에 포함된 예산사업 위주의 심사분석에 치중하였기 때문에 정책효과의 체계적인 평가는 이루어지지 못하였다.

(2) 제2단계 : 정책평가기능의 정착기

이 시기는 경제기획원 심사평가국과 국무총리 행정조정실에 의하여 정책평가기능이 이원적으로 실시되었던 시기이다. ① 경제기획원의 심사평가국(1981)에서는 정부의 주요 시책 및 사업에 대한 심사분석을 통하여 과정평가(진도분석) 뿐만 아니라 능률성·효과성·균형성 평가 등의 기능을 수행할 수 있도록 되어 있었으나, 여전히 집행의 효율성 제고에 그 중점이 두어졌다. ② 국무총리 행정조정실(1990)에서는 정부가 역점을 두고 추진하고 있는 주요 정책들의 적합성, 효과성, 능률성 및 사업진도 등을 종합적으로 평가하여 왔다. ③ 한편 이 기간 동안에는 경제기획원과 국무총리실 뿐만 아니라 감사원에 의한 정책평가도 시도되었는데 감사원은 1970년대 중반까지는 주로 회계검사와 직무감찰을 수행하였으나, 1981년부터는 정부의 정책목표 달성을 위한 주요한 통제수단으로서 효율성감사등 정책감사 기능까지도 수행하고 있다.

(3) 제3단계 : 정책평가기능의 활성화 진입기

1994년 12월 정부조직개편과 함께 종래 경제기획원의 심사분석기능이 국무총리 국무조정실의 심사평가 기능으로 통합되면서 국무총리실의 정책조정기능 강화수단의 하나로서 정책평가기능이 강화되었다. 이에 따라 국무총리 국무조정실에서는 종래의 일부 부처에 대한 특정과제 중심의 평가방식을 지양하고, 모든 부처에 대하여 각 부처의 행정을 포괄적으로 평가하는 종합평가(system evaluation)방식으로 개선·운영하고 있다. 또한 각 부처의 자체평가(self−evaluation)제도를 도입하여 평가에 대한 관심과 자율성을 높이고, 평가의 객관성을 확보하기 위하여 현지조사 및 여론수렴 등 사실검증에 역점을 두고 평가를 하고 있다.

Ⅱ. 심사평가제도

1. 의 의

심사평가란 '정부업무의 추진상황 및 집행성과를 점검, 분석·평가하고 관계행정기관간의 의견을 조정하여 그 결과를 정부업무의 추진과정에 반영하는 것'(정부업무의 심사평가 및 조정에 관한 규정)을 말한다. 즉 정부의 주요업무로 선정된 시책이나 사업의 목표달성도 내지 사회적 영향을 체계적·객관적으로 평가하여 문제점을 시정하고, 그 결과를 시책이나 업무추진에 반영하는 행정의 내부통제수단을 의미한다.

현재 우리나라의 심사평가는 각 부처의 기획관리실에서 월별·분기별로 자체심사평가를 실시하여 그 결과를 국무총리실에 제출하면, 국무총리실 국무조정실에서 이것을 종합·조정한다.

2. 목 적(필요성)

① 심사평가는 공공사업이나 시책의 성과를 평가함으로써 정부사업을 효율적으로 추진케 한다.
② 예산 및 정책결정에 필요한 체계적인 정보를 제공하여 자원의 효율적인 배분을 촉진하고, 정책의 질적 개선을 높일 수 있다.
③ 객관적으로 실적을 평가하여 행정성과를 명확히 하고, 행정책임을 확보할 수 있다.

3. 심사평가의 대상 및 절차

(1) 심사평가의 대상

심사평가의 대상은 정부의 주요업무로 선정된 시책 및 사업을 말한다.
1) 시 책 : 정부의 시정목표를 달성하기 위하여 각 부처가 소관업무에 관하여 수립·시행하는 일련의 조치를 말한다.
2) 사 업 : 시책이 추구하는 목표를 달성하기 위하여 각 부처가 예산·인력 등을 투입하여 구체적인 결과를 산출하는 일련의 활동을 말한다.

(2) 심사평가의 절차

1) 준비단계 : 심사평가의 대상을 선정하고, 구체적인 심사평가의 실시계획을 수립한다.
2) 실시단계 : 심사평가의 대상이 되는 자료를 수집하고, 수집된 자료를 분석·해석한다.
3) 결과처리단계 : 심사평가결과의 보고서를 작성하고, 심사평가결과에 근거하여 시정조치를 취한다.

4. 심사평가의 종류와 방법

(1) 심사평가의 종류

1) 정기심사평가·수시심사평가

① 정기심사평가 : 심사평가기관(중앙행정기관·국무총리)이 심사평가대상으로 선정된 주요시책 및 사업에 대하여 정기적으로 실시하는 심사평가를 말한다.

② 수시심사평가 : 심사평가기관(국무총리)이 국정운영과 관련하여 필요하다고 인정하여 수시로 실시하는 심사평가를 말한다.

2) 최초평가·중간평가·최종평가

① 최초평가 : 사업계획의 수립단계에서 사전준비의 충분성, 계획의 적합성 등을 평가하는 것을 말한다.

② 중간평가 : 사업이 시행되는 동안의 진행상황, 애로사항 등을 평가하는 것을 말한다.

③ 최종평가 : 사업의 추진성과 및 효과를 평가하는 것을 말한다.

3) 양적 평가과 질적 평가

① 양적 평가 : 수치·수량을 기준으로 업무활동을 평가하는 것을 말한다.

② 질적 평가 : 행정수혜자인 시민의 만족도, 반응도 등을 평가하는 것을 말한다.

(2) 심사평가의 방법

1) 과정평가

과정평가란 정부의 사업이나 시책을 집행하는 과정에서 추진실적과 진도를 점검(진도분석)하고, 집행상의 활동을 점검·평가하는 것을 말한다. 과정평가는 ① 사업추진실적 및 활동을 점검하고, ② 시정 및 보완방법을 제시하는 두 단계로 이루어진다.

2) 총괄평가

총괄평가란 사업이나 시책을 추진한 후에 나타난 결과 또는 영향이 소기의 목표를 어느 정도 달성했는가 하는 성과를 측정하는 것이다. 여기서 영향(결과)이란 사업이나 시책을 추진함으로써 나타난 객관적인 결과로서, ① 긍정적 효과인 의도된 효과, 부수효과, 외부효과, 파급효과뿐만 아니라 ② 부정적 효과인 비용, 부작용이나 문제점 등을 포함하는 개념이다.

5. 심사평가의 기준

(1) 진도분석

사업추진성과를 파악하여 진도를 분석하고, 부진사업의 문제점을 파악하여 시정·보완하는 것으로서, 과정평가의 기준이 된다.

(2) 균형성분석

관련된 단위사업들 간의 균형적인 추진여부(자원의 균형적인 배분여부와 관련업무의 균형적인 달성여부)를 분석하는 것으로서, 과정평가의 기준이 된다.

(3) 효과성평가

사업이나 시책의 추진결과 발생한 효과가 원래의 계획대로 달성 되었는가 즉 목표달성도를 분석하는 것으로서, 총괄평가의 기준이 된다.

(4) 능률성평가

사업의 수행과정에서 투입된 예산·인력·시설이 능률적으로 사용되고, 목표가 효과적으로 달성되었는가를 분석하는 것으로서, 총괄평가의 기준이 된다.

6. 우리나라 심사평가제도의 특징과 문제점

(1) 특 징

① 사업이 계획대로 추진되고 있는가 여부를 평가하여 부진한 경우에는 그 원인을 규명하는데 노력하고 있어서 주로 진도분석이 그 핵심이다.
② 각 부처의 심사평가결과를 토대로 국무총리 국무조정실에서 종합평가를 한다.

(2) 문제점

① 심사평가가 모두 사업시행과정 중의 진도분석에 초점이 맞추어지고 있기 때문에 사업완료 후의 총괄평가는 거의 이루어지지 못하고 있다.
② 중앙평가기관이 사전에 평가의 방향과 목표를 설정하고 타당성 있는 평가지표를 제시하여 주어야 하는데, 현실적으로 그렇지 못하기 때문에 심사평가의 타당성과 신뢰성이 의문시되고 있다. 또한 각 부처의 심사평가를 담당하는 기획관리실은 각 국·과의 자료를 단순히 취합·정리하는 역할만 수행할 뿐 기획의 합리화에 기여하지 못하고 있다.

③ 계수로 표현되거나 목표측정이 용이한 유형적·단기적 목표의 달성 여부에만 치중하고 있기 때문에 질적·장기적 목표의 측정이 경시되고 있다. 또한 심사평가의 기초가 되는 자료의 정확성과 신빙성이 문제가 된다.

④ 전년도 심사평가의 결과를 다음년도의 사업계획 작성에 반영시키는 환류(feedback)작용이 제대로 이루어지지 못하고 있다.

제 8 장 사회지표(정책지표)

I. 의 의

1. 개 념

사회지표(social indicator)란 인간의 복지수준이나 삶의 질(quality of life)을 측정하기 위한 정보로서 '역사의 흐름 속에서 우리가 처해 있는 사회적 상태를 총체적·집약적으로 나타내어 생활의 양적 측면뿐만 아니라 질적 측면을 측정함으로써 인간생활의 전반적인 복지정도를 파악케 하여 주는 척도'(통계청의 사회지표 정의) 또는 '사회의 중요한 조건에 관한 지수(index)로서 계량화된 자료'를 의미한다.

정책지표란 사회지표를 정책에 초점을 두어 사용하는 개념으로서, '정책결정, 분석, 집행, 평가를 위한 경제·사회적 조건의 변화에 관한 통계 및 측정자료'를 의미한다.

2. 사회지표의 성격

1) 인본주의적 성격 : S·I는 물량이 아닌 인간의 삶의 질에 대한 정보를 중시한다.

2) 규범성 : S·I는 특정사회가 지향하는 가치·목표에 관한 정보를 내

포하고 있기 때문에 당연히 규범성을 갖는다.

3) 종합성 : S·I는 인간의 삶의 질이라는 측면에서 사회상태를 종합적
  으로 파악할 수 있도록 체계화되어야 한다.

4) 변동성 : S·I는 그 성격상 사회변동에 대응하여 신축적으로 변화할
  수 있어야 한다.

5) 분배적 성격 : S·I는 사회총체적 정보뿐만 아니라 개인수준의 삶의
  질까지도 측정할 수 있어야 한다.

6) 성과정보적 성격 : S·I는 투입보다는 산출, 자원의 배분 등을 비롯
  하여 정부가 국민에게 제공하는 서비스의 질이나 수익자의 만족도와
  관련되는 행정의 효과성 분석 등에 치중하여야 한다.

3. 대두요인

(1) 경제지표의 제약성

복지사회로 이전해가면서 물량중심의 경제지표로서는 총체적인 삶의 질
을 측정할 수 없다는 인식이 일반화되면서 그 대안으로 사회지표가 개발되
었다.

(2) 사회개발정책의 추진

교육, 보건, 주택, 고용, 환경 등에 걸쳐 국민생활의 전체적인 질적 향상
을 위하여 정부가 사회개발계획을 강력히 추진함에 따라 사회지표와 같은
종합적인 정보·자료가 필요하게 되었다.

Ⅱ. 사회지표의 유형

1. 객관적 지표와 주관적 지표

1) 객관적 지표(계량적 지표) : 현재의 사회상태를 객관적으로 측정하는 지표이다.
2) 주관적 지표(질적 지표) : 사회의 여러 측면에 대한 개인의 주관적인 평가나 만족도에 중점을 두는 지표로서 선진국에서 많이 이용된다.

이와 같이 두 지표를 구분하게 되는 이유는 사회상황의 일반적·객관적 수준과 개인의 주관적인 만족도 사이에 반드시 균형이 이루어지는 것은 아니라는 데에 있다.

2. 경제지표와 사회지표

사회지표는 경제지표도 그 일부로서 포함시키는 포괄적인 지표로서의 성격을 띠고 있으며, 경제와 사회간의 밀접한 상호관계를 반영하고 있다.

3. 체제실적지표·목표달성지표·일반적 기술지표

정부가 수행하는 활동과 그 결과 초래되는 변화를 연결시켜 보면 다음과 같은 세 가지 유형의 사회지표로 분류해 볼 수 있다.

1) 체제실적지표 : 정부가 특정한 사회부문에 자원을 투입하여 산출해

내는 실적을 기술해 주는 척도이다.

2) 목표달성지표 : 정부가 추구하는 특정한 목표의 달성정도(정책의 효과)를 나타내 주는 척도이다.

3) 일반적 기술지표 : 사회체제내외의 일반적인 상태를 기술해 주는 지표이다. (예 : 총인구, 노조조직율, 교원수, 학교수 등)

Ⅲ. 사회지표의 기능 및 한계

1. 사회지표의 기능

(1) 국민복지수준의 파악

사회지표는 양적·경제적 측면만을 강조하는 경제지표의 약점을 보완하여 국민복지의 전반적 수준을 파악할 수 있게 하여 준다.

(2) 사회발전에 관한 종합적인 이해

사회지표를 통하여 한 나라가 역사적으로 어떻게 변화·발전되어 왔는가와 다른 나라와의 복지수준을 비교하는 것이 가능하다.

(3) 정책과정에 기초자료 제공

1) 합리적인 정책결정의 기준제공 : 사회지표는 ① 사회의 전반적인 문제를 파악할 수 있게 하여 주는 중요한 원천이 되고, ② 정책목표의 객관적인 기준을 제공하며, ③ 대안의 비교·평가의 기준이 된다.

2) 정책집행 및 정책평가의 기준 제공 : 사회지표는 집행활동의 방향과 지침을 제공하고, 집행과정평가 뿐만 아니라 총괄평가(효과성·능률성평가)에도 활용될 수 있다.

2. 사회지표의 한계

(1) 지표의 낮은 유용성

이용 가능한 사회지표가 측정하려는 사회조건의 지수로서 타당성이 낮은 경우가 많다.

(2) 자료의 부정확성

자료의 부정확성으로 인해 사회조건의 변화추세를 측정할 때 오류가 발생할 가능성이 많다.

(3) 지표들 간의 모순

주관적인 지표와 객관적인 지표간의 모순이 있고, 정부기관과 시민단체가 측정·발표한 지수간의 차이가 있다.

(4) 지표의 계량화의 문제

사회상태에 대하여 계량적으로 측정 가능한 자료에는 한계가 있다.

(5) 사회지표의 구성항목에 대한 합의 곤란

개인간의 가치관, 선호 등이 달라 지표의 구성항목에 대하여 의견이 일치되지 않고 있다.

Ⅳ. 우리나라의 사회지표

1. 현황 및 문제점

① 1960년대 이후 정부가 경제개발에 치중하면서 경제지표가 먼저 개발·이용되었고, 1980년대 이후 도시·환경문제 등과 관련하여 국민들의 삶의 질에 대한 관심이 높아지면서 사회개발의 비중이 커지고, 이에 따라 사회지표가 개발·이용되고 있다.

② 통계청이 작성한 「한국의 사회지표」(2004)에 의하면 사회지표체계는 ㉠ 인구, ㉡ 가족, ㉢ 소득·소비, ㉣ 노동, ㉤ 교육, ㉥ 보건, ㉦ 주거·교통, ㉧ 정보·통신, ㉨ 환경, ㉩ 복지, ㉪ 문화·여가, ㉫ 안전, ㉬ 사회참여 등 13개 부문으로 구성되어 있으며, 이것에 따라 총 315개의 지표로 세분화되어 있다.

③ 그러나 여전히 주로 계량적인 것에 치중되어 있으며, 국민복지에 중점을 두는 질적인 측면이 경시되어 있다는 비판을 받고 있다.

2. 방 향

앞으로 우리나라 행정의 역할과 기능이 점차 사회전반에 걸친 국민복지 증진을 지향하게 될 것이므로 우리의 실정에 맞는 사회지표를 개발·활용하여야 한다. 사회지표의 체계는 ① 한정된 숫자로 가장 핵심적인 측면을

반영할 수 있도록 구성되어야 하며, ② 가능한 한 기존 통계 및 자료에 의
해서 사회변화의 추세가 파악될 수 있고, ③ 지역간·계층간의 비교가 가
능한 지표들이 선정되어야 하며, ④ 사회 전체적인 발전에 기여할 수 있는
방향으로 체계화되어야 한다.

제 8 편 정책변동론

제 1 장 정책변동

제 1 장 정책변동

Ⅰ. 의 의

1. 정책과정상의 환류와 정책변동

정책의제설정, 정책결정, 정책집행, 정책평가의 순으로 연결되는 정책과정은 단선적 과정이 아니라 각 단계에서 얻어진 정보가 다른 단계로 끊임없이 환류(feedback)되는 순환적 과정이다. 정책과정의 각 단계에서 환류가 이루어지면 이에 따라 정책의 변동이 일어난다.

2. 정책변동의 개념

정책변동이란 '정책과정 중에 획득하게 된 새로운 정보가 다른 단계로 환류되어 정책내용이나 정책집행방법상의 변화가 나타나는 것'을 의미한다.

Ⅱ. 정책변동의 유형

B.W. Hogwood와 B.G. Peters는 정책변동의 유형으로 ① 정책혁신, ② 정

책유지, ③ 정책승계, ④ 정책혁신 등 4가지를 들고 있다.

1. 정책혁신

정책혁신(policy innovation)이란 '정부가 과거에 관여하지 않고 있던 분야에 개입하기 위해 새로운 정책을 결정하는 것'을 의미한다. 즉 기존의 정책(법률 등), 담당조직, 예산 등이 없는 상태에서 새로운 정책을 만드는 경우를 말한다.

2. 정책유지

정책유지(policy maintenance)란 '현재의 정책을 그대로 지속시키는 것'으로서 기존정책의 내용, 담당조직, 예산의 기본골격을 유지하면서 약간씩의 수정·변경을 하는 경우를 의미한다.

3. 정책승계

(1) 의 의

정책승계(policy succession)란 '정책목표는 그대로 유지하면서, 기존정책의 기본적인 성격을 바꾸는 것'을 의미하며, 정책목표는 유지하되 정책내용, 담당조직, 예산이 대폭적으로 수정·변경되거나 대체되는 경우이다.

(2) 종 류

1) 정책대체(선형적 정책승계)

정책목표는 유지하면서, 정책내용을 완전히 새로운 것으로 바꾸는 것으로서, 이것에는 부분대체, 정책환원, 정책재도입 등이 포함된다.

2) 정책통합

두 개 이상의 기존의 정책이 하나의 정책으로 통합되는 경우이다.

3) 정책분할

하나의 정책이 두 개 이상으로 분리되는 경우이다.

4) 부분적 정책종결

일부의 정책을 유지하면서, 일부는 완전히 폐지하는 경우이다.

5) 복합적 정책승계(비선형적 정책승계)

정책유지, 대체, 종결, 추가 등이 세 개 이상 복합적으로 나타나는 경우이다.

4. 정책종결

(1) 의 의

정책종결(policy termination)이란 '기존의 정책, 담당조직, 예산을 폐지하고, 이를 전혀 대체하지 않는 것'을 의미하며, 감축관리의 일환으로 사용되기도 한다. '감축관리'란 행정조직 내에서 역기능적이거나 중복·과다하고 불필요한 조직, 인력, 예산, 사업, 절차 등을 의도적이고 계획적으로 축소 정비하는 것을 말한다.

(2) 종 류

1) 폭발형 종결

일시적이고 충격적으로 정책이 폐지되는 경우이다. 이것은 관련 집단의 저항을 없애기 위해 혹은 시간상의 급박함 때문에 정책당국에 의해 자주 이용되는데, 사회적 충격이 너무 크다는 단점이 있다.

2) 점감형 종결

장기간 서서히 정책이 소멸되는 과정을 거쳐 결국 폐지되는 경우이다. 이것은 주로 자원의 계속적 감소 때문에 이루어지는데, 반대자의 저항에 부딪혀 종결이 곤란한 경우가 생긴다는 단점이 있다.

3) 혼합형 종결

정책을 서서히 감소시키다가, 사회적 충격이 적다고 판단되는 시점에 가서 일시적으로 종결시키는 경우이다. 이것은 비교적 단기간에 걸쳐 의도적으로 집행된 단계적 정책종결로서 위의 두 가지 유형의 단점을 극복하려는 의도에서 사용되나, 양자의 단점이 모두 노출되는 경우도 있다.

5. 정책변동 유형 간의 상호관계

전술한 정책변동유형의 상호간에는 일반적으로 다음과 같은 관련성이 있다.

[정책변동 유형간의 상호관계]

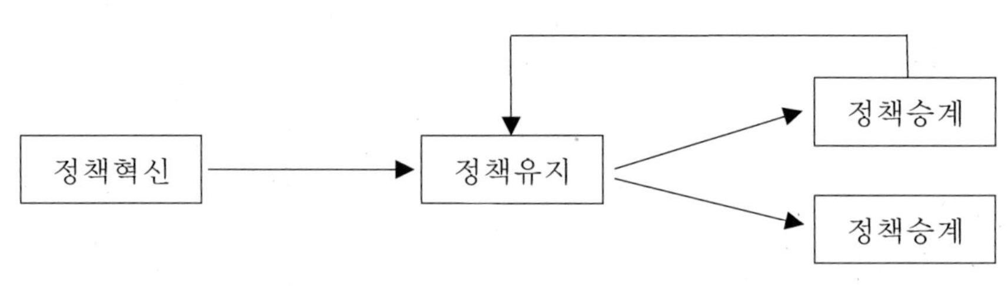

즉 ① 새로 발생한 문제를 해결하기 위해 정책이 처음 만들어지면(정책혁신), ② 환경의 변화에 정책내용을 조금씩 적응시키는 '정책유지'의 형태로 그 기본골격을 유지하다가, ③ 그 변화가 더욱 누적되면 정책을 대폭적으로 수정·변경하거나, 새로운 정책으로 대체하는 '정책승계'가 이루어진다. ④ 이렇게 승계된 정책은 다시 변화에 적응하면서 '유지'되어 나간다. 한편 ⑤ 환경의 변화에 따라 불필요한 정책으로 판단되면 정책은 폐지되어 '종결'된다.

Ⅲ. 정책변동의 원인－정책종결의 원인을 중심으로－

정책변동은 ① 환경의 변화에 따른 투입(요구·지지)의 변화, ② 정책의 오류, ③ 정책담당조직의 취약성 때문에 일어난다.

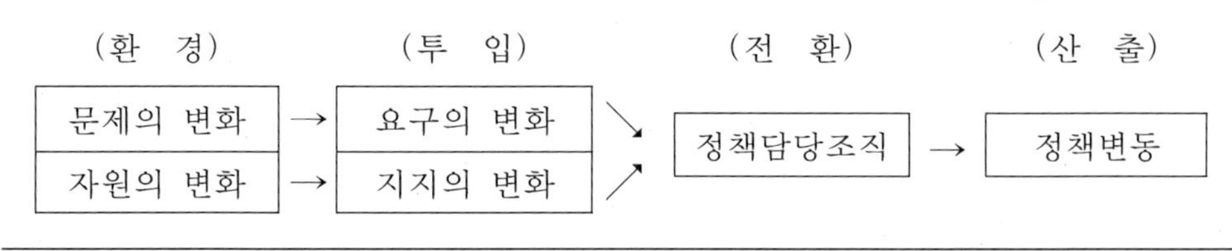

1. 정책문제의 변화에 따른 요구의 변화

정부의 해결을 필요로 하는 정책문제가 변하면 환경의 요구가 변하고, 이에 따라 정책변동이 일어난다. 정책문제의 변화에 따라 정책변동이 합리적으로 일어난다면 다음과 같이 되어야 할 것이다.

① 새로운 문제등장 → 정책혁신
② 문제의 지속 → 정책유지
③ 문제의 변질 → 정책승계
④ 문제의 소멸·해결(문제의 고갈) → 정책종결

2. 자원의 변화에 따른 지지의 변화

환경으로부터 자원의 지지가 변하면 이에 따라 정책변동이 일어난다. 정부에서 추진하여야 할 정책에 대한 자원의 지지가 증가하면 정책이 확대되고, 자원의 지지가 감소(환경적 엔트로피)하면 정책의 축소가 불가피해진다.

3. 정책의 오류

정책내용이 잘못된 경우에도 정책변동이 일어나야 한다. 선진국의 경우에는 크게 문제가 되지 않으나, 후진국의 경우에는 정책에 오류가 있더라도 그 자체만으로는 정책변동이 일어나지 않는 경우가 많고, 환경의 변화와 결합되어 큰 변동이 발생한다.

4. 정책담당조직의 취약성

정책담당조직의 취약성은 정책의 변동을 초래한다.

1) 정치적 취약성

정책담당조직이 외부환경으로부터 압력에 저항력이 약한 경우 정책의 변동이 일어난다.

2) 기술적 취약성

조직이 외부환경으로부터 받아들인 정보를 신속·정확하게 분석하여 효과적으로 문제해결을 하지 못한 경우에 '조직의 위축'을 가져와 정책의 변동을 초래한다.

■ 정책종결의 원인 ■

1. 의 의

C.H. Levine은 정책종결의 원인을 ① 조직내적 요인과 ② 조직외적 요인으로 나누어 다음 4가지를 들고 있다.

2. 정책종결의 원인

(1) 조직내적 요인

1) 정치적 취약성 : 정부조직이 예산감축과 같은 환경의 요구에 대해 저항할 수 있는 내적 능력이 매우 취약한 경우에 정책종결이 일어난다.

2) 조직위축 : 조직이 환경으로부터의 정보처리 및 문제해결 능력
을 갖추지 못해 변화에 대한 적응력이 감소할 경우에 조직이 위
축되고, 정책종결이 일어난다.

(2) 조직외적 요인

1) 문제의 고갈 : 문제가 해결되거나, 더 이상 그 중요성을 잃게 됨
으로써 공적 개입을 필요로 하지 않게 되는 경우에 기존정책이
종결된다.
2) 환경적 엔트로피 : 환경이 공공조직의 기존활동을 현 수준에서
지원할 능력이 없을 때 정책종결이 이루어진다.

	(조직내적 요인)	(조직외적 요인)
(정치적 요인)	정치적 취약성	문제의 고갈
(경제적·기술적 요인)	조직위축	환경적 엔트로피

■ 정책의 일관성 ■

1. 의 의

정책의 일관성(policy consistency)은 세 가지 의미를 가지고 있다.
즉 특정정책이 ① 내용적으로 볼 때 정책목표와 수단 간의 우선순위
가 분명하고, ② 공간적으로 볼 때 다른 정책과 모순 또는 갈등이 없
이 조화를 이루고 있으며, ③ 시간적으로도 큰 변화가 없는 것을 정책

의 일관성이라고 부른다. 따라서 ① 동일한 정책 속에 포함된 정책목표와 수단들이 상호모순·대립되거나, ② 다른 정책과 정책내용이 상호모순·대립되는 경우, ③ 단기간 내에 정책변동이 지나치게 잦은 경우에는 정책의 일관성이 상실되어 있다고 말할 수 있다.

이와 같이 급격한 정책의 변동으로 국민들이 여러 정책의 내용을 착각할 정도로 혼란을 느끼는 상태를 '정책혼란'이라고 부른다.

한편 정책의 일관성 상실이나 정책혼란과 구별되는 개념이 정책표류이다. 정책의 일관성 상실이나 정책혼란은 확정된 정책이 수시로 바뀜으로써 발생하는 현상이나, '정책표류(policy drift)'는 특정 정책안이 정부의 공식적 기관에서 만들어진 후 이와 대립되는 정책대안이 나타나 어느 것 하나도 공식적인 정책으로 확정되지 못하고 정부기관 내에서 떠도는 현상을 말한다.

2. 정책일관성의 필요성과 한계

정책변동이 단기간 내에 지나치게 급속하게 일어나 정책의 일관성이 상실되면 ① 모순·충돌되는 정책이 동시에 추진됨으로써 사회적인 낭비가 초래될 뿐만 아니라 ② 정책집행자나 정책대상집단에게 정확한 정책내용을 전달하기 어려워서 정책혼란이 발생하며, ③ 정책집행이 지연되거나 집행성과를 반감시키고, ④ 나아가 국민들의 정부 또는 정책에 대한 불신을 심화시키는 등 바람직하지 못한 결과를 가져오기 때문에 정책의 일관성을 확보하는 것은 대단히 중요하다.

그러나 시간의 흐름에 따라 환경이 변화하는 경우에는 변화하는 환경에 정책이 신축적으로 대응한다는 측면에서 정책의 수정·변경이 불가피하며, 또한 그것은 필요하기도 하다.

3. 우리나라에서 정책일관성 상실의 원인

　정책의 일관성 상실의 원인은 기본적으로 앞에서 설명한 정책변동 요인들 때문이다. 그런데 우리의 경우 정책의 일관성 상실 또는 정책 혼란 현상이 특히 6·29 이후 진행된 민주화와 함께 빈번하게 나타나고 있는데, 여기에서는 최근에 나타난 정책의 일관성 상실요인을 보다 자세히 살펴보기로 한다.

(1) 정치체제적 요인

1) 정치이념 간의 갈등·경쟁

　6·29 이후 정치·사회적으로 민주화가 진전되고, 그동안 경제성장 과정에서 소외되었던 노동자, 농민계층의 요구가 분출되면서 지난 30년 이상을 지배했던 정부주도의 경제제일주의와 안보우선주의적인 정치이념에 변화를 가져오게 하였다. 6공화국에 접어들 무렵부터 자유민주주의와 이에 힘입은 복지주의 이념이 갑자기 위세를 지니고 경쟁적으로 정책에 영향을 미치는 상황이 초래되면서 환경정책, 경제정책, 통일정책 등 정책이 수시로 변화하거나 집행이 지연되는 사례가 빈번하게 발생하고 있다.

2) 정치체제의 구조 변화

　6·29 이후 행정구조가 분권화되고 결정과정이 민주화되면서 각 부처들은 다원적이고 독자적인 영역을 구축하게 되었다. 이로 인하여 부처할거주의가 심화되고, 각 부처들은 관련된 다른 부처와의 협의 없이 독자적으로 정책을 결정·발표함으로써 정부 전체적으로 공간적으로는 물론 시간적으로도 일관성이 없는 정책이 빈발하게 되었다. 지방자치 실시 이후로는 지방분권화에 따라 지방자치단체와 중앙정부간 그리고 지방자치단체 간에도 이러한 현상들이 나타나고 있다.

3) 정책담당자의 잦은 교체

정책담당자의 잦은 교체도 정책의 일관성을 상실케 하고 있다. 6공화국 이후 우리나라 장관의 평균 재임기간은 1년이 채 되지 않고 있다. 장관과 같은 고위정책결정자가 수시로 바뀜에 따라 새로 등장한 장관은 과거와는 다른 새로운 정책을 내놓는 경우가 많았고, 기존 장관이 다른 부처와 합의해 놓는 정책도 새 장관이 거부함으로써 백지화되는 상황도 발생하였다. 이로 인해 정부의 정책이 1년도 못돼서 바뀌거나 또는 집행이 중단되는 경우가 흔히 나타나게 된 것이다.

(2) 환경적 요인

1) 민주화

6·29 이후 사회가 민주화되고, 그동안 소외되었던 계층의 요구가 정치체제로 분출되면서 기존의 정책내용에 근본적인 변화가 있는 경우가 많았다. 또한 지배적인 통치이념이 부재한 상황 속에서 이전보다 더욱 강해진 언론 및 여론에 의해 정책의 우선순위가 사회적 사건이나 사회분위기에 따라 수시로 변화하거나 집행이 지연되는 경우가 빈발하였다.

2) 급격한 사회변동

이 외에도 국내적으로 민주화와 지방화, 국제적으로 동구권의 붕괴와 신경제질서의 형성 등 급격한 환경의 변화에 대응하기 위해 잦은 정책의 변화가 있었다.

4. 정책의 일관성 확보방안

앞에서 본 정책일관성 상실의 원인으로부터 그 확보방안을 몇 가지 지적해 보면 다음과 같다.

(1) 정치이념의 정립

우리사회가 현재 처한 상황 그리고 앞으로 나아갈 방향 등을 고려하여 정치이념간의 우선순위를 정립하여야 하며, 그것은 기본적으로 국민적 합의(consensus) 형성을 통해 이루어져야 한다.

(2) 정책조정기능의 활성화

부처간, 중앙과 지방간, 지방자치단체간의 부처할거주의를 극복하고 정책의 공간적 일관성을 확보하기 위해서는 국무회의, 차관회의, 관계기관협의회 등 정책조정기구 및 조정메카니즘이 활성화되어야 하며, 정책조정과정에 있어서도 이해관계인의 참여를 통해 관계자들이 수용가능한 정책조정이 이루어져야 한다.

(3) 정책담당자의 임기보장과 점증적 정책결정

장관 등 고위정책결정자의 잦은 교체는 정책의 일관성과 그로 인한 바람직하지 못한 결과를 가져오기 때문에 정치적으로 크게 문제가 없는 경우 정책담당자의 임기를 보장해 주는 것이 필요하다. 또한 장관이 교체될 때마다 정책이 바뀌는 것을 막고 점증적으로 정책의 일관성을 확보할 수 있는 제도 및 관행의 확립이 필요하다.

(4) 정책공동체의 활성화

특정분야의 전문가들로 구성된 정책공동체를 활성화하여 문제의 장기적인 탐색, 실현가능하고 바람직한 정책대안의 제시, 지속적인 집행점검, 객관적인 정책평가와 환류 등이 끊임없이 이루어질 때 정책의 일관성 확보에 기여할 수 있을 것이다.

Ⅳ. 정책변동의 합리적 관리

1. 필요성

급격하고 다양한 환경의 변화에 정치체제가 유기적으로 대응하면서 사회문제를 해결하기 위해서는 정책내용이 끊임없이 변화되어야 한다. 즉 새로운 문제가 발생하면 정책혁신, 문제가 존속하면 정책유지, 문제가 변질되면 정책승계, 그리고 문제가 해결·소멸되면 정책이 종결되어야 한다.

그러나 현실의 정책변동은 기존의 정책내용을 약간씩 수정·변경하는 정책승계와 정책유지가 대부분이며, 정책혁신과 정책종결은 거의 드물다. 또한 여러 가지 요인에 의해 정책변동이 불완전한 경우가 많아 합리적인 정책변동의 추진이 필요하다.

2. 정책변동의 합리적 결정

① 정책변동의 내용을 합리적으로 결정하는 것은 합리적·분석적 정책결정의 논리와 동일하다. 즉 정책의 내용 중에서 어느 부문을 수정, 대체, 종결할 것인지에 대해 여러 가지 대안을 탐색하고, 그 결과를 예측해서 비교·평가한 후에 최선의 대안을 선택해야 한다는 것이다.

② 그러나 기존 정책의 합리적인 변경을 위해서는 기존 정책에 대한 평가작업이 선행되어야 한다는 점에서 새로운 정책결정과는 구별된다.

Ⅴ. 정책변동의 제약요인
-정책변동에 대한 저항 : 정책종결을 중심으로-

앞에서 본 바와 같이 환경변화에 대응하기 위해서는 정책변동이 합리적으로 이루어져야 하나, 현실적으로는 여러 가지 요인들에 의해 제약을 받게 된다. 특히 기존정책과 관련된 집단(정책수혜집단과 정책담당조직)들로부터의 반대와 저항이 합리적인 정책변동에 대한 가장 큰 제약요인으로 작용한다. 정책변동에 대한 저항은 정책변동의 유형에 따라 다르나 그 중에서도 정책종결에 대한 저항이 가장 강력하다.

1. 정책관련집단의 저항

어떤 정책의 내용을 대폭적으로 수정하거나 그 정책을 폐지할 경우에는 정책담당조직, 정책수혜집단 등 정책관련 집단 구성원들의 심리적 불안감을 불러 일으켜 정책변동 특히 정책종결에 대한 저항을 유발시킨다.

(1) 정책담당조직의 저항

정책의 종결은 바로 조직의 축소 또는 소멸을 의미하기 때문에 정책담당조직으로부터 강력한 저항에 직면한다. ① 대부분의 조직은 한번 창출되면 쉽게 종식되기 어려운 영속성(조직의 영속성)을 지니고 있기 때문에 조직의 축소 또는 소멸을 가져오는 정책종결에 대하여 강력히 투쟁하게 되며, 또한 ② 조직은 '생존'을 지상과제로 삼기 때문에 존립근거가 되는 정책목표가 없어지면 새로운 정책목표를 개발하거나, 수정해서라도 여전히 살아남으려는 경향(동태적 보수주의)을 띤다.

(2) 정책수혜집단의 저항

정책의 종결은 바로 정책수혜집단에 대한 혜택의 박탈을 의미하기 때문에 이들 수혜집단들은 정책담당조직과 그 정책을 지지한 정치인들과 정치적 연합을 형성하여 정책종결에 대하여 강력히 투쟁하게 된다.

2. 정책결정자의 정치적 부담

정책결정자들은 정책종결이 자신들의 잘못으로 간주될까봐 정책종결에 소극적인 태도를 취하게 된다. 또한 정책종결을 반대하는 정책수혜집단의 강력한 정치적 저항도 정치결정자에게 큰 부담이 된다.

3. 정책변동의 내재적 불합리성

정책변동 자체에 내재되어 있는 약점 때문에 정책변동의 추진이 어려워지는 경우도 많다.

(1) 윤리적 정당성의 문제

정책종결은 수혜자에게 부여하던 혜택을 박탈하는 것을 의미하기 때문에 윤리적·도덕적으로 정당성이 인정되지 못하는 경우가 많다.

(2) 매몰비용의 문제

정책종결은 기존 정책에 이미 투입한 막대한 사회적 비용을 포기하는 것을 의미하기 때문에 사회적으로 큰 손실이 될 가능성이 많다.

(3) 법적 제약

정책일관성은 예측가능성과 사회적 안정을 도모하게 되는데, 정책변동은 이것을 깨뜨리기 때문에 법적 제약을 받게 된다.

Ⅵ. 합리적인 정책변동을 위한 전략
- 저항의 극복방안 : 정책종결을 중심으로-

정책변동, 특히 정책종결에 대한 저항을 극복하고, 합리적인 정책변동을 위해서는 두 가지 측면에서의 전략이 필요하다. 즉 그 하나는 앞에서 제시한 저항의 원인을 제거하는 것이고, 다른 하나는 저항세력에 대항할 정책변동 또는 정책종결에 대한 지지세력을 확보하는 방법이다. 이러한 두 가지 측면을 중심으로 합리적인 정책변동을 위한 동태적 전략과 제도적 전략으로 나누어 고찰하기로 한다.

1. 동태적 전략

정책변동의 동태적 전략으로는 아래와 같은 몇 가지 방안들을 생각해 볼 수 있는데, 이러한 방안들은 상황에 따라 융통성 있게 활용하여야 한다.

(1) 정책변동의 필요성 홍보

정책변동을 필요로 하는 정책이 현실적으로 잘못되어 있기 때문에 현실에 맞게 정책을 수정·보완하거나 정책을 종결하고, 새로운 정책을 도입할 필요성이 있다는 것을 일반국민들에게 홍보함으로써 그들의 지지를 확보하는 것이다. 다만 이런 방식은 정책담당자가 자신들의 무능력을 스스로 인정하는 것이 될 수도 있기 때문에 대부분의 정책변동 특히 정책종결의 필요성에 대한 역설은 차기 정책담당자에 의해 제기되는 경향이 있다.

(2) 정치적 지지세력의 확대

일반대중은 특정정책이나 정책변동에 대하여 무관심하기 때문에 정책변동 특히 정책종결에 반대하는 세력에 대항하기 위해서는 정책종결에 대한 지지세력의 확보가 필요하다.

(3) 계획과정에 외부인사의 참여 확대

정책변동방안의 구체적인 입안 및 실천에 있어서 조직 내부인사 뿐만 아니라 외부인사를 광범위하게 참여시켜 정책변동의 정당성을 제고시켜야 한다.

(4) 대가의 지불

정책종결에 따라 여러 가지 희생을 감수해야 하는 정책수혜집단이나 정책담당조직에 대해 그 희생을 보전시켜 줄 수 있는 유·무형의 대가(보상금, 퇴직금, 다른 직장알선 등)를 지불함으로써 저항을 무마시킬 수 있다.

(5) 부분적 정책종결

전면적인 정책종결은 정책수혜집단이나 정책담당조직의 적극적인 저항을 야기 시킬 수 있으므로 반대세력의 저항을 극소화시키기 위해 가능한 정책의 변동을 필요한 부분에 한정시키는 것도 하나의 방안이 될 수 있다.

2. 제도적 전략

　위에서 본 동태적 전략뿐만 아니라 무엇보다도 중요한 것은 정책변동을 할 수 있는 제도적 장치를 마련하는 것이 필요한데, 여기서는 영기준예산과 일몰법에 대해 살펴보기로 한다.

(1) 영기준예산

　영기준예산(ZBB)이란 '기존의 전년도답습주의 예산제도를 탈피하여 어떤 사업이든지 그 사업의 타당성을 먼저 검토한 후에 예산을 지원하는 제도'를 말한다. 따라서 이 제도는 예산심사 때마다 정부가 시행중이거나 시행하고자 하는 모든 사업의 타당성을 검토하여 그 타당성이 인정되지 못한 사업을 종결시킬 수 있기 때문에 정책종결의 주요한 제도적 수단이 될 수 있다. 다만 이 제도는 모든 사업을 대상으로 매년도 정밀한 분석·평가가 어렵다는 현실적인 한계가 있다.

(2) 일몰법

　일몰법(日沒法; sun-set law)이란 '특정한 정책을 일정한 기간(3~7년)이 지난 후에 재평가하여 그 타당성이 인정되지 못하면 법적으로 종결시키거나 감축시키는 제도'를 말한다. 이것은 매년도 모든 사업을 평가하여야 하는 영기준예산의 단점을 보완하기 위한 제도로서 관련인들의 예측가능성을 높여주는 등의 장점이 있으나, 영기준예산과 마찬가지로 정책이나 사업의 타당성 평가가 어렵다는 단점이 있다.

주요 참고문헌

1. 저 서

구영록 외(1988), 「정치학개론」, 박영사.

김도훈(1991), 「행정학개론」, 대영문화사.

김명수(2003), 「공공정책평가론」, 박영사.

김병진(1997), 「정책학개론」, 박영사.

김수영(1992), 「정책학원론」 법지사.

김성제(2005), 「정책혁신과 정책네트워크」, 한국한술정보.

김신복(2004), 「발전기획론」, 박영사.

김영평·최병선 편(1993), 「행정개혁의 신화와 논리」, 나남.

김해동(1997), 「조사방법론」, 법문사.

김호진(2002), 「한국정치체제론」, 박영사.

나기산 외 공역(2005), 「정책분석론」, 법문사.

남궁근(1999), 「비교정책연구」, 법문사.

노화준(2003), 「정책학원론」, 박영사.

──────(2005), 「정책분석론」, 박영사.

──────(1993), 「정책평가론」, 법문사.

박동서(2004), 「한국행정론」, 법문사.

박성복 외(2002), 「정책학원론」, 대영문화사.

박종민 편(2002), 「정책과 제도의 문화적 분석」, 박영사.

안해균(2002), 「정책학원론」, 다산출판사.

오석홍(1993), 「정책학의 주요이론」, 경세원.

유동운(1999), 「신제도주의 경제학」, 선학사.

유 훈(2002), 「정책학원론」, 법문사.

이종수 외(2005), 「새행정학」, 대영문화사.

이준구(2004), 「재정학」, 다산출판사.

이호동 역(1997), 「공공선택론」, 오름

정정길(2003), 「정책학원론」, 대명출판사.

ㅡㅡㅡㅡ(2005), 「행정학의 새로운 이해」, 대명출판사.

ㅡㅡㅡㅡ(2004), 「정책평가」, 법영사.

정용덕 외(1999), 「합리적 선택과 신제도주의」, 대영문화사.

ㅡㅡㅡㅡ(1999), 「신제도주의 연구」, 대영문화사.

ㅡㅡㅡㅡ(2002), 「거버넌스 제도의 합리적 선택」, 대영문화사.

채경석(2005), 「정책학원론」, 대왕사.

최병선(2000), 「정부규제론」, 법문사.

하연섭(2003), 「제도분석 : 이론과 쟁점」, 다산출판사.

2. 논 문

김행범(1996), ‘공공선택론적 행정학 연구’, 고시계 12월호.

ㅡㅡㅡㅡ(1997), ‘비계층제-느슨한 연계 구조에서의 정책집행-, 고시계 5
    월호.

남궁근(1995), ‘행정환경의 변화와 정책관리’, 고시계 8월호.

배응환(2001), ‘정책네트워크모형의 행정학연구에 적용탐색’, 한국행정

연구 10(3).

유금록(1995), '행정학에 있어서 공공선택론적 접근방법', 고시계 3월호.

윤재풍(1996), '한국의 행정과 정책과정에 있어서 시민참여', 고시계 9
      월호.

이달곤(1994), '행정환경변화에 따른 새로운 정부운영의 방향', 고시연
      구 8월호.

정정길(1992), '민주화와 정책변동', 고시연구 2월호.

정준금(1995), '사회적 위기에 대한 정책대응과정 분석 : 낙동강 페놀
      오염사건을 중심으로', 한국행정학보 29(1).

최병선(1994), '제도개혁과 민주적 정책조정의 역설', 한국정책학회보 2.

──────(1995), '국제화와 정부역할의 재조정-정부파라다임의 전환을 중심으
      로'(행정논총 33(2).

· 저 자 ·

김성제
金成濟

■ 약 력

경희대학교 경제학과 졸업
서울대학교 대학원 행정학석사
서울대학교 대학원 행정학박사
제36회 행정고등고시 합격
수원대학교, 태학관 고시학원, 건설교통인재개발원 등 강사 역임
현 건설교통부 서기관

■ 주요논저

「정책혁신과 정책네트워크」
「지능형교통체계의 도입 및 확산에 관한 연구」
「무인과속단속시스템의 확산에 관한 정책네트워크 분석」
「화물운송정보시스템 확산 제약요인에 관한 연구」
「정책네트워크가 정책혁신의 도입 및 확산에 미치는 영향 분석」
외 다수

핵심 정책학강의

· 초판 인쇄	2005년 11월 1일
· 초판 발행	2005년 11월 1일
· 지 은 이	김 성 제
· 펴 낸 이	채 종 준
· 펴 낸 곳	한국학술정보㈜
	경기도 파주시 교하읍 문발리 526-2
	파주출판문화정보산업단지
	전화 031) 908-3181(대표) · 팩스 031) 908-3189
	홈페이지 http://www.kstudy.com
	e-mail(e-Book사업부) ebook@kstudy.com
· 등 록	제일산-115호(2000. 6. 19)
· 가 격	35,000원

ISBN   89-534-4078-5 93350 (Paper Book)
       89-534-4079-3 98350 (e-Book)